古代歷史文化研究輯刊

十五編

王明蓀 主編

第 11 冊

北朝學制研究

侯 瑞 著

國家圖書館出版品預行編目資料

北朝學制研究／侯瑞 著 — 初版 — 新北市：花木蘭文化出版社，
2016〔民105〕

序 2+ 目 2+314 面；19×26 公分

（古代歷史文化研究輯刊 十五編：第 11 冊）

ISBN 978-986-404-608-9（精裝）

1. 學制 2. 南北朝

618   105002219

ISBN-978-986-404-608-9

古代歷史文化研究輯刊

十五編　第十一冊　　　　　　ISBN：978-986-404-608-9

北朝學制研究

作　　者　侯 瑞

主　　編　王明蓀

總 編 輯　杜潔祥

副總編輯　楊嘉樂

編　　輯　許郁翎

出　　版　花木蘭文化出版社

社　　長　高小娟

聯絡地址　235 新北市中和區中安街七二號十三樓

　　　　　電話：02-2923-1455 ／傳眞：02-2923-1452

網　　址　http://www.huamulan.tw 信箱 hml 810518@gmail.com

印　　刷　普羅文化出版廣告事業

初　　版　2016 年 3 月

全書字數　251912 字

定　　價　十五編 23 冊（精裝）台幣 45,000 元

北朝學制研究

侯瑞　著

作者簡介

侯瑞，男，1982 年 10 月，生於遼寧省鞍山市所轄之海城市。現任職於鞍山市第三中學，承擔基礎歷史教學。2001 ～ 2005 年，就讀於遼寧大學歷史文化學院。2005 ～ 2007 年，就讀於吉林大學古籍研究所，師從沈剛先生攻讀碩士學位。2008 ～ 2012 年師從張鶴泉先生攻讀博士學位。專業方向爲秦漢魏晉南北朝史。在教育科研過程中曾獨立發表文章《論漢魏之際的公孫度與營州》，承擔 AFS 國際文化交流項目的教學，參與遼寧省教育科學「十二五」規劃重點課題《普通高中學生學業水準考試的實踐探索研究》研究工作，撰寫《遼寧省〈普通高中學業水準測試科目學情調查〉資料分析》一文。

提　　要

　　本文以北朝時期的學校制度爲研究對象，對北朝學校制度所涉及到的學校設置、教育人員、教育內容、教育方法、學校管理等方面內容進行了論述。全文共分爲下列幾個主要的部分：

　　前言部分，包括研究對象的界定、前人研究的總結和寫作思路的闡述等內容，是本文研究的基礎。

　　第一章，論述北朝時期中央官學、地方官學和私學三類學校的設置情況。北朝時期，中央官學是發展呈現出階段性，並形成了完整的地方官學體系。雖然國家一度禁止私學，然而北魏後期以來，私學卻得到了快速發展。

　　第二章，以北朝時期的教育人員爲研究對象，探討教學活動中的師生群體。北朝時期教育活動中的教育者包括官學中的學官和私學中的教授者。受教育者可以統稱爲諸生，既包括在官學之中求學之人也包括在私學之中求學之人。通過分類研究可以瞭解在官私學校中的教育者們的不同類別、選任、教學與收入以及諸生的入學、求學、師生關係、結束學業後的出路等具體問題。

　　第三章，論述北朝時期的教育內容與教育方法。北朝時期的教育內容包括蒙學階段的教育內容、學術教育內容和專業教育內容三個方面。在蒙學階段，諸生主要學習《急就章》、《孝經》、《論語》等內容。學術教育的主要內容爲五經爲代表的儒家經典文獻，深受玄學與佛學影響。在北朝時期也存在著各種專門教育的教學內容。北朝時期的教育者在教育的工作中所採用了講誦法、問答法與辯難法、正面引導與反面懲戒法等教育教學方法。

　　第四章，探討北朝時期學校管理的機構和管理規定情況。北朝時期學校管理機構主要包括太常寺、中書省和國子寺等機構。北朝時期管理學校的法令是《學令》。

　　結語部分，則是對本文論述內容的總結。此外，在寫作過程中收集、整理的資料列成表格作爲附錄附於文章最後以供參考。

序　言

　　侯瑞博士的大作《北朝學制研究》，將由花木蘭出版社出版。囑我在他的大作前面寫幾句話。對我來說，當然是義不容辭的。因爲我曾經指導過侯瑞博士的博士論文寫作，他與我反復交換過他的寫作立意和著作中要闡釋的重要學術觀點。而這部著作正是在他的博士論文的基礎上，經過反復修改才完成的。因此，我對侯博士的這部著作具有的學術價值是很清楚的。在他的大作要出版之時，一是倍感欣喜；二是需要對他的大作的價值簡略說明我的一些看法。

　　應該說，儘管前人對北朝的學制和教育情況，做了一些探討，可是，仍然缺少系統的考察。侯瑞博士的這部著作正是在吸收前人研究成果的基礎上，對北朝學制進行了比較系統的研究。他的這些研究，可以說，很清楚地展現了北朝學制的發展、演變的脈絡，並透視了北朝學制在中國古代教育史中所處的重要地位。從總的方面說，對他的這部著作做這樣的評價，並不是過高的估計。

　　這部著作注意到北朝社會的特點，並以此爲視角來認識當時的學制。所謂北朝，實際包括北魏、東魏、西魏、北齊、北周五個政權。它們的共同點就是，與傳統的漢族人所建的王朝不同。從北朝社會的統治階層來看，主要爲北方的拓跋鮮卑民族。就他們的文化而言，無疑是落後的。可是，這些北族入主中原後，並沒有要頑固地維持他們落後的文化，而是積極吸收先進的漢族的文化。由於北族對漢族文化的這種態度，也就加速了北方地區的民族融合，進而使北方出現漢族和北族文化相互交融的社會氛圍。這種氛圍的出現，無疑對北朝的學制的影響是重大的。侯瑞博士的研究注意到北方社會的這種發展狀況，並以此爲背景和觀察問題的角度，細緻地考察了北朝國家的中央官學、地方官學和民間私學的設置問題。並且，對官學和私學中的施教

者和諸生問題也做了明確的闡釋。從他的研究中可以看出，儘管北族在政治上占統治地位，但在學校的設置上，沿襲的卻是漢族人所建王朝設置學校的做法。特別是，北朝社會的私學是發達的。而在私學中的施教者，主要都是漢族人。並且，這種私學分佈廣泛，在河北、河南、青齊地區都有分佈，而且，私學中的學生都少不一，最多可以達到萬餘人。實際上，在這些地區，漢族世家大族的勢力很發展。這些漢族世家大族不僅經濟實力雄厚，並且，在文化上也佔有優勢，因此，私學的存在也就使傳統的漢族文化可以得到廣泛傳播，進而更加速了民族融合的進程。因此，可以說，這部著作所闡發的官學與私學的發展情況，能夠引發對這一時期文化演進的特徵的諸多思考。

這部著作還對北朝官學和私學的教學內容作了深入的考證。由侯瑞博士的研究可以看到，漢族傳統的經學，依然為官、私學的主要教學內容。應該說，這種情況是在佛教、道教和玄學在社會中產生重大社會影響的條件下出現的。可是，在這種社會環境中，卻並不能沖淡經學在學校教育中的主流地位。而且，在官、私學的中，還湧現了一批以傳授經學為業的有很高學術造詣的大儒。侯瑞博士的這些看法，可以說，是很有啟發意義的。也就是說，在北族為社會上層統治者的社會中，傳統的經學依然還具有活力，並且，漢儒施教的經學內容，不僅影響當世，還對後世社會也產生很大的影響。因此，這部著作提出的學術意見，不僅能夠啟發對教育史中一些問題的思考，也可以為認識北朝經學的發展情況，提供有益的參考意見。

當然，這部著作提出的有價值的學術意見是多方面的。我只是將感興趣的內容作簡略評述，並不能囊括全部有價值的創新點。總之，這應該是一部有益於學林的有功力的專著。

侯瑞博士對歷史研究有濃厚的興趣。他本科就讀於遼寧大學歷史系，後又考入吉林大學古籍研究所攻讀碩士、博士學位。在對問題的研習中，他勤於思考，以“獨立之精神，自由之思想”為追求目標，並不隨波逐流，因而，他的學術和修身的理念，都有諸多可稱道之處。因此，他的大作出版，只是對他求學歷程的總結。我以為，侯瑞博士還會進一步取得更多的展示自我價值的新收穫。而這種成績的出現，自然正是與他一直孜孜追求的嚴格恪守的信念聯繫在一起的。

張鶴泉

2015 年 12 月 28 日

目

次

前　言

一、研究的對象

　　本文的研究課題爲北朝學制，以北朝時期的學校制度爲研究對象。首先，需要明確北朝時期的時間與空間範圍和這一時期學校制度的研究範圍。

（一）北朝的時間與空間範圍

　　公元 220 年，魏文帝曹丕代漢而立，中國歷史進入魏晉南北朝時期。公元 317 年，司馬氏的晉政權在內外壓力的作用下喪失了對北方地區的控制，開始了在南方的進取經營。北方地區成爲多個民族馳騁縱橫的疆場、文化交融的舞臺。此後的百餘年間，十六國興亡更替，拓跋鮮卑興起於代北。公元 386 年，北魏道武帝即位建國，爲北朝之始。太武帝統一北方，孝文帝漢化改革遷都洛陽，文化一時蔚爲壯觀。此後，孝武帝西逃入關，北魏一分爲二，在東爲東魏直至北齊，在西則爲西魏代之以北周。周武帝滅北齊，平定北方，隋文帝平陳，統一南北。其間，上起公元 386 年北魏道武帝建立政權，止於公元 581 年隋文帝廢周而立，包括北魏、東魏、西魏、北齊、北周五朝，歷時近二百年的時期是爲北朝時期〔註1〕。

　　北朝的空間範圍是處於變動之中的。「自晉永寧以後，雖所在稱兵，競自尊樹，而能建邦命氏成爲戰國者，十有六家」〔註2〕，是爲十六國。北魏道武

〔註 1〕 或云北朝始於公元 439 年，魏太武帝拓跋燾統一北方，終於公元 589 年，隋文帝滅陳，爲保持文章的完整，故本文不納。

〔註 2〕 《魏書》卷六七《崔光傳附崔鴻》所引《十六國春秋》序言，第 1503 頁。十六國者，二趙、三秦、四燕、五涼、夏、成（漢），另有西燕、冉魏、仇池等

帝擊破後燕取得河北地區。太武帝更是「掃統萬，平秦隴，翦遼海，盪河源」，一統北方，進而兵臨瓜步，飲馬長江，使得「南夷荷擔，北蠕削跡」，奠定了北魏的疆域〔註3〕。獻文帝時期，盡收南朝淮北之地，此後雖有反覆，大體維持這一界限。故《魏書‧地形志》有云：「魏定燕趙，遂荒九服，夷翦逋僞，一國一家，遺之度外，吳蜀而已。」〔註4〕北魏分裂之後，東魏、北齊據有關東之地，西魏、北周退守關隴與南方蕭梁遂成鼎足之勢，而侯景禍亂反復於三方之間，促成南北局勢之大變。北齊盡取淮南之地，北周「南清江、漢，西兼巴、蜀」〔註5〕，以佔據荊州一隅的後梁爲外藩，盛極一時。此間亦有反復，直至北周武帝收梁、平齊與南陳隔江而立，楊堅代周建隋、滅陳實現統一。

在北朝這一時期內，中國北方逐漸實現了經濟的復興，政治上在繼承漢魏以來傳統的同時又有所創新。在民族、文化的交流融合過程中，漢文化得以頑強的保留下來，並煥發出新的活力，奠定了隋唐的統一大帝國重建的基礎。

（二）學校制度的研究範圍

學制，即學校制度的簡稱。包括以學校爲中心的學校設置、教育人員、教育內容、教育方法、學校管理等制度，是教育制度的重要內容之一。

北朝時期的學校設置，繼承了西晉、十六國以來北方地區學校設置的傳統，形成了由官學和私學組成的學校體系。其中官學又包括中央官學和地方官學。北朝時期各類學校設立、類型、規模和分佈情況都是本課題主要關注的問題。

北朝時期，學校中與教育相關的人員，主要由教育者和受教育者兩類人組成。其中從事教學工作的各類教育者，既包括官學之中博士、助教等學官也包括私學之中的教授者，一般可以統稱爲業師。學校教育中的各類受教育者，文獻中一般以諸生一詞加以概括，指代在官、私各類學校中的求學之人。本課題在對北朝時期學校中的教育人員進行研究之時，著重對這些人員進行合理的分類、探討業師從選拔、教學到收入待遇以及諸生從入學、求學到出

　　　　國不入十六國之數。
〔註3〕《魏書》卷四下《太武帝紀下》，第 109 頁。
〔註4〕《魏書》卷一百六《地形志上》，第 2455 頁。
〔註5〕《隋書》卷二九《地理志上》，第 807 頁。

路這一教育過程中兩類人所經歷的各類問題。

　　北朝時期的學校在教育內容上包括蒙學教育、學術教育與專門教育等。本課題在對這一問題進行研究之時則關注於北朝時期的學術特點，分別對蒙學階段和進一步學習階段的學術教育、專門教育等內容進行系統的分類，探討這一時期的教學內容。北朝時期的教育活動中靈活地採用了各種教育方法，本課題也對這一問題進行了探討。

　　北朝時期對於官學的管理制度，包括管理的機構和人員、法令和法規等內容，它們作爲學制的重要組成部分也是值得進一步研究的問題。本課題首先關注這一時期諸如太常寺、中書省和國子寺等學校管理的主要機構，並探討了在北魏前期、北周時期所產生的相對特殊的學校管理機構。北朝時期對於學校的管理則涉及到對於《學令》以及對於該時期官學的具體管理的研究。

　　綜上所述，北朝時期的學校制度這一課題是對北朝這一時空內學校的設置、教育人員、教育內容、教育方法、學校管理等教育制度問題的研究。

二、前人的研究

（一）研究的基礎

　　文獻材料與考古材料的整理運用是這一課題研究的基礎。在文獻材料方面，北朝時期所留下來的諸多史料，經後人整理，成爲這一課題研究的基礎材料。

1、文獻材料

　　這一課題的基本史料保存於諸多文獻材料之中，是進行研究的基礎。首先，基礎史料的獲得。紀傳體史書是基本史料所在，《魏書》、《北齊書》、《周書》、《隋書》、《北史》等書中包含大量研究所需的基本史料。《晉書》、《宋書》、《南齊書》、《梁書》、《陳書》、《南史》中也有部分關於北朝的相關史料，《史記》、《漢書》、《後漢書》、《舊唐書》、《新唐書》中的部分史料也有助於理清史實的演變。編年體史書《資治通鑑》實現了對相關材料的再次整理，可以補充正史中所缺乏的內容。北朝時期的《洛陽伽藍記》、《顏氏家訓》等書之中也包含一些彌足珍貴的史料。其次，研究參閱的重要史料。典志體史書中有對相關材料的分類整理，是研究之初參閱的重要材料。如杜佑的《通典》就對學校祭祀、衣冠制度、學官設置等內容進行分類整理。宋人鄭樵之《通志》除了對相關內容進行了分類整理之外，更是在《選舉略》中單列學校，

以記述相關內容。馬端臨的《文獻通考》有《學校考》七卷，分別記述太學、祠祭、褒贈先聖先師、幸學養老、郡國鄉黨之學等內容，對相關材料進行了系統性整理。再次，輯佚史料的整理。類書收錄的材料後代多有散失，其編纂體例體現了對於相關材料的整理。如南宋王應麟的《玉海》最早將學校單獨分類，詳細講述了學校的沿革等內容。《初學記》、《太平御覽》等類書也有對學制相關內容的總結。此外，年表史料的總結。收入於《二十五史補編》之中的各種補表，是對材料的總結，也是研究的基礎。如徐文範的《東晉南北朝輿地年表》、萬斯同的《魏將相大臣年表》、《西魏將相大臣年表》、《東魏將相大臣年表》、《北齊將相人臣年表》、《周公卿表》等都是對材料的梳理總結。

2、考古材料

在考古材料方面，二十世紀以來墓誌材料爲主的考古材料得到了整理應用，成爲本課題研究的另一個基礎。十九世紀末二十世紀初的王國維在研究甲骨文的時候提出了「紙上之材料」與「地下之新材料」相互印證的「二重證據法」〔註6〕。這一學說對於本課題研究乃至魏晉南北朝史研究同樣具有重要的意義。此後趙萬里〔註7〕的《漢魏南北朝墓誌集釋》對二十世紀五十年代以前出土的漢代至隋朝墓誌材料進行了系統化的收錄、整理。趙超的《漢魏南北朝墓誌彙編》補充收入了 1949 年至 1986 年以前漢代至北朝時期的墓誌材料。羅新、葉煒合著的《新出魏晉南北朝墓誌疏證》收錄了建國後出土未收錄在《漢魏南北朝墓誌彙編》中的魏晉南北朝墓誌材料，並就此進行考證、研究。此外，王壯弘、馬成名編著的《六朝墓誌檢要》一書記述漢魏至隋朝墓誌的檢索出處，便於對相關墓誌的檢索。這些墓誌考古材料的整理、運用推動了研究的發展。

（二）教育史研究回顧

北朝的學校制度本身是一個教育史的研究課題，因而有必要對二十世紀以來的教育史的相關研究進行梳理，從而總結這一領域中所取得的豐碩的成果。二十世紀以來的教育史研究整體上可以分爲民國時期和新中國時期兩個階段。其中民國時期爲教育教育史研究的開創階段，這一時期產生了一系列

〔註 6〕王國維：《古史新證》，清華大學出版社 1994 年版，第 2 頁。

〔註 7〕諸位學者多是學界前輩，此處隱去先生稱呼，只爲行文方便，並無不敬之意，下同。

具有開創意義的重要著作，至今仍有十分重要的影響。而新中國時期則是教育史研究的發展階段，在這一時期教育史研究儘管遭遇過挫折，卻也經歷了一個逐漸發展的過程，特別是二十世紀末、本世紀初教育史研究迎來了一個快速發展的時期。

1、民國時期教育史研究的開創

二十世紀初，教育學從日本傳入中國。黃紹箕、柳詒徵的《中國教育史》五卷本是中國最早的教育史著作，本書所述內容僅僅包括周以前、西周和春秋時期，研究了中國古代教育形成階段的學校制度。中國第一部完整的教育制度通史是郭秉文的《中國教育制度沿革史》，本書共八編，第三編漢朝以後各朝教育之沿革，在漢唐間教育之狀況下寫道：「漢唐間三百餘年，內憂外患迭乘而起。初爲三國，至司馬炎滅吳一統天下，國號曰晉。後五胡亂華，天下分南北。繼統於隋。故學校教育亦隨天下治亂而興滅焉。」〔註8〕此後作者又簡述了北朝學校之沿革等內容。

二十世紀二、三十年代，中國教育史的專著紛紛湧現，出現了繁榮局面。蔡芹香的《中國學制史》、王鳳喈《中國教育史大綱》、陳青之的《中國教育史》、陳東原的《中國教育史》、薛人仰的《中國教育行政制度史略》和周予同的《中國學校制度》等教育史著作都產生於這一時期，這些專著對於本課題的相關內容都有一定程度的論述〔註9〕。其中周予同的《中國學校制度》記述了南北朝文化的差異、北朝的國學與州郡學與私學的重興等內容。

2、新中國時期教育史研究的發展

建國後的三十年內，中國教育史的研究也取得了一定的成績。這一時期的研究多重視材料的整理，其成果主要以孟憲成的《中國古代教育史料資料》、《中國古代教育文選》、毛禮銳的《中國古代教育史》和顧樹森的《中國歷代教育制度》爲代表〔註10〕。首先，孟憲成的《中國古代教育史料資料》

〔註 8〕郭秉文：《中國教育制度沿革史》，商務印書館版，第23～24頁，收入於民國叢書第三編。

〔註 9〕王鳳喈：《中國教育史大綱》，上海商務印書館 1932 年版；蔡芹香：《中國學制史》，世界書局 1933 年版；陳青之：《中國教育史》，上海商務印書館 1936 年版；陳東原：《中國教育史》，上海商務印書館 1936 年版；薛人仰：《中國教育行政制度史略》，上海中華書局 1939 年版；周予同：《中國學校制度》，上海商務印書館 1931 年版。同見民國叢書第三編。

〔註10〕孟憲承等：《中國古代教育史資料》，人民教育出版社 1961 年版；孟憲承等：

以古代史料整理爲主，也涉及到現代學者的經典論述。而《中國古代教育文選》則是對中國古代教育思想文獻的輯錄。其次，毛禮銳的《中國古代教育史》編撰於六十年代，出版於七十年代末期，是這一時期最重要研究成果之一。毛禮銳在本書的第五章魏晉南北朝時期的教育中列有官學興廢、選士制度、教育思想三個小標題，記述了包括北朝教育在內的魏晉南北朝的教育沿革情況，從而指出「北朝的經學雖然比不上南朝，但在政治上仍保持其正統地位，因爲鮮卑統治者還需要經學作爲統治工具，所以官學還比較興盛。」〔註11〕此外，顧樹森的《中國歷代教育制度》成書於六十年代，出版於八十年代初，按照馬列主義史觀的歷史分期對教育制度沿革進行了記述。

八十年代以後，對於中國教育史的研究進入了一個新的繁榮階段。首先，產生了教育通史著作。毛禮銳、沈灌群主編的《中國教育通史》是這一時期最具有代表性的作品〔註12〕。其中第二卷主要記述了秦漢至隋唐時期的教育發展狀況。本卷第五章魏晉南北朝的教育包括社會和文化教育特點、官學、私學、選舉制度、經學變化、佛教流行和幾位學者的教育思想等方面內容，全面的論述了魏晉南北朝時期教育的發展狀況。作者分別就教育政策、教育行政制度、官學設置與教授內容、北朝私學的規模與教授內容、學風、師生關係、學術成就等方面進行了論述，並且指出了魏晉南北朝經學的變化和佛教的流行對於教育的影響。其次，出現了一些觀點獨特、史學方法新穎的研究著作。楊榮春的《中國封建社會教育史》、陳愚川的《中國教育史比較研究》就是兩部很有特點的著作〔註13〕。楊榮春對封建社會各個時期的教育進行了分章的詳細研究。關於魏晉南北朝時期的教育，作者在記述教育史實的同時，又對史實產生的原因進行了分析。陳愚川運用了比較研究法，對魏晉南北朝時期十六國與東晉、北朝與南朝教育特點進行了系統而又全面的比較研究。此外，爲了適應大學教育的需要，教育史教材也得到了大量的編纂。王炳照等人編著的《簡明中國教育史》、李定開等人編寫的《簡明中國教育史》、吳

　　《中國古代教育文選》，人民教育出版社 1979 年版；毛禮銳：《中國古代教育史》，人民教育出版社 1983 年第 2 版；顧樹森：《中國歷代教育制度》，江蘇人民出版社 1981 年版。

〔註11〕毛禮銳：《中國古代教育史》，人民教育出版社 1983 年第 2 版，第 218 頁。

〔註12〕毛禮銳、沈灌群：《中國教育通史》，山東教育出版社 1986 年版。

〔註13〕楊榮春：《中國封建社會教育史》，廣東人民出版社 1985 年版；陳愚川：《中國教育史比較研究》，山東教育出版社 1985 年版。

玉琦等人編著的《中國古代教育簡史》、曾澤等人主編的《中國教育史簡編》、馬秋帆主編的《魏晉南北朝教育論著選》等眾多教育史著作都在不同程度上涉及到了北朝學校教育的相關內容〔註 14〕。

　　九十年代以後，伴隨著研究的深入，教育史的研究領域得到了擴展。首先，教育斷代史的研究得到了深化。卜憲群與張南合著的《中國魏晉南北朝教育史》是這一時期對於魏晉南北朝教育斷代史研究的重要著作〔註 15〕。其次，對於特殊人群的教育和區域教育研究的興起。杜學元的《中國女子教育通史》、曹大爲的《中國古代女子教育》將研究領域拓展到特殊人群的教育〔註 16〕。王鴻賓等人編寫的《東北教育通史》關注了東北地區教育的發展〔註 17〕。第三、大型教育制度文獻的編纂。如顧明遠編著的《中國教育大系·歷代教育制度考》、袁徵撰寫的《中國文化通志·學校志》等〔註 18〕。此外，還有孫培青的《中國教育史》與《中國教育管理史》、梅汝莉的《中國教育管理史》、熊賢君的《中國教育行政史》、王志民的《中國古代學校教育制度考略》和馬鏞的《中國家庭教育史》等著作對於教育管理、行政制度、學校教育和家庭教育等方面進行了研究〔註 19〕。

　　進入二十一世紀後，新時期的教育史研究有了新的發展和成就。〔註 20〕

〔註 14〕 王炳照等：《簡明中國教育史》，北京師範大學出版社 1985 年版；李定安等：《簡明中國教育史》，四川人民出版社 1985 年版；吳玉琦等：《中國古代教育簡史》，吉林教育出版社 1986 年版；曾澤等：《中國教育史簡編》，江蘇教育出版社 1986 年版；馬秋帆：《魏晉南北朝教育論著選》，人民教育出版社 1988 年版。

〔註 15〕 卜憲群、張南：《中國魏晉南北朝教育史》，人民出版社 1994 年版。

〔註 16〕 杜學元：《中國女子教育通史》，貴州教育出版社 1996 年版；曹大爲：《中國古代女子教育》，北京師範大學出版社 1996 年版。

〔註 17〕 王鴻斌等：《東北教育通史》，遼寧教育出版社 1992 年版。

〔註 18〕 顧明遠：《中國教育大系·歷代教育制度考》，湖北教育出版社 1994 年版；袁徵：《中國文化通志·學校志》，上海人民出版社 1998 年版。

〔註 19〕 孫培青：《中國教育史》，華東師大出版社 1992 年版；孫培青：《中國教育管理史》，人民教育出版社 1996 年版；梅汝莉：《中國教育管理史》，北京海潮出版社 1995 年版；熊賢君：《中國教育行政史》，華中理工大學出版社 1996 年版；王志民：《中國古代學校教育制度考略》，首都師範大學出版社 1996 年版；馬鏞：《中國家庭教育史》，湖南教育出版社 1997 年版。

〔註 20〕 2013 年 8 月，北京師範大學出版了《中國教育通史》16 卷本，由《中國教育制度通史》、《中國教育思想通史》兩書修訂合成，內容涵蓋了先秦到中華人民共和國時期的教育發展歷程，是當前教育史領域的鴻篇巨製，其中第四卷魏晉南北朝部分，由王建軍主編，論述了魏晉南北朝時期的教育制度、教育

首先，2000 年出版的李國鈞、王炳照主編的《中國教育制度通史》代表了新時期對於中國教育制度史最為全面的認識，具有十分重要的意義〔註 21〕。其中第二卷由王建軍、宋大川主筆，論述了魏晉至隋唐的教育制度。其次，對於具體區域教育和教育問題的研究得以深化。趙承福的《山東教育通史》古代卷，簡要提及北朝時期的教育〔註 22〕。賈菲的《中國古代考試與學校教育》在簡單記述了魏晉南北朝時期的學校的同時關注了魏晉南北朝時期的九品中正及其對應教育的影響〔註 23〕。同樣關注考試發展的還有劉海峰等人編著的《中國考試發展史》〔註 24〕。此外，大型教育制度文獻得到了編纂。劉英傑主編的《中國教育大事典》是第一部記錄中國古代教育歷史的資料工具書，是這一時期另外一部比較重要的著作〔註 25〕。本書按照教育學理論體系分為「教育的起源、教育的政策和教育行政」、「官學」、「學院、社學和義學」、「私學」、「教學內容與教材」、「選士制度」、「家庭教育和女子教育」、「社會教育與技術教育」、「教育思想」等九部分，附錄了一些與古代教育密切相關的材料，和前人的成果。本書基本涵蓋了中國古代教育的制度和思想，對於本課題的研究具有重要的參考價值。

（三）北朝學制的整體研究

學者對北朝學制的研究多是從魏晉南北朝史的角度進行整體研究，或是就北魏王朝的學校進行研究，尚無就北朝學制進行整體研究的專著。現就前人的研究方式，羅列其中重要的研究著作。

1、相關領域的重要專著

（1）呂思勉《兩晉南北朝史》中的相關研究

呂思勉的《兩晉南北朝史》是第一部魏晉南北朝斷代史方面專著〔註 26〕。呂思勉在整理史料的基礎上，對於北朝學校教育相關課題也有獨到的見解。呂思勉在《兩晉南北朝史》的晉南北朝的學術一章中，就北朝學校的興廢、郡縣之學、私學講習等內容進行了詳細的論證，具有非常高的參考價值。

思想。

〔註 21〕李國鈞、王炳照：《中國教育制度通史》，山東教育出版社 2000 年版。
〔註 22〕趙承福：《山東教育通史》古代卷，山東人民出版社 2001 年版。
〔註 23〕賈菲：《中國古代考試與學校教育》，吉林教育出版社 2001 年版。
〔註 24〕劉海峰等：《中國考試發展史》，華中師範大學出版社 2002 年版。
〔註 25〕劉英傑：《中國教育大事典：1840 年以前》，浙江教育出版社 2004 年版。
〔註 26〕呂思勉：《兩晉南北朝史》，上海古籍出版社 2005 年版。

（2）卜憲群、張南的《中國魏晉南北朝教育史》

卜憲群與張南著的《中國魏晉南北朝教育史》是一部對於魏晉南北朝教育斷代史進行研究的重要著作〔註27〕。作者對這一時期的教育特點、教育制度沿革、教育的內容、私學與家庭教育、人才選拔制度及教育思想進行了系統的研究。

（3）王建軍撰寫的《魏晉南北朝教育制度》

王建軍撰寫的《魏晉南北朝教育制度》收錄於《中國教育制度通史》第二卷，是關於魏晉南北朝教育制度的重要研究著作，具有十分重要的參考價值。作者分別就本時期的文教政策的調整、教育體制的變革、私學的昌盛、宮廷教育和選士制度五個方面展開論述。其中十六國至北朝時期的漢化文教政策；北魏中央官學的多樣化、專科教育的興起、北魏郡國學制的確立、行政機構的漸趨獨立等北朝教育體制的變革內容；私人講學的多向發展、家族教育與宗教教育等私學教育內容；和太子、皇子等特殊人群的宮廷教育內容和九品中正制、察舉制、選士制度等五方面，不同程度上涉及到了十六國、北朝時期學校教育的相關問題〔註28〕。

（4）楊吉仁的《北魏漢化教育》

臺灣學者楊吉仁的《北魏漢化教育》是一部涉及北魏時期的教育制度的重要研究著作〔註29〕。作者以漢化為研究的切入點，首先論述鮮卑源流與拓拔氏的建國、探討了北魏實行漢化背景。此後作者又詳細論述了北朝的學校制度和選士制度。最後總結了北魏漢化教育的影響。

2、相關領域的學位論文

（1）博士論文

近年來發表的博士論文〔註30〕，對這一領域多有涉獵，其中黃清敏的《魏晉南北朝教育制度述論》、高慧斌的《南朝學制研究》、焦桂敏的《南北朝經學史》、李磊的《東漢魏晉南北朝士風研究》、蓋金偉的《漢唐官學學禮研究》、

〔註27〕卜憲群、張南：《中國魏晉南北朝教育史》，人民出版社 1994 年版。
〔註28〕王建軍：《魏晉南北朝教育制度》，收錄於《中國教育制度通史》第二卷，山東教育出版社 2000 年版。
〔註29〕楊吉仁：《北魏漢化教育》，正中書局 1973 年版。
〔註30〕2012 年後，張帥對於南北朝時期三禮學進行的研究，對本課題有所補益，參考張帥：《南北朝三禮學研究》，山東大學 2013 年博士學位論文。

夏增民的《儒學傳播與漢魏六朝文化變遷》〔註 31〕等博士學位論文是與本課題相關的重要研究成果。首先，黃清敏的《魏晉南北朝教育制度述論》從教育史的角度進行研究，詳細考察了魏晉南北朝的官學、私學、家學等形式下的教育制度，關注了皇子這一特殊人群的教育、經學這一主要教育內容，總結了這一時期的教育特點。黃清敏的研究是對魏晉南北朝時期的教育制度的整體研究，具有十分重要的意義。其次，高慧斌的《南朝學制研究》是對同時期南朝學制的系統考察。作者就兩晉學制特點這一問題開始研究，對南朝的官學制度、皇室與宮廷教育、私學的發展幾個方面進行了詳細的考察，進而探討了南朝時期學校中的師長和學生、教育內容與方法、學校管理與經費籌措等問題，對南朝學制的影響進行了高度的評價。以往的研究往往以魏晉南北朝時期為一個整體，其研究範圍過於寬泛。而高慧斌的研究無疑是對傳統研究的突破。再次，焦桂敏的《南北朝經學史》詳細考察了北朝的師學、家學、經學傳播、特點、與南朝差異等內容。焦桂敏立足於經學史的研究，對於本課題的研究也具有十分重要的參考價值。此外李磊、蓋金偉和夏增民三位博士的研究範圍跨越漢唐，其中也涉及北朝的相關論述值得借鑒。其中李磊的《東漢魏晉南北朝士風研究》論及北朝的士人風氣。蓋金偉的《漢唐官學學禮研究》再現了各個時期官學的學禮，涵蓋了中央官學的學禮、地方官學學禮以及束脩、心喪、私諡禮等三大分類學禮。夏增民的《儒學傳播與漢魏六朝文化變遷》對漢魏以來各個時期的儒政、儒士的分佈、儒學的傳播等問題進行了論述，進而討論了儒學的政治文化功能，對於文化變遷的影響。他們的研究也是值得關注的。

（2）碩士論文

碩士論文方面〔註 32〕，不少碩士的研究範圍也對這一課題有所涉及，具

〔註31〕黃清敏：《魏晉南北朝教育制度述論》，福建師範大學 2003 年博士學位論文；高慧斌：《南朝學制研究》，吉林大學 2005 年博士學位論文；焦桂敏：《南北朝經學史》，山東大學 2006 年博士學位論文；李磊：《東漢魏晉南北朝士風研究》，華東師範大學 2006 年博士論文；蓋金偉：《漢唐官學學禮研究》，華東師範大學 2007 年博士論文；夏增民：《儒學傳播與漢魏六朝文化變遷》，復旦大學 2007 年博士學位論文。

〔註32〕2012 年後，朱學良：《北魏經學探賾》，西北師範大學 2012 年碩士學位論文；康倩：《北朝文獻整理活動綜述》，吉林大學 2012 年碩士學位論文；宋曄：《兩晉南北朝經學博士考論》，山東大學 2013 年碩士學位論文；王金寧：《論北朝〈春秋〉學的傳授》，吉林大學 2015 年碩士學位論文，上述文章在各自的題

有一定的參考價值。如田力的《魏晉南北朝世族家庭美育研究》、鄒清泉的《北魏孝子畫像研究》、馮帆的《山東士人與北朝漢化》、曲鳳東的《儒學與魏晉南北朝時期的家庭教育》、魯鳳的《北朝私學研究》、李莉的《魏晉南北朝時期教學模式研究》、張鵬的《北魏儒學與文學》和高慧《魏晉南北朝私學與書院起源的關係研究》各自從教學、文物考古、史學、文學等角度對於各自論題進行了研究，具有一定的參考價值〔註33〕。

　　3、相關領域的重要學術論文

　　對於北朝時期教育的整體關注，張慶捷與陳朝暉兩位學者均有所建樹。張慶捷的《儒學與北魏政治》分別探討了道武帝、明元帝到獻文帝、孝文帝三個階段北魏政權對於儒家的吸收，政權的儒化以及產生的問題，文中對於北魏初期漢族士人的貢獻、北魏王朝與儒家的結合、孝文帝以儒學治理國家等問題都有詳細論述〔註34〕。陳朝暉的《論北朝儒學及其地位》、《北朝儒學教育及其影響》、《北魏的儒學與士人》幾篇文章從不同層面討論了這一時期儒學的相關問題〔註35〕。如《論北朝儒學及其地位》一文從北魏漢化、學校教育、禮教觀念、經學發展四個方面闡述了這一時期儒學的地位；《北朝儒學教育及其影響》全面論述了北朝的中央官學、地方官學、私學問題總結了北朝儒學教育的影響；《北魏的儒學與士人》則論述了北魏對於儒家的學習吸收、重視禮制、尊孔重孝的儒化政治、儒學教育中的地方官學、國學行禮、廟學制度、皇宗學等方面問題。從而指出北魏儒學與政治的關係密切、北魏士人在傳授儒學，推行儒家教化，幫助拓跋族全面接受儒家文化方面功不可沒。

內深化了研究，對本課題有所補益。

〔註33〕田力：《魏晉南北朝世族家庭美育研究》，四川大學 2005 年碩士學位論文；鄒清泉：《北魏孝子畫像研究》，中央美術學院 2006 年碩士學位論文；馮帆：《山東士人與北朝漢化》，首都師範大學 2007 年碩士學位論文；曲鳳東：《儒學與魏晉南北朝時期的家庭教育》，曲阜師範大學 2007 年碩士學位論文；魯鳳：《北朝私學研究》，曲阜師範大學 2008 年碩士學位論文；李莉：《魏晉南北朝時期教學模式研究》，西南大學 2008 年碩士學位論文；張鵬：《北魏儒學與文學》，西北大學 2008 年碩士學位論文；高慧：《魏晉南北朝私學與書院起源的關係研究》，中國社會科學院研究生院 2011 年碩士學位論文。

〔註34〕張慶捷：《儒學與北魏政治》，《山西大學學報》1988 年第 1 期。

〔註35〕陳朝暉：《論北朝儒學及其地位》，《齊魯學刊》1989 年第 5 期；陳朝暉：《北朝儒學教育及其影響》，《齊魯學刊》1991 年第 6 期；陳朝暉：《北魏的儒學與士人》，《文史哲》1992 年第 4 期。

（四）北朝學制的專門研究

對於北朝學制的專門研究成果是比較豐富的，涉及到了學校制度中諸如各類學校的設置、教育者與受教育者、教育內容與方法、學校管理等的各個方面。前輩學者的研究是本課題進一步研究〔註36〕的基礎，有必要加以系統梳理，重視其學術貢獻。

1、對於北朝時期學校的研究

（1）對於官學的整體研究

對於官學的整體論述，張憲華、余世明、常倩與吳俊平等人都有所論述。張憲華的《北魏官學初探》討論了北魏官學發展的階段，提出了發展期、昌盛期、衰落期三階段說，又論述了包括皇帝徵召、官吏薦舉、考試、提拔學生在內的四種官學教師的來源方式、學生的入學身份限制、課程教材、官學與私學聯繫等問題，總結了北魏官學對於教育、學風形成的社會作用〔註37〕。余世明的《北朝的學校及學校教育》分時期論述了北朝的中央官學的設置，提出北魏中央官學的發展存在太武帝時期、孝文帝和宣武帝時期、孝明帝以後三個重要階段。作者又分時期討論地方鄉學的建設，肯定了北魏在地方鄉學發展中的作用。作者在文後指出「北朝學校制度的建設和學校教育事業發展的鼎盛期是在北魏朝，這與北魏時期鮮卑統治者漢化的需要及社會政治環境的相對穩定是密不可分的」〔註38〕。常倩的《北魏學校教育與鮮卑族的漢化》從教育體制、教育內容、教育主體、教育客體四個方面論述了北魏借學校教育來推行漢化的治國方針〔註39〕。吳俊平的《北魏時期的官學教育及其文化影響》則一般性論述了北魏時期的文教政策、官學體制、學官及教學活

〔註36〕2012 年後，劉軍：《北朝釋奠禮考論》，《蘭州學刊》2012 年第 1 期；黃祥深，王希隆：《北魏孝文宣武時期教育發展原因探析》，《青海民族大學學報》2012 年第 1 期；夏志剛：《南北朝釋奠推行模式比較》，《閩江學刊》2013 年第 6 期；溫中華，羅曲：《孝文化與北魏社會》，《文史雜誌》2012 年第 4 期；張明：《西晉立書博士考論補遺》，《鞍山師範學院學報》2013 年第 1 期；邵正坤，王忠：《北魏〈孝經〉之傳播》，《山西大同大學學報》2014 第 3 期；滕雲玲：《試論儒學與十六國北朝的民族融合的關係》《牡丹江大學學報》2014 第 3 期；姚立偉：《崔浩與北魏經學》，《唐山師範學院學報》2015 年第 1 期，上述文章各有建樹，一定程度上深化了本課題的研究。

〔註37〕張憲華：《北魏官學初探》，《蘭州大學學報》1988 年第 2 期。

〔註38〕余世明：《北朝的學校及學校教育》，《貴州大學學報》1992 年第 4 期。

〔註39〕常倩：《北魏學校教育與鮮卑族的漢化》，《青海民族學院學報》2003 年第 3 期。

動等方面問題的概況〔註40〕。

　　（2）對於官學的具體研究

　　首先，太學方面，張金龍的《北魏太學與政治、文化》是一篇比較重要的論文〔註41〕。本文就北魏的太學及其教學的博士、學生的任職途徑、家族和地域分佈等問題都有所研究。

　　其次，中書學方面有嚴耀中的《北魏中書學及其政治作用》、梁滿倉的《北魏中書學》、施光明的《北魏中書學考述》、姚弘傑的《北魏中書學新探》四篇重要作品〔註42〕。嚴耀中系統論述了北魏中書學的隸屬、博士職權、人員的世家大族身份及世襲化傾向、中書學的功能及消失等內容。梁滿倉則關注了北魏中書學的前身、地位和作用三方面問題，從而指出中書學的前身國子太學其實質是漢魏傳統意義上的太學，在太武帝別立太學之後中書學的位置格局上具有國子學的地位而高於太學；中書學生存在爲皇宗講經、傳任中書博士和擔任政府官員等三條出路；中書學的作用體現在吸收和培養人才、傳播儒學方面。施光明肯定中書學作用，認爲中書學主要是培養掌草文案人才的專門學校。姚弘傑的《北魏中書學新探》是對中書學研究另一重要成果。作者在就北魏中書學起止的時間、與太學的關係、教學問題、特殊性、目的等方面皆有獨到的見解。作者認爲，北魏前期國子學爲中書學，但太學仍然存在，與中書學並存；又認爲中書學存在都講制度，中書學生生員有宿舍，中書助教爲一時之制，中書學生十五入學，中書學與中書省有關係；中書學的特殊性體現在中書學隸屬中書省、學生有品級、爲漢族所佔據出現了世襲的傾向；中書學的目的在於籠絡漢族士人，而不僅僅是單純的教育機構。

　　再次，姚弘傑的《北魏皇宗學與四門小學略論》則是皇宗學、小學方面的論文〔註43〕。姚弘傑指出四門學就是由皇宗學而來，教授小學，四門博士品級較低也由教學內容所致，四門學與四門小學發展而來。

〔註40〕吳俊平：《北魏時期的官學教育及其文化影響》，《科技信息學術研究》2007年 24 期。

〔註41〕《原學》第四輯，中國廣播電視出版社 1996 年版。

〔註42〕各篇文章出處如下：嚴文，中國魏晉南北朝史學會編：《魏晉南北朝史論文集》，齊魯書社 1991 年版，第 136～147 頁；梁文：《魏晉南北朝五禮制度考論》，社會科學文獻出版社 2009 年版，第 107～125 頁；施文：《教育史研究》1991 年第 1 期；姚文：《華東師範大學學報》2006 年第 3 期。

〔註43〕姚弘傑：《北魏皇宗學與四門小學略論》，《教育史研究》2006 年第 6 期。

第四，北齊時期設有文林館。魏宏利的《北齊文林館的設立、構成及其歷史意義》、宋燕鵬、高楠：《論北齊文士的地理分佈——以「待詔文林館」籍貫爲考察中心》、王允亮：《北齊文林館考論》以及黃壽成的《北齊文林館考》對此均有相應的論述。〔註44〕

此外，地方官學以及其它方面，也有相關的論述。如在地方官學方面，嚴耕望的《中國地方行政制度史》魏晉南北朝卷對北朝的地方學官有所論述〔註45〕。袁剛的《魏晉南北朝的地方學官》也按照時代對於地方學官進行了記述〔註46〕。

（3）對於私學與家學的研究

學者往往將私學與家學的放在一起進行研究，對於私學方面的關注存在著穆嵐、胡克森、李弘祺、余世明、楊映琳、陳英等人的研究。首先，穆嵐的《試論北魏的私學教育》記述了北魏私學發展的概況，分析了其中私學發展的原因，論述了北魏私學的北學教學內容和自由擇師、教學相長的學風，進而總結了北魏家學發展、私學多樣的特點〔註47〕。其次，胡克森在《論北朝私學與科舉制誕生的關係》一文中指出北朝私學最突出的特點是它的平民性和開放性，學生學習方式的靈活多樣，擇師自由，學生身份不分等級貴賤、門戶高低等，進而論述了科舉制誕生之前孝廉、秀才之制繁盛與發展等問題〔註48〕。再次，李弘祺的《絳帳遺風：私人講學的傳統》在門第社會的私人講學一節也有相關論述〔註49〕。此外，余世明的《簡論魏晉南北朝私人教育的發展》、楊映琳的《魏晉南北朝的私學》、陳英的《魏晉南北朝私學教育內

〔註44〕 魏宏利：《北齊文林館的設立、構成及其歷史意義》，《西南交通大學學報》（社會科學版）2006 年 10 月第七卷第 5 期；宋燕鵬、高楠：《論北齊文士的地理分佈——以「待詔文林館」籍貫爲考察中心》，《中國歷史地理論叢》2006 年 10 月第 21 卷第 4 輯；王允亮：《北齊文林館考論》，《長沙大學學報》2006 年 11 月第 20 卷第 6 期；黃壽成：《北齊文林館考》，《暨南史學》2012 年第 1 期。

〔註45〕 嚴耕望：《中國地方行政制度史：魏晉南北朝地方行政制度》，上海古籍出版社 2007 年版。

〔註46〕 袁剛：《魏晉南北朝的地方學官》，《許昌師專學報》1994 年第 4 期。

〔註47〕 穆嵐：《試論北魏的私學教育》，《河南師範大學學報》1992 年第 4 期。

〔註48〕 胡克森：《論北朝私學與科舉制誕生的關係》，《貴州社會科學》2006 年第 4 期；另外胡克森的《論北朝教育與科舉制之關係》，北京大學碩士學位論文，未能見到，概與此內容相似。

〔註49〕 劉岱主編：《中國文化新論》學術篇，三聯書店 1991 年版，第 365～371 頁。

容多元化格局述論》等文章也從不同角度對私學教學進行了論述，具備一定參考價值〔註 50〕。

　　在家學教育研究方面，也存在著一系列的研究成果。首先，邵正坤的《北朝家學的特徵及其轉變》、《試論北朝以傳承儒學爲主的家學及其嬗變》、《論北朝時期鮮卑的家庭教育》等是北朝家學的重要的研究文章〔註 51〕。作者指出，家學是在家庭內部由父祖、子孫世代相承的學業。在門閥世族形成的過程中，學術文化曾起過舉足輕重的作用。家學是家庭或家族進行學術選擇和文化積澱的產物，它一旦形成，就具有相當的穩定性，成爲某一世族區別於其它世族的典型性特徵。基於學術文化對於維護家族門第重要性的認識和自覺，世家大族也極爲重視對於子弟的培養和教育，重視家學的承繼和闡揚。繼而論述了北朝家學中儒學盛行的家庭、地域、國家以及心理四方面原因及具有開放性和重視「禮」、「禮」的主要特徵。最後動態地分析了這一時期家學所表現出的文武兼修、玄學漸染、釋道兼習等方面的轉變。對於北朝時期鮮卑的家庭教育作者提出了鮮卑早期家庭教育不同於漢族的特點，進而論述了鮮卑入主中原後，家庭教育在知識教育和倫理教育方面的轉變以及鮮卑內部的分化。此外，李必友、張白茹的《論魏晉南北朝家族教育興盛的原因》、盧麗瓊的《淺議魏晉南北朝時期家族教育的興盛》、曹建平的《魏晉南北朝家庭教育勾稽》、李必友的《魏晉南北朝家學教育的特點》、張承宗、魏向東的《魏晉南北朝時期的家庭教育》這些文章或重點分析原因、或著眼於教育形式特點、或關注授業者的地位，對於深入瞭解相關問題有所幫助。

（4）對於學校分佈問題的關注

　　對於北朝時期學校分佈的關注源於北朝時期城市歷史地理的研究。對於北魏平城歷史地理的研究，前田正名的《平城歷史地理研究》一書進行了詳細的論述〔註 52〕，此外，段智鈞與趙娜冬的《北魏平城城市佈局探微》一文

〔註50〕余世明：《簡論魏晉南北朝私人教育的發展》，《貴州大學學報》1998 年第 2 期；楊映琳：《魏晉南北朝的私學》，《哈爾濱職業技術學院學報》2006 年第 5 期；陳英：《魏晉南北朝私學教育內容多元化格局述論》，《北朝研究》第二輯，北京燕山出版社 2008 年 2 版。

〔註51〕這幾篇文章分別見於《社會科學輯刊》2007 年第 3 期，《孔子研究》2008 年第 3 期以及《紀念〈教育史研究〉創刊二十週年論文集（3）——中國教育制度史研究》之中。

〔註52〕前田正名著，李憑、孫耀 等譯：《平城歷史地理研究》，書目文獻出版社 1994 年版。

也通過城牆的變遷探討了北魏平城的城市佈局〔註53〕。對於北魏洛陽歷史地理的研究，《漢魏洛陽故城研究》一書收錄了一些關於北魏洛陽城市規劃佈局的經典文章〔註54〕。如勞幹的《北魏洛陽城圖的復原》利用《河南志》、《洛陽伽藍記》和《水經注》等材料爲我們描繪出一幅相對完整的北魏洛陽城地圖。根《洛陽伽藍記》描繪出北魏國子學堂的位置。王鐸的《北魏洛陽規劃及其城史地位》，在對洛陽規劃的論述中關注了洛陽城市功能區的劃分，指出國子學堂位於行政區。在文中所附的地圖上標注了國學、明堂的位置。趙福茹的《北魏洛陽里坊制度淺識》和張劍的《關於北魏洛陽城里坊的幾個問題》是對洛陽里坊的考察。趙福茹首先關注了洛陽里坊的數目問題探討了里坊的形制、規劃，里中居民的成分、里坊的綠化、管理等問題。趙福茹又指出：「城南宣陽門外東洛河北爲三雍所在地，在這裏建明堂，設學校，是文化區。」〔註55〕張劍則利用墓誌材料考察了洛陽里坊和鄉里制度，里坊中的居民等問題，對於考察洛陽城中居民身份有一定參考價值。對東魏、北齊鄴城的考察。俞偉超的《中國古代都城規劃的發展階段性》一文對於東魏北齊的都城有所論述。此外，牛潤珍的《魏晉北朝鄴城初探》就鄴城的興衰等內容進行了論述。

2、對於學校中的教育者與受教育者的研究

（1）對於博士等學官的研究

對於博士等學官研究，除在以魏晉南北朝時期的教育制度爲研究範圍的專著之中有所論述之外，還有一些比較有特點的專門論述。首先，值得關注的是唐長孺在《讀史釋詞》中對於博士一詞解釋〔註56〕。其次，王松山的《北魏博士略論》、與孫德玉、裘士京的《魏晉南北朝博士職責、考選及其變異論略》也是比較重要的兩篇文章〔註57〕。王松山在參考前人觀點的基礎上就北

〔註53〕段智鈞、趙娜冬：《北魏平城城市佈局探微》，《建築史》2012年第1期。

〔註54〕洛陽市文物局等單位編：《漢魏洛陽故城研究》，科學出版社2000年版。下面幾篇關於洛陽城市地理的文章皆出自於此。

〔註55〕洛陽市文物局等單位編：《漢魏洛陽故城研究》，科學出版社2000年版，第529頁。

〔註56〕唐長孺：《魏晉南北朝史論拾遺》，收入於《唐長孺文集》之中，中華書局2011年版，第279～282頁。

〔註57〕王松山：《北魏博士論略》，《牡丹江大學學報》2007年第3期；孫德玉、裘士京：《魏晉南北朝博士職責、考選及其變異論略》，《華東師範大學學報》2007年第1期。

魏的博士種類、博士選任和職責進行了詳細的論述。孫德玉、裘士京則就博士職責和考選兩方面進行相關論述。此外樓勁的《北魏的方驛博士》對方譯博士的職掌進行了考證〔註58〕

（2）對於諸生的研究

研究北朝時期的各類學校的文章中往往也包括對於諸生等受教育者的研究，前文對此已有相關總結。專門對於這一時期的諸生進行系統研究的文章僅有馬立軍的《北魏「宮學生」考》一文以墓誌爲基礎考證了宮學生的設置〔註59〕。

（3）其它方面的研究

北朝時期的選官制度、禮儀制度也涉及到學校中相關人員，學界對此多有專門研究。選官制度方面，首先值得關注的是唐長孺的相關論著。其中《九品中正試釋》一文，作者對於魏晉南北朝時期的九品中正選官制度進行了研究，探討九品中正制的創立、中正官的職權以及與士族門閥的配合等方面內容，具有十分重要的參考價值〔註60〕。《南北朝後期科舉制度的萌芽》一文則有助於理解選官制度中考試制度所起到的作用〔註61〕。其次，日本學者宮崎市定的《九品官人法研究》是對九品官人法研究的力作，作者通過大量的研究指出鄉品較官品起家相差四級〔註62〕。作者對於北朝九品官人法的研究，有助於加深對於北朝學人出仕的理解。再次，俞鹿年的《北魏職官制度考》一書是對北魏時期職官制度考察研究的重要專著，也是探討學官選拔問題的重要參考著作〔註63〕。此外，閻步克的《中國古代官階制度引論》、《品位與職位——秦漢魏晉南北朝官階制度研究》等著作對於這一問題的進一步深入研究也有重要的參考價值。

禮儀制度方面也有相關值得參考的研究成果。如陳戍國的《中國禮制史》（魏晉南北朝卷）之中就涉及了北朝的尊老之禮〔註64〕。梁滿倉的《魏晉南

〔註58〕 樓勁：《北魏的方驛博士》，《中國史研究》，2010 年第一期。

〔註59〕 馬立軍：《北魏「宮學生」考》，《中國史研究》2011 年第 2 期。

〔註60〕 唐長孺：《魏晉南北朝史論叢》，收入於《唐長孺文集》之中，中華書局 2011 年版，第 81～121 頁。

〔註61〕 唐長孺：《魏晉南北朝史論續編》，收入於《唐長孺文集》之中，中華書局 2011 年版，第 141～148 頁。

〔註62〕 宮崎市定：《九品官人法研究》，中華書局 2008 年版。

〔註63〕 俞鹿年：《北魏職官制度考》，社會科學文獻出版社 2008 年版。

〔註64〕 陳戍國：《中國禮制史》魏晉南北朝卷，湖南教育出版社 2002 年 2 版。

北朝五禮制度考論》對於五禮制度的學術文化背景進行的詳細論述〔註65〕。閻步克的《服周之冕——〈周禮〉六冕禮制的興衰變異》一書對於北朝時期的冕服制度也有所論述，對於理解北朝的相關制度有所幫助〔註66〕。

3、對於北朝時期學校教育內容的研究
（1）涉及教育內容方面的經學史專著

二十世紀初，伴隨著科舉制度的廢除，中國開始了對於儒學、經學史的現代研究，出現了一系列重要的研究成果。皮錫瑞的《經學歷史》是第一部系統研究經學史的專著。本書對中國經學的發展進行了分期研究，對於本時期——經學的分立時代，作者以為「北學反勝於南者，由於北人俗尚樸純，未染清言之風、浮華之習，故能專宗鄭、服，不為偽孔、王、杜所惑。此北學所以純正勝南也。」〔註67〕他對於北朝經學給予了很高的評價。周予同對《經學歷史》的注釋研究是對本書的一種完善。從而進一步認為「北朝『鄭學』系統，屬漢學；南朝『王學』系統，屬晉學」。〔註68〕此後劉師培出版了《經學教科書》提出了新的以兩漢之時、六朝已降、宋明、近儒四個階段劃分的分期理論〔註69〕。馬宗霍的《中國經學史》指出「後儒因謂兩漢經學行於北朝，魏晉經學行於南朝，然一加尋索則有不盡然者」〔註70〕，在反駁了兩漢經學行於北朝，魏晉經學行於南朝的觀點之後，作者進而分析了南北經學的差異。蔣伯潛與蔣祖怡合著的《經與經學》是另外一部十分重要的經學史作品，作者認為「那時候，南北經學，風尚不同。北學宗鄭玄，南學宗王肅；以經學的造就論，王不如鄭。北俗質樸，南俗文華，以說經的體例論，華不如質。」〔註71〕同樣肯定了北學的價值。劉汝霖的《東晉南北朝學術編年》是一部非常重要的著作〔註72〕。作者廣收史料，釐清年代，對這一時期

〔註65〕梁滿倉：《魏晉南北朝五禮制度考論》，社會科學文獻出版社2009年版，第107～125頁。
〔註66〕閻步克：《服周之冕——〈周禮〉六冕禮制的興衰變異》，中華書局2009年版。
〔註67〕見皮錫瑞：《經學歷史》，中華書局2008年版，第182頁。
〔註68〕見朱維錚：《周予同經學史論著選集》，上海人民出版社1996年第2版，第855頁。
〔註69〕劉師培：《經學教科書》，上海古籍出版社2006年版。
〔註70〕馬宗霍：《中國經學史》，上海書店影印1984年版，第76頁。
〔註71〕蔣伯潛 蔣祖怡：《經與經學》，臺灣世界書局印行1948年3版，第194頁。
〔註72〕劉汝霖：《東晉南北朝學術編年》，華東師範大學出版社2010年版。

的學術事件、學者著述都有詳細記述，記錄史料出處，書後附以索引，具有資料和研究的雙重參考價值。

　　建國之後儒學、經學史等學術史的著作得以大量出版，出現了體例宏大的叢書。首先，關於儒學、經學史等學術史的大型論著代表著新時期的研究。如姜林祥主編的《中國儒學史》、張立文主編的《中國學術通史》等。姜林祥主編的《中國儒學史》是近年來對於儒學史研究的力作。劉振東所著的魏晉南北朝卷對於十六國時期的儒學影響、北朝儒學的發展以及魏晉南北朝時期的經學等問題都有詳細論述〔註73〕。張立文主編的《中國學術通史》是另外一部關於中國古代學術史的大型論著。其中魏晉南北朝卷由向世陵撰寫論及了南學與北學這一南北朝經學差異與演變的問題〔註74〕。許道勳與徐洪興的《中華文化通志・經學志》在論及南北經學差異同時，強調南北學術並不是截然分開的〔註75〕。其次，在吳雁南、秦學碩與李禹階主編的《中國經學史》第三章魏晉南北朝經學的多元傾向中，作者孔毅提到了北朝經學的復興、南學與北學差異等問題〔註76〕。張國剛與喬治忠的《中國學術史》也對北朝經學有簡要論述〔註77〕。此外，江竹虛的《五經源流變遷考》由江宏整理出版對於儒學經典的傳授源流進行了記述〔註78〕。

　　日本學者本田成之所著《中國經學史》出版於二十世紀三十年代，是對中國經學史研究有著重要影響的海外學者論著〔註79〕。作者將中國經學演變劃分為七個時期。其中三國六朝作為一個獨立的時期，涉及到南北朝的經學學政、南北經學比較和南北朝學者等內容，本書具有時代性，也具有學術史的參考價值。

　　（2）涉及到教育內容方面的其它專著

　　對於北朝時期教育內容的關注不僅僅局限於經學史的關注。首先，在制度的研究中就涉及到這部分內容。如唐長孺的《魏晉南北朝史論叢》中所收

〔註73〕劉振東：《中國儒學史》魏晉南北朝卷，廣東教育出版社 1998 年版。

〔註74〕向世陵：《中國學術通史》魏晉南北朝卷，人民出版社 2004 年版。

〔註75〕許道勳、徐洪興：《中華文化通志・經學志》，上海人民出版社 1998 年版。

〔註76〕吳雁南等：《中國經學史》，福建人民出版社 2001 年版；孔毅另有《北朝的經
　　　　學與儒者》一文見於《西南大學學報》1990 年第 3 期，內容與此相似，不另
　　　　述。

〔註77〕張國剛、喬治忠：《中國學術史》，上海東方出版社 2002 年版。

〔註78〕江竹虛：《五經源流變遷考》，上海古籍出版社 2008 年版。

〔註79〕本田成之：《中國經學史》，上海書店 2001 年版。

錄的《讀報朴子推論南北學風的異同》一文則對這一時期北方的河北學和洛陽學的差異有所論述〔註 80〕。其次，在魏晉南北朝斷代史研究上也涉及到了教育內容的方面。如何茲全的《魏晉南北朝史略》、王仲犖的《魏晉南北朝史》對於這一時期經學、文化的發展都有一定論述〔註 81〕。此外，在文獻整理等其它領域也有涉及教育內容問題的專著。如錢寶琮的《算經十書》、陳邦賢在其《中國醫學史》、啓功的《急就篇傳本考》等〔註 82〕。錢寶琮的《算經十書》對算學的教育內容有所論述，陳邦賢在其《中國醫學史》中詳細記載了北朝時期醫學的教育內容，而啓功的《急就篇傳本考》主要涉及到《急就篇》這一蒙學教育的重要內容的流傳摹寫。

（3）教育內容方面的研究文章

對於北朝時期教育內容關注主要體現在對南北學風差異之上。首先洪延彥的《北朝前期的儒學：南北史札記之一》、張弓的《北朝儒釋道論議與北方學風流變》、工曉衛的《論佛教對北朝儒學的影響》、劉濤的《由經學的傳承發展看北朝儒學的時代特點》與王永平的《北朝時期之玄學及其相關文化風尚考述》幾篇文章都關注了北朝時期教育內容〔註 83〕。洪延彥的《北朝前期的儒學：南北史札記之一》對北朝的儒學進行了分期考察，就北朝前期的公羊學等問題提出了自己的見解。指出北學弊病在北朝前期沒有體現，或許只是萌芽狀態。張弓的《北朝儒釋道論議與北方學風流變》就北朝議論之風的發展結合儒、釋、道三家的關係探討了北方的學風轉變。王曉衛的《論佛教對北朝儒學的影響》則重點論述了佛教對儒學的影響，作者就儒林人士向佛、佛教通儒、傳經授業方式的轉變幾方面展開論述，進而總結佛教對於儒學講

〔註 80〕 唐長孺：《魏晉南北朝史論叢》，收入於《唐長孺文集》之中，中華書局 2011 年版，第 338～368 頁。

〔註 81〕 何茲全：《魏晉南北朝史略》，上海人民出版社 1958 年版；王仲犖：《魏晉南北朝史》，上海人民出版社 2003 年版。

〔註 82〕 錢寶琮：《算經十書》，中華書局 1963 年版；陳邦賢：《中國醫學史》，團結出版社，第 35 頁；啓功：《急就篇傳本考》一文，收入於《啓功叢稿》論文卷，中華書局 1999 年版，第 1～9 頁。另有劉偉傑：《急就篇研究》，山東大學 2007 年博士學位論文，對於《急就篇》的版本流傳論述十分詳細可供參考。

〔註 83〕 張弓：《北朝儒釋道論議與北方學風流變》，《孔子研究》1993 年第 2 期；王曉衛：《論佛教對北朝儒學的影響》，《貴州大學學報》1998 年第 6 期；劉濤：《由經學的傳承發展看北朝儒學的時代特點》，《石河子大學學報》2006 年第 3 期；王永平：《北朝時期之玄學及其相關文化風尚考述》，《學術研究》2009 年第 11 期。

經論難風氣、講經必升高座等方面的影響。劉濤的《由經學的傳承發展看北朝儒學的時代特點》則從私學中的經學傳承角度探究北朝儒學的特點。作者肯定了北學受漢儒影響、不習慣玄談的特點，又指出北學思想卻是開放的。王永平的《北朝時期之玄學及其相關文化風尚考述》則論文書北朝玄學於社會風尚的變化，進而指出北朝之玄學風尚儘管並未斷絕但影響遠不及南朝，無法成爲學術主流。此外，在小學教育方面也有相關的研究。如吳洪成、王金霞的《魏晉南北朝時期的小學教育探析》一文就小學教育中的官學小學、私學小學教育情況、教材內容等問題進行了論述〔註84〕。

4、對於北朝時期學校管理的研究

（1）對於北朝時期學校管理的研究

對於北朝時期的學校管理的研究，多集中在專門的教育史研究專著之中，前文已有相應的總結。然而值得關注的是，在魏晉南北朝方向特別是北朝研究上還是缺乏專門論述學校管理問題的相關文章，是值得進一步深入研究的課題。

（2）對於《學令》的研究

北朝的《學令》作爲學校管理的重要法律，也是學校管理方面需要關注的問題。首先，對於古代法律方面的研究，沈家本的《歷代刑法考》和程樹德的《九朝律考》是兩部非常重要的著作。沈家本的《歷代刑法考》整理了中國古代各個的時期的法律制度，其中《刑制總考》卷三中就包含北朝時期的刑制，而《律令》卷三中則包含了北朝時期的律令體系〔註85〕。程樹德的《九朝律考》的卷五《後魏律》、卷六《北齊律》《後周律》中對於北朝的律令內容都有所考證〔註86〕。此二人的著作對於北朝《學令》的研究具有十分重要的意義。其次，日本學者仁井田陞的《唐令拾遺》中對於唐代《學令》內容的考證，對於北朝《學令》的研究也有借鑒意義〔註87〕。此外，樓勁在《關於北魏後期令的班行問題》一文中指出，北魏後期的《學令》班而未行〔註88〕。

〔註84〕 吳洪成、王金霞：《魏晉南北朝時期的小學教育探析》，《南京社會科學》2007年第10期。

〔註85〕 沈家本：《歷代刑法考》，中華書局1985年版。

〔註86〕 程樹德：《九朝律考》，中華書局2006年版。

〔註87〕 〔日〕仁井田陞：《唐令拾遺》，長春出版社出版1989年版。

〔註88〕 樓勁：《關於北魏後期令的班行問題》，《中國史研究》，2001年第2期。

（3）對於北周學校管理的研究

北周實行六官改革後，其學校管理是比較特殊的。對於北周的制度王仲犖的《北周六典》一書對於北周仿造周禮的官制體系有所考證，其中也包括了這一時期的學校管理職官〔註89〕。王仲犖的《北周六典》對於考察北朝學校管理具有十分重要的參考價值。

（五）研究的總結

北朝的學校制度是與制度史、教育史等方面密切相關的課題，具有重要的研究價值。北朝學校制度上承漢晉傳統，下開隋唐之先河，影響深遠。北朝的學校教育活動是中古時期教育發展的重要環節，這一時期也是中國教育發展史上的重要時期，體現著教育史研究方面的研究意義。北朝的學校教育表現出的研究價值得到了前輩學者的肯定，因而也進行了充分的關注。儘管如此，本課題依然存在進一步研究的空間。

對研究史回顧，是為了發現其中的研究趨勢和存在的問題。近年來對北朝學校制度這一問題的研究呈現出研究問題的日漸細化，材料應用的越來越廣泛化和學術理論的不斷深化的發展趨勢。首先，研究問題的細化。從二十世紀初對於問題的簡單描述，到近年來大型叢書的出版，學術研究的範圍更加細化。從最初關注於教育史的整體描述，到魏晉南北朝時期的論述，進而發展到對於南朝、北魏等具體時期，朝代的專門研究。其次，應用材料的廣泛化。對於文獻的材料的應用在相當長時期內佔據主要地位，伴隨墓誌、石刻材料的整理，對於這部分材料的應用也日益為學者所重視。此外，學術理論的深化與研究方法的更新。自二十世紀初教育學理論的引進，改變了傳統的研究方式以來，馬克思主義理論逐漸成為指導思想，理論的創新從未停止，比較分析、個案分析等方法的運用推動了研究的深入進行。

我們通過對研究史回顧，一方面要肯定前輩學者所取得的成就，另一方面更要透過對研究趨勢的把握，探求學術研究的薄弱環節，尋求進一步研究的途徑。

首先，前人的研究中在取得成就的同時，並非是完美無瑕的。時代因素造成了一些觀點存在著偏頗。清人推崇漢學，以為北學質樸，接近於漢學，拔高了北學的地位，而二十世紀初，民族矛盾突出，學者在研究過程中難免

〔註89〕王仲犖：《北周六典》，中華書局 1979 年版。

參雜了個人情感，出現了重視南朝，輕視北朝的傾向。建國初期片面的強調階級鬥爭理論，又使得觀點相對激進。八十年代，伴隨著研究的繁榮，也出現了一批低質量重複勞動的成果。新時期對於理論的重視，又有了片面重視理論，割裂史料的傾向。這些問題，多是時代因素造成的。史料應用也存在著一定的問題。學者研究所用的材料多從文獻而來，對於考古成果的吸收不夠。文獻材料運用方面，部分研究成果對於史料的選擇也存在一定的問題。

其次，在充分掌握現有材料的基礎上，本課題存在著可以進一步研究的空間。首先，儘管出現了研究的細化和深化，但是研究還遠未達到令人滿意的地步。如楊吉仁的《北魏的漢化教育》可圈可點，側重於漢化問題的論述，對於學制的其它方面還存在進一步研究的空間。其次，各學科成果的相互借鑒也借也需要進一步加強。教育學領域的研究系統性很強，然而對於史料的運用缺乏考釋，學術史的研究方面的長處在與對於南北學術的比較，思想的研究。對於史料的詳細考釋則是史學研究的專長。

此外，選擇合適的切入點，仍然可以推動研究的深化與細化。整體而言北朝時期材料凌亂複雜，使得學者望而卻步不願深入研究，縱有研究者或關注整個魏晉南北朝時期，或糾纏於細小問題的考證，缺乏一個對於北朝時期學校教育的系統還原，因而對於北朝的學校教育這一課題還是存在進一步研究必要的。

綜上所述，北朝學校制度是一個廣為關注的課題，也是一個可以進行深化研究的課題。

三、研究的思路

對於北朝學制這一課題的研究，本文以文獻為基礎，結合考古出土資料，遵循對史料進行科學的分類、對北朝時期進行階段性劃分、對於北朝時期特殊的歷史制度進行具體分析這一基本研究思路，綜合運用歷史研究方法，進行系統研究。

（一）科學的分類

科學的分類是史學研究的基礎，對於北朝時期學校制度的研究也是遵循制度研究的基本分類原則的。對於學校制度的研究，學界已有相對成熟的研究框架。本文在創作過程中，在吸收了前人的基本框架的基礎上並根據這一時期的學校制度的特點，形成文章結構。對於學校的分類是按照其創辦者、

分佈等屬性分爲中央官學、地方官學和私學三類。中央官學又包含太學、國子學、中書學、皇宗學、四門小學等具體學校。對於教育者與受教育者的分類則是按照其從事教育活動的地點劃分官學和私學兩類。教育內容的劃分是相對複雜的，按照其求學的內容，參照求學過程分爲蒙學教育內容、經學教育內容和專門教育內容三類。教育方法的分類則分爲教學方法和管理方法兩類，涉及到了教學管理的各個方面。在分類的過程中，本文遵循從材料出發這一基本原則，在吸收前人成果的基礎上進行科學的分類。

（二）歷史的階段性劃分

北朝時期的學校制度，上承魏晉，下啓隋唐，經歷了近二百年的發展過程。在此期間，學校制度並不是一成不變的。「太祖初定中原，雖日不暇給，始建都邑，便以經術爲先，立太學，置五經博士生員千有餘人」〔註90〕，此爲北魏建國之初的情況。而北魏後期「時天下承平，學業大盛。故燕、齊、趙、魏之間，橫經著錄，不可勝數。大者千餘人，小者猶數百」〔註91〕，學校發展盛極一時。北魏「孝昌之後，海內淆亂，四方校學所存無幾」〔註92〕，此爲學校的衰落狀況。此後學校發展又幾經變化，各有差異。因而，對於這一時期的學校制度需要按照不同的歷史發展階段，進行階段性的劃分。北朝時期的學校發展整體上可以劃分爲北魏前期、北魏後期和東西對峙三個基本時期，根據中央官學、地方官學和私學各自發展差異，其具體劃分標準也有所差異。如中央官學的發展以孝文帝遷都這一時間爲劃分北魏前後期的標準，然而對於地方官學和私學這一標準顯然是不合適的。本文在對學校制度進行分期研究時，遵循按照歷史事物自身的發展特點，進行合理劃分。

（三）具體問題的具體分析

北朝時期的學校制度，也存在著不同於其它時期的特點。這一特殊性在北魏前期和北周時期表現的極爲明顯。北魏前期的官制「不依周漢舊名，或取諸身，或取諸物，或以民事，皆擬遠古雲鳥之義」，如「諸曹走使謂之鳧鴨，取飛之迅疾；以伺察者爲侯官，謂之白鷺，取其延頸遠望」等，對其學制也有相應的影響〔註93〕。北魏統一北方後，「稍僭華典，胡風國俗，雜相揉亂」

〔註90〕《魏書》卷八四《儒林傳》，第 1841 頁。
〔註91〕《魏書》卷八四《儒林傳》，第 1842 頁。
〔註92〕《魏書》卷八四《儒林傳》，第 1842 頁。
〔註93〕《魏書》卷一一三《官氏志》，第 2973 頁。

〔註 94〕。而北周依《周禮》建六官，其制度名號也有所不同。對於這些體現
北朝時期制度的特殊性的具體問題需要加以具體分析才來還原歷史的原貌。

〔註94〕 《南齊書》卷五七《魏虜傳》，第 990 頁。

第一章　北朝時期的學校

　　北朝時期的學校可以分爲設立於京師的中央官學、設立於地方的地方官學和私人開設的私學三類。本章將根據現有材料，對北朝時期這三類學校分時期加以梳理探討學校的設立、類型、規模、分佈等方面問題，以期全面瞭解北朝各級學校的發展情況。

第一節　北朝時期的中央官學

　　所謂「古之王者，建國君民，教學爲先」〔註1〕，設立學校是任何一個政權都需要考慮的。北朝時期延續了西晉、十六國的教育傳統，在中央設有官學系統。《魏書》卷八四《儒林傳》:「太祖初定中原，雖日不暇給，始建都邑，便以經術爲先，立太學，置五經博士生員千有餘人」，由此開始了中央官學的建設。北朝的中央官學按照其發展階段的特點可以大略分爲北魏前期、北魏後期和東西對峙時期等三個時期。

一、北魏前期的中央官學

（一）北魏前期中央官學的發展階段

　　北魏前期，國家以平城爲統治中心，這一時期的中央官學經歷了從草創到發展的過程。這一過程具體可以歸納爲道武帝、明元帝兩朝的草創時期和太武帝到孝文帝遷都前發展時期。

〔註1〕《禮記·學記》，孫希旦:《禮記集解》，中華書局 1989 年版，第 957 頁。

1、北魏道武帝至明元帝時期的中央官學

北魏道武帝、明元帝時期是北魏中央官學的草創時期。北魏的中央官學設立於道武帝天興年間。登國元年春正月（公元 386 年），道武帝拓跋珪「即代王位，郊天，建元，大會於牛川」〔註2〕。皇始元年九月（公元 396 年），代國攻佔并州，「初建臺省，置百官，封拜公侯、將軍、刺史、太守，尚書郎已下悉用文人」〔註3〕，開始國家政權的建制，文人的啓用也爲學校的設立準備了條件。天興元年秋七月（公元 398 年），北魏「遷都平城，始營宮室，建宗廟，立社稷」〔註4〕。《魏書》卷八四《儒林傳》：「太祖初定中原，雖日不暇給，始建都邑，便以經術爲先，立太學，置五經博士生員千有餘人。」北魏中央官學的設立應在此時。次年，天興二年三月（公元 399 年），「增國子太學生員三千人」〔註5〕，《魏書》卷一一三《官氏志》記載在天興二年三月（公元 399 年）：「初令五經諸書各置博士，國子學生員三十人」，由此北魏完成了太學與國子學的建設。

明元帝永興五年二月（公元 413 年），「詔分遣使者，巡求儁逸，其豪門強族爲州閭所推者，及有文武才幹、臨疑能決，或有先賢世冑、德行清美、學優義博、可爲人師者，各令詣京師，當隨才敘用，以贊庶政」〔註6〕，國家徵召的幾類人中包括「可爲人師者」，可以用來充任學校職官。明元帝拓跋嗣「禮愛儒生，好覽史傳」〔註7〕，曾於泰常八年（公元 423 年）「至洛陽，觀《石經》」〔註8〕。拓跋嗣尊崇儒學的舉動有力地推動了學校的發展。在明元帝時期，「改國子爲中書學，立教授博士」〔註9〕，從而設立了中書學。

2、北魏太武帝至孝文帝遷都前的中央官學

北魏太武帝、文成帝、獻文帝一直到孝文帝遷都之前的這段時期是北魏中央官學的發展時期。太武帝始光三年二月（公元 426 年），「起太學於城東，祀孔子，以顏淵配」〔註10〕。神䴥四年九月（公元 431 年），「徵玄等及州郡

〔註 2〕《魏書》卷二《道武帝紀》，第 20 頁。
〔註 3〕《魏書》卷二《道武帝紀》，第 27 頁。
〔註 4〕《魏書》卷二《道武帝紀》，第 33 頁。
〔註 5〕《魏書》卷二《道武帝紀》，第 35 頁。
〔註 6〕《魏書》卷三《明元帝紀》，第 52 頁。
〔註 7〕《魏書》卷三《明元帝紀》，第 64 頁。
〔註 8〕《魏書》卷三《明元帝紀》，第 63 頁。
〔註 9〕《魏書》卷八四《儒林傳》，第 1842 頁。
〔註10〕《魏書》卷四上《太武帝紀上》，第 71 頁。

所遣，至者數百人，皆差次敘用」〔註11〕，盧玄、高允等四十二人俱在徵召
之列。上述二事，另見於《魏書》卷八四《儒林傳》：

> 世祖始光三年春（公元426年），別起太學於城東，後徵盧玄、
> 高允等，而令州郡各舉才學。於是人多砥尚，儒林轉興。

北魏是將太學遷往城東，形成了中書學在內、太學在外的格局。另據盧玄、
高允等人的本傳可知，這批應徵召之人都授予中書博士的官職，促進了學校
的發展。國家令州郡舉薦才學之士，因而出現「人多砥尚，儒林轉興」的局
面。太延五年（公元439年），太武帝拓拔燾滅北涼，完成了「掃統萬，平秦
隴，翦遼海，盪河源」的偉業，使得「南夷荷擔，北蠕削跡，廓定四表，混
一戎華」〔註12〕，實現了北方地區的統一。至此，南北朝並立的局面形成，
北魏的中央官學也進入了快速發展的時期。統一北方後的北魏政府，頒佈禁
令禁止設立私學，使得官學成為人們求學的唯一途徑。《魏書》卷四下《太武
帝紀下》：

> （太平眞君五年正月，公元444年）庚戌，詔曰：「自頃以來，
> 軍國多事，未宣文教，非所以整齊風俗，示軌則於天下也。今制自
> 王公已下至於卿士，其子息皆詣太學。其百工伎巧、騶卒子息，當
> 習其父兄所業，不聽私立學校。違者師身死，主人門誅。」

北魏政府一方面令王公卿士子弟入太學，令百工、伎巧、騶卒等民眾傳習父
兄祖業，另一方面禁止設立私學。這項政策在打擊私學的同時，保證了官學
的生源，有利於官學的發展。

　　文成帝、獻文帝至孝文帝時期，出現了皇宗學，中央官學逐漸發展形成
了國子學、太學和皇宗學並立的局面。《魏書》卷八四《儒林傳》：「太和中，
改中書學為國子學，建明堂辟雍，尊三老五更，又開皇子之學。」此時正值
文成帝文明皇后馮氏臨朝時期，十分重視對於宗室子弟的培養而設立了皇宗
學。孝文帝親政後，於太和十六年四月（公元492年）「甲寅，幸皇宗學，
親問博士經義」〔註13〕。皇宗學的設立提高了宗室的儒學修養，成為北魏時
期中央官學中面向特殊人群的重要學校。至此北魏形成了完整中央官學體
系。

〔註11〕《魏書》卷四上《太武帝紀上》，第79頁。
〔註12〕《魏書》卷四下《太武帝紀下》，第109頁。
〔註13〕《魏書》卷七下《孝文帝紀下》，第169頁。

（二）北魏前期中央官學的類型

北魏前期的中央官學類型主要包括太學、國子學、中書學、和皇宗學四類，其中國子學曾改爲中書學後又改回國子學。中書學雖然是國子學在一定時期的異稱，但是涉及到培養人才的方向、管理機構等方面的差異，因而有必要單獨論述。

1、太學

太學，是中央官學中最爲重要的一所學校。先秦儒家典籍中多有記載，以爲是西周時期的中央學校〔註14〕。兩漢以來，長安、洛陽地區的太學得到了發展，都曾經盛極一時。〔註15〕漢武帝元朔五年（公元前 124 年）設立太學，成帝末期「或言孔子布衣養徒三千人，今天子太學弟子少，於是增弟子員三千人」〔註16〕，到了漢末平帝時期「五經博士領弟子員三百六十，六經三十博士，弟子萬八百人」〔註17〕。東漢建武五年（公元 29 年）光武帝劉秀在洛陽設立太學，明帝曾講經於太學爲一時之盛事，「其後復爲功臣子孫、四姓末屬別立校舍，搜選高能以受其業，自期門、羽林之士，悉令通《孝經》章句，匈奴亦遣子入學，濟濟乎，洋洋乎，盛於永平矣」〔註18〕，太學盛極一時。順帝時期重修太學「遊學增盛，至三萬餘生」〔註19〕，此時之太學最爲繁盛。魏晉以來，沿用洛陽之太學，其繁盛之時，莫如晉初，據洛陽出土的《晉辟雍碑》：

> 戎夏既泰，九域無事。以儒術久替，古典未隆，乃興道教，以
> 熙帝載。廓開大學，廣延群生。天下鱗萃，遠方慕訓，東越於海，

〔註14〕儒家典籍中所見的相關記載中，如《禮記・王制》:「小學在公宮南之左。大學在郊」;《禮記・祭義》「祀乎明堂。所以教諸侯之孝也。食三老五更於大學。所以教諸侯之弟也。祀先賢於西學。所以教諸侯之德也」;《大戴禮記・保傅第四十八》:「古者年八歲而出就外舍，學小藝焉，履小節焉。束髮而就大學。學大藝焉，履大節焉」等均涉及到大學的建制，然而對於大學的名稱、位置等細節各家論述有所不同，難以考究當時情況，因此稱之爲儒家觀念中的學校。參看孫希旦:《禮記集解》，中華書局 1989 年版，第 332、1231 頁;王聘珍:《大戴禮記解詁》，中華書局 1983 年版，第 60 頁。

〔註15〕秦漢時期的學校制度，參考姜維公:《漢代學制》吉林大學 2004 年博士學位論文。

〔註16〕《漢書》卷八八《儒林傳》，第 3596 頁。

〔註17〕《太平御覽》卷五百三十四《禮儀部十三・學校》引《黃圖》，第 2425 頁。

〔註18〕《後漢書》卷七九上《儒林傳上》，第 2546 頁。

〔註19〕《後漢書》卷七九上《儒林傳上》，第 2547 頁。

西及流沙，並時集至，萬有餘人。〔註20〕

由此可見當時洛陽太學的繁盛程度。然而「自晉永嘉之後，運鍾喪亂，宇內分崩，群凶肆禍，生民不見俎豆之容，黔首唯覩戎馬之跡，禮樂文章，掃地將盡。而契之所感，斯道猶存。高才有德之流，自強蓬蓽；鴻生碩儒之輩，抱器晦己」〔註21〕，洛陽太學毀於永嘉戰火，十六國時期雖有興學之舉，但是在各政權之中，太學達到西晉盛時的規模的很難見到。北魏延續了十六國時期的傳統，如前文所述，在定都平城之時，就設立了太學。

2、國子學

國子學，出現在西晉時期，是中央官學中主要面向世家大族的學校。先秦儒家典籍中對於西周中央學校設置的記載各異，其中不乏矛盾衝突之處〔註22〕。晉人根據現實需求，在儒家經典中尋得理論依據，於晉武帝咸寧至晉惠帝元康年間，完成了國子學的設立〔註23〕。晉武帝咸寧二年（公元276

〔註20〕劉承幹：《希古樓金石萃編》卷九，收錄於《石刻史料新編》第五冊，新文豐出版公司，3913 頁。參看余熹嘉：《晉辟廱碑考證》，收入於《漢魏洛陽故城研究》，科學出版社，第 14～36 頁。

〔註21〕《魏書》卷八四《儒林傳》，第 1841 頁。

〔註22〕儒家典籍中所見的相關記載中，如《周禮‧地官司徒》：「師氏掌以媺詔王。以三德教國子。一曰至德以爲道本。二曰敏德以爲行本。三曰孝德以知逆惡。教三行。一曰孝行以親父母。二曰友行以尊賢良。三曰順行以事師長。居虎門之左。司王朝。掌國中失之事。以教國子弟。凡國之貴遊子弟學焉」，又「保氏掌諫王惡。而養國子以道。乃教之六藝」；《周禮‧春官宗伯》「大司樂掌成均之法。以治建國之學政」又「樂師掌國學之政。以教國子小舞」，又「籥師掌教國子舞羽龡籥」等涉及到了貴族教育的內容，然而其具體建制文獻記載還有不清楚之處，此處也稱之儒家觀念中的貴族學校。參看孫詒讓：《周禮正義》，中華書局 1987 年版，第 996～1006、1010、1711、1795、1903 頁。

〔註23〕魏晉時期伴隨著世家大族勢力的興起，因而催生了在教育上的等級教育。據史書中的相關記載，如《三國志》卷十五《魏書‧劉馥傳》記載劉靖的言論云：「黃初以來，崇立太學二十餘年，而寡有成者，蓋由博士選輕，諸生避役，高門子弟，恥非其倫，故無學者。雖有其名而無其人，雖設其教而無其功。宜高選博士，取行爲人表，經任人師者，掌教國子。依遵古法，使二千石以上子孫，年從十五，皆入太學。明制黜陟榮辱之路，其經明行修者，則進之以崇德，荒教廢業者，則退之以懲惡：舉善而教不能則勸，浮華交遊，不禁自息矣」，又《宋書》卷一四《禮志一》：「晉武帝泰始八年，有司奏：『太學生七千餘人，才任四品，聽留。』詔：『已試經者留之，其餘遣還郡國。大臣子弟堪受教者，令入學』」，都體現了國家試圖改變太學生猥雜的生源結構，提高入學標準，以達到辨其涇渭的目的。然而，據出土的《晉辟廱碑》的諸生名單來看這一目的沒有實現，因而才出現了國子學的設立。參看《三國志》

年），「夏五月……立國子學」〔註24〕，政府決定設立國子學；咸寧四年（公元278年），「武帝初立國子學，定置國子祭酒、博士各一人，助教十五人，以教生徒」〔註25〕，設立教職人員；晉惠帝「元康三年始立國子學，官品第五以上得入國學」〔註26〕，制訂了招生的標準，至此西晉完成了國子學的設立。十六國時期，後趙等國均有國子學的設置，北魏建立以後延續了這一傳統。

3、中書學

中書學，北魏明元帝至孝文帝時期的國子學，是重要的中央官學學校。設立於明元帝時期的中書學儘管脫胎於國子學，然而其職責、管理、性質卻與國子學不同〔註27〕。據出土墓誌記載，石育的「曾祖瓚，以秀才仕燕，釋褐鷹揚將軍中書博士」，祖父石邃「遼東護軍。從燕歸闕，領戶三千，賜爵昌邑子，建威將軍遼東新城二郡太守」〔註28〕，這說明石瓚應當是在後燕、或者是北燕做的中書博士，從石邃歸魏後所做的官職等信息考量，石邃是在北燕滅亡後投奔的後魏，其父親石瓚所任的中書博士，當是後燕、或是北燕的職官。由此也可以說明，在北魏設立的中書學並未為北魏所獨創。北魏「改國子為中書學，立教授博士」〔註29〕，《儒林傳》的記載是在明元帝時期，具體史書敘述未詳。《魏書》卷三六《李順傳》：「神瑞中，中書博士，轉中書侍郎。」至少在明元帝神瑞年間（公元414～415年）就有了中書博士的官職，此時中書學已經設立。《魏書》卷三《明元帝紀》記載永興五年二月（公元413年）：

> 詔分遣使者，巡求儁逸，其豪門強族為州閭所推者，及有文武
> 才幹、臨疑能決，或有先賢世胄、德行清美、學優義博、可為人師
> 者，各令詣京師，當隨才敘用，以贊庶政。

據此可知，國家徵召「可為人師者」充實學校人員，這個時間很可能就是中書學創立的時間。按照《儒林傳》的說法「太和中，改中書學為國子學，建

　　　　卷十五《魏書・劉馥傳》，第464頁；《宋書》卷一四《禮志一》，第356頁。
〔註24〕《晉書》卷三《武帝紀》，第66頁。
〔註25〕《晉書》卷二四《職官志》，第736頁。
〔註26〕《南齊書》卷九《禮志上》，第145頁。
〔註27〕參考施光明：《北魏中書學考述》，見於《紀念〈教育史研究〉創刊二十週年論文集（3）——中國教育制度史研究》，第80～84頁。
〔註28〕趙超：《漢魏南北朝墓誌彙編》，天津古籍出版社2008年版，第307頁。
〔註29〕《魏書》卷八四《儒林傳》，第1842頁。

明堂辟雍，尊三老五更，又開皇子之學」，中書學又改回了國子學。《魏書》卷七下《孝文帝紀》記載在太和十年九月（公元 486 年），「詔起明堂、辟雍」，中書學改回國子學，似乎也在太和十年。

綜上所述，大約是在北魏明元帝永興五年（公元 413 年）將國子學設爲中書學，孝文帝太和十年（公元 486 年）中書學改回了國子學。

4、皇宗學

皇宗學，是北魏孝文帝太和年間出現的面向宗室子弟教育的學校。皇宗學的前身是面向宗室的專門教育機構。〔註 30〕北魏馮太后臨朝之後出於對於宗室教育的重視，因而才設立了皇宗學。《魏書》卷二十一上《獻文六王上‧咸陽王元禧傳》：

> 咸陽王禧，字永壽。太和九年封，加侍中、驃騎大將軍、中都大官。文明太后令曰：「自非生知，皆由學誨。皇子皇孫，訓教不立，溫故求新，蓋有闕矣。可於閒靜之所，別置學館，選忠信博聞之士爲之師傅，以匠成之。」

馮太后在孝文帝太和九年（公元 485 年）下令設立專門教授皇子皇孫的學校，這就是史籍中所述的皇宗學。《魏書》卷八四《儒林傳》：「太和中，改中書學爲國子學，建明堂辟雍，尊三老五更，又開皇子之學」，又《魏書》卷七下《孝文帝紀》記載太和十年（公元 486 年）三月，「初立黨、里、鄰三長，定民戶籍」，「九月辛卯，詔起明堂、辟雍」，開始了太和改制的過程，皇宗學的設立也應是在這一時期。

綜上所述北魏孝文帝太和九年（公元 485 年），分封獻文帝諸子爲王，馮太后要求設立皇宗學，次年（公元 486 年），北魏正式設立了皇宗學。

（三）北魏前期中央官學的規模與分佈

1、北魏前期中央官學的規模

關於北魏前期中央官學的規模的考察，首先需要關注的是《魏書》中關於道武帝時期中央官學記載的矛盾之處。《魏書》卷八四《儒林傳序》：

〔註30〕早在東漢時期，鄧太后就建立了「宮邸學」，親自參與到教育中。《後漢書》卷一〇《和熹鄧皇后紀》：「太后詔徵和帝弟濟北、河間王子男女年五歲以上四十餘人，又鄧氏近親子孫三十餘人，並爲開邸第，教學經書，躬自監試。尚幼者，使置師保，朝夕入宮，撫循誘導，恩愛甚渥。」對於「宮邸學」的研究可以參考姜維公：《漢代學制》吉林大學 2004 年博士學位論文，第 32～33 頁的相關論述。

太祖初定中原，雖日不暇給，始建都邑，便以經術爲先，立太
學，置五經博士生員千有餘人。天興二年春，增國子太學生員至三
千。

又《魏書》卷二《道武帝紀》：

（天興二年三月，公元 399 年）甲子，初令五經羣書各置博士，
增國子太學生員三千人。

又《魏書》卷一一三《官氏志》：

（天興二年，公元 399 年）三月，初令五經諸書各置博士，國
子學生員三十人。

這裏就有一個問題存在。《魏書》中三處記載都是在天興二年三月，或是二年
春，從時間上看，事件可能是是一件事情，然而，學生的人數，學校的規模
的記載卻有所不同，各家學者對此的解釋也各有不同。嚴耀中與梁滿倉的觀
點頗具代表性。如嚴耀中就認爲《道武帝紀》「三千人」的記載有誤，從《官
氏志》「三十人」的說法〔註31〕。然而這種說法難以解釋天興元年「置五經博
士生員千有餘人」。另外梁滿倉則主張，《道武帝紀》中的國子太學「實際上
就是漢族傳統意義上的太學」，又認爲「拓跋珪時沒有國子學與太學之分」，「更
不可能有內國子外太學的建築格局。此時雖有國子太學，但是地位卻不是很
高」〔註32〕。同樣，這種說法有值得商榷之處，也很難解釋北魏初年是否存
在專門的國子學的問題。

這裏面有幾個問題是需要回答的。第一，北魏道武帝時期，中央官學的
規模究竟有多大？能否達到上千人的規模？第二，道武帝時期是否存在國子
學？國子學的規模一般有多大？第三、如何解釋《官氏志》與《儒林傳》和
《道武帝紀》的差異？

首先，北魏道武帝天興年間的中央官學的規模是可以達到三千人的規模
的。僅以十六國時期的前趙政權爲例，劉曜「立太學於長樂宮東，小學於未
央宮西，簡百姓年二十五已下十三已上，神志可教者千五百人，選朝賢宿儒
明經篤學以教之」〔註33〕，學校的規模很容易就達到了一千五百人，北魏道

〔註31〕 參考嚴耀中：《北魏中書學極其政治作用》，見於中國魏晉南北朝史學會編：《魏
晉南北朝史論文集》，齊魯書社 1991 年版，第 136～147 頁。
〔註32〕 參考梁滿倉：《北魏中書學》，見其專著《魏晉南北朝五禮制度考論》，社會科
學文獻出版社 2009 年版，第 108、109 頁。
〔註33〕 《晉書》卷一○三《劉曜載記》，第 2688 頁。

武帝如果不把入學標準強行限制在貴族子弟範圍內，也是容易達到這個規模的，所以說，天興元年學生就達到了上千人，次年增加到了三千人。這裏所說的學校規模應是即包括太學也包括國子學的規模。

其次，從《魏書》中所見的材料，國子學是應當存在的，北魏初年應當是遵循西晉傳統，二學並立的。即使是在十六國時期，後趙石虎「下書令諸郡國立五經博士。初，勒置大小學博士，至是復置國子博士、助教」〔註34〕，在官學設置上都是國子與太學並立的，北魏也可以做到這一點。若《官氏志》的說法可以採用，則此時的國子學的規模大約是三十人。

再次，國子學的規模一般有多大？《魏書》卷八四《儒林傳》：「正光二年（公元 521 年），乃釋奠於國學，命祭酒崔光講《孝經》，始置國子生三十六人。」孝明帝時期國子生的人數僅僅三十六人，人數並不多。進而可知，國子學即便設立，其規模一般都不大。這是由國子學面向少數人的特點所決定的。以十六國時期的中央官學爲例，後趙石勒「增置宣文、宣教、崇儒、崇訓十餘小學於襄國四門，簡將佐豪右子弟百餘人以教之，且備擊柝之衛」〔註 35〕，由於小學的入學標準需要「將佐豪右子弟」，所以此時的小學也僅僅有百餘名學生，平均每所小學中僅有十餘名學生，學校的規模並不大。結合北魏初期國家草創的現實，如果嚴格要求入學標準，國子學的規模只有三十人也是可信的。

此外，還有一個問題是需要解決的，如何解釋《官氏志》在人數記載上欲《儒林傳》和《道武帝紀》的差別？史書中產生「三十人」與「三千人」的矛盾是有下列幾個方面原因造成的。其一、這幾件時期發生的時間接近，都是在天興元年與天興二年之間，特別是天興二年的事情都是在三月，加之材料中都提到了諸如「置五經博士生員千有餘人」、「初令五經諸書各置博士」、「增國子太學生員三千人」等說法，給人以所說一事的感覺。其次、漢字「十」和「千」之間僅有一筆之差，給人以傳抄錯誤之感。此外，《官氏志》中所述的「國子學生員」，也讓人堅信，人數不會太多。然而，輕易的否定史料就面臨難以解釋另一個問題，如果天興二年的學生規模僅僅是三十人，何以談「增國子太學生員三千人」，如果天興初年的材料也是錯的，天興年間中央學校的規模僅僅幾十人，又有什麼值得誇耀的呢？綜上可以作出如下推

〔註34〕《晉書》卷一〇六《石季龍載記上》，第 2769 頁。
〔註35〕《晉書》卷一〇四《石勒載記上》，第 2729 頁。

論：道武帝天興年間，中央官學的學校規模從最初的千餘人發展到三千人，其中，國子學的規模僅僅三十人。

北魏文成時期中書學的發展規模可以達到百餘人。《魏書》卷五四《高閭傳》：

> 然貪褊矜慢，初在中書，好訾辱諸博士。博士、學生百有餘人，有所干求者，無不受其財貨。

高閭在中書省時收受賄賂，而高閭是在文成帝和平年間（公元 460～462 年）後期在中書省開始任職中書侍郎，其受賄也是在這一時期。此時的中書學博士、學生人數至少可以達到百餘人左右。

2、北魏前期中央官學的分佈

這裏還有一個問題，太學與國子學的規模差異懸殊，如何二學並立？這裏就涉及到北魏前期中央官學的分佈情況了。首先，北魏前期中央官學的分佈是有所變動的。太武帝始光二年二月（公元 426 年），「起太學於城東，祀孔子，以顏淵配」〔註36〕。而《魏書》卷八四《儒林傳》：「世祖始光三年春，別起太學於城東」，這說明隨著北魏國家的發展，中央官學學校規模的擴大，在太武帝始光三年（公元 426 年），將太學遷到了平城的東側。「別起太學」也說明，在這之前的太學應當是與國子學（中書學）在一起的，其分佈方位應當是營建較早的平城西側。此外，北魏前期的皇宗學的選址是「於閒靜之所，別置學館」〔註37〕，其具體位置則限於史料無從考察。

二、北魏後期的中央官學

（一）北魏後期中央官學的發展階段

北魏後期，洛陽成為國家的統治中心，中央官學經歷了由繁盛到衰落的時期，具體可以歸納為孝文帝遷都洛陽後到孝明帝時期的由盛轉衰時期和孝莊帝到孝武帝〔註38〕出奔長安的全面衰落時期兩個時期。

1、北魏孝文帝遷都後至孝明帝時期的中央官學

北魏後期，孝文帝遷都洛陽後到孝明帝時期是北魏中央官學的由盛轉衰時期。在這一時期，儘管國家也曾重視中央官學的建設，試圖創造一個學校

〔註36〕《魏書》卷四上《太武帝紀上》，第 71 頁。
〔註37〕《魏書》卷二十一上《獻文六王上·咸陽王元禧傳》，第 533 頁。
〔註38〕孝武帝，《魏書》中寫作出帝，本文稱呼採用通用的《北史》中的稱呼，後同。

教育的繁盛局面，然而相對於私學的繁盛，中央官學體系卻遲遲難以完備，呈現出了由盛轉衰的局面。

在孝文帝時期，政府非常重視中央官學的建設。孝文帝傾心中原文化，親政後推進全面漢化改革，將都城遷往洛陽，重視中央官學的建設，推動設立四門小學，促成了這一時期中央官學的繁盛發展。據史書記載，「及遷都洛邑，詔立國子太學、四門小學」〔註39〕。孝文帝本人「雅好讀書，手不釋卷。五經之義，覽之便講，學不師受，探其精奧。史傳百家，無不該涉。善談莊老，尤精釋義。才藻富贍，好爲文章、詩賦銘頌，任興而作。有大文筆，馬上口授，及其成也，不改一字」〔註40〕，文化修養極高，對學校教育也非常重視。孝文帝曾於太和十六年（公元492年）八月己酉，「以尉元爲三老，游明根爲五更。又養國老、庶老」，太和十七年九月（公元493年），「觀洛橋，幸太學，觀石經」，於太和十九年（公元495年）夏四月庚申，「行幸魯城，親祠孔子廟」，於太和二十一年（公元497年）秋七月甲寅，「帝親爲群臣講喪服於清徽堂」〔註41〕，親自參與到教學、祭祀活動之中，體現了政府對於學校的重視。孝文帝也十分重視人才的使用「劉芳、李彪諸人以經書進，崔光、邢巒之徒以文史達，其餘涉獵典章，關歷詞翰，莫不縻以好爵，動貽賞眷」〔註42〕，在這一系列政策的推動下，最終出現了「斯文鬱然，比隆周、漢」的繁盛局面，然而此時遷都時日尚短，中央官學的建設僅僅停留在體系的構建、人員的選拔上，並沒有實現學校的教育職能。

宣武帝時期，延續了孝文帝以來對於中央官學建設的關注。宣武帝「雅愛經史」，曾多次下詔營建中央官學。《魏書》卷八《宣武帝紀》：

> （正始元年，公元504年）十有一月戊午，詔曰：「古之哲王，創業垂統，安民立化，莫不崇建膠序，開訓國胄，昭宣『三禮』，崇明四術，使道暢群邦，風流萬宇。自皇基徙構，光宅中區，軍國務殷，未遑經建，靖言思之，有慚古烈。可敕有司，依漢魏舊章，營繕國學。」

> （正始四年，公元507年）六月己丑朔，詔曰：「高祖德格兩儀，

〔註39〕《魏書》卷八四《儒林傳》，第1842頁。
〔註40〕《魏書》卷七下《孝文帝紀下》，第187頁。
〔註41〕《魏書》卷七下《孝文帝紀下》，第170、173、177、182頁。
〔註42〕《魏書》卷八四《儒林傳》，第1842頁。

明並日月，播文教以懷遠人，調禮學以旌儁造，徙縣中區，光宅天邑，總霜露之所均，一姬卜於洛浹，戎繕兼興，未遑儒教。朕纂承鴻緒，君臨寶曆，思模聖規，述遵先志。今天平地寧，方隅無事，可敕有司準訪前式，置國子，立太學，樹小學於四門。」

（延昌元年夏四月，公元 512 年）丁卯，詔曰：「遷京嵩縣，年將二紀，虎闈闕唱演之音，四門絕講誦之業，博士端然，虛祿歲祀，貴遊之胄，歎同子衿，靖言念之，有兼愧慨。可嚴敕有司，國子學孟冬使成，太學、四門明年暮春令就。」

宣武帝先後在正始元年（公元 504 年）、正始三年（公元 507 年）、延昌元年（公元 512 年）下詔書督促中央官學的營建，體現了政府對於學校建設的關注，此外宣武帝本人也曾於景明三年（公元 502 年）八月乙卯，「以前太傅、平陽公丕爲三老」，於正始三年（公元 507 年）十有一月甲子，「爲京兆王愉、清河王懌、廣平王懷、汝南王悅講《孝經》於式乾殿」，延昌三年（公元 514 年）十有二月庚寅，「詔立明堂」〔註43〕。宣武帝關心儒家禮儀，重視禮制建築的建設，甚至親傳經典，一方面體現了皇帝本人對於相關事業的重視，另一方面體現了國家意識，試圖促進中央官學的發展，故《魏書》卷八四《儒林傳》：「世宗時，復詔營國學，樹小學於四門，大選儒生，以爲小學博士，員四十人。雖黌宇未立，而經術彌顯。」此時在全國範圍內學校發展氛圍很好，中央官學卻依然沒有形成健全的教育體系。

孝明帝時期，中央官學已經修建完成，皇帝本人也有重學之舉。如孝明帝「神龜中，將立國學，詔以三品已上及五品清官之子以充生選。未及簡置，仍復停寢」〔註44〕；又曾於正光元年（公元 520 年）春正月乙酉，下詔曰：「建國緯民，立教爲本；尊師崇道，茲典自昔。來歲仲陽，節和氣潤，釋奠孔顏，乃其時也。有司可豫繕國學，圖飾聖賢，置官簡牲，擇吉備禮」；於正光二年（公元 521 年）二月「癸亥，車駕幸國子學，講《孝經》。三月庚午，帝幸國子學祠孔子，以顏淵配」；於正光五年九月（公元 524 年）乙亥，「幸明堂，餞寶夤等」〔註45〕。在這一時期中央官學與各種禮制建築終於齊備，皇帝也親自參加到祭祀、講授《孝經》等活動中來。這一時期中央官學儘管沒有達

〔註43〕《魏書》卷八《宣武帝紀》，第 194、203、215 頁。
〔註44〕《魏書》卷八四《儒林傳》，第 1842 頁。
〔註45〕《魏書》卷九《孝明帝紀》，第 229、231～232、237 頁。

到北魏前期的發展程度，卻也得到了延續發展。

　　在這一時期，北魏的中央官學由盛轉衰的跡象表現得十分明顯。首先，洛陽的中央官學建設卜起孝文帝太和二十年（公元 496 年）下至孝明帝正光二年（公元 520 年）拖了二十餘年之久才建成國子學，以至於北魏後期的中央官學很難起到培養人才的作用，這在客觀上反映出中央官學呈現出了衰落的徵兆。其次，平城時代的皇宗學培養出了尊崇儒學的孝文帝，然而在洛陽時代皇宗學已經衰落，元澄曾於宣武帝時期上書希望「修復皇宗之學，開闢四門之教」〔註46〕，說明在孝文帝遷都洛陽後，皇宗學就曾一度有所荒廢。再次，而北魏後期的執政者宣武帝本人，「尤長釋氏之義，每至講論，連夜忘疲」〔註47〕，崇信佛教，他的妻子宣武靈皇后胡氏，後來的胡太后，「姑既爲尼，幼相依託，略得佛經大義」〔註48〕，也十分推崇佛教，大興土木修建永寧寺，忽視學校機構的建設。第四，在此時的中央官學中，博士也很少講授。《魏書》卷五三《李孝伯傳附李郁》：「自國學之建，諸博士率不講說，朝夕教授，惟郁而已」。像李郁這樣朝夕教授者很少，中央官學很難起到培養人才的作用，自然逐漸衰落了。此外，與中央官學相對應的是，在北魏後期，「天下承平，學業大盛。故燕齊趙魏之間，橫經著錄，不可勝數。大者千餘人，小者猶數百」〔註49〕，地方上經師頻出，私學盛行，在一定程度上滿足人們求學的需求，也削減的官學的入學生源，生源的減少也成爲這一時期中央官學的由盛轉衰的一個標誌。

2、北魏孝莊帝至孝武帝時期的中央官學

　　孝昌以後，四方紛亂，北魏的學校教育走向衰落，而中央官學的全面衰落是在孝莊帝建義元年（公元 528 年）尒朱榮攻陷洛陽，「縱兵亂害，王公卿士皆斂手就戮，死者千三百餘人，皇弟、皇兄並亦見害，靈太后、少主其日暴崩」，河陰之變後「京邑士子不一存，率皆逃竄，無敢出者。直衛空虛，官守廢曠」〔註50〕，中央官學教育更是無從談起了。孝武帝「永熙中，復釋奠於國學，又於顯陽殿詔祭酒劉廞講《孝經》，黃門李郁說《禮記》，中書舍人

〔註46〕《魏書》卷十九中《景穆十二王中・任城王元雲傳附元澄》，第 471 頁。
〔註47〕《魏書》卷八《宣武帝紀》，第 215 頁。
〔註48〕《魏書》卷一三《皇后傳・宣武靈皇后胡氏》，第 338 頁。
〔註49〕《魏書》卷八四《儒林傳》，第 1842 頁。
〔註50〕《魏書》卷七四《尒朱榮傳》，第 1648 頁。

盧景宣講《大戴禮‧夏小正篇》，復置生七十二人」〔註51〕，中央官學有所恢復，然而孝武帝於永熙三年（公元 534 年）出奔長安，歷史進入了下一個發展時期。

（二）北魏後期中央官學的類型

北魏後期的中央官學類型主要包括國子學、太學和四門小學三類。在北魏後期，中央官學中的國子學、太學均延續北魏前期的設置，而皇宗學沒有延續下來，設立了四門小學。四門小學的設立成為北魏後期中央官學體系中最值得關注的事件。

四門小學，北魏後期中央官學的中央的重要組成部分，其面向的教學對象，學界尚存爭議。如王建軍認為據劉芳的上班推測「四門小學的興辦是為了面向寒門庶族子弟及一般百姓」〔註52〕，而姚宏傑則認為四門小學是皇宗學的延續，北魏時期的四門小學不同於隋唐時期的四門學〔註53〕。回答這一問題的關鍵在於四門小學是如何設立的？又是出於何種目的設立？

1、北魏後期設立四門小學的構想

四門小學的設立源於對於儒家經典的不同理解，北魏出於「齊美於殷、周」，「傳之來業」〔註54〕的設想而全面漢化，在教育制度上，別立小學於四門。立學於四門的舉動早在十六國時期，後趙的石勒就曾「增置宣文、宣教、崇儒、崇訓十餘小學於襄國四門」〔註55〕，可說是北魏四門小學的濫觴。北魏後期的四門小學設立於孝文帝遷都洛陽以後。《魏書》卷五五《劉芳傳》：「太和二十年，發敕立四門博士，於四門置學。」又《魏書》卷五六《鄭羲傳附鄭道昭》：「命故御史中尉臣李彪與吏部尚書、任城王澄等妙選英儒，以崇文教。澄等依旨，置四門博士四十人，其國子博士、太學博士及國子助教，宿已簡置。」孝文帝太和二十年（公元496年），下令設立四門小學，由李彪、元澄選拔了四十名四門博士。然而此時四門小學的設立僅僅停留在選拔四門博士階段。

〔註51〕《魏書》卷八四《儒林傳》，第1842頁。

〔註52〕王建軍：《中國教育制度通史》第二卷《魏晉南北朝教育制度》，山東教育出版社2000年版，第73頁。

〔註53〕參考姚弘傑：《北魏皇宗學與四門小學略論》，見於《紀念〈教育史研究〉創刊二十週年論文集（3）——中國教育制度史研究》，第633～637頁。

〔註54〕《魏書》卷二一上《獻文六王上‧咸陽王元禧傳》，第535頁。

〔註55〕《晉書》卷一〇四《石勒載記上》，第2729頁。

　　四門小學的設立源於北魏孝文帝對儒家典章制度的推崇，然而對於儒家經典的理解不同產生了不同的中央官學設置構想。孝文帝時期，能夠對國家的中央官學設置產生重要影響的就是當時的國子祭酒學者劉芳。劉芳對於儒家經典的理解，影響了北魏後期中央官學體系的設立構想。《魏書》卷五五《劉芳傳》記載劉芳在宣武帝景明元年（公元 500 年）的上書云：

　　　　夫為國家者，罔不崇儒尊道，學校為先，誠復政有質文，茲範不易，諒由萬端資始，眾務稟法故也。唐虞已往，典籍無據；隆周以降，任居虎門。《周禮·大司樂》云：「師氏，掌以媺詔王。居虎門之左，司王朝，掌國中失之事，以教國子弟。」蔡氏《勸學篇》云：「周之師氏，居虎門左，敷陳六藝，以教國子。」今之祭酒，即周師氏。《洛陽記》：國子學官與天子宮對，太學在開陽門外。案《學記》云：「古之王者，建國親民，教學為先。」鄭氏注云：「內則設師保以教，使國子學焉，外則有太學、庠序之官。」由斯而言，國學在內，太學在外，明矣。案如《洛陽記》，猶有仿像。

又云：

　　　　臣案：自周已上，學惟以二，或尚西，或尚東，或貴在國，或貴在郊。爰暨周室，學蓋有六。師氏居內，太學在國，四小在郊。《禮記》云：周人「養庶老於虞庠，虞庠在國之西郊」，《禮》又云：「天子設四學，當入學而太子齒。」注云：「四學，周四郊之虞庠也。」案《大戴·保傅篇》云：帝入東學，尚親而貴仁；帝入南學，尚齒而貴信；帝入西學，尚賢而貴德；帝入北學，尚貴而尊爵；帝入太學，承師而問道。周之五學，於此彌彰。案鄭注《學記》，周則六學。所以然者，注云：「內則設師保以教，使國子學焉，外則有太學、庠序之官。」此其證也。漢魏已降，無復四郊。謹尋先旨，宜在四門。案王肅注云：「天子四郊有學，去王都五十里。」考之鄭氏，不云遠近。

劉芳設立四門小學的上書體現了他對四門小學的理解，也代表了這一時期國家的意志。按照材料中劉芳對於學校制度的理解再參考各家學者對於儒家經典的解釋可知，劉芳所設想的四門小學是面向寒門庶族的學校。宣武帝聽取了劉芳的觀點，採納了他的建議。這似乎回答了四門小學所設定的教育對象是寒門庶族子弟，然而由於北魏後期皇宗學不見記載，四門小學又與宗室教

育存在著一定的聯繫，因此學者姚宏傑推測，四門小學爲皇宗學之改稱。由此四門小學所設定的教育對象又應是宗室子弟。因而要回答四門小學的教學對象，就需要回答諸如皇宗學是怎樣消失的？四門小學與皇宗學又存在著怎樣的聯繫？能否取代皇宗學的地位？等問題，解決這些問題的關鍵又在於北魏後期中央官學的體系是怎樣構建的？因此，本文有必要梳理北魏後期中央官學的設立情況。

2、北魏後期中央官學體系的構建

在北魏後期，內國子學，外太學、四門學的中央官學體系，只存在於觀念之中，只有國子學於孝明帝正光二年（公元 520 年）才最終完成了建制。北魏後期中央官學的設立經歷了從孝文帝到孝明帝時期，是一個十分漫長的過程。

孝文帝遷都後，「詔立國子太學、四門小學」〔註56〕，又於太和二十年（公元 496 年）「發敕立四門博士，於四門置學」〔註57〕，「澄等依旨，置四門博士四十人，其國子博士、太學博士及國子助教，宿已簡置」〔註 58〕。孝文帝醉心於中原文化，在中央官學體系的營建上以對儒家經典的理解爲基礎，試圖構建一個由國子學、太學、和四門小學組成的體系。然而因爲「軍國多事，未遑營立」〔註 59〕，加之「先皇升遐，未遑修述」〔註 60〕，在孝文帝時期，中央官學的體系構建僅僅停留在設立博士官員階段。

在宣武帝時期，儘管國家十分重視中央官學的建設，然而這個體系始終沒有完成。早在宣武帝即位的景明元年（公元 500 年）劉芳就上書論述國子學、太學以及四門小學的選址問題，將中央官學的建設提上了議事日程。然而到了景明三年（公元 502 年），中央官學的建設依舊沒有進展。《魏書》卷五六《鄭羲傳附鄭道昭》記載國子祭酒鄭道昭於這一年上書一事云：

> 遷國子祭酒，道昭表曰：「臣竊以爲，崇治之道，必也須才；養才之要，莫先於學。今國子學堂房粗置，弦誦闕爾。城南太學，漢魏《石經》，丘墟殘毀，藜藿蕪穢，遊兒牧豎，爲之歎息。有情之輩，實亦悼心，況臣親司，而不言露。伏願天慈回神紆盼，賜垂鑒察。

〔註56〕 《魏書》卷八四《儒林傳》，第 1842 頁。
〔註57〕 《魏書》卷五五《劉芳傳》，第 1222 頁。
〔註58〕 《魏書》卷五六《鄭羲傳附鄭道昭》，第 1241 頁。
〔註59〕 《魏書》卷五六《鄭羲傳附鄭道昭》，第 1241 頁。
〔註60〕 《魏書》卷十九中《景穆十二王中・任城王元雲傳附元澄》，第 471 頁。

若臣微意，萬一合允，求重敕尚書、門下，考論營制之模，則五雍
可翹立而興，毀銘可不日而就。樹舊經於帝京，播茂範於不朽。斯
有天下者之美業也。」不從。

在劉芳上書兩年後，國子學只能算是粗置，教學工作難以展開，此時城南的
太學故址還是一片廢墟，漢魏《石經》已經荒廢，雜草叢生，一幅破敗的景
象，鄭道昭對此十分關注提出重立石經的問題，卻遭到了宣武帝的否決。同
樣是在這一年任城王元澄針對現實提出了復興皇宗學、繼續營建四門學的希
望。《魏書》卷十九中《景穆十二王中·任城王雲傳附元澄》記載元澄上書云：

臣參訓先朝，藉規有日，前言舊軌，頗亦聞之。又昔在恒代，
親習皇宗，熟秘序疑庭無闕日。臣每於侍坐，先帝未常不以《書典》
在懷，《禮經》為事，周旋之則，不輟於時。自鳳舉中京，方隆禮教，
宗室之範，每蒙委及，四門之選，負荷銓量。自先皇升遐，未遑修
述，學宮虛荷四門之名，宗人有闕四時之業，青衿之緒，於茲將廢。
臣每惟其事，竊所傷懷。伏惟聖略宏遠，四方罕務，宴安之辰，於
是乎在。何為太平之世，而令子衿之歎興焉。聖明之日，而使宗人
之訓闕焉。愚謂可敕有司，修復皇宗之學，開闢四門之教，使將落
之族，日就月將。

宣武帝的批覆詔書云：

胄子崇業，自古盛典，國均之訓，無應久廢。尚書更可量宜修
立。

元澄上書在回顧了平城時代皇宗學的興盛，孝文帝對於禮教的重視，任命宗
室選拔四門博士等事後，論及當前「學宮虛荷四門之名，宗人有闕四時之業」
的現實提出了「修復皇宗之學，開闢四門之教」的要求。從宣武帝的批覆來
看，皇帝是贊同元澄的觀點的。元澄的要求可以理解為是一件事，則反映了
四門小學與皇宗學之間的聯繫，如果理解為兩件事則是恢復皇宗學與完成的
四門學設立這兩件彼此有所關聯的事情。但是無論元澄的要求是幾件事情，
可以肯定的北魏遷都洛陽后皇宗學就衰落下去了。至於北魏後期是恢復皇宗
學還是建立面向宗室的四門學，則需要看後來歷史的發展了。

宣武帝於正始元年（公元 504 年）下詔，「敕有司，依漢魏舊章，營繕
國學」〔註61〕，以國家政令的形式推動中央官學的建設，然而值得注意的

〔註61〕《魏書》卷八《宣武帝紀》，第 198 頁。

是所謂「依漢魏舊章，營繕國學」，漢魏舊章中是沒有皇宗學的。皇宗學的設立是出於馮太后執政時期，對於宗室子弟培養的需要，然而孝文帝遷都後全面漢化，謀求建立典籍中所描繪的國子、太學、四門小學的中央官學體系，皇宗學自然有所荒廢，然而對於宗室培養教育的需要尚在，因而才出現了元澄希望恢復皇宗學的上書。宣武帝在正始元年（公元 504 年）的詔書卻說明在北魏後期國家實際上沒有恢復平城時代的皇宗學。在皇宗學荒廢的時期內，學者董徵的教學活動是值得關注的。《魏書》卷八四《儒林傳·董徵》：

> 董徵……身長七尺二寸，好古，學尚雅素。年十七，師清河監
> 伯陽，受《論語》、《毛詩》、《周易》，就河內高望崇受《周官》，後
> 於博陵劉獻之遍受諸經。數年之中，大義精練，講授生徒。太和末，
> 為四門小學博士。後世宗詔徵入琔華宮，令孫惠蔚問以《六經》，仍
> 詔徵教授京兆、清河、廣平、汝南四王。

這表明，在皇宗學荒廢的時期內，孝文帝太和二十年選拔的四門小學博士董徵承擔了孝文帝尚且年幼的京兆、清河、廣平、汝南四王的教學任務，直到宣武帝時期。這似乎說明了四門博士與宗室教育存在密切的聯繫，四門學是皇宗學的延續，然而四門小學博士董徵所早年師從於多家學者，具有的豐富私學教授經驗則是更需要關注的。填補皇宗學空缺的是此時日漸興盛的私學教育，而不是制度上的四門學。此後歷史的發展足以證明這一點。

宣武帝正始二年（公元 505 年），鄭道昭再次上書興復中央官學。《魏書》卷五六《鄭羲傳附鄭道昭》記載鄭道昭的上書云：

> 伏惟大魏之興也，雖群凶未殄，戎馬在郊，然猶招集英儒，廣
> 開學校，用能闡道義於八荒，布盛德於萬國，教靡不懷，風無不偃。
> 今者乘休平之基，開無疆之祚，定鼎伊瀍，惟新寶曆，九服感至德
> 之和，四垠懷擊壤之慶。而蠢爾閩吳，阻化江湫，先帝爰震武怒，
> 戎車不息。而停鑾佇蹕，留心典墳，命故御史中尉臣李彪與吏部尚
> 書、任城王澄等妙選英儒，以崇文教。澄等依旨，置四門博士四十
> 人，其國子博士、太學博士及國子助教，宿已簡置。伏尋先旨，意
> 在速就，但軍國多事，未遑營立。自爾迄今，垂將一紀，學官凋落，
> 四術寢廢。遂使碩儒耆德，卷經而不談；俗學後生，遺本而逐末。
> 進競之風，實由於此矣。
>
> 伏惟陛下欽明文思，玄鑒洞遠。越會未款，務修道以來之，遐

> 方後服，敷文教而懷之。垂心經素，優柔墳籍。將使化越軒唐，德
> 隆虞夏。是故屢發中旨，敦營學館，房宇既修，生徒未立。臣學陋
> 全經，識蔽篆素，然往年刪定律令，謬預議筳。謹依準前修，尋訪
> 舊事，參定學令，事訖封呈。自爾迄今，未蒙報判。但廢學歷年，
> 經術淹滯。請學令並制，早敕施行，使選授有依，生徒可準。

又《魏書》卷五六《鄭羲傳附鄭道昭》記載宣武帝的批覆詔書云：

> 具卿崇儒敦學之意，良不可言。新令尋班，施行無遠。可謂職
> 思其憂，無曠官矣。

鄭道昭的上書表明，儘管距離孝文帝遷都已經過去近十二年了，中央官學還是呈現出「學官凋落，四術寢廢。逐使碩儒耆德，卷經而不談；俗學後生，遣本而逐末」的現象，宣武帝儘管多次下旨營建學館，完成了房屋的建設，但是並沒有招生，因而鄭道昭制訂了學令，希望國家可以盡快頒行，完成中央官學的建設，宣武帝的詔書對鄭道昭大加讚賞，卻沒有提及招收學生一事。鄭道昭鍥而不捨，再次上書希望招收學生。又《魏書》卷五六《鄭羲傳附鄭道昭》：

> 竊惟鼎遷中縣，年將一紀，縉紳祗業，俎豆闕聞，遂使濟濟明
> 朝，無觀風之美，非所以光國宣風，綱民軌義。臣自往年以來，頻
> 請學令，並置生員，前後累上，未蒙一報。故當以臣識淺濫官，無
> 能有所感悟者也。館宇既修，生房粗構，博士見員，足可講習。雖
> 新令未班，請依舊權置國子學生，漸開訓業，使播教有章，儒風不
> 墜，後生睹徙義之機，學徒崇知新之益。至若孔廟既成，釋奠告始，
> 揖讓之容，請俟令出。

在這次的上書中鄭道昭強調了當時中央官學在學舍建設上「館宇既修，生房粗構」，在人員配置上「博士見員，足可講習」，唯一欠缺的是學令沒有頒行，希望權且設立國子學生，實行中央官學的教育職能。值得注意的是鄭道昭提出的是先設立國子學生，這也說明前些年所謂在學舍建設上取得的進展，應當是位於城中的國子學的建設。然而鄭道昭的這次上書沒有得到宣武帝的及時回覆。

宣武帝於正始四年（公元 507 年），的詔書，某種程度上可以視爲對鄭道昭兩年前上書的回應。宣武帝下詔云，「今天平地寧，方隅無事，可敕有

司，準訪前式，置國子，立太學，樹小學於四門」〔註62〕。按照此時的規劃，應置有國子學，從前文的情況來看這個難度應當不大，設立太學，在四門樹立小學，這改變了最初劉芳的規劃。在永平元年（公元 508 年）十二月，「尚書令高肇，尚書僕射、清河王懌等奏置小學博士員三千人」〔註63〕。至此國家又一次大規模選拔小學博士這類的學官，國家又開始了對於中央官學的興建。

然而歷史再次證明，國家不斷地進行著興辦中央官學的努力，卻往往無果而終。直到延昌元年（公元 512 年），距離遷都洛陽已經近二十餘年，中央官學仍舊呈現出「虎闈闕唱演之音，四門絕講誦之業，博士端然，虛祿歲祀，貴遊之胄，歎同子衿」的情形，宣武帝因而下詔「嚴敕有司，國子學孟冬使成，太學、四門明年暮春令就」〔註64〕。國家以前所未有的態度督促中央官學的建設，若依此推斷中央官學應該很快完成，然而在宣武帝時期中央官學並沒有完成，故《魏書》卷八四《儒林傳》中有「黌宇未立」這樣的說法。

直到孝明帝熙平二年（公元 517 年），胡太后臨朝之時，李崇還在上書中論及中央官學未立的現象。《魏書》卷六六《李崇傳》記載李崇的上書云：

> 仰惟高祖孝文皇帝稟聖自天，道鏡今古，徙馭嵩河，光宅函洛，模唐虞以革軌儀，規周漢以新品制，列教序於鄉黨，敦詩書於郡國。使揖讓之禮，橫被於崎嶇；歌詠之音，聲溢於仄陋。但經始事殷，戎軒屢駕，未遑多就，弓劍弗追。世宗統曆，聿遵先緒。永平之中，大興板築，續以水旱，戎馬生郊，雖逮為山，還停一簣。
>
> 竊惟皇遷中縣，垂二十祀。而明堂禮樂之本，乃鬱荊棘之林；膠序德義之基，空盈牧豎之跡。……臣又聞官方授能，所以任事；事既任矣，酬之以祿。如此，上無曠官之譏，下絕尸素之謗。今國子雖有學官之名，而無教授之實，何異兔絲燕麥，南箕北斗哉！昔劉向有言：「王者宜興辟雍，陳禮樂，以風化天下。夫禮樂所以養人，刑法所以殺人。而有司勤勤請定刑法，至於禮樂，則曰未敢。是則敢於殺人，不敢於養人也。」臣以為當今四海清平，九服寧晏，經國要重，理應先營；脫復稽延，則劉向之言徵矣。但事不兩興，須

〔註62〕 《魏書》卷八《宣武帝紀》，第 204 頁。
〔註63〕 《魏書》卷一一三《官氏志》，第 2003 頁。
〔註64〕 《魏書》卷八《宣武帝紀》，第 212 頁。

有進退。以臣愚量，宜罷尚方雕靡之作，頗省永寧土木之功，並減
瑤光材瓦之力，兼分石窟鐫琢之勞，及諸事役非急者，三時農隙，
修此數條。使辟雍之禮，蔚爾而復興；諷誦之音，煥然而更作。美
榭高墉，嚴壯於外；槐宮棘宇，顯麗於中。道發明令，重遵鄉飲，
敦進郡學，精課經業。如此，則元、凱可得之於上序，游夏可致之
於下國，豈不休歟！誠知佛理淵妙，含識所宗，然比之治要，容可
小緩。苟使魏道熙緝，元首唯康，爾乃經營，未爲晚也。

對此，靈太后令曰：

省表，具悉體國之誠。配饗大禮，爲國之本，比以戎馬在郊，
未遑修繕。今四表晏寧，年和歲稔，當敕有司別議經始。

李崇談及宣武帝曾於永平年間，大興板築興建中央官學，然而卻「續以水旱，
戎馬生郊，雖逮爲山，還停一簣」，直到孝明帝時期還是「國子雖有學官之名，
而無教授之實」，城南的明堂、辟雍還是荊棘叢生，一片荒蕪。禮制建築不立，
中央官學難興是與胡太后崇佛，大興土木修築永寧寺的現實分不開的。李崇
對此進行了規勸，希望完善禮制建築，修繕京師的建築，胡太后部分採納了
他的建議。

直到孝明帝神龜元年（公元 518 年）夏，崔光還在上書，要求修補漢魏
石經。《魏書》卷六七《崔光傳》：

神龜元年夏，光表曰：「……昔來雖屢經戎亂，猶未大崩侵。如
聞往者刺史臨州，多構圖寺，道俗諸用，稍有發掘，基躕泥灰，或
出於此。皇都始遷，尚可補復，軍國務殷，遂不存檢。官私顯隱，
漸加剝撤。播麥納菽，秋春相因，□生蒿杞，時致火燎，由是經石
彌減，文字增缺。職忝冑教，參掌經訓，不能繕修頹墜，興復生業，
倍深慚恥。今求遣國子博士一人，堪任幹事者，專主周視，驅禁田
牧，制其踐穢，料閱碑牒所失次弟，量厥補綴。」詔曰：「此乃學者
之根源，不朽之永格，垂範將來，憲章之本，便可一依公表。」光
乃令國子博士李郁與助教韓神固、劉燮等勘校石經，其殘缺者，計
料石功，並字多少，欲補治之。於後靈太后廢，遂寢。

此時的漢魏石經破損嚴重，故太學周圍仍然是農民耕作、畜牧的地方，雜草
叢生，崔光希望能夠派遣國子博士修補石經，皇帝採納了他的建議，由國子
博士李郁與助教韓神固、劉燮等勘校石經，直到胡太后被廢。

在孝明帝時期中央官學才逐漸完成建制，實現了學校的教育功能。孝明帝「神龜中，將立國學，詔以三品已上及五品清官之子以充生選。未及簡置，仍復停寢」〔註65〕；又曾於正光元年（公元 520 年）春正月乙酉，下詔曰：「建國緯民，立教爲本；尊師崇道，茲典自昔。來歲仲陽，節和氣潤，釋奠孔顏，乃其時也。有司可豫繕國學，圖飾聖賢，置官簡牲，擇吉備禮」；於正光二年（公元 521 年）「二月癸亥，車駕幸國子學，講《孝經》。三月庚午，帝幸國子學祠孔子，以顏淵配」〔註 66〕，至此北魏後期中央官學的國子學實現了全部的教育功能，由此也可知在北魏後期唯一實際存在的中央官學類型只有國子學。

3、北魏後期四門小學的性質

通過對於北魏後期中央官學的設立情況的梳理總結，可以看出北魏後期太學、四門小學都僅僅停留在設立博士階段，四門小學沒有眞正承擔教育任務，自然沒有所謂的教育對象。存在的只是一個規劃中的內國子學、外太學、四門小學的中央官學的格局，在這種格局下，理想化的四門小學所面對的招生對象應是普通的寒門庶族子弟。而四門小學的教學內容則是基礎的蒙學教育內容。正是因爲存在者這種設定，才會符合《魏書》卷一一三《官氏志》中孝文帝後《職員令》中對於四門博士第九品的品級規定；也是因爲這種設定，才可以解釋宣武帝時期，大規模選撥四門博士的現象；更是因爲這種設定，才可以理解隋唐時期四門學的歷史淵源。

然而，這裏還有一個問題需要解釋清楚，董徵得以教授孝文帝的兒子，京兆、清河、廣平、汝南四王的原因，是在於他早年師從於多家學者，具有的豐富私學教授經驗，而不是他的四門博士的身份。誠如前文所述，規劃中的四門小學面向的對象應是寒門庶族子弟，然而北魏後期，四門小學校舍未立，四門博士無所教授，自然出現了隨事安排執掌的現象。《魏書》卷八四《儒林傳·孫惠蔚》：「今求令四門博士及在京儒生四十人，在秘書省專精校考，參定字義。如蒙聽許，則典文允正，群書大集。詔許之。」據此，孫惠蔚在秘書省任職時，希望國家可以派遣四門博士等人去秘書省校驗圖書文集，宣武帝採納了他的建議。在秘書省缺人手的時候，四門博士又參與了圖書文集的教研，這都是一時一事的特例，不能說明四門學面向的教育對象就是宗室

〔註65〕《魏書》卷八四《儒林傳》，第 1842 頁。
〔註66〕《魏書》卷九《孝明帝紀》，第 229、231～232 頁。

子弟，史書中所見的四門博士執掌多爲議定逝者的諡號、參與禮制的討論等，並不是這裏需要進一步討論的問題。此外，四門小學的在小學教育內容上的特點也說明四門學不能替代皇宗學，與皇宗學是不同的。

（三）北魏後期中央官學的規模與分佈

1、北魏後期中央官學的規模

由於北魏後期中央官學體系的不完善，其官學規模也僅僅體現爲國子學的規模上。據前引相關資料梳理這一時期中央官學的規模如下：

孝文帝太和二十年（公元 496 年）「發敕立四門博士，於四門置學」〔註67〕，「澄等依旨，置四門博士四十人，其國子博士、太學博士及國子助教，宿已簡置」〔註68〕，此外孝文帝遷都洛陽後，中央官學職員的設置情況，可知的只有四門博士四十人，其餘博士若干。

宣武帝時期「復詔營國學，樹小學於四門，大選儒生，以爲小學博士，員四十人」〔註69〕。又宣武帝永平元年（公元 508 年）十二月，「尙書令高肇，尙書僕射、清河王懌等奏置小學博士員三千人」〔註70〕，可知在宣武帝時期，中央官學職員的人數至少可以達到四十人，而國家設立的小學博士甚至可能達到三千人的規模。

孝明帝「神龜中，將立國學，詔以三品已上及五品清官之子以充生選。未及簡置，仍復停寢。正光二年，乃釋奠於國學，命祭酒崔光講《孝經》，始置國子生四十六人」〔註71〕。孝明帝時期，國子學實現了招生，實行了釋奠禮之後的國子學生規模達到了四十六人。

北魏後期，「孝昌以後，海內淆亂」，尒朱榮河陰之變後「京邑士子不一存，率皆逃竄，無敢出者。直衛空虛，官守廢曠」〔註72〕，中央官學自然受到影響。直到孝武帝「永熙中，復釋奠於國學，又於顯陽殿詔祭酒劉廞講《孝經》，黃門李郁說《禮記》，中書舍人盧景宣講《大戴禮·夏小正篇》，復置生七十二人」〔註73〕，此時的國子學生規模達到了較高的七十二人。

〔註67〕《魏書》卷五五《劉芳傳》，第 1222 頁。
〔註68〕《魏書》卷五六《鄭義傳附鄭道昭》，第 1241 頁。
〔註69〕《魏書》卷四八《儒林傳》，第 1842 頁。
〔註70〕《魏書》卷一一三《官氏志》，第 2003 頁。
〔註71〕《魏書》卷八四《儒林傳》，第 1842 頁。
〔註72〕《魏書》卷七四《尒朱榮傳》，第 1648 頁。
〔註73〕《魏書》卷八四《儒林傳》，第 1842 頁。

2、北魏後期中央官學的分佈

北魏後期，洛陽城中有國子學，城外有漢魏太學遺址。《洛陽伽藍記》卷一《城內》：

> 永寧寺，熙平元年，靈太后胡氏所立也。在宮前閶闔門南一里
> 御道西。……（閶闔門前御道東，有左衛府。府南有司徒府。司徒
> 府南有國子學堂，內有孔丘像，顏淵問仁、子路問政在側。國子南
> 有宗正寺，寺南有太廟，廟南有護軍府，府南有衣冠里。）

這說明，北魏洛陽的國子學位於皇宮閶闔門前南方永寧寺東側御道東，北臨司徒府，南臨宗正寺。國子學的規劃，另據前引《魏書》卷五五《劉芳傳》記載其上書云：

> 臣愚謂：今既徙縣松瀍，皇居伊洛，宮闕府寺，僉復故趾，至
> 於國學，豈可舛替？校量舊事，應在宮門之左。

可知，國子學的方位是在宮門左側，參照前文所述之具體位置，應是與劉芳的規劃相符合的。

洛陽城南，開陽門外有漢魏太學遺址，孝文帝於此設立勸學里。《洛陽伽藍記》卷三《城南》：

> 報德寺，高祖孝文皇帝所立也（爲馮太后追福）在開陽門外三
> 里。（開陽門御道東有漢國子學堂。堂前有三種字石經二十五碑，表
> 裏刻之。寫春秋、尚書二部，作篆、科斗、隸三種字，漢右中郎將
> 蔡邕筆之遺跡也。猶有十八碑，餘皆殘毀。復有石碑四十八枚，亦
> 表裏隸書，寫周易、尚書、公羊、禮記四部。又贊學碑一所，並在
> 堂前。魏文帝作典論云（六）碑，至太和十七年，猶有四存），高祖
> 題爲勸學里。

洛陽開陽門外禦道的東側有漢魏太學遺址，漢魏石經，雖經漢末董卓之亂、西晉永嘉之亂，於此時部分尚存。孝文帝遷都前「洛陽雖經破亂，而舊《三字石經》宛然猶在，至熙與常伯夫相繼爲州，廢毀分用，大至頹落」〔註74〕。北魏後期雖然鄭道昭、崔光都曾提議修補石經，此處卻依然殘破。按照劉芳的規劃，此處應是北魏太學於四門學的位置。《魏書》卷五五《劉芳傳》：

> 至如太學，基所炳在，仍舊營構。……今太學故坊，基趾寬曠，
> 四郊別置，相去遼闊，檢督難周。計太學坊並作四門，猶爲太廣。

〔註74〕《魏書》卷八三上《外戚傳‧馮熙》，第1819頁。

　　以臣愚量，同處無嫌。且今時制置，多循中代，未審四學應從古不？
　　求集名儒禮官，議其定所。

劉芳在其上書中根據現實情況提出太學仍然選擇漢魏太學舊址，因為前代太學太廣，四門學適合與太學同處一地。然而，如前文所述，這種規劃最終還是未能實現。

三、東西對峙時期的中央官學

　　永熙三年（公元 534 年），魏孝武帝出奔長安，依附於宇文泰，高歡另立孝靜帝，改元天平元年，遷都鄴城，北魏正式分裂為東魏與西魏兩個對峙的政權。東魏孝靜帝武定八年（公元 550 年），高澄遇刺身亡，其弟高洋，迫使孝靜帝遜位，改元天保元年，是為北齊文宣帝，北齊取代了東魏。西魏歷經孝武帝、文帝、廢帝、恭帝四帝，至恭帝三年（公元 556 年），宇文泰去世，恭帝遜位，宇文護擁立宇文覺稱帝，是為北周孝閔帝，北周取代了西魏。北周武帝建德六年（公元 577 年），北周滅北齊統一北方。北周靜帝大象三年（公元 581 年），楊堅奪取了政權，改元開皇元年，建立了隋朝，北朝結束了。開皇九年（公元 589 年），隋滅陳實現了南北統一，南北朝時期結束了。

（一）東西對峙時期中央官學的發展

　　在北魏滅亡後的這段時期內，北方地區出現了東魏——北齊與西魏——北周東西對峙的局面長達四十餘年，在東西各自的區域中，國家採取的政策不同，中央官學經歷了不同的發展道路。

1、東魏——北齊統治下中央官學的發展

　　在東魏——北齊的統治範圍內，中央官學得到了延續。這期間雖然經歷了東魏、北齊之間政權的更迭，然而高歡的子孫始終掌握政權，統治國家的策略也是一致的，故將此時視為中央官學發展的一個時期。

　　東魏孝靜帝儘管不掌握有實權，卻也「好文，美容儀」又「從容沈雅，有孝文風」〔註 75〕，也曾經「於顯陽殿講《孝經》、《禮記》」，李繪「與從弟騫、裴伯莊、魏收、盧元明等俱為錄議」〔註 76〕。高歡「生於邊朔，長於戎馬之間」，卻也知禮遇學者盧景裕，「置之賓館，以經教授太原公以下」〔註 77〕。

〔註 75〕《魏書》卷十二《孝靜帝紀》，第 313 頁。
〔註 76〕《北齊書》卷二九《李渾傳附李繪》，第 395 頁。
〔註 77〕《北齊書》卷四四《儒林傳》，第 581、582 頁。

高澄曾「就杜詢講學，敏悟過人，詢甚歎服」，入輔朝政以來，「機略嚴明，事無凝滯，於是朝野振肅」，又於元象元年（公元 538 年）「乃釐改前式，銓擢唯在得人。又沙汰尚書郎，妙選人地以充之。至於才名之士，咸被薦擢，假有未居顯位者，皆致之門下，以爲賓客，每山園遊燕，必見招攜，執射賦詩，各盡其所長，以爲娛適」，改變選舉制度，重視人才的選拔〔註78〕。然則，此時的中央官學，已從洛陽遷往鄴城，武定四年（公元546年）八月，「移洛陽漢、魏《石經》於鄴」〔註79〕。

北齊建立以後，「天保、大寧、武平之朝，亦引進名儒，授皇太子諸王經術」〔註80〕，其中也不乏重學好文之人、重學興文之事。文宣帝高洋在登基的天保元年（公元 550 年）八月「詔郡國修立黌序，廣延髦俊，敦述儒風。其國子學生亦仰依舊銓補，服膺師說，研習《禮經》。往者文襄皇帝所建蔡邕石經五十二枚，即宜移置學館，依次修立」〔註81〕，重視中央官學的管理。廢帝高殷，是北齊君主中最爲重文之人，早在太子之時，就「貫綜經業，省覽時政，甚有美名」，天保七年（公元 556 年）冬「文宣召朝臣文學者及禮官於宮宴會，令以經義相質，親自臨聽。太子手筆措問，在坐莫不歎美」，又在天保九年（公元 556 年），「文宣在晉陽，太子監國，集諸儒講《孝經》」〔註82〕。孝昭帝高演「敦學校之風，徵召英賢，文武畢集」，於皇建元年（公元 560 年）「詔國子寺可備立官屬，依舊置生，講習經典，歲時考試，其文襄帝所運石經，宜即施列於學館。外州大學亦仰典司勤加督課」〔註83〕。此後之武成帝高湛也曾於河清二年（公元 563 年）春正月乙亥，「詔臨朝堂策試秀才」〔註84〕。至於後主高緯「雖溺於群小，然頗好諷詠」，武平三年（公元 573 年），「祖珽奏立文林館，於是更召引文學士，謂之待詔文林館焉。珽又奏撰《御覽》，詔珽及特進魏收、太子太師徐之才、中書令崔劼、散騎常侍張雕、中書監陽休之監撰」〔註85〕。後於同年「《聖壽堂御覽》成，敕付史閣，後改爲《修文殿御覽》」，於武平四年（公元 573 年）二月「丙午，置

〔註78〕《北齊書》卷三《文襄帝紀》，第 31 頁。
〔註79〕《魏書》卷十二《孝靜帝紀》，第 308 頁。
〔註80〕《北齊書》卷四四《儒林傳》，第 582 頁。
〔註81〕《北齊書》卷四《文宣帝紀》，第 53 頁。
〔註82〕《北齊書》卷五《廢帝紀》，第 73 頁。
〔註83〕《北齊書》卷六《孝昭帝紀》，第 86、82 頁。
〔註84〕《北齊書》卷七《武成帝紀》，第 91 頁。
〔註85〕《北齊書》卷四五《文苑傳》，第 603 頁。

文林館」〔註86〕，重視文人的使用，「待詔文林，亦是一時盛事」〔註87〕，然則直到幼主承光元年（公元 577 年），北齊滅亡，國家在中央官學方面的建設卻未有所聞。

東魏——北齊時期，國家雖有重學興文之舉，然則受到當時重武輕文、胡化之風等社會環境因素的制約，此時中央官學的發展卻十分有限。一方面，在東魏——北齊時期社會上彌漫著重武輕文的風氣。《北齊書》卷二一《高乾傳附高昂》：

> 昂不遵師訓，專事馳騁，每言男兒當橫行天下，自取富貴，誰能端坐讀書，作老博士也。

《北齊書》卷十《高祖十一王・上黨剛肅王渙傳》：

> 渙每謂左右曰：「人不可無學，但要不爲博士耳。」故讀書頗知梗概。而不甚耽習。

《北齊書》卷二十四《孫搴傳》：

> 搴學淺而行薄，邢邵嘗謂之曰：「更須讀書。」搴曰「我精騎三千，足敵君羸卒數萬。」

上述材料表明，在這一時期高昂憑藉勇武而聞名，不願端坐讀書，宗室高渙讀書知梗概，不求精深，孫搴雖以文才著稱，卻也不願讀書，更不論他人了。故史載帝子王孫「而內有聲色之娛，外多犬馬之好，安能入便篤行，出則友賢者也。徒有師傅之資，終無琢磨之實」，「世冑之門，罕聞強學」〔註88〕。

另一方面，東魏——北齊時期漢族士人與鮮卑勳貴政爭不斷，社會上存在著胡化之風。高歡「既累世北邊，故習其俗，遂同鮮卑」，在政治上倚重出於六鎮的鮮卑勳貴，當時「鮮卑共輕中華朝士」〔註89〕，漢族士人則認爲「鮮卑車馬客，會須用中國人」〔註90〕，彼此鬥爭不斷。在幾次政治鬥爭中，鮮卑勳貴往往佔有優勢，取得了勝利。〔註91〕鮮卑勳貴勢力正盛，故鮮卑之俗

〔註86〕此處繫年據《北齊書》卷八《後主紀》，第 105、106 頁。然而據繆鉞《顏之推年譜》以及後來之學者考證，文林館的設立應在武平三年。參考：魏宏利：《北齊文林館的設立、構成及其歷史意義》，《西南交通大學學報》（社會科學版）2006 年 10 月第七卷第 5 期，第 32～35 頁。

〔註87〕《北齊書》卷四五《文苑傳》，第 604 頁。

〔註88〕《北齊書》卷四四《儒林傳》，第 582 頁。

〔註89〕《北齊書》卷二一《高乾傳附高昂》，第 295 頁。

〔註90〕《北齊書》卷二四《杜弼傳》，第 353 頁。

〔註91〕繆鉞：《東魏北齊政治上漢人與鮮卑人之衝突》，收入於《讀史存稿》三聯書

亦盛行於世，《顏氏家訓》卷一《教子》：

> 齊朝有一士大夫，嘗謂吾曰：「我有一兒，年已十七，頗曉書疏，教其鮮卑語及彈琵琶，稍欲通解，以此伏事公卿，無不寵愛，此要事也。」吾時俛而不答。異哉，此人之教子也！若由此業，自致卿相，亦不願汝曹爲之。

在當時社會傳習鮮卑語、演奏琵琶可以得到公卿的賞識而得到提升。這成爲當時社會的一種常見現象，顏之推深以爲恥。通曉鮮卑語言者，如孫搴「能通鮮卑語，兼宣傳號令，當煩劇之任，大見賞重」〔註92〕，又如祖珽因「並解鮮卑語」得到舉薦，從而「特恕不問」〔註93〕其先前的罪責。精於琵琶演奏的，如和士開「幼而聰慧，選爲國子學生」，「傾巧便僻，又能彈胡琵琶」，爲北齊皇帝所寵信，甚至於後主高緯「盛爲無愁之曲，自彈胡琵琶而唱之，侍和之者以百數」號稱「無愁天子」。在此政治社會環境下，貫綜經業的君主難居其位，以胡語胡俗伏事公卿者輩出，因此，此時之「國學博士徒有虛名，唯國子一學，生徒數十人耳」〔註94〕，中央官學僅僅延續而已，是達不到興盛這一程度的。

2、西魏——北周統治下中央官學的發展

在西魏——北周的統治範圍內，中央官學經歷了不同於東魏——北齊的發展道路。這期間也經歷了西魏、北周之間的政權更迭，然而政權掌握在宇文家族手中，政策連續性強，故也應視爲一個時期。

西魏歷經孝武帝、文帝、廢帝與恭帝四朝，然則權力掌握在宇文泰的手中。宇文泰「雅好經術」，曾「於行臺省置學，取丞郎及府佐德行明敏者充生。悉令旦理公務，晚就講習，先六經，後子史」，又選擇「諸生中簡德行淳懿者」侍讀左右〔註95〕，「求闕文於三古，得至理於千載，黜魏、晉之制度，復姬旦之茂典」〔註96〕，於西魏恭帝三年（公元556年）春正月丁丑「初行『周禮』，建六官」〔註97〕，西魏——北周時期的中央官學爲之一變。當時「盧景宣學

店，第78～93頁。
〔註92〕《北齊書》卷二四《孫搴傳》，第341頁。
〔註93〕《北齊書》卷三九《祖珽傳》，第515頁。
〔註94〕《北齊書》卷四四《儒林傳》，第582頁。
〔註95〕《周書》卷三五《薛善傳附薛愼》，第624頁。
〔註96〕《周書》卷四五《儒林傳》，第806頁。
〔註97〕《周書》卷二《文帝紀下》，第36頁。

通群藝，修五禮之缺；長孫紹遠才稱洽聞，正六樂之壞」，「由是朝章漸備，學者向風」的局面形成了〔註98〕。

　　北周政權更迭之後，政權長期由宇文護把持。孝閔帝宇文覺在位不足一年，明帝宇文毓「幼而好學，博覽群書，善屬文，詞采溫麗」，「及即位，集公卿已下有文學者八十餘人於麟趾殿，刊校經史。又捃採眾書，自羲、農以來，訖於魏末，敘爲《世譜》，凡五百卷云。所著文章十卷」〔註99〕，故史稱明帝宇文毓「敦尚學藝，內有崇文之觀，外重成均之職」，當時出現了「握素懷鈆重席解頤之士，間出於朝廷；圓冠方領執經負笈之生，著錄於京邑」的局面〔註100〕。

　　武帝宇文邕統治時期十分重視儒學，中央官學得到了發展。首先，武帝宇文邕繼位後於保定三年（公元563年）夏四月戊午，「幸太學，以太傅、燕國公于謹爲三老而問道焉」〔註101〕，史稱武帝宇文邕「服袞冕，乘碧輅，陳文物，備禮容，清蹕而臨太學。袒割以食之，奉觴以酳之。斯固一世之盛事也」〔註102〕，於天和元年（公元566年）秋七月壬午，詔：「諸冑子入學，但束脩於師，不勞釋奠。釋奠者，學成之祭，自今即爲恒式」〔註103〕，參與太學的尊老養老禮、對學校釋奠禮進行了規定。其次，武帝宇文邕又分別於天和元年（公元566年）五月庚辰「御正武殿，集群臣親講《禮記》」，於天和三年八月（公元568年）癸酉「御大德殿，集百僚及沙門、道士等親講《禮記》」，親自參與到經學的講授之中〔註104〕。再次武帝宇文邕於建德二年（公元573年）十二月癸巳，「集群臣及沙門、道士等，帝升高座，辨釋三教先後，以儒教爲先，道教爲次，佛教爲後。」〔註105〕確立了儒學的統治地位。此外，武帝宇文邕於天和二年（公元567年）七月甲辰，「立露門學，置生七十二人。」〔註106〕露門學的設立成爲北周中央官學建設中最爲重要的事情。到了北周宣帝、靜帝時期，國家延續了對於中央官學的重視。宣帝宇文贇於靜帝大象二

〔註98〕　《周書》卷四五《儒林傳》，第806頁。
〔註99〕　《周書》卷四《明帝紀》，第60頁。
〔註100〕　《周書》卷四五《儒林傳》，第806頁。
〔註101〕　《周書》卷五《武帝紀上》，第68頁。
〔註102〕　《周書》卷四五《儒林傳》，第806頁。
〔註103〕　《周書》卷五《武帝紀上》，第73頁。
〔註104〕　《周書》卷五《武帝紀上》，第72、75頁。
〔註105〕　《周書》卷五《武帝紀上》，第83頁。
〔註106〕　《周書》卷五《武帝紀上》，第74頁。

年（公元 580 年）二月丁巳「幸露門學，行釋奠之禮」〔註107〕。北周靜帝大
象三年（公元 581 年），靜帝宇文衍遜位，楊堅改元開皇元年，建立了隋朝，
這一時期結束了。

（二）東西對峙時期中央官學的類型

東西對峙時期，東西方的中央官學系統各不相同。東魏——北齊延續了
北魏後期中央官學的體系，設置有太學、國子學、四門小學。西魏——北周
的中央官學體系則經歷了一個變革，宇文泰六官改革之前設有太學、國子學，
改革之後設有太學、露門學。此外，北周的麟趾學與北齊的文林館也是這一
時期重要文化機構，對後世的學校建設有著重要的影響也是值得關注的。

1、北周改革前的國子學與太學

在西魏——北周時期宇文泰仿照《周禮》進行的改革。《周書》卷二《文
帝紀下》：

> 初，太祖以漢魏官繁，思革前弊。大統中，乃命蘇綽、盧辯依
> 周制改創其事，尋亦置六卿官，然為撰次未成，眾務獨歸臺閣。至
> 是始畢，乃命行之。

這表明，宇文泰很早之前就有了改革官職的構想，在大統年間就命令蘇綽、
盧辯等人規劃六官。蘇綽曾對宇文泰「指陳帝王之道，兼述申韓之要」，行六
條詔書之法，「其一，先治心」，「其二，敦教化」，「其三，盡地利」，「其四，
擢賢良」，「其五，恤獄訟」，「其六，均賦役」，是推動改革的重要人士〔註108〕。
然而，《周書》卷二四《盧辯傳》：

> 初，太祖欲行《周官》，命蘇綽專掌其事。未幾而綽卒，乃令辯
> 成之。於是依《周禮》建六官，置公、卿、大夫、士、并撰次朝儀，
> 車服器用，多依古禮，革漢、魏之法。事並施行。

蘇綽去世較早，六官制度成於盧辯之手。盧辯，出自范陽盧氏家族「累世儒
學」，本人「博通經籍」，「以《大戴禮》未有解詁，辯乃注之」，對於儒家經
典非常熟悉，於是「所述六官，太祖以魏恭帝三年始命行之」。參與此事的還
有柳敏「與蘇綽等修撰新制，為朝廷政典」〔註109〕、崔猷「與盧辯等刊修六

〔註107〕《周書》卷七《宣帝紀》，第 122 頁。
〔註108〕《周書》卷二三《蘇綽傳》，第 382～391 頁。
〔註109〕《周書》卷三二《柳敏傳》，第 560 頁。

官」〔註110〕、薛寘「朝廷方改物剙制，欲行《周禮》，乃令置與小宗伯盧辯斟酌古今，共詳定之。六官建，授內史下大夫」〔註111〕、裴政「命與盧辯依《周禮》建六卿，設公卿大夫士，並撰次朝儀，車服器用，多遵古禮，革漢、魏之法，事並施行」等人〔註112〕。當時「雖行《周禮》，其內外眾職，又兼用秦漢等官」〔註113〕，形成了雜糅了儒家觀念與漢晉傳統的官制系統。〔註114〕

　　六官改革也改變了北周中央官學的體系。改革之前的中央官學包括太學和國子學。《周書》卷三八《李昶傳》：「初謁太祖，太祖深奇之，厚加資給，令入太學。太祖每見學生，必問才行於昶。昶神情清悟，應對明辨，太祖每稱歎之。」李昶的事例說明，在西魏宇文泰主政時期太學就已經存在並且招收生員。《周書》卷四五《儒林傳·樂遜》：

　　　　魏恭帝二年，授太學助教。孝閔帝踐阼，以遜有理務材，除秋
　　官府上士。其年，治太學博士，轉治小師氏下大夫。自譙王儉以下，
　　並束脩行弟子之禮。遜以經術教授，甚有訓導之方。

在魏恭帝二年（公元555年），六官落實之前樂遜先後擔任太學助教、太學博士，在太學中教授學生。與太學相對應的是這一時期的國子學。《周書》卷三六《裴果傳附劉志》：

　　　　大統三年，太祖遣領軍將軍獨孤信復洛陽。志糾合義徒，舉廣
　　州歸國。拜大丞相府墨曹參軍，封華陰縣男，邑二百戶。加大都督、
　　撫軍將軍，轉中外府屬，遷國子祭酒。

劉志曾經在大統三年之後擔任過國子祭酒，又史載「太祖又以誕儒宗學府，為當世所推，乃拜國子祭酒」〔註115〕，盧誕也曾擔任國子祭酒。此外韋孝寬「拜國子博士，行華山郡事」〔註116〕，樊深「後除國子博士，賜姓万紐于氏」〔註117〕，也證明了國子學的存在。

　　然而，六官改革改變了中央官學的體系，其中最值得注意的國子學的消失。前文所述這些人都是宇文泰六官改革之前擔任國子學的官員，六官改革

〔註110〕《周書》卷三五《崔猷傳》，第615頁。
〔註111〕《周書》卷三八《薛寘傳》，第685頁。
〔註112〕《隋書》卷六六《裴政傳》，第1549頁。
〔註113〕《周書》卷二四《盧辯傳》，第404頁。
〔註114〕參考王仲犖：《北周六典》，中華書局1979年版，書中有相關詳細論述。
〔註115〕《周書》卷四五《儒林傳·盧誕》，第807頁。
〔註116〕《周書》卷三一《韋孝寬傳》，第535頁。
〔註117〕《周書》卷四五《儒林傳·樊深》，第812頁。

後國子學應是併入了太學之中。《周書》卷四五《儒林傳・樊深》：

> 後除國子博士，賜姓万紐于氏。六官建，拜太學助教，遷博士，
> 加車騎大將軍、儀同三司。

樊深在改革之前擔任國子博士，改革之後反而擔任了太學助教，後才升至太學博士，在北魏的官制體系中國子博士是高於太學博士，樊深在受到重視的情況下擔任太學助教，只能說明改革後的中央官學體系，取消了國子學的設置併入了太學之中。

2、麟趾學與文林館

國子學併入太學，實際上打破了漢晉以後內國子、外太學二學並立的格局，然而史稱，北周明帝宇文毓「敦尚學藝，內有崇文之觀，外重成均之職」，明帝宇文毓也試圖構建內、外二學的中央官學格局。這種努力是通過設立麟趾學而體現的。《周書》卷三十《于翼傳》：

> 世宗雅愛文史，立麟趾學，在朝有藝業者，不限貴賤，皆預聽
> 焉。乃至蕭撝、王褒等與皁鄙之徒同爲學士。

這表明，麟趾學由明帝宇文毓設立並設有「麟趾學士」這樣的官職。據前引《周書》卷四《明帝紀》中「集公卿已下有文學者八十餘人於麟趾殿，刊校經史。又招採眾書，自羲、農以來，訖於魏末，敘爲《世譜》，凡五百卷云。所著文章十卷」一事可知，麟趾學的執掌是校勘經史，編撰書籍。史書中的眾多的記載也可以證實了這一點，如韋孝寬「明帝初，參麟趾殿學士，考校圖籍」〔註118〕；元偉「世宗初，拜師氏中大夫。受詔於麟趾殿刊正經籍」〔註119〕；宗懍「世宗即位，又與王褒等在麟趾殿刊定群書」〔註120〕；姚最「世宗盛聚學徒，校書於麟趾殿，最亦預爲學士」〔註121〕；顏之儀「世宗以爲麟趾學士，稍遷司書上士」〔註122〕；楊寬「武成二年，詔寬與麟趾學士參定經籍」〔註123〕；蕭撝「武成中，世宗令諸文儒於麟趾殿校定經史，仍撰《世譜》，撝亦預焉。尋以母老，兼有疾疹，五日番上，便隔晨昏，請在外著書。有詔許焉」〔註124〕；蕭大圜「俄

〔註118〕《周書》卷三一《韋孝寬傳》，第538頁。
〔註119〕《周書》卷三八《元偉傳》，第688頁。
〔註120〕《周書》卷四二《宗懍傳》，第760頁。
〔註121〕《周書》卷四七《藝術・姚僧垣傳附姚最》，第844頁。
〔註122〕《周書》卷四○《顏之儀傳》，第720頁。
〔註123〕《周書》卷二二《楊寬傳》，第367頁。
〔註124〕《周書》卷四二《蕭撝傳》，第752頁。

而開麟趾殿，招集學士。大圜預焉。《梁武帝集》四十卷，《簡文集》九十卷，各止一本，江陵平後，並藏秘閣。大圜既入麟趾，方得見之。乃手寫二集，一年並畢。識者稱歎之」〔註125〕等。

與北周的麟趾學相對應，北齊設有文林館。〔註126〕《北齊書》卷四五《文苑傳》：

> 三年，祖珽奏立文林館，於是更召引學士，謂之待詔文林館焉。珽又奏撰《御覽》，詔珽及特進魏收、太子太師徐之才、中書令崔劼、散騎常侍張雕、中書監陽休之監撰。珽等奏追通直散騎侍郎韋道遜、陸乂、太子舍人王邵、衛尉丞李孝基、殿中侍御史魏澹、中散大夫劉仲威、袁奭、國子博士朱才、奉車都尉眭道閑、考功郎中崔子樞、左外兵郎薛道衡、并省主客郎中盧思道、司空東閤祭酒崔德、太學博士諸葛漢、奉朝請鄭公超、殿中侍御史鄭子信等入館撰書，並敕放、慇、之推等同入撰例。復令散騎常侍封孝琰、前樂陵太守鄭元禮、衛尉少卿杜臺卿、通直散騎常侍王訓、前南兗州長史羊肅、通直散騎常侍馬元熙、并省三公郎中劉珉、開府行參軍李師上、溫君悠入館，亦令撰書。復命特進崔季舒、前仁州刺史劉逖、散騎常侍李孝貞、中書侍郎李德林續入待詔。尋又詔諸人各舉所知，又有前濟州長史李蓍、前廣武太守魏騫、前西兗州司馬蕭漑、前幽州長史陸仁惠、鄭州司馬江旰、前通直散騎侍郎辛德源、陸開明、通直郎封孝謇、太尉掾張德沖、并省右民郎高行恭、司徒戶曹參軍古道子、前司空功曹參軍劉顗、獲嘉令崔德儒、給事中李元楷、晉州治中陽師孝、太尉中兵參軍劉儒行、司空祭酒陽辟疆、司空士曹參軍盧公順、司徒中兵參軍周子深、開府參軍王友伯、崔君洽、魏師謇並入館待詔，又敕右僕射段孝言亦入焉。《御覽》成後，所撰錄人亦有不時待詔，付所司處分者，凡此諸人，亦有文學膚淺，附會親識，妄相推薦者十三四焉。雖然，當時操筆之徒，搜求略盡。

〔註125〕《周書》卷四二《蕭大圜傳》，第757頁。
〔註126〕參考魏宏利：《北齊文林館的設立、構成及其歷史意義》，《西南交通大學學報》（社會科學版）2006年10月第七卷第5期；宋燕鵬、高楠：《論北齊文士的地理分佈——以「待詔文林館」籍貫爲考察中心》，《中國歷史地理論叢》2006年10月第21卷第4輯；王允亮：《北齊文林館考論》，《長沙大學學報》2006年11月第20卷第6期。

由此可見，北齊武平年間成立的文林館收羅人才之廣，盛極一時，其執掌主要是編撰書籍，史載後主武平三年（公元 572 年）二月「敕撰《玄洲苑御覽》，後改名《聖壽堂御覽》」，同年八月「《聖壽堂御覽》成，敕付史閣，後改爲《修文殿御覽》」〔註127〕。此外，待詔文林館之人多是文人雅士，他們「或談說經史，或吟詠討賦，更相嘲戲，欣笑滿堂」〔註128〕。然而，北齊後期政治鬥爭不斷，文士頗受打擊，北齊滅亡以後，一些包括陽休之等十八人〔註129〕在內的北齊知名朝士都被遷到了長安。

　　與北齊文林館一樣，北周的麟趾學是一個負責校勘經史，編纂圖書的文化機構，並不是一個以教學爲目的教學機構。麟趾學的設立不能替代國子學，僅僅體現了明帝宇文毓對於內外二學體系的構建，對後世隋唐中央官學體系中的崇文學產生了影響。

　　3、露門學

　　露門學，宇文泰六官改革後設立的中央官學，以宗室、貴胄子弟爲傳授對象。在北周六官政治體系下，取代國子學的地位〔註130〕。武帝宇文邕於天和二年（公元 567 年）七月甲辰，「立露門學，置生七十二人」〔註131〕，露門學開始成爲北周中央官學體系中最爲重要的部分。露門學面向的教育對象是宗室、貴胄子弟。《周書》卷四五《儒林傳·沈重》：

　　　　保定末，重至於京師。詔令討論「五經」，並校定鍾律。天和中，
　　　　復於紫極殿講三教義。朝士、儒生、桑門、道士至者二千餘人。重

〔註127〕《北齊書》卷八《後主紀》，第 105、106 頁。
〔註128〕《北齊書》卷四三《許惇傳》，第 575 頁。
〔註129〕《北齊書》卷四二《陽休之傳》：「周武平齊，與吏部尚書袁聿修、衛尉卿李祖欽、度支尚書元修伯、大理卿司馬幼之、司農卿崔達挐、秘書監源文宗、散騎常侍兼中書侍郎李若、散騎常侍給事黃門侍郎李孝貞、給事黃門侍郎盧思道，給事黃門侍郎顏之推，道直散騎常侍兼中書侍郎李德林、通直散騎常侍兼中書舍人陸乂、中書侍郎薛道衡、中書舍人高行恭、辛德源、王劭、陸開明十八人同徵，令隨駕後赴長安。」
〔註130〕露門學的設置同樣符合對於儒家典籍的理解。《周禮·地官司徒》：「師氏掌以媺詔王。以三德教國子。……居虎門之左。司王朝。掌國中失之事。以教國子弟。凡國之貴遊子弟學焉。」，鄭玄以爲「虎門，路寢門也」，盧辯「小學謂虎門，師保之學也」，由此可知露門有又虎門、路寢門之稱，露門學也是同國子學一樣，屬於師保之學。參考王仲犖：《北周六典》，中華書局 1979 年版，第 500 頁。
〔註131〕《周書》卷五《武帝紀上》，第 74 頁。

辭義優洽，樞機明辯，凡所解釋，成為諸儒所推。六年，授驃騎大
將軍、開府儀同三司、露門博士。仍於露門館為皇太子講論。

又《周書》卷四五《儒林傳·樂遜》：

秩滿還朝，拜皇太子諫議，復在露門教授皇子，增邑一百戶。
宣政元年，進位上儀同大將軍。大象初，進爵崇業郡公，增邑通前
二千戶，又為露門博士。

由此可見，沈重在露門學為皇太子講授，樂遜在露門學教授皇子，北周的宗
室是露門學面向的重要教育對象。另《隋書》卷三九《豆盧勣傳》：

明帝時，為左武伯中大夫。勣自以經業未通，請解職遊露門學。
帝嘉之，敕以本官就學。

官員豆盧勣一方面可以選擇自己的方式解職就讀露門學，另一方面卻在皇帝
嘉許之下得以以本官就讀，相信尚未授官的貴族子弟應是露門學招生的對象
之一。另《舊唐書》卷七五《蘇世長傳》：

蘇世長，雍州武功人也。祖彤，後魏通直散騎常侍。父振，周
宕州刺史、建威縣侯。周武帝時，世長年十餘歲，上書言事。武帝
以其年小，召問讀何書，對曰：「讀《孝經》、《論語》。」武帝曰：「《孝
經》、《論語》何所言？」對曰：「《孝經》云：『為國者不敢侮於鰥寡。』
《論語》云：『為政以德。』」武帝善其對，令於獸門館讀書。

蘇世長在北周武帝宇文邕統治時期就入獸門學求學，然而北周並無獸門學，
北周武帝曾設立露門學，露門即《周禮》中所述師氏「居虎門之左。司王朝。
掌國中失之事。以教國子弟。凡國之貴遊子弟學焉」之虎門〔註132〕，因而也
可稱之為獸門，考察蘇世長的家世，可知其為貴冑子弟。此外，《隋書》卷七
三《循吏傳·辛公義》：

辛公義，隴西狄道人也。祖徽，魏徐州刺史。父季慶，青州刺
史。公義早孤，為母氏所養，親授書傳。周天和中，選良家子任太
學生，以勤苦著稱。武帝時，召入露門學，令受道義。每月集御前
令與大儒講論，數被嗟異，時輩慕之。

辛公義是以「良家子」的身份任太學生，後被召入露門學，這說明一些優秀
的太學生也可以被選拔進入露門學學習。

露門學除了具備教育教學職能還具有國家文化機構的其它職能。如露門

〔註132〕參考王仲犖：《北周六典》，中華書局 1979 年版，第 501 頁的相關的記載。

學在設有露門博士等教學官職的同時也設有文學博士、露門學士等官職，其執掌自然可知。如蕭撝「及撝入朝，屬置露門學。高祖以爲與唐瑾、元偉、王褒等四人俱爲文學博士」〔註133〕，此爲露門文學博士。至於露門學士，《隋書》卷五八《明克讓傳》：

> 梁滅，歸於長安，周明帝引爲麟趾殿學士，俄授著作上士，轉外史下大夫，出爲衛王友，歷漢東、南陳二郡守。武帝即位，復徵爲露門學士，令與太史官屬正定新曆。

可知，明克讓曾擔任過麟趾殿學士，然而他作爲露門學士的職責就是負責制訂曆法。又如《隋書》卷七六《文學傳·王頍》：

> 王頍字景文……少好游俠，年二十，尚不知書。爲其兄顒所責怒，於是感激，始讀《孝經》、《論語》，晝夜不倦。遂讀《左傳》、《禮》、《易》、《詩》、《書》，乃歎曰：「書無不可讀者！」勤學累載，遂遍通五經，究其旨趣，大爲儒者所稱。解綴文，善談論。年二十二，周武帝引爲露門學士。每有疑決，多頍所爲。而頍性識甄明，精力不倦，好讀諸子，偏記異書，當代稱爲博物。又曉兵法，益有縱橫之志，每歎不逢時，常以將相自許。

王頍作爲露門學士經史兼通，兼濟諸子文學，以至於「每有疑決，多頍所爲」，解決皇帝問題。此外劉臻「後爲露門學士，授大都督，封饒陽縣子，歷藍田令、畿伯下大夫」〔註134〕、樂運「尋而臨淄公唐瑾薦爲露門學士」〔註135〕都擔任過露門學士。

此外，宣帝宇文贇於靜帝大象二年（公元580年）二月丁巳「幸露門學，行釋奠之禮」〔註136〕，而北魏後期承擔視學儀式的機構是國子學，由此也可以從一方面看出北周時期的露門學實際上起到了國子學的作用。北周時期的露門學集教育與文化機構的職能於一身，是中央官學體系中的重要組成部分。

（三）東西對峙時期中央官學的規模與分佈

在東西對峙時期，中央官學的規模與分佈各不相同。東魏——北齊的中央官學主要體現爲國子學的規模與分佈，西魏——北周則體現爲露門學的規

〔註133〕《周書》卷四二《蕭撝傳》，第752頁。
〔註134〕《隋書》卷七六《文學傳·劉臻》，第1731頁。
〔註135〕《周書》卷四〇《顏之儀傳附樂運》，第721頁。
〔註136〕《周書》卷七《宣帝紀》，第122頁。

模與分佈。

1、西魏──北周統治下中央官學的規模與分佈

東魏──北齊中央官學，延續了北魏中央官學的規模，並且有所發展。北魏孝武帝，「永熙中，復釋奠於國學，又於顯陽殿詔祭酒劉廞講《孝經》，黃門李郁說《禮記》，中書舍人盧景宣講《大戴禮·夏小正篇》，復置生七十二人。及遷都於鄴，國子置生三十六人」〔註137〕，東魏中央官學也遷移至鄴城，其規模有所減少。北齊政權更迭後，重視中央官學的制度建設，於昭帝高演皇建元年（公元 560 年）「詔國子寺可備立官屬，依舊置生，講習經典，歲時考試，其文襄帝所運石經，宜即施列於學館。外州大學亦仰典司勤加督課」〔註138〕，成立了管理中央官學的國子寺。此後中央官學的規模，《隋書》卷二七《百官中》記載北齊時期的國子寺：

> 國子寺，掌訓教冑子。祭酒一人，亦置功曹、五官、主簿、錄
> 事員。領博士五人，助教十人，學生七十二人。太學博士十人，助
> 教二十人，太學生二百人。四門學博士二十人，助教二十人，學生
> 三百人。

這說明，北齊中央官學的規模按照制度規定保持在國子學生七十二人、太學生二百人、四門學生三百人的水平上，較之北魏後期、特別是東魏時期的中央官學規模要有所發展。然而北齊時期之「國學博士徒有虛名，唯國子一學，生徒數十人耳」〔註139〕，由此可見制度上的規定是與現實觀感著一定的差距的。

東魏──北齊中央官學的分佈情況，史書記載不詳，現簡述其相關論述。東魏遷都鄴城後，中央官學也遷移至此。武定四年（公元 546 年）八月，「移洛陽漢、魏《石經》於鄴」〔註140〕。北齊政權更迭後，文宣帝高洋在天保元年（公元 550 年）八月「詔郡國修立黌序，廣延髦儁，敦述儒風。其國子學生亦仰依舊銓補，服膺師說，研習《禮經》。往者文襄皇帝所建蔡邕石經五十二枚，即宜移置學館，依次修立」〔註141〕，提及北齊的國子學生，將漢魏石經立於學館。此外據前引材料，昭帝高演下詔書成立國子寺，再次強調了「其

〔註137〕《魏書》卷八四《儒林傳》，第 1842 頁。
〔註138〕《北齊書》卷六《孝昭帝紀》，第 82 頁。
〔註139〕《北齊書》卷四四《儒林傳》，第 582 頁。
〔註140〕《魏書》卷十二《孝靜帝紀》，第 308 頁。
〔註141〕《北齊書》卷四《文宣帝紀》，第 53 頁。

文襄帝所運石經，宜即施列於學館」。這表明，北齊設有國子學之學館，漢魏石經樹立其中。高歡「以孝武既西，恐逼崤、陝，洛陽復在河外，接近梁境，如向晉陽，形勢不能相接，乃議遷鄴，護軍祖榮贊焉。詔下三日，車駕便發，戶四十萬狼狽就道」〔註142〕，倉促遷都，曹魏以來之鄴城難以容納眾多的人口，故東魏於天平二年營建鄴城南城。高隆之「又領營構大將軍，京邑製造，莫不由之，增築南城，周回二十五里。以漳水近於帝城，起長堤以防汛溢之患。又鑿渠引漳水周流城郭，造治碾磑，並有利於時」〔註143〕，東魏營建了鄴城南城。鄴城南城的營建參考了洛陽的建設。《魏書》卷八四《儒林傳·李業興》：

> 遷鄴之始，起部郎中辛術奏曰：「今皇居徙御，百度創始，營構一興，必宜中制。上則憲章前代，下則模寫洛京。今鄴都雖舊，基址毀滅，又圖記參差，事宜審定。臣雖曰職司，學不稽古，國家大事非敢專之。通直散騎常侍李業興碩學通儒，博聞多識，萬門千戶，所宜訪詢。今求就之披圖案記，考定是非，參古雜今，折中爲制，召畫工並所須調度，具造新圖，申奏取定。庶經始之日，執事無疑。」詔從之。

辛術奏請李業興參與鄴城的規劃，仿照洛陽形制營建鄴城南城。進而可知，北齊的官署設置也應與洛陽時代大體相同，洛陽國子學位於宮城南部御道東側，而東魏——北齊學館的位置與之相對應也會是在鄴城南城相應的位置。

2、西魏——北周統治下中央官學的規模與分佈

關於西魏——北周的中央官學規模上，史書記載不是十分詳細，現簡述史書可見的部分。據前引史料可知，北周武帝宇文邕天和二年（公元567年）七月甲辰，「立露門學，置生七十二人」〔註144〕，其露門學的生員數量與北齊的國子學生員數量相同，至於此時的太學、國子學的規模，限於史料的缺乏，難以知曉。

西魏——北周時期，國家都於長安舊城，其中央官學的分佈也應在此，其露門學的位置可考。北周之露門學，位於北周宮城露門之外。露門是北周宮城的重要門戶，北周武帝宇文邕武成二年（公元560年）冬十二月，「改作

〔註142〕《北齊書》卷二《神武帝紀下》，第18頁。
〔註143〕《北齊書》卷十八《高隆之傳》，第236頁。
〔註144〕《周書》卷五《武帝紀上》，第74頁。

露門、應門」，開始改建露門，天和六年（公元 571 年）春正月己酉朔，「廢朝，以露門未成故也」，此時露門正在營建之中，建德三年（公元 574 年）春正月壬戌，「朝群臣於露門」，至此，露門已經建成〔註145〕。宣帝大象元年春正月癸巳，「受朝於露門，帝服通天冠、絳紗袍，群臣皆服漢魏衣冠」〔註146〕，由此可見露門屬於北周宮城中最爲重要的城門。《隋書》卷一二《禮儀志七》：「左右小武伯各二人，貳之，服執同於武伯，分立於大武伯下及露門之左右塾」。據此可知，露門學分佈於露門左右兩側。

第二節　北朝時期的地方官學

　　北朝時期是中國古代地方官學發展的重要時期，在這一時期地方官學的發展呈現出制度化、體系化的趨勢，地方官員之中也不乏重學之人，興教之舉，推動了地方官學的發展。

一、北朝時期地方官學體系的構建

　　北魏的地方官學承襲十六國時期的地方官學體系。後趙石勒「命郡國立學官，每郡置博士祭酒二人，弟子百五十人，三考修成，顯升臺府」〔註147〕，對地方官學有過詳細的規定。太武帝以前的北魏政權，只能算是十六國時期眾多政權中的一個，尚未顧及對地方官學體系的構建。北魏地方官學體系的構建開始於獻文帝時期。在孝文帝時期地方官學的體系得到了發展，而在東西對峙時期，東魏——北齊和西魏——北周都建有相對完備的地方官學體系。

（一）北魏時期地方官學體系的構建

1、獻文帝時期的地方官學體系

　　北朝地方官學體系的構建始於北魏獻文帝時期，在此之前儘管道武帝拓跋珪「初拓中原，留心慰納」人才，「諸士大夫詣軍門者，無少長，皆引入賜見，存問周悉，人得自盡，苟有微能，咸蒙敘用」〔註148〕；明元帝拓跋嗣「禮愛儒生，好覽史傳」〔註149〕；太武帝時期，「南夷荷擔，北蠕削跡，廓定四表，

〔註145〕《周書》卷五《武帝紀上》，第 63、78、83 頁。
〔註146〕《周書》卷七《宣帝紀》，第 117 頁。
〔註147〕《晉書》卷一○五《石勒載記下》，第 2751 頁。
〔註148〕《魏書》卷二《道武帝紀》，第 27 頁。
〔註149〕《魏書》卷三《明元帝紀》，第 64 頁。

混一戎華」〔註150〕，又「徵盧玄、高允等，而令州郡各舉才學。於是人多砥尙，儒林轉興」〔註151〕，然而此時「軍國多事，未宣文教」，中央之官學尙且在完善之中，國家沒有充分重視地方官學的構建，地方官學的發展如同以前一樣，全靠諸如張恂、薛謹等少數重視儒學的地方官員的推動，屬於地方官學體系的草創時期。

獻文帝天安元年（公元 466 年），文明太后稱制，主持朝政，對於地方官學體系的構建逐漸提上了議事日程。《魏書》卷四六《李訢傳》記載時任相州刺史李鱓求立學校的上疏云：

> 臣聞至治之隆，非文德無以經綸王道；太平之美，非良才無以光贊皇化。是以昔之明主，建庠序於京畿，立學官於郡邑，教國子弟，習其道藝。然後選其俊異，以爲造士。今聖治欽明，道隆三五，九服之民，咸仰德化，而所在州土，學校未立。臣雖不敏，誠願備之，使後生聞雅頌之音，童幼觀經教之本。臣昔蒙恩寵，長管中秘，時課修學有成立之人，髦俊之士，已蒙進用。臣今重荷榮遇，顯任方岳，思闡帝猷，光宣於外。自到以來，訪諸文學，舊德已老，後生未進。歲首所貢，雖依制遣，對問之日，懼不克堪。臣愚欲仰依先典，於州郡治所各立學官。使士望之流、冠冕之胄，就而受業，庶必有成。其經藝通明者，貢之王府。則郁郁之文，於是不墜。

李訢在上疏中提到了地方上學校未立的現象，影響到了國家對於人才的選拔，進而提出在州郡治所設立學官，使貴冑子弟得以就學，起到選拔人才的作用。史載「書奏，顯祖從之」，李訢在州一級行政區內建立學官，是爲北魏構建地方官學體系的開始。另《魏書》卷六《獻文帝紀》：

> 初立鄉學，郡置博士二人、助教二人、學生六十人。

獻文帝拓跋弘在天安元年（公元 466 年）九月己酉採納了李訢的建議，國家初步設定了以郡爲單位設置博士二人、助教二人，學生六十人的地方官學體系。這一體系，又根據高允的建議進行了調整。《魏書》卷四八《高允傳》記載文明太后臨朝後，獻文帝的詔書云：

> 自頃以來，庠序不建，爲日久矣。道肆陵遲，學業遂廢，子衿

〔註150〕《魏書》卷四下《太武帝紀下》，第 109 頁。
〔註151〕《魏書》卷八四《儒林傳》，第 1842 頁。

之歎，復見於今。朕既篡統大業，八表晏寧，稽之舊典，欲置學官
於郡國，使進修之業，有所津寄。卿儒宗元老，朝望舊德，宜與中、
秘二省參議以聞。

又記載高允的上表云：

> 臣聞經綸大業，必以教養爲先；咸秩九疇，亦由文德成務。故
> 辟雍光於周詩，泮宮顯於《魯頌》。自永嘉以來，舊章殄滅，鄉閭蕪
> 沒《雅頌》之聲，京邑杜絕釋奠之禮。道業陵夷，百五十載。仰惟
> 先朝每欲憲章昔典，經闡素風，方事尚殷，弗遑克復。陛下欽明文
> 思，篡成洪列，萬國咸寧，百揆時敘。申祖宗之遺志，興周禮之絕
> 業，爰發德音，惟新文教。晉紳黎獻，莫不幸甚。臣承旨敕，並集
> 二省，披覽史籍，備究典紀，靡不敦儒以勸其業，貴學以篤其道。
> 伏思明詔，玄同古義。宜如聖旨，崇建學校以屬風俗。使先王之道，
> 光演於明時；郁郁之音，流聞於四海。請製大郡立博士二人、助教
> 四人、學生一百人，次郡立博士二人、助教二人、學生八十人，中
> 郡立博士一人、助教二人、學生六十人，下郡立博士一人、助教一
> 人、學生四十人。其博士取博關經典、世履忠清、堪爲人師者，年
> 限四十以上。助教亦與博士同，年限三十以上。若道業夙成，才任
> 教授，不拘年齒。學生取郡中清望，人行修謹、堪循名教者，先盡
> 高門，次及中第。

上述材料說明，獻文帝拓跋弘在採納李訢建議的同時，下詔書討論郡國學的
構建。而高允參與了郡國學的規劃，建議根據郡的級別設定學官的多少，構
建了大郡博士二人，助教四人，學生一百人；次郡博士二人，助教二人，學
生八十人；中郡博士一人，助教二人，學生六十人；下郡博士一人，助教一
人，學生四十人的地方官學體系。不僅如此，高允還對地方上學官的選拔標
準、學生的入學標準進行的詳細的規定。博士、助教都選擇「博關經典、世
履忠清、堪爲人師者」〔註152〕，這是才學標準，博士的年齡下限是四十、助
教的年齡下限是三十，這是年齡標準，又規定了可以破格選任博士、助教的
條件。學生入學則選擇「郡中清望，人行修謹、堪循名教者」〔註153〕，是爲
才學標準，先選擇高門子弟、其後是中第人家，這是門第出身的標準。史載

〔註152〕《魏書》卷四八《高允傳》，第1078頁。
〔註153〕《魏書》卷四八《高允傳》，第1078頁。

「顯祖從之。郡國立學,自此始也」〔註154〕,北魏的地方官學體系至此開始的構建。《魏書》卷八四《儒林傳》:

> 顯祖天安初,詔立鄉學,郡置博士二人,助教二人,學生六十
> 人。後詔:大郡立博士二人,助教四人,學生一百人;次郡立博士
> 二人,助教二人,學生八十人;中郡立博士一人,助教二人,學生
> 六十人;下郡立博士一人,助教一人,學生四十人。

由此可見,在獻文帝時期政府最終是以郡爲單位並根據郡的級別設定學官,構建了大郡博士二人,助教四人,學生一百人;次郡博士二人,助教二人,學生八十人;中郡博士一人,助教二人,學生六十人;下郡博士一人,助教一人,學生四十人的地方官學體系。

2、孝文帝時期的地方官學體系

在北魏孝文帝時期,地方官學體系的構建得到了發展。首先,《魏書》卷六六《李崇傳》記載李崇的上書云:

> 仰惟高祖孝文皇帝稟聖自天,道鏡今古,徙馭嵩河,光宅函洛,
> 模唐虞以革軌儀,規周漢以新品制,列教序於鄉黨,敦詩書於郡國。
> 使揖讓之禮,橫被於崎嶇;歌詠之音,聲溢於反陋。但經始事殷,
> 戎軒屢駕,未遑多就,弓劍弗追。

這表明,北魏孝文帝時期不同於獻文帝時期地方官學停留在郡的層級上,也試圖在鄉里中構建學官體系,即所謂「列教序於鄉黨」〔註155〕。

其次,在孝文帝時期,在鄉里中構建學官體系得到了國家政策的有力支持的。北魏孝文帝之前,國家在地方上沿用魏晉以來的郡縣制度、又用都督制度、軍鎮制度、護軍制度、領民酋長制度等實現對地方的控制,然而在中原的鄉里這一層級,北魏採用的是宗主督護制度〔註156〕,對地方的控制是有限的,因而在獻文帝時期地方官學體系是難以到達鄉里這一層級。直到孝文帝太和十年(公元486年)二月甲戌,「初立黨、里、鄰三長,定民戶籍」〔註157〕。《魏書》卷五三《李沖傳》:

> 舊無三長,惟立宗主督護,所以民多隱冒,五十、三十家方爲

〔註154〕《魏書》卷四八《高允傳》,第1078頁。
〔註155〕《魏書》卷六六《李崇傳》,第1471頁。
〔註156〕宗主督護制的相關内容參考李憑:《北魏平城時代》修訂本,上海古籍出版社2011年版,第366～405頁中的相關論述。
〔註157〕《魏書》卷七下《孝文帝紀下》,第161頁。

一戶。沖以三正治民，所由來遠，於是創三長之制而上之。文明太
后覽稱善，引見公卿議之。中書令鄭羲、秘書令高祐等曰：「沖求立
三長者，乃欲混天下一法。言似可用，事實難行。」羲又曰：「不信
臣言，但試行之。事敗之後，當知愚言之不謬。」太尉元丕曰：「臣
謂此法若行，於公私有益。」咸稱方今有事之月，校比民戶，新舊
未分，民必勞怨，請過今秋，至冬閒月，徐乃遣使，於事為宜。沖
曰：「民者，冥也，可使由之，不可使知之。若不因調時，百姓徒知
立長校戶之勤，未見均徭省賦之益，心必生怨。宜及課調之月，令
知賦稅之均。既識其事，又得其利，因民之欲，為之易行。」著作
郎傅思益進曰：「民俗既異，險易不同，九品差調，為日已久。一旦
改法，恐成擾亂。」太后曰：「立三長，則課有常準，賦有恒分，苞
蔭之戶可出，僥倖之人可止，何為而不可？」群議雖有乖異，然惟
以變法為難，更無異義。遂立三長，公私便之。

文明太后力排眾議採納了李沖施行三長制的建議。又《魏書》卷一一〇《食
貨志》記載孝文帝頒佈實行三長制的詔書云：

夫任土錯貢，所以通有無；井乘定賦，所以均勞逸。有無通則
民財不匱；勞逸均則人樂其業。此自古之常道也。又鄰里鄉黨之制，
所由來久。欲使風教易周，家至日見，以大督小，從近及遠，如身
之使手，幹之總條，然後口算平均，義興訟息。是以三典所同，隨
世洿隆；貳監之行，從時損益。故鄭僑復丘賦之術，鄔人獻盍徹之
規。雖輕重不同，而當時俱適。自昔以來，諸州戶口，籍貫不實，
包藏隱漏，廢公周私。富強者并兼有餘，貧弱者糊口不足。賦稅齊
等，無輕重之殊；力役同科，無眾寡之別。雖建九品之格，而豐塉
之土未融；雖立均輸之楷，而蠶績之鄉無異。致使淳化未樹，民情
偷薄。朕每思之，良懷深慨。今革舊從新，為里黨之法，在所牧守，
宜以喻民，使知去煩即簡之要。

可知，三長制儘管是主要出於經濟目的政策，其中也包含了宣揚國家政令、
推廣教化的政治因素。史載「事施行後，計省昔十有餘倍。於是海內安之」
〔註158〕，三長制的施行為地方官學體系的深入提供了制度保障。

此外，當時西兗州刺史高祐，鎮滑臺，「以郡國雖有太學，縣黨宜有黌序，

〔註158〕《魏書》卷一一〇《食貨志》，第2856頁。

乃縣立講學，黨立小學」〔註159〕，這種在縣設講學、在鄉設小學的舉動可以視爲國家政策的一種執行。

北魏宣武帝之後沿用了孝文帝以來的地方官學體系，「時天下承平，學業大盛」，然則此時宣武帝元恪以爲「學業墮廢，爲日已久，非一使能勸，比當別敕」〔註160〕，國家日漸忽視對地方官學的管理，直至孝明帝孝昌年間之後，「海內淆亂，四方校學所存無幾」〔註161〕。

（二）東西對峙時期地方官學體系的延續

經歷了北魏末年動蕩之後，北方進入到了東魏——北齊與西魏——北周東西對峙時期，這一時期延續了北魏以來的地方官學體系。

1、東魏——北齊的地方官學體系

在東魏——北齊，隨著社會環境逐漸恢復安定，地方官學也得到恢復發展，即所謂「興和、武定之世，寇難既平，儒業復光」〔註162〕。及至北齊，文宣帝高洋在登基的天保元年（公元 550 年）八月「詔郡國修立黌序，廣延髦俊，敦述儒風」〔註163〕，孝昭帝高演「敦學校之風，徵召英賢，文武畢集」，於皇建元年（公元 560 年）詔「外州大學亦仰典司勤加督課」〔註164〕，都涉及到了對於地方官學的重視和管理。北齊的地方官學體系是北魏地方官學體系的延續。《隋書》卷二七《百官志中》：

> 上上郡太守，屬官有……太學博士，助教，太學生……等員。
> 合屬官佐史二百一十二人。上中郡減上上郡五人。上下郡減上中郡五人。中上郡減上下郡四十五人。中中郡減中上郡五人。中下郡減中中郡五人。下上郡減中下郡四十人。下中郡減下上郡二人。下下郡減下中郡二人。

這裏記載的北齊時期的地方制度。北齊地方官學體系也是以郡爲基本單位，設有太學博士、助教等學官教授太學生，根據郡的級別差異屬官人數有所差異，地方官學的規模也應有所不同。另據嚴耕望所述「北齊阿鹿交村千七十

〔註159〕《魏書》卷五七《高祐傳》，第 1261 頁。
〔註160〕《魏書》卷十九下《景穆十二王下·南安王元楨傳附元英》，第 498 頁。
〔註161〕《魏書》卷八四《儒林傳》，第 1842 頁。
〔註162〕《魏書》卷八四《儒林傳》，第 1842 頁。
〔註163〕《北齊書》卷四《文宣帝紀》，第 53 頁。
〔註164〕《北齊書》卷六《孝昭帝紀》，第 82 頁。

人等造石室佛像記（河清二年，公元 563 年），一村人口多至一千以上，此種
大村，宜其有村學矣」〔註165〕，若如此北齊在鄉里之中也有學校存在。然而，
北齊地方官學儘管在體系的構建上是完善的，但是其現實發展卻是另外一種
情況。《北齊書》卷四四《儒林傳》：

　　齊制諸郡並立學，置博士助教授經，學生俱差逼充員，士流及
　　豪富之家皆不從調。備員既非所好，墳籍固不關懷，又多被州郡官
　　人驅使。縱有遊惰，亦不檢治，皆由上非所好之所致也。

儘管北齊在地方上設立郡國學、設立博士、助教，但是在地方官學之中學生
「俱差逼充員」，「既非所好，墳籍固不關懷」自然無心求學，加之學生「多
被州郡官人驅使」，國家對於教學檢驗不及時，其教學成效可想而知了。

2、西魏──北周的地方官學體系

　　在西魏──北周時期，地方官學系統延續了北魏傳統。首先，北周的學
官系統可以深入到縣一級別。《周書》卷四六《孝義傳·張元》：

　　張元字孝始，河北芮城人也。……其後祖臥疾再周，元恒隨祖
　　所食多少，衣冠不解，旦夕扶侍。及祖歿，號踴，絕而復蘇。復喪
　　其父，水漿不入口三日。鄉里咸歎異之。縣博士楊軌等二百餘人上
　　其狀，有詔表其門閭。

北周河北郡的張元因為有孝行而受到政府的表彰，這裏提到了縣博士楊軌，
可知北周的官學系統深入到了縣一級別。《李元海造原始天尊像》：

　　周建德元年，歲次壬辰，九月庚子朔，十五日甲寅造記。息總
　　管學生、縣學博士獻祭。侄縣學生獻緒一心供養。縣學生神生一心
　　供養。〔註166〕

這表明，北周縣學之中不僅有博士也有學生的存在。其次，北周總管府也有
學官設置。據嚴耕望所述「北齊六州總管博士韓慕造玉像記（保定二年，公
元 562 年），『總縉』即『總管』，則總管府亦有博士矣」〔註167〕。綜上，北周
的地方官學系統覆蓋全面，上到總管府，下到郡縣都有官學設置。

〔註165〕嚴耕望：《中國地方行政制度史·魏晉南北朝地方行政制度下》，上海古籍出
　　　　版社，第 673 頁。
〔註166〕轉引自王仲犖：《北周六典》，中華書局 1979 年版，第 662 頁。
〔註167〕嚴耕望：《中國地方行政制度史·魏晉南北朝地方行政制度下》，上海古籍出
　　　　版社，第 675 頁。

二、北朝時期地方官學的發展事例

在北朝的各個發展階段，地方官員之中都不乏重學興教之人，他們盡一己之力在任上推動官學的建設，形成了完整的北朝地方官學的發展歷程。

（一）北魏時期地方官學的發展

1、北魏前期地方官學的發展

在北魏的前期，國家以平城爲中心，在地方上不乏推動官學發展的人。如道武帝時期的張恂曾先後擔任廣平、常山太守，「開建學校，優顯儒士。吏民歌詠之。於時喪亂之後，罕能克厲，惟恂當官清白，仁恕臨下，百姓親愛之。其治爲當時第一。太祖聞而嘉歎」〔註168〕。又如太武帝時期的秦州刺史薛謹「自郡遷州，威惠兼備，風化大行。時兵荒之後。儒雅道息。謹命立庠，教以詩書，三農之暇，悉令受業，躬巡邑里，親加考試。於是河汾之地，儒道興焉」〔註169〕。此時北魏之地方官學尚未形成完整的體系，張恂、薛謹等人的興學之舉有利的推動了地方官學的發展。

獻文帝以來，北魏的地方官學體繫日益完善，地方上也湧現出重學興教的官員。如獻文帝時期的武邑太守崔辯，「學涉經史，風儀整峻」，「政事之餘，專以勸學爲務」〔註170〕。又如在孝文帝遷都洛陽前，賈儁任荊州刺史、洛州刺史，「先是，上洛置荊州，後改爲洛州，在重山中，民不知學。儁乃表置學官，選聰悟者以教之。在州五載，清靖寡事，吏民亦安」〔註171〕，在偏遠的山中也有學官的設置。

2、北魏後期地方官學的發展

孝文帝遷都洛陽之後，地方官學體系完備，北魏後期地方官員之中重學興教之人不勝枚舉。如宣武帝時期，瀛州刺史裴植「徵（劉）蘭講書於州城南館，植爲學主，故生徒甚盛，海內稱焉」〔註172〕；相州刺史李平「勸課農桑，修飾太學，簡試通儒以充博士，選五郡聰敏者以教之，圖孔子及七十二子於堂，親爲立贊」〔註173〕，此爲州刺史重學之事例。又如宣武帝時期，燕

〔註168〕《魏書》卷八八《良吏傳・張恂》，第1900頁。
〔註169〕《魏書》卷四二《薛辯傳附薛謹》，第942頁。
〔註170〕《魏書》卷五六《崔辯傳》，第1250、1251頁。
〔註171〕《魏書》卷三三《賈彝傳附賈儁》，第793頁。
〔註172〕《魏書》卷八四《儒林傳・劉蘭》，第1851頁。
〔註173〕《魏書》卷六五《李平傳》，第1452頁。

郡太守盧道將「表樂毅、霍原之墓，而爲之立祠。優禮儒生，勵勸學業，敦課農桑，墾田歲倍」〔註174〕；劉道斌於宣武帝、孝明帝時期內曾任恒農太守，「修立學館，建孔子廟堂，圖畫形象。去郡之後，民故追思之，乃復畫道斌形於孔子像之西，而拜謁焉」〔註175〕；崔休任渤海太守，「時大儒張吾貴有盛名於山東，四方學士咸相宗慕，弟子自遠而至者恒千餘人。生徒既眾，所在多不見容。休乃爲設俎豆，招延禮接，使肄業而遠，儒者稱爲口實」〔註176〕，此爲郡太守重學之事例。又《北史》卷二七《酈範傳附酈道元》：

　　　　後試守魯陽郡，道元表立黌序，崇勸學教。詔曰：「魯陽本以蠻人，不立大學。今可聽之，以成良守文翁之化。」

可知在宣武帝時期酈道元「試守魯陽郡」甚至在蠻人聚居之地興建學校。

　　孝明帝時期，地方上同樣不乏官員重學興教之事例。如幽州刺史裴延儁「命主簿酈惲修起學校，禮教大行，民歌謠之。在州五年，考績爲天下最」〔註177〕；又如東豫州刺史章或「以蠻俗荒梗，不識禮儀，乃表立太學，選諸郡生徒於州總教。又於城北置宗武館以習武焉，境內清肅」〔註178〕；又如徐州刺史蕭寶夤「起學館於清東，朔望引見土姓子弟，接以恩顏，與論經義，勤於政治，吏民愛之。凡在三州，皆著名稱」〔註179〕，此爲州刺史重學之事例。又如在孝明帝熙平末，崔遊任河東太守，「太學舊在城內，遊乃移置城南閑敞之處，親自說經。當時學者莫不勸慕，號爲良守」，此爲郡太守重學之事例〔註180〕。

　　北魏末年，「海內淆亂，四方校學所存無幾」，然而在地方上也有官員興學於亂世之中。如在孝莊帝永安二年（公元529年），寇儁任梁州刺史，「民俗荒獷，多爲盜賊。儁乃令郡縣並庠序，勸其耕桑，敦以禮讓，數年之中，風俗頓革」〔註181〕。又如孝莊帝時期的崔孝暐任趙郡太守，當時「郡經葛榮離亂之後，民戶喪亡，六畜無遺，斗粟乃至數縑，民皆賣鬻兒女。夏棋大熟，

〔註174〕《魏書》卷四七《盧玄傳附盧道將》，第1051頁。
〔註175〕《魏書》卷七九《劉道斌傳》，第1758頁。
〔註176〕《魏書》卷六九《崔休傳》，第1526頁。
〔註177〕《魏書》卷六九《裴延儁傳》，第1529頁。
〔註178〕《魏書》卷四五《韋閬傳附韋或》，第1015頁。
〔註179〕《魏書》卷五九《蕭寶夤傳》，第1318頁。
〔註180〕《魏書》卷五七《崔挺傳附崔遊》，第1276頁。
〔註181〕《周書》卷三七《寇儁傳》，第658頁。

孝暐勸民多收之。郡內無牛,教其人種。招撫遺散,先恩後威,一周之後,
流民大至。」,又「興立學校,親加勸篤,百姓賴之」〔註182〕。

(二)東西對峙時期地方官學的發展

在東魏——北齊與西魏——北周對峙時期,東西各政權之中地方上也有
興學之舉。在北齊,如清河太守蘇瓊「每年春,總集大儒衛顗隆、田元鳳等
請於郡學,朝吏文案之暇,悉令受書,時人指吏曹為學生屋」,「在郡六年,
人庶懷之,遂無一人經州」〔註183〕,此為北齊地方上興學之事例。

在北周,樂遜曾任湖州刺史,「民多蠻左,未習儒風。遜勸勵生徒,加
以課試,數年之間,化洽州境」〔註184〕。又《周書》卷三九《辛慶之傳附
辛昂》:

> 成都一方之會,風俗舛雜。迴以昂達於從政,復表昂行成都令。
> 昂到縣,便與諸生祭文翁學堂,因共歡宴。謂諸生曰:「子孝臣忠,
> 師嚴友信,立身之要,如斯而已。若不事斯語,何以成名。各宜自
> 勉,克成令譽。」昂言切理至,諸生等並深感悟,歸而告其父曰:「辛
> 君教誡如此,不可違之。」於是井邑肅然,咸從其化。

辛昂在成都宣揚教化,此皆北周地方上興學重教之事例。

三、北朝時期地方官學的類型與規模

北朝時期地方官學的發展呈現出制度化、體系化的趨勢。在北朝地方官
學體系下,地方官學的類型與規模都是值得探討的問題。現根據所掌握的材
料加以簡略論述。

(一)北朝時期地方官學的類型

在北朝時期,地方官學包括以郡為單位的州郡之學以及所轄縣、鄉之鄉
黨之學兩個層級。其官學的類型也主要包括兩類。

1、州郡的太學

北朝時期在州的治所、郡一級的行政區內設有太學。北朝時期地方官學
體系某種程度上是對中央官學體系的倣仿,州郡學冠以太學之名。如前文所
引諸多材料,崔遊所管轄之河東郡「太學舊在城內,遊乃移置城南閒敞之處」

〔註182〕《魏書》卷五七《崔挺傳附崔孝暐》,第1270頁。
〔註183〕《北齊書》卷四六《循吏傳·蘇瓊》,第644頁。
〔註184〕《周書》卷四五《儒林傳·樂遜》,第817~818頁。

〔註185〕；又如相州刺史李平「勸課農桑，修飾太學，簡試通儒以充博士，選五郡聰敏者以教之」〔註186〕；東豫州刺史韋彧「表立太學，選諸郡生徒於州總教」〔註187〕，這說明在州的治所、重要的郡縣都設有太學。這裏的太學即北魏前期獻文帝地方官學體系下所稱的「鄉學」，而改稱「太學」大約是在北魏孝文帝統治後期。根據太學博士這一官職的品級在孝文帝前《職員令》與後《職員令》之間形成的落差，可以佐證在北魏後期之太學已經不僅僅是中央官學的組成部分，而是下移到了地方，成爲地方官學中郡國學的一個稱呼。這也就可以理解元英上書中「太學之館久置於下國」的話語了。值得注意的是北魏後期地方上的太學並不是覆蓋到所有郡的。如上文所述東豫州的太學就集中在州的治所。又如前文所述「魯陽本以蠻人，不立大學」〔註188〕，酈道元所在的魯陽按照規定就不應設置太學，只是在酈道元的支持下才建立了太學。

2、鄉黨的小學

北朝時期在地方上設有鄉黨之學可稱之爲小學，小學的覆蓋範圍是比較全面的。如西兗州刺史高祐，鎮滑臺，「以郡國雖有太學，縣黨宜有黌序，乃縣立講學，黨立小學」〔註189〕。高祐在縣設立講學、黨立小學，此種學校的規模雖然無法與太學相比，但是可以覆蓋的範圍是比較廣泛的。如武邑人劉蘭「年三十餘。始入小學，書《急就篇》。家人覺其聰敏，遂令從師，受《春秋》、《詩》、《禮》於中山王保安」〔註190〕。劉蘭所在之武邑就設有小學，劉蘭是在小學小有成績才入私學求學的。《魏書》卷九〇《逸士傳·李謐》：

> 李謐，字永和，涿郡人，相州刺史安世之子。少好學，博通諸經，周覽百氏。初師事小學博士孔璠。數年後，璠還就謐請業。同門生爲之語曰：「青成藍，藍謝青，師何常，在明經。」……延昌四年卒，年三十二，遐邇悼惜之。

又記載四門小學博士孔璠等學官四十五人上書曰：

> 竊見故處士趙郡李謐：十歲喪父，哀號罷鄰人之相；幼事兄瑒，

〔註185〕《魏書》卷五七《崔挺傳附崔游》，第1276頁。
〔註186〕《魏書》卷六五《李平傳》，第1452頁。
〔註187〕《魏書》卷四五《韋閬傳附韋彧》，第1015頁。
〔註188〕《北史》卷二七《酈範傳附酈道元》，第995頁。
〔註189〕《魏書》卷五七《高祐傳》，第1261頁。
〔註190〕《魏書》卷八三《儒林轉·劉蘭》，第1851頁。

> 恭順盡友於之誠。十三通《孝經》、《論語》、《毛詩》、《尚書》，歷數
> 之術尤盡其長，州閭鄉黨有神童之號。年十八，詣學受業，時博士
> 即孔璠也。覽始要終，論端究緒，授者無不欣其言矣。

上述材料說明，李謐十八學跟隨小學博士孔璠求學，孔璠即北魏的四門小學博士，根據李謐仕延昌四年（公元 515 年）去世，他師從孔璠求學應是在景明二年（公元 501 年），此時北魏中央之四門小學尚且沒有完成建設，他求學之小學必然是地方上的小學。在北魏後期，地方上小學的覆蓋範圍日益廣泛，因而產生了對於小學博士的巨大的需求，這就可以解釋在永平元年（公元 508 年）十二月「尚書令高肇，尚書僕射、清河王懌等奏置小學博士員三千人」〔註191〕的現象了。

3、北朝時期地方官學的變化

此外，再探討北朝地方官學類型這一問題，地方官學的變化是也需要注意的。在北魏前期，地方官學體系尚在草創時期，地方官學體系統稱爲鄉學，而到了北魏後期，伴隨著國家漢化程度的加深，地方官學體系的完善，出現了太學下移的現象。分佈於州治所、郡之郡國學也稱之爲太學，分佈於縣、鄉的鄉黨之學稱之爲小學。東西對峙時期，東魏——北齊延續了北魏的傳統，地方官學的類型也不會有較大的變化，而西魏——北周儘管有所調整，在地方官學上或有變化。根據前引材料可知其北周在縣一級別上設有縣學。《隋書》卷七五《儒林傳·房暉遠》：

> 房暉遠字崇儒，恒山眞定人也。世傳儒學。暉遠幼有志行，治
> 「三禮」、「春秋三傳」、《詩》、《書》、《周易》，兼善圖緯，恒以教授
> 爲務。遠方負笈而從者，動以千計。齊南陽王綽爲定州刺史，聞其
> 名，召爲博士。周武帝平齊，搜訪儒俊，暉遠首應辟命，授小學下
> 士。

房暉遠的事例表明北周有小學下士的官職，根據房暉遠在北齊爲定州刺史所轄的博士可推測房暉遠所任小學下士或屬於地方官學系統。北周在地方上也存在著小學的設置。

（二）北朝時期地方官學的規模

北朝時期地方官學的規模，以北魏時期的材料最爲充分。考察北魏地方

〔註191〕《魏書》卷一一三《官氏志》，第 2003 頁。

官學的規模就需要依照北朝地方官學體系的規定，結合北朝時期地方行政設置，通過合理的估算，得出一個接近於實際情況的結果。

1、北魏時期對於地方官學規模的規定

根據《魏書》中相關材料的記載可知，北魏時期的地方官學體系存在著三種規定：

一、獻文帝天安元年（公元 466 年）：

郡：博士二人，助教二人，學生六十人；

二、獻文帝皇興元年（公元 467 年）左右〔註192〕：

大郡：博士二人，助教四人，學生一百人；

次郡：博士二人，助教二人，學生八十人；

中郡：博士一人，助教二人，學生六十人；

下郡：博士一人，助教一人，學生四十人。

三、孝文帝太和二十三年（公元 499 年）以後〔註193〕：

大郡：博士二人，助教二人，學生八十人；

中郡：博士一人，助教二人，學生六十人；

下郡：博士一人，助教一人，學生四十人。

2、北魏獻文帝時期的州郡數量與級別

然後需要考證的是北魏獻文帝時期地方州郡的數量和級別情況。根據清人徐文範的《東晉南北朝輿地年表》卷五統計文成帝興光元年（公元 454 年），「時有二十五州，郡百，鎮十餘」，詳見下表。

〔註192〕據陳道升考證，高允上書應在皇興元年，詳見陳道升：《北魏郡國學綜考》，載於《大陸雜誌史學叢書》第三輯第二冊《秦漢中古史研究論集》，大陸雜誌社印行，第 217～221 頁。

〔註193〕同據陳道升參照監本《魏書》與殿本《魏書》中《高允傳》記載不同，郡國學的級別只有三級，應是孝文改制以後的制度，詳見陳道升：《北魏郡國學綜考》，載於《大陸雜誌史學叢書》第三輯第二冊《秦漢中古史研究論集》，大陸雜誌社印行，第 217～221 頁，據陳道升所述監本《魏書》的內容又見於《通志》，然而本人檢索中華書局本的《通志・二十略》、《魏書》中《高允傳》，均不見陳道升所述內容，可能是臺版古籍與大陸版本差異所致，故暫且做為一說列於此處，不對北魏後期地方官學規模進行考證。

北魏獻文帝時期州郡設置表 〔註 194〕

序號	州	治所、統計	轄郡、軍鎮	備註
1	司州	平城	代都	國都所在
		3 郡	雁門	
			吐軍	
			西河	
2	并州	晉陽	太原	州治所在
		4 郡	上黨	
			鄉郡	
			建興	天安二年增設
3	肆州	肆盧	肆州	州治所在
		3 郡 1 鎮	秀容	
			新興	
			九原鎮	
4	蔚州	故代郡	蔚州	州治所在
		2 郡 2 鎮	靈邱	
			撫冥鎮	
			柔遠鎮	
5	朔州	雲中	朔州	州治所在
		1 郡 6 鎮	沃野鎮	
			懷朔鎮	
			武川鎮	
			御夷鎮	
			懷荒鎮	
			薄骨律鎮	
6	相州	鄴	魏郡	州治所在
		6 郡	廣平	
			陽平	
			汲郡	
			清河	
			頓丘郡	

〔註 194〕據徐文範《東晉南北朝輿地年表》卷五，文成帝興光元年（公元 454 年）的
州郡資料、文成帝時期州郡設置的變化，結合州治情況的考訂而成的統計數
據。

		盧奴	中山	州治所在
7	定州		常山	
		4 郡	鉅鹿	
			博陵	
8	冀州	信都	長樂	州治所在
		8 郡	武邑	
			滄水	
			河間	
			趙郡	
			章武	
			平原	
			高陽	
9	幽州	薊	燕郡	州治所在
		5 郡	范陽	
			漁陽	
			北平	
			廣陽	
10	平州	遼西	遼西	州治所在
		4 郡	上古	
			石城	
			安樂	
11	營州	和龍	昌黎	州治所在
		5 郡	建德	
			遼東	
			樂浪	
			冀陽	
12	兗州	滑臺	東郡	州治所在
		4 郡 1 州	濮陽	
			陳留	
			濟陽	
	徐州	（僑治）	外黃	

		高敖	濟州	州治所在
13	濟州	5 郡	濟北	
			東平	
			高平	
			全鄉	
14	豫州	虎牢	豫州	州治所在
		3 郡	滎陽	
			河內	
15	洛州	金墉城	洛陽	州治所在
		3 郡	河南	
			宏農	
16	荊州	上洛	上洛	州治所在
		3 郡	魏興	
			華山	
17	東秦州	蒲坂	河東	州治所在
		3 郡	徵平	
			河北	
18	東雍州	平陽	平陽	州治所在
		3 郡	吐京	
			伍城	
19	雍州	長安	長安	州治所在
		6 郡	京兆	
			馮翊	
			扶風	
			咸陽	
			北地	
20	北雍州	杏城	中部	州治所在
		5 郡	金明	
			西北地	
			平高	
			秦平	

21	涇州	臨涇	涇州	州治所在
		8郡1鎮	安定	
			石堂	
			新平	
			隴東	
			趙平	
			平涼	
			平原	
			統萬鎮	
22	秦州	上邽	天水	州治所在
		5郡	略陽	
			南安	
			濮陽	
			安陽	
23	南秦州	仇池	仇池	州治所在
		3郡	武都	
			落業	疑似廣業
24	河州	枹罕	河州	州治所在
		7郡	臨洮	
			水池	
			勇田	
			藍川	
			金城	
			武始	
25	涼州	姑臧	姑臧	州治所在
		1郡5鎮	武威鎮	
			鄯善鎮	
			張掖鎮	
			酒泉鎮	
			敦煌鎮	
26	懷州	野王	懷州	天安二年增設
		2郡	定陽	天安二年增設
總計	26州1僑治州	107郡15軍鎮		

據上表的統計可知，在獻文帝皇興元年（公元 467 年），地方上共有 26 個州一個僑治州，有 107 個郡 15 個軍鎮。在這一百多個郡中，州的治所往往是規模較大的郡，至少可以達到 27 個。

3、北魏時期地方官學的規模

最後，根據獻文帝天安元年（公元 466 年）的地方官學體系，結合獻文帝時期地方州郡數量，通過運算可以估算出此時地方官學的規模大致可以達到了博士二百人、助教二百人、學生六千餘人〔註 195〕。若按照獻文帝皇興元年（公元 467 年）的地方官學體系計算，皇興元年標準中的次郡的博士、助教數量；中郡學生的數量可以與天安元年的標準相對應。具體數量的估算則需要具體考慮到郡的級別，北魏此時的二十七個州，多設置於大郡、或軍事重地可以參照大郡或次郡標準，其餘各郡可以取接近於平均水平的中郡水平，由此可以估算的地方官學規模大致可以達到，博士一百零七人，約百餘人；助教一百八十七人，約近二百人；學生五千三百六十人，約五千餘人〔註 196〕。由此可以推斷，北魏獻文帝皇興元年標準較之天安元年標準人數上應有所下降，更接近於北魏的實際發展水平，進而推斷北魏前期地方官學大約可以達到，博士百餘人；助教近二百人，學生五千餘人的發展規模。北魏後期地方官學的發展規模，據陳道生的推斷「北魏後期經年常建置之二百三十四郡約略計之，每年有『博闔經典』之教師八百人，及遺傳良好，『人行修謹，堪循名教』之學生萬餘人在學」〔註 197〕。

第三節　北朝時期的私學

北朝時期私學在學校教育中佔有十分重要的地位。陳寅恪在其《隋唐制度淵源論稿》中就闡述了這樣的一個觀點，「公立學校之淪廢，學術之中心移於家族，太學博士之傳授變爲家人父子之世業，所謂南北朝之家學者是也」〔註 198〕。魏晉以來學術的中心移到了家族，個人私學在成爲北朝時期學校

〔註 195〕結合史料，按照百郡計算、取約數。

〔註 196〕計算方法，採用州治 27 郡按照，博士二人，助教二人，學生八十人的次郡標準；其餘 80 郡按照，博士一人，助教二人，學生六十人的中郡標準，這種的取值接近於平均值，應接近於實際情況。

〔註 197〕見陳道升：《北魏郡國學綜考》，載於《大陸雜誌史學叢書》第三輯第二冊《秦漢中古史研究論集》，大陸雜誌社印行，第 217～221 頁。

〔註 198〕陳寅恪：《隋唐制度淵源略論稿》，三聯出版社，第 23 頁。

的重要組成部分，其在學校教育中的地位也得到了相應的提升。

一、北朝時期私學的發展階段

　　北朝的個人私學的發展經歷了包括北魏前期延續十六國私學傳統的恢復發展階段、北魏中後期私學的恢復繁盛階段和東西對峙時期私學延續發展階段在內的三個主要階段。

（一）北魏前期的私學

　　北魏在道武帝拓跋珪建國到太武帝拓跋燾統一北方的這一段時期內，北方地區逐漸恢復穩定，國家的官學體系尚在構建之中，而十六國時期的私學傳統得以延續，因而在這一時期私學得到了恢復發展。

1、北魏前期私學發展事例

　　在北魏太武帝禁絕私學之前，張偉、常爽、梁祚和高允等著名學者在從事私學教授。張偉「學通諸經，講授鄉里，受業者常數百人。儒謹汎納，勤於教訓，雖有頑固不曉，問至數十，偉告喻殷勤，曾無慍色。常儀附經典，教以孝悌，門人感其仁化，事之如父。性恬平，不以夷嶮易操，清雅篤慎，非法不言」〔註199〕。而常爽，在京師「置館溫水之右，教授門徒七百餘人，京師學業，翕然復興。爽立訓甚有勸罰之科，弟子事之若嚴君焉」〔註200〕。此外，梁祚定居於趙郡之時，「篤志好學，歷治諸經，尤善《公羊春秋》、鄭氏《易》，常以教授」〔註201〕。高允「博通經史天文術數，尤好《春秋公羊》」，曾於神䴥三年（公元430年）「還家教授，受業者千餘人」〔註202〕，短暫的從事私學教授。

　　在北魏前期的私學之中，應屬張偉和常爽二人的私學最有特點。張偉的私學在其家鄉太原中都，重視對學生的正面引導，而常爽的私學在京師，重視對於學生的懲戒。來自於河西地區的學者在教學之中慣用此法。如官學之中的索敞「篤勤訓授，肅而有禮。京師大族貴遊之子，皆敬憚威嚴，多所成益」〔註203〕。這說明此時北魏的私學也受到河西地區私學傳統的影響。

〔註199〕《魏書》卷八四《儒林傳·張偉》，第1844頁。
〔註200〕《魏書》卷八四《儒林傳·常爽》，第1848頁。
〔註201〕《魏書》卷八四《儒林傳·梁祚》，第1844頁。
〔註202〕《魏書》卷四八《高允傳》，第1067頁。
〔註203〕《魏書》卷五二《索敞傳》，第1162頁。

2、北魏前期私學發展特點

首先，北魏前期的私學學者來源廣泛。在十六國時期，北方地區就有私學存在，在北魏官學體系沒有完成構建之前，私學承擔了教育教學的任務。如趙郡人李曾在入仕前就從事私學教授。《魏書》卷五三《李孝伯》：

> 父曾，少治《鄭氏禮》、《左氏春秋》，以教授爲業。郡三辟功曹不就。門人勸之，曾曰：「功曹之職，雖曰鄉選高第，猶是郡吏耳。北面事人，亦何容易。」州辟主簿。到官月餘，乃歎曰：「梁叔敬有云：州郡之職，徒勞人耳。道之不行，身之憂也。」遂還家講授。太祖時，徵拜博士，出爲趙郡太守，令行禁止，劫資奔竄。

由此可見，李孝伯的父親李曾擅長《鄭氏禮》、《左氏春秋》，在受道武帝拓跋珪徵召爲博士之前，一直從事私學教授。又如扶風人魯祈，正值赫連勃勃暴虐之時，「避地寒山，教授弟子數百人」，教授道家的學問。在太武帝統一北方的過程中，涼州地區的學者也充實到了私學教授的學者之中。如常爽來到京師後「置館溫水之右，教授門徒七百餘人，京師學業，翕然復興。爽立訓甚有勸罰之科，弟子事之若嚴君焉」〔註204〕。

其次，在這一時期，北方世家大族的家學傳統得到了延續，特別是河北地區的大族都有家學傳承。典型的家族，如清河崔氏，范陽盧氏，趙郡李氏等世家大族均有家學傳承。這一時期的私學傳授，多來著於家學傳統。如張偉的「高祖敏，晉秘書監」〔註205〕，高允出於渤海高氏家族，又如常爽「魏太常卿林六世孫也。祖珍，符堅南安太守，因世亂遂居涼州。父坦，乙伏世鎮遠將軍、大夏鎮將、顯美侯」〔註206〕，家族淵源久遠。

再次，在這一時期私學的傳授過程中，學者多是通傳諸經。張偉「學通諸經，講授鄉里，受業者常數百人」〔註207〕。梁祚定居於趙郡，「篤志好學，歷治諸經，尤善《公羊春秋》、鄭氏《易》，常以教授。有儒者風，而無當世之才」〔註208〕。這些人都是通曉經典，其私學傳授也是通經講授。

此外，這一時期的私學之間的教學風格存在著差異。如張偉「儒謹汎納，

〔註204〕《魏書》卷八四《儒林傳・常爽》，第1848頁。
〔註205〕《魏書》卷八四《儒林傳・張偉》，第1844頁。
〔註206〕《魏書》卷八四《儒林傳・常爽》，第1848頁。
〔註207〕《魏書》卷八四《儒林傳・張偉》，第1844頁。
〔註208〕《魏書》卷八四《儒林傳・梁祚》，第1844頁。

勤於教訓，雖有頑固不曉，問至數十，偉告喻殷勤，曾無慍色」，而常爽「立訓甚有勸罰之科，弟子事之若嚴君」，各具特色。

（二）北魏太武帝的禁止私學

北魏統一北方之後，在太武帝太平眞君五年（公元 444 年）國家頒佈了禁止私學的詔令，對私學嚴令禁止。《魏書》卷四下《太武帝紀下》：

> （太平眞君五年正月，公元 444 年）庚戌，詔曰：「自頃以來，軍國多事，未宣文教，非所以整齊風俗，示軌則於天下也。今制自王公已下至於卿士，其子息皆詣太學；其百工伎巧、騶卒子息，當習其父兄所業，不聽私立學校；違者師身死，主人門誅。」

這表明國家開始以詔令的形式對於學校教育進行了規定，王公以下到卿士這類貴族子弟入太學就學，對於百工、伎巧、騶卒這類平民子弟要求子承父業，傳承技術知識於家學，嚴格禁止私學，對於從事私學傳授者處死，設立私學之人滿門誅殺，即「違者師身死，主人門誅」，十分嚴格。

對於這道十分嚴酷的詔令，這裏有這麼幾個問題是需要考慮的。首先，是什麼原因促使太武帝拓跋燾下定決心禁止私學，頒佈詔令？其次，政府禁止私學的政策是否面臨著阻力，又是如何實行的，從事私學教授的學者的歸宿如何？此外，禁絕私學的政策執行到什麼時候，爲何會出現北魏後期私學泛濫的局面？

1、太武帝頒佈禁止私學詔令的原因

從太武帝太平眞君五年（公元 444 年）禁止私學詔令頒佈前所發生的事情中可以尋求禁止私學的原因〔註209〕。《魏書》卷四下《太武帝紀下》：

> 五年春正月壬寅，皇太子始總百揆。侍中、中書監、宜都王穆壽，司徒、東郡公崔浩，侍中、廣平公張黎，侍中、建興公古弼，

〔註209〕太武帝禁止私學詔書的頒佈時間《魏書》卷四下《太武帝紀下》記載在是在禁止沙門詔書後的太平眞君五年，然而《魏書》卷一一四《釋老志》記載太武帝禁止沙門詔書卻是在太平眞君七年，呂思勉在其《兩晉南北朝史》一書中指出「五年正月戊申之詔，實七年二月中事，而《紀》誤繫諸五年也」。司馬光《資治通鑒》繫年取《紀》認爲太武帝太平眞君五年下詔禁止沙門，六年蓋吳起義，太武帝去長安，七年在長安滅佛詔各地滅佛同長安，雖經太子拓拔晃勸阻而不從於三月頒布新一輪的滅佛詔書，今從之。另《釋老志》記載沙門惠始圓寂後，於太平眞君六年遷葬於平城南郊之外，也可佐證最遲在太平眞君六年之時，京師已經限制佛教發展。

輔太子以決庶政。諸上書者皆稱臣，上疏儀與表同。

> 戊申，詔曰：「愚民無識，信惑妖邪，私養師巫，挾藏讖記、陰
> 陽、圖緯、方伎之書。又沙門之徒，假西戎虛誕，生致妖孽。非所以
> 壹齊政化，布淳德於天下也。自王公已下至於庶人，有私養沙門、師
> 巫及金銀工巧之人在其家者，皆遣詣官曹，不得容匿。限今年二月十
> 五日，過期不出，師巫、沙門身死，主人門誅。明相宣告，咸使聞知。」

據此可知，這一年首先發生兩件大事，皇太子拓拔晃開始「總百揆」掌握國
家權力，穆壽、崔浩、張黎和古弼四人輔政，此後僅僅六天後，國家就下令
禁止私藏讖記、陰陽、圖緯、方伎這類的書籍，禁止私自收留沙門、師巫及
金銀工巧之人，違背的人，同樣是誅殺沙門、師巫本人，收留的人滿門誅殺。
而前文所述的禁止私學詔令就頒佈於兩天後。從史書記載的情況來看，拓拔
晃本人是崇信佛教的，禁止私自收留沙門這樣的命令不可能出自拓拔晃，而
從時間的延續上來看，禁止私學詔令是前一個詔令的延續，從內容上看，禁
止私學也是禁止私藏書籍詔令的延續。正值拓拔晃剛剛掌握政權之時卻頒佈
這兩個詔令，其中的政治意味是值得琢磨的。由於此時負有政治抱負的崔浩
在朝廷上深受信任，禁止私學詔令很可能是出自崔浩的建議，進而影響到太
武帝本人的意志。禁止私學詔令的頒佈目的需要聯繫前一個禁止私藏書籍和
私自收留沙門、師巫及金銀工巧之人的詔令共同考慮。其一，國家禁止私藏
的書籍是讖記、陰陽、圖緯、方伎這類可以影響社會穩定具有神秘色彩的預
言類書籍，其二，國家禁止私人收留的是人是沙門、師巫與金銀工巧之人兩
類人，其中沙門、師巫同屬於可以影響社會穩定的預言者。而金銀工巧之人
這類手工業者掌握特殊技藝，可以為國所用，因而處罰措施中沒有處死這裏
人的規定。其三，國家頒佈了前一個詔令，從源頭上禁止這些影響社會穩定
的思想的傳播。而後一個禁止私學詔令則堵塞了所有可能的傳播途徑。私學
不同於官學的是，私學的教學內容廣泛而又很少受國家限制。太武帝時期的
大臣崔浩受到重用的一個重要原因在於其傳習儒學，具有十分精準的預測未
來的能力。因而，禁止私學的目的可以理解為前一個詔令的延續，出於鉗制
思想，維護社會穩定的目的。採取禁止私學鉗制社會思想者古已有之。《史記》
卷六《秦始皇本紀》：

> 丞相李斯曰：「五帝不相復，三代不相襲，各以治，非其相反，
> 時變異也。今陛下創大業，建萬世之功，固非愚儒所知。且越言乃

三代之事，何足法也？異時諸侯並爭，厚招遊學。今天下已定，法令出一，百姓當家則力農工，士則學習法令辟禁。今諸生不師今而學古，以非當世，惑亂黔首。丞相臣斯昧死言：古者天下散亂，莫之能一，是以諸侯並作，語皆道古以害今，飾虛言以亂實，人善其所私學，以非上之所建立。今皇帝并有天下，別黑白而定一尊。私學而相與非法教，人聞令下，則各以其學議之，入則心非，出則巷議，夸主以爲名，異取以爲高，率群下以造謗。如此弗禁，則主勢降乎上，黨與成乎下。禁之便。臣請史官非秦記皆燒之。非博士官所職，天下敢有藏《詩》、《書》、百家語者，悉詣守、尉雜燒之。有敢偶語《詩》《書》者棄市，以古非今者族。吏見知不舉者與同罪。令下三十日不燒，黥爲城旦。所不去者，醫藥卜筮種樹之書。若欲有學法令，以吏爲師。」制曰：「可」。

秦始皇焚書之舉，伴隨著對於私學的禁止，收博士於朝廷，禁詩書於民間，以吏爲師，禁止私學的傳播途徑。北魏太武帝只是在崔浩的影響下明確提出禁止私學傳授，做的更進了一步而已。

2、太武帝禁止私學詔令的執行

太武帝時期禁止私學詔令的執行情況需要聯繫禁書、禁沙門詔令一併考慮。太武帝太平眞君五年前一個詔令頒佈後面臨著巨大的反對浪潮。太平眞君五年（公元 444 年）禁止私藏書籍、收留師巫、沙門詔令頒佈後，受到了以太子拓拔晃爲首的人士的抵制，史載拓拔晃「爲太子監國，素敬佛道」，在太武帝決意誅殺沙門之時猶上表，「刑殺沙門之濫，又非圖像之罪。今罷其道，杜諸寺門，世不修奉，土木丹青，自然毀滅」，而後拓拔晃「言雖不用，然猶緩宣詔書，遠近皆豫聞知，得各爲計」，暗中抵制禁止沙門的詔書。然而，相對於前一個詔令所面臨的巨大的反對浪潮，對于禁絕私學的詔令的反對意見，史書中難覓蹤跡。然而，聯繫禁止私學是前一個詔書的延續這一情況，對於太武帝時期禁絕私學的情況也可以作出相應合理的推測。其一，太武帝在太平眞君五年（公元 444 年）頒佈這兩個詔書，禁止私學是禁止沙門、師巫詔令的延續，在前一個詔令在執行中出現問題的情況下，後一個詔令在執行至少會受到一定程度的影響，在太平眞君五年到七年（公元 444～446 年）期間內，隨著前一個詔書在執行中受到一定程度的抵制，禁止私學的詔令在執行中也是有靈活的餘地的，然而太平眞君七年，隨著禁止佛教傳播法令的

嚴格，私學必然也會受到衝擊。其二，值得注意的是禁止私學詔令又不同于禁止沙門、師巫詔令，其受到的阻力要小於前者。前文所述之禁止私學詔令，沒有限制家學的傳承，對於世家大族的影響很小，甚至通過官學教育水平的提高，世家大族壟斷教育，可以獲得正面的影響。前文所述之私學大師受到這個詔令的影響也是很小的。如張偉「世祖時，與高允等俱被辟命，拜中書博士」；梁祚遂攜家人僑居於薊，後「辟秘書中散，稍遷秘書令。爲李訢所排，擯退爲中書博士」；高允更是於神䴥四年（公元431年），「與盧玄等俱被徵，拜中書博士」。國家徵召這些才學之士入朝爲官，充任中書博士，充實了官學教育的教學力量，客觀上也可以減少禁止私學的壓力。其三，常爽的私學存在時間很長，是有其特殊原因的。《魏書》卷八四《儒林傳》：

> 常爽，字仕明，河內溫人，魏太常卿林六世孫也。祖珍，符堅南安太守，因世亂遂居涼州。……爽少而聰敏，嚴正有志概，雖家人僮隸，未嘗見其寬誕之容。篤志好學，博聞強識，明習緯候，「五經」百家多所研綜。州郡禮命皆不就。世祖西征涼土，爽與兄仕國歸款軍門，世祖嘉之。賜仕國爵五品，顯美男；爽爲六品，拜宣威將軍。是時，戎車屢駕，征伐爲事，貴遊子弟未遑學術，爽置館溫水之右，教授門徒七百餘人，京師學業，翕然復興。爽立訓甚有勸罰之科，弟子事之若嚴君焉。尚書左僕射元贊、平原太守司馬眞安、著作郎程靈虯，皆是爽教所就。崔浩、高允並稱爽之嚴教，獎屬有方。允曰：「文翁柔勝，先生剛克，立教雖殊，成人一也。」其爲通識歎服如此。……爽不事王侯，獨守閒靜，講肄經典二十餘年，時人號爲「儒林先生」。年六十三，卒於家。

常爽是於太武帝滅北涼後，於太平眞君元年（公元440年）來到京師從事私學教授，「不事王侯，獨守閒靜，講肄經典二十餘年」，去世時年六十三，基本沒有受到禁止私學的影響。這很可能是由常爽本人所具有半官方的身份，擁有國爵六品，拜宣威將軍這一特點決定的。這卻也在一定程度上客觀說明，禁止私學詔令執行的並不是十分徹底。最後，禁止私學詔令眞正可以影響到的是那些也私學教授爲職業、或是招納學者設立學館講授之人。這些人的社會聲望有限，反對之聲自然微弱了。

3、太武帝禁止私學詔令的廢止

禁止私學詔令的廢止同樣需要聯繫禁書、禁沙門詔令一併考慮。太平眞

君七年（公元 446 年），嚴格禁止佛教後，雖經拓拔晃暗中相助「四方沙門，多亡匿獲免，在京邑者，亦蒙全濟」，然而「金銀寶像及諸經論，大得秘藏。而土木宮塔，聲教所及，莫不畢毀矣」，這個詔令一直影響到了太平眞君十年（公元 450 年）。《魏書》卷一一四《釋老志》：

> 始謙之與浩同從車駕，苦與浩諍，浩不肯。謂浩曰：「卿今促年受戮，滅門戶矣！」後四年，浩誅，備五刑，時年七十。浩既誅死，帝頗悔之。業已行，難中修復。恭宗潛欲興之，未敢言也。佛淪廢終帝世，積七八年。然禁稍寬弛，篤信之家，得密奉事，沙門專至者，猶竊法服誦習焉。唯不得顯行於京都矣。

又《南齊書》卷五七《魏虜傳》：

> 初，佛狸討羯胡於長安，殺道人且盡。及元嘉南寇，獲道人，以鐵籠盛之。後佛狸感惡疾，自是敬畏佛教，立塔寺浮圖。

可知，崔浩於太平眞君十一年（公元 450 年）因爲國史之獄而失勢被殺，太武帝的政治理想也隨之破滅了。加之太武帝拓跋燾身體不好，自然會放鬆對佛教的禁令。因而會出現材料中出現的禁令稍寬弛，唯獨不顯行於京都的情況，直到文成帝拓拔濬繼位後才廢除了禁止佛教的詔令。聯繫禁止沙門詔令興廢的現實，也可推測禁止私學詔令的廢止情況。其一，禁止私學的詔令作爲前一詔令的延伸伴隨著崔浩被殺同樣失去了鉗制社會思想政治意義，因而也會人亡政息。其二，禁止私學詔令又不同於前一詔令，私學的恢復是需要時間的。國家正式廢止禁止私學詔令只是可能在文成帝繼位之後，而從北魏後期私學發展的情況來看，最遲到獻文帝時期，私學也會逐漸恢復發展起來。最後，值得注意的是太武帝禁止私學的詔令儘管嚴格執行的時間不會太長，然而對於私學發展的影響卻不容忽視。社會上像常爽這樣的私學學者畢竟是少數，以私學教授爲職業之人受到了影響，社會上學術的傳習又回到了家學傳承的階段，而私學的恢復則是需要時間的。因而，太武帝禁止私學事件成了北朝私學發展過程中的分水嶺。

（三）北魏中後期的私學

北魏太武帝之後的個人私學經歷了一個恢復發展直至繁盛的時期。最遲到獻文帝時期，馮太后掌握政權，推進漢化改革，儒學教育得到了政府的推動扶植，私學也得到了發展的契機，至孝文帝時期重用飽學之士，一時間「斯文鬱然，比隆周漢」，到了宣武帝時期，「時天下承平，學業大盛。故燕齊趙

魏之間，橫經著錄，不可勝數。大者千餘人，小者猶數百」〔註210〕，私學發展進入到了繁盛階段。

1、北魏中後期私學發展事例

在北魏中後期私學眾多，其私學發展具體言之經歷了從獻文帝時期到宣武帝以後四個發展階段。這四個階段中的私學代表人物如下：

北魏後期的私學代表人物

時　期	代表人物
獻文帝時期	程玄、酈詮、牛天祐、董道季等
孝文帝時期 宣武帝時期	劉獻之、張吾貴、清河監伯陽、高望崇、長樂監伯陽、王保安、王聰、孫買德、唐遷等
宣武帝時期	徐遵明、劉蘭、鮮于靈馥、董徵、李周仁、劉子猛、房虯、陳達、馮元興等
宣武帝以後	李鉉、刁沖、張雕等

由上表可知，在北魏後期私學的發展經歷了由恢復發展到繁盛再到衰弱的過程。

首先，在獻文帝時期，河北地區的私學就所有恢復發展，出現了程玄、酈詮、牛天祐、董道季這些私學傳授者，他們為私學的恢復發展奠定了基礎。如渤海人程玄，劉獻之「少而孤貧，雅好《詩》、《傳》，曾受業於勃海程玄，後遂博觀眾籍」〔註211〕，孫惠蔚「十九，師程玄讀《禮經》及《春秋》三《傳》」〔註212〕。渤海程玄是劉獻之、孫惠蔚這類學者的經學的傳授者，在北魏後期較早的從事私學教授。又如酈詮、牛天祐，中山人張吾貴「先未多學，乃從酈詮受《禮》，牛天祐受《易》」〔註213〕，酈詮、牛天祐是張吾貴經學的傳授者，從事私學教授。又如董道季，孫惠蔚「十八，師董道季講《易》」〔註214〕，這表明董道季曾經從事私學教授。根據孫惠蔚的個人經歷考察，董道季、程玄教授孫惠蔚經學分別是在獻文帝皇興三年、四年（公元 469、470 年），考慮到孫惠蔚並不一定是程玄等人最早的學生，因而推斷程玄等人從事私學教

〔註210〕《魏書》卷八四《儒林傳》，第 1842 頁。
〔註211〕《魏書》卷八四《儒林傳‧劉獻之》，第 1849 頁。
〔註212〕《魏書》卷八四《儒林傳‧孫惠蔚》，第 1852 頁。
〔註213〕《魏書》卷八四《儒林傳‧張吾貴》，第 1851 頁。
〔註214〕《魏書》卷八四《儒林傳‧孫惠蔚》，第 1852 頁。

授之時大約是在獻文帝時期，這是與北魏獻文帝時期國家的政策基本吻合的。

其次，在孝文帝時期，國家重視儒學，私學的發展呈現出多元發展的趨勢，在私學之中其中最爲著名的當屬被稱爲儒宗的劉獻之、張吾貴二人之私學。《魏書》卷八四《儒林傳·劉獻之》：

> 劉獻之，博陵饒陽人也。少而孤貧，雅好《詩》、《傳》。……時人有從獻之學者，獻之輒謂之曰：「人之立身，雖百行殊途，準之四科，要以德行爲首。子若能入孝出悌，忠信仁讓，不待出戶，天下自知。儻不能然，雖復下帷針股，躡屨從師，正可博聞多識，不過爲土龍乞雨，眩惑將來，其於立身之道有何益乎？孔門之徒，初亦未悟，見旱魚之歎，方乃歸而養親。嗟乎！先達何自覺之晚也！束脩不易，受之亦難，敢布心腹，子其圖之」由是四方學者，莫不高其行義，希造其門。獻之善《春秋》、《毛詩》，每講《左氏》，盡隱公八年便止，云：「義例已了，不復須解。」由是弟子不能究竟其說。……時中山張吾貴與獻之齊名，四海皆曰儒宗。吾貴每一講唱，門徒千數，其行業可稱者寡。獻之著錄，數百而已，皆通經之士。於是有識者辯其優劣。

博陵饒陽人劉獻之傳習渤海程玄之經學，講習左氏《春秋》、《毛詩》，劉獻之的私學重視學生的道德水平的培養，重視學生的培養質量，儘管著錄門下的學生數量僅僅數百，卻皆通經之士。又《北史》卷八一《儒林傳上·張吾貴》：

> 張吾貴字吾子，中山人也。少聰慧口辯，身長八尺，容貌奇偉。年十八，本郡舉爲太學博士。吾貴先未多學，乃從酈詮受《禮》，牛天祐受《易》。詮、祐粗爲開發而已，吾貴覽讀一遍，便即別構戶牖，世人競歸之。
>
> 曾在夏學，聚徒千數，而不講《傳》。生徒竊云：「張生之於《左氏》，似不能說。」吾貴聞之，謂曰：「我今夏講暫罷，後當說《傳》，君等來日，皆當持本。」生徒怪之而已。吾貴詣劉蘭，蘭遂爲講《傳》。三旬之中，吾貴兼讀杜、服，隱括兩家，異同悉舉。諸生後集，便爲講之，義例無窮，皆多新異，蘭仍伏聽。學者以此益奇之。而辯能飾非，好爲詭說，由是業不久傳。而氣陵牧守，不屈王侯，竟不仕而終。

中山人張吾貴曾經出任地方官學的太學博士，一生主要從事私學教授，師承

酈詮的《禮》學、牛天祐的《易》學，一月之中便從劉蘭處學得《左傳》，又兼通杜注《左傳》、服注《左傳》，進而轉授劉蘭。張吾貴本人「辯能飾非，好爲詭說」，雖然可以吸引學生，門徒千數，然而其招生寬泛，又好爲異說，本人的學問難以傳承，他的私學是這一時期最有特點的。

再次，到了宣武帝時期，天下承平已久，私學發展到了鼎盛時期，此時的私學學者人數眾多，出現了徐遵明這樣的一代儒學宗師，甚至出現了「凡是經學諸生，多出自魏末大儒徐遵明門下」的局面〔註215〕。《魏書》卷八四《儒林傳·徐遵明》：

> 徐遵明，字子判，華陰人也。身長八尺，幼孤好學。年十七，隨鄉人毛靈和等詣山東求學。至上黨，乃師屯留王聰，受《毛詩》、《尚書》、《禮記》。一年，便辭聰詣燕趙，師事張吾貴。吾貴門徒甚盛，遵明伏膺數月……與平原田猛略就範陽孫買德受業。一年，復欲去之……乃詣平原唐遷，納之，居於蠶舍。讀《孝經》、《論語》、《毛詩》、「三禮」，不出門院，凡經六年，時彈箏吹笛以自娛慰。知陽平館陶趙世業家有《服氏春秋》，是晉世永嘉舊本，遵明乃往讀之。
>
> 復經數載，因手撰《春秋義章》，爲三十卷。是後教授，門徒蓋寡，久之乃盛。遵明每臨講坐，必持經執疏，然後敷陳，其學徒至今浸以成俗。遵明講學於外二十餘年，海內莫不宗仰。頗好聚斂，有損儒者之風。

徐遵明學通《孝經》、《論語》、《毛詩》、《尚書》、「三禮」並傳鄭注、服注《左傳》著有《春秋義章》，自從李業興責難鮮于靈馥後，諸生多投徐遵明門下。徐遵明四處遊講，他的私學是這一時期最具影響力的。

此外，孝明帝之後，天下戰亂再起，四方學校幾無完者，私學學者或死於亂世之中，或隱於朝堂之外，一代大儒徐遵明喪生，其弟子如李鉉等人也在民間教授，傳承學術。《北齊書》卷四四《儒林傳·李鉉》：

> 李鉉，字寶鼎，渤海南皮人也。……居徐門下五年，常稱高第。二十三，便自潛居，討論是非，撰定《孝經》、《論語》、《毛詩》、《三禮義疏》及《三傳異同》、《周易義例》合三十餘卷。用心精苦，曾三冬不畜枕，每至睡時，假寐而已。年二十七。歸養二親，因教授

〔註215〕《北齊書》卷四四《儒林傳》，第583頁。

　　　　鄉里，生徒恒至數百。燕、趙間能言經者，多出其門。

李鉉是徐遵明門下的高才生，學習十分刻苦，在北魏後期，直到東魏時期一直在從事私學教授，其生徒遍佈燕、趙地區。又如刁沖「學通諸經，偏修鄭說，陰陽、圖緯、算數、天文、風氣之書莫不關綜，當世服其精博」，「後太守范陽盧尚之、刺史河東裴植並徵沖爲功曹、主簿，非所好也，受署而已，不關事務。惟以講學爲心，四方學徒就其受業者歲有數百」〔註216〕。又如張雕，「家世貧賤，而慷慨有志節，雅好古學。精力絕人，負篋從師，不遠千里。遍通「五經」，尤明「三傳」，弟子遠方就業者以百數，諸儒服其強辨」〔註217〕。這些私學教授者在亂世之中從事教授工作，延續著私學的傳統。

2、北魏中後期私學發展特點

　　首先，這一時期的私學最大的特點就是呈現出清晰的師承關係。如劉獻之、張吾貴、徐遵明都是師承多家終成一派，又傳習經典以廣收門徒，教授弟子。這一時期的徐遵明師曾從於張吾貴，是張吾貴的弟子。而徐尊明弟子的師承關係可以延續到隋代。

北朝經學傳授表

經　師	傳授經典	弟　子	再傳弟子	三傳弟子
徐遵明	鄭氏《周易》	盧景裕	權會	郭茂
		崔瑾		
	鄭氏《尙書》	李周仁		
		張文敬		
		李鉉		
		權會		
	「三禮」	李鉉	刁柔	
		祖儁	張買奴	
		田元鳳	鮑季詳	
		馮偉、	邢峙	

<hr>

〔註216〕《魏書》卷八四《儒林傳・刁沖》，第 1858 頁。
〔註217〕《北齊書》卷四四《儒林傳・張雕》，第 594 頁，另《北史》卷八一《儒林傳上・張雕武》所記載之中山北平人張雕武，參照《北齊書》中的相關記載，與張雕爲同一人。

		紀顯敬	劉晝	
		呂黃龍	熊安生	孫靈暉
				郭仲堅
				丁恃德
		夏懷敬		
	服氏《春秋》	張買奴		
		馬敬德		
		邢峙		
		張思伯		
		張雕		
		劉晝		
		鮑長暄		
		王元則		
劉獻之	《毛詩》	李周仁	董令度	
			程歸則	劉敬和
				劉軌思
				張思伯

　　據此表可知，在經學的傳授過程中徐遵明的弟子傳承經典，師承關係是非常清晰的。

　　其次，這一時期的私學教授過程中出現了專傳一經、二經的私學學者，而且學者之間的學術、教學方式差異明顯。更爲甚者，學術的爭執甚至可以上陞到政治鬥爭高度，引發冤獄。如陳奇與游雅之見的鬥爭就源於對於經學的不同理解。《魏書》卷八四《儒林傳·陳奇》：

> 時秘書監游雅素聞其名，始頗好之，引入秘省，欲授以史職。後與奇論典誥及《詩》、《書》，雅贊扶馬、鄭。至於《易·訟卦》天與水違行，雅曰：「自葱嶺以西，水皆西流，推此而言，《易》之所及自葱嶺以東耳。」奇曰：「《易》理綿廣，包含宇宙。若如公言，自葱嶺以西，豈東向望天哉？」奇執義非雅，每如此類，終不苟從。雅性護短，因以爲嫌。……奇冗散數年，高允與奇讎溫古籍，嘉其遠致，稱奇通識，非凡學所窺。允微勸雅曰：「君朝望具瞻，何爲與野儒辨簡牘章句？」雅謂允有私於奇，曰：「君寧黨小人也！」

乃取奇所注《論語》、《孝經》焚於坑內。奇曰：「公貴人，不乏樵
薪，何乃燃奇《論語》？」雅愈怒，因告京師後生不聽傳授。而奇
無降志，亦評雅之失。……有人爲謗書，多怨時之言，頗稱奇不得
志。雅乃諷在事云：「此書言奇不遜，當是奇假人爲之。如依律文，
造謗書者皆及孥戮。」遂抵奇罪。時司徒、平原王陸麗知奇見枉，
惜其才學，故得遷延經年，冀有寬宥。但執以獄成，竟致大戮，遂
及其家。

上述材料記載了陳奇與游雅矛盾的上陞過程。陳奇與游雅最初的矛盾就是因
爲對於馬融、鄭玄所注經典的不同理解，後來導致了游雅焚燒陳奇的著作，
禁止京師的學生向陳奇求學，乃至最終借助謗書冤獄，誅滅了陳奇一家。陳
奇與游雅的矛盾的激化固然是其各自性情所決定的，但是也從側面反映出這
一時期，學者之間學術的差異性。

此外，更值得關注的是這一時期的私學經歷了又多元到相對集中的發展
趨勢，像張吾貴這樣好爲異說的學者逐漸失去了市場，其學說難以傳承，到
了北魏末期，傳習經典者大多承襲劉獻之與徐遵明兩派的學術。

（四）東西對峙時期的私學

北魏孝昌年間之後，北方陷入動蕩之中，有云「魏氏喪亂之餘，屬尒朱
殘酷之舉，文章咸盪，禮樂同奔，絃歌之音且絕，俎豆之容將盡」〔註218〕，
或云「海內版蕩，彝倫攸澤，戎馬生郊。先王之舊章，往聖之遺訓，掃地盡
矣」〔註219〕，私學學者多隱於山林而好學不止，東西對峙局面出現之後，各
地的私學也逐漸得到了恢復發展。在東魏——北齊管轄的地區，私學的恢復
發展，《北齊書》卷四四《儒林傳》：

故橫經受業之侶，遍於鄉邑；負笈從官之徒，不遠千里。伏膺
無怠，善誘不倦。入閭里之內，乞食爲資；憩桑梓之陰，動逾千數。
燕、趙之俗，北衆尤甚。

由此可見北齊時期私學是非常繁盛的。在西魏——北周的統治地區，私學也
有值得稱頌之處。《周書》卷四五《儒林傳》：

是以天下慕嚮，文教遠覃。衣儒者之服，挾先王之道，開黌舍
延學徒者比肩；勵從師之志，守專門之業，辭親戚甘勤苦者成市。

〔註218〕《北齊書》卷四四《儒林傳》，第581頁。
〔註219〕《周書》卷四五《儒林傳》，第805頁。

　　雖遺風盛業，不逮魏、晉之辰，而風移俗變，抑亦近代之美也。

由此可以看出北周時期私學的繁盛情況。值得注意的是在這一時期私學的繁盛主要還是集中在東魏——北齊統治下的河北地區。北周的私學則呈現出逐漸增強的趨勢。

1、東西對峙時期私學發展事例

　　在東西對峙時期的私學可以分爲徐遵明門下之人創辦的私學和非徐遵明門下之人創辦的私學兩類。在這一時期，私學學者多出於徐遵明門下。徐門弟子中以熊安生最爲著名。《周書》卷四五《儒林傳・熊安生》：

> 　　　熊安生字植之，長樂阜城人也。少好學，勵精不倦。初從陳達受《三傳》，又從房虬受《周禮》，並通大義。後事徐遵明，服膺歷年。東魏天平中，受《禮》於李寶鼎。遂博通「五經」。然專以「三禮」教授。弟子自遠方至者，千餘人，乃討論圖緯，捃摭異聞，先儒所未悟者，皆發明之。……安生既學爲儒宗，當時受其業擅名於後者，有馬榮伯、張黑奴、竇士榮、孔龍、劉焯、劉炫等，皆其門人焉。所撰《周禮義疏》二十卷、《禮記義疏》四十卷、《孝經義疏》一卷，並行於世。

熊安生是徐遵明之後又一位博通五經，堪稱儒宗的人物。他的私學專以「三禮」爲教學內容，重視對圖緯等內容的論述，學中門人眾多，對後世影響深遠。

　　徐門弟子中其它從事私學之人，對於私學的發展也有建樹。如馬敬德「少好儒術，負笈隨大儒徐遵明學《詩》、《禮》，略通大義而不能精。遂留意於《春秋左氏》，沉思研求，晝夜不倦，解義爲諸儒所稱。教授於燕、趙間，生徒隨之者眾」〔註220〕。馮偉「門徒束脩，一毫不受。耕而飯，蠶而衣，簞食瓢飲，不改其樂，竟以壽終」〔註221〕。鮑季詳「甚明《禮》，聽其離文析句，自然大略可解。兼通《左氏春秋》，少時恒爲李寶鼎都講，後亦自有徒眾，諸儒稱之」〔註222〕。馬光「少好學，從師數十年，晝夜不息，圖書讖緯，莫不畢覽，尤明『三禮』，爲儒者所宗」，「山東『三禮』學者，自熊安生後，唯宗光一人。初教授瀛、博間，門徒千數，至是多負笈從入長安」〔註223〕。

〔註220〕《北齊書》卷四四《儒林傳・馬敬德》，第 590 頁。

〔註221〕《北齊書》卷四四《儒林傳・馮偉》，第 588 頁。

〔註222〕《北齊書》卷四四《儒林傳・鮑季詳》，第 588 頁。

〔註223〕《隋書》卷七五《儒林傳・馬光》，第 1717 頁。

在西魏——北周，徐門弟子樂遜也是非常重要的私學教授者。樂遜「魏正光中，聞碩儒徐遵明領徒趙、魏，乃就學《孝經》、《喪服》、《論語》、《詩》、《書》、《禮》、《易》、《左氏春秋》大義。尋而山東寇亂，學者散逸，遜於擾攘之中，猶志道不倦」，大統九年（公元 543 年），「太尉李弼請遜教授諸子」，魏廢帝二年（公元 553 年），「太祖召遜教授諸子。在館六年，與諸儒分授經業。遜講《孝經》、《論語》、《毛詩》及服虔所注《春秋左氏傳》」〔註224〕。

此外，從事私學之人也有非徐遵明門下之人，這些人的私學也是不容忽視的。如張買奴，「經義該博，門徒千餘人。諸儒咸推重之。名聲甚盛」〔註225〕。劉軌思「說《詩》甚精。少事同郡劉敬和，敬和事同郡程歸則，故其鄉曲多爲《詩》者」〔註226〕。權會，「志尙沈雅，動遵禮則。少受《鄭易》，探賾索隱，妙盡幽微，《詩》、《書》、『三禮』，文義該洽，兼明風角，妙識玄象」，又「參掌雖繁，教授不闕。性甚懦弱，似不能言，及臨機答難，酬報如響，動必稽古，辭不虛發，由是爲儒宗所推。而貴遊子弟慕其德義者，或就其宅，或寄宿鄰家，晝夜承閑，受其學業。會欣然演說，未嘗懈怠」〔註227〕。房暉遠「世傳儒學。暉遠幼有志行，治『三禮』、「春秋三傳」、《詩》、《書》、《周易》，兼善圖緯，恒以教授爲務。遠方負笈而從者，動以千計」，「齊南陽王綽爲定州刺史，聞其名，召爲博士。周武帝平齊，搜訪儒俊，暉遠首應辟命，授小學下士」〔註228〕。

2、東西對峙時期私學發展特點

這一時期的私學的另外一個突出的發展特點就將北朝經學「北學深蕪，窮其枝葉」的學術特點發揮到了極致，學問脫離現實，諸儒多鄙俗，在仕途上難以上進，得到國家的重用。《北史》卷八二《儒林傳下》：

> 然遠惟漢、魏，碩學多清通；逮乎近古，巨儒多鄙俗。文武不墜，弘之在人，豈獨愚蔽於當今，而皆明哲於往昔？在乎用與不用，知與不知耳。然戢之弼諧庶績，必舉德於鴻儒。近代左右邦家，咸取士於刀筆。縱有學優入室，勤踰刺股，名高海内，擢第甲科，若命偶時來，未有望於青紫，或數將運舛，必見棄於草

〔註224〕《周書》卷四五《儒林傳・樂遜》，第 814 頁。
〔註225〕《北齊書》卷四四《儒林傳・張買奴》，第 588 頁。
〔註226〕《北齊書》卷四四《儒林傳・劉軌思》，第 588 頁。
〔註227〕《北齊書》卷四四《儒林傳・權會》，第 592 頁。
〔註228〕《隋書》卷七五《儒林傳・房暉遠》，第 1716 頁。

> 澤。然則古之學者，祿在其中；今之學者，困於貧賤。明達之人，
> 志識之士，安肯滯於所習，以求貧賤者哉！此所以儒罕通人，學
> 多鄙俗者也。

這段材料表明，這一時期的私學大儒多困於貧賤之中，這一方面是北朝後期統治者重視鮮卑習俗，社會上彌漫著輕視學術的氛圍造成的，另一方面更主要的就是又北朝私學自身發展中的問題造成的。史書中就不乏巨儒鄙俗的記載。如大儒徐遵明「見鄭玄《論語序》云『書以八寸策』，誤作『八十宗』，因曲爲之說」，《北史》作者李延壽稱「其僻也皆如此。獻之、吾貴又甚焉」〔註229〕。又《北史》卷八二《儒林傳下·熊安生》：

> 安生在山東時，歲歲遊講，從之者傾郡縣。或詆之曰：「某村古
> 塚，是晉河南將軍熊光，去七十二世。舊有碑，爲村人埋匿。」安
> 生掘地求之，不得，連年訟焉。冀州長史鄭大謹判之曰：「七十二世，
> 乃是羲皇上人；河南將軍，晉無此號。訴非理記。」安生率其族向
> 塚而號。

即便是熊安生這樣的大儒，卻也不通史籍，十分的鄙俗。又如顏之推在《顏氏家訓》卷三《勉學》中所述：

> 如此諸賢，故爲上品，以外率多田野閒人，音辭鄙陋，風操蚩
> 拙，相與專固，無所堪能，問一言輒酬數百，責其指歸，或無要會。
> 鄴下諺云：『博士買驢，書券三紙，未有驢字。』使汝以此爲師，令
> 人氣塞。

又記述：

> 俗間儒士，不涉群書，經緯之外，義疏而已。吾初入鄴，與博
> 陵崔文彥交遊，嘗說王粲集中難鄭玄尚書事。崔轉爲諸儒道之，始
> 將發口，懸見排蹙，云：『文集只有詩賦銘誄，豈當論經書事乎？且
> 先儒之中，未聞有王粲也。』崔笑而退，竟不以粲集示之。魏收之
> 在議曹，與諸博士議宗廟事，引據漢書，博士笑曰：『未聞漢書得證
> 經術。』收便忿怒，都不復言，取韋玄成傳，擲之而起。博士一夜
> 共披尋之，達明，乃來謝曰：『不謂玄成如此學也。』

北朝的儒生不通史籍，民間之私學博士，更是十分鄙俗，北學進入隋唐以後日漸衰弱也是可以預期的。

〔註229〕《北史》卷八一《儒林傳上·徐遵明》，第 2720 頁。

二、北朝時期私學的類型、規模與分佈

　　在北朝學校教育的發展過程中，個人私學的重要性在不斷的加強，佔有十分重要的地位。這一時期個人私學的類型、發展規模與分佈情況以及國家對於私學發展的政策管理等問題也是值得探討的。現根據相關史料，論述如下文。

（一）北朝時期私學的類型

　　在北朝時期，根據私學教授者的教授形式的不同，大體可以分爲私學教授者設館教學與聘請私學教授者到家中教學兩大基本類型。

1、北朝時期的學館

　　在北朝時期，私學傳授者主要採用設立學館的方式招收門徒進行教學。學館的設立往往就設於學者的家中。早在道武帝徵召之前的李曾、太武帝徵召前之高允都曾「還家教授」，東魏之李同軌「齊獻武王引同軌在館教諸公子，甚加禮之。每且入授，日暮始歸。緇素請業者，同軌夜爲說解，四時恒爾，不以爲倦」〔註230〕，即使是白天赴高歡府邸教學，晚上還要在家裏教授平民子弟。又如北齊時期的權會，「貴遊子弟慕其德義者，或就其宅，或寄宿鄰家，晝夜承閑，受其學業。會欣然演說，未嘗懈怠」〔註231〕。更多的學者選擇另設學館如北魏前期的常爽「置館溫水之右，教授門徒七百餘人，京師學業，翕然復興」〔註232〕，就別立學館。有如劉蘭，「家貧無以自資，且耕且學。三年之後，便白其兄：『蘭欲講書。』其兄笑而聽之，爲立黌舍，聚徒二百」〔註233〕，劉蘭開始私學的必要條件就是設立學館，窮苦的他是在兄長的幫助下才設立學館的。值得注意的是，私學學館的設立不僅僅是出於學者自身的力量，如太武帝太平眞君五年禁止私學詔書中有「不聽私立學校；違者師身死，主人門誅」這樣的話語，說明此時的私學設立者與教學者是分開的。

2、北朝時期的家學

　　在北朝時期，特別是北魏後期以來，一些世家大族、王公大臣往往採取聘請私學教授者前往家中的方式，對於子弟進行教學。早在十六國時期，苻堅於後趙時期，「八歲，請師就家學」〔註234〕，就實踐了這種的教學方式。

〔註230〕《魏書》卷八四《儒林傳·李同軌》，第1861頁。
〔註231〕《北齊書》卷四四《儒林傳·權會》，第592頁。
〔註232〕《魏書》卷八四《儒林傳·常爽》，第1848頁。
〔註233〕《魏書》卷八四《儒林傳·劉蘭》，第1851頁。
〔註234〕《晉書》卷一一三《苻堅載記上》，第2884頁。

北魏後期，隨之私學的發展，這種方式得到了廣泛的採用。如以私學聞名的劉蘭就曾受到中山王元英的重視，因而「英引在館，令授其子熙、誘、略等」〔註235〕。又《魏書》卷五三《李孝伯傳附李郁》：

> 自著作佐郎爲廣平王懷友，懷深相禮遇。時學士徐遵明教授山東，生徒甚盛，懷微遵明在館，令郁問其「五經」義例十餘條，遵明所答數條而已。

一代大儒徐遵明就曾受到廣平王元懷的徵召入館。又《魏書》卷一九上《景穆十二王上·陽平王新成傳附元欽》：

> 欽曾託青州人高僧壽爲子求師，師至，未幾逃去。欽以讓僧壽僧。壽性滑稽，反謂欽曰：「凡人絕粒，七日乃死，始經五朝，便爾逃遁，去食就信，實有所闕。」欽乃大慚，於是待客稍厚。

元欽延請私學教授者教授子弟，卻十分吝嗇，導致教授者逃走，這說明當時延師在家教學是需要給予教授者一定的報酬的。北魏後期這種私學的教學方式在東西對峙時期也得到了延續。北齊高歡在府中設立學館就是典型的事例。盧景裕，在北魏末年曾經反對高歡，然而高歡「聞景裕經明行著，驛馬特徵，既而舍之，使教諸子。在館十日一歸家，隨以鼎食」〔註236〕。盧景裕去世後，李同軌接替了這裏工作，「齊獻武王引同軌在館教諸公子，甚加禮之。每旦入授，日暮始歸。緇素請業者，同軌夜爲說解，四時恒爾，不以爲倦」〔註237〕。北齊民間中也不乏延師在家教學之人。如北齊時期的鮑長暄，鮑季詳的從弟，「恒在京教授貴遊子弟」〔註238〕，以此爲職業。又如劉畫，「恨下里少墳籍，便杖策入都。知太府少卿宋世良家多書，乃造焉。世良納之。恣意披覽，晝夜不息」〔註239〕。在西魏如前文所述宇文泰也曾於府中設學，求學者不僅僅限於自家子弟，還包括親屬、諸將子弟等。如賀蘭祥「年十一而孤，居喪合禮。長於舅氏，特爲太祖所愛。雖在戎旅，常博延儒士，教以書傳」〔註240〕。從事教學之人如樊深「太祖置學東館，教諸將子弟，以深爲博士」〔註241〕、樂遜「太

〔註235〕《魏書》卷八四《儒林傳·劉蘭》，第1851頁。
〔註236〕《魏書》卷八四《儒林傳·盧景裕》，第1859頁。
〔註237〕《魏書》卷八四《儒林傳·李同軌》，第1861頁。
〔註238〕《北齊書》卷四四《儒林傳·鮑季詳附鮑長暄》，第588頁。
〔註239〕《北齊書》卷四四《儒林傳·劉畫》，第589頁。
〔註240〕《周書》卷二〇《賀蘭祥傳》，第336頁。
〔註241〕《周書》卷四五《儒林傳·樊深》，第811頁。

祖召遜教授諸子。在館六年，與諸儒分授經業。遜講《孝經》、《論語》、《毛詩》及服虔所注《春秋左氏傳》」〔註242〕等人。此外西魏諸將也曾延師在家，教授子弟。如在入宇文泰府中之前，樊深「于謹引爲其府參軍，令在館教授子孫」〔註243〕，樂遜「太尉李弼請遜教授諸子」〔註244〕。

此外，在北朝時期還存在著私學的其它特殊形態類型。在北朝時期，隨著家學規模的擴大，也構成了學校的規模，他們或親自教授、或延師在家，構成了北朝私學獨特的一種類型。《北齊書》卷三四《楊愔傳》：

> 愔一門四世同居，家甚隆盛，昆季就學者三十餘人。學庭前有奈樹，實落地，群兒咸爭之。愔頹然獨坐。其季父暐適入學館，見之大用嗟異，顧謂賓客曰：「此兒恬裕，有我家風。」宅內有茂竹，遂爲愔於林邊別茸一室，命獨處其中，常以銅具盛饌以飯之。因以督歷諸子，曰：「汝輩但遵彥謹愼，自得竹林別室、銅盤重肉之食。」

楊愔幼年求學時所入的學館主要面向楊氏家族，其規模可以達到三十餘人，他的叔父偶然入學館時看見了楊愔與眾不同的一面大加讚賞，這說明這個規模較大的學館很有可能是聘請專門的私學教授者進行教學的。另《北史》卷一七《景穆十二王上·陽平王新成傳附元子孝》：「子子孝，字季業，早有令譽。……性又寬慈，敦穆親族。乃置學館於私第，集群從子弟，晝夜講讀。並給衣食，與諸子同。」在西魏時期元子孝也在家裏設立私學，召集宗族子弟就學。另外，值得注意的是，北朝時期私學的傳授者、學生都是流動的，私學與地方官學也不是截然分開的。私學學者爲了擴大招生、提高影響而四處遊講、諸生也爲了提高學業而四處遊學，這些遊講、遊學之人，依託的就是分佈於各地的地方官學學官和私學學館。

（二）北朝時期私學的規模與分佈

1、北朝私學的規模

北魏時期之私學以宣武帝時期最盛，「燕齊趙魏之間，橫經著錄，不可勝數。大者千餘人，小者猶數百」〔註245〕；北齊時期「橫經受業之侶，遍於鄉

〔註242〕《周書》卷四五《儒林傳·樂遜》，第814頁。
〔註243〕《周書》卷四五《儒林傳·樊深》，第811頁。
〔註244〕《周書》卷四五《儒林傳·樂遜》，第814頁。
〔註245〕《魏書》卷八四《儒林傳》，第1842頁。

邑；負笈從官之徒，不遠千里。伏膺無怠，善誘不倦。入閭里之內，乞食爲資；憩桑梓之陰，動逾千數。燕、趙之俗，北眾尤甚」〔註246〕；北周時期則「天下慕嚮，文教遠覃。衣儒者之服，挾先王之道，開黌舍延學徒者比肩；勵從師之志，守專門之業，辭親戚甘勤苦者成市」〔註247〕。

　　首先，在北朝時期，徐遵明、張吾貴、高允、劉蘭、熊安生、張買奴、房暉遠、馬光等人的私學規模可以達到千人以上。北朝時期私學規模以徐遵明的最大，史稱其「束脩受業，編錄將逾萬人」〔註248〕。而張吾貴的「每一講唱，門徒千數」〔註249〕，私學私學規模也蔚爲可觀。至於劉蘭「學徒前後數千，成業者眾」。高允曾於神䴥三年（公元 430 年）「還家教授，受業者千餘人」〔註250〕。僅僅在一年間就有這麼多人跟隨高允求學。熊安生「弟子自遠方至者，千餘人」〔註251〕；房暉遠「遠方負笈而從者，動以千計」〔註252〕。此二人的弟子從遠方來的就達到了上千人。而張買奴「經義該博，門徒千餘人」〔註253〕；馬光「教授瀛、博間，門徒千數」〔註254〕。其次，李鉉、刁沖的私學規模可以達到每年數百人。李鉉「教授鄉里，生徒恒至數百。燕、趙間能言經者，多出其門」〔註255〕。而刁沖「四方學徒就其受業者歲有數百」〔註256〕。此外，常爽、魯祈、張偉、劉獻之、馮元興、張雕等人的私學規模也達到了數百人。如常爽「置館溫水之右，教授門徒七百餘人，京師學業，翕然復興」〔註257〕。常爽的私學一開始門徒就有七百餘人。又如張偉「講授鄉里，受業者常數百人」〔註258〕。劉獻之「著錄，數百而已，皆經通之士」〔註259〕。劉獻之名下的弟子儘管數量不多，學術水平卻很高。馮元興「年二

〔註246〕《北齊書》卷四四《儒林傳》，第 582～583 頁。
〔註247〕《周書》卷四五《儒林傳》，第 806 頁。
〔註248〕《魏書》卷八四《儒林傳·徐遵明》，第 1856 頁。
〔註249〕《魏書》卷八四《儒林傳·劉獻之》，第 1850 頁。
〔註250〕《魏書》卷四八《高允傳》，第 1067 頁。
〔註251〕《周書》卷四五《儒林傳·熊安生》，第 812 頁。
〔註252〕《隋書》卷七五《儒林傳·房暉遠》，第 1716 頁。
〔註253〕《北齊書》卷四四《儒林傳·張買奴》，第 588 頁。
〔註254〕《隋書》卷七五《儒林傳·馬光》，第 1718 頁。
〔註255〕《北齊書》卷四四《儒林傳·李鉉》，第 585 頁。
〔註256〕《魏書》卷八四《儒林傳·刁沖》，第 1858 頁。
〔註257〕《魏書》卷八四《儒林傳·常爽》，第 1848 頁。
〔註258〕《魏書》卷八四《儒林傳·張偉》，第 1844 頁。
〔註259〕《魏書》卷八四《儒林傳·劉獻之》，第 1850 頁。

十三，還鄉教授，常數百人」〔註260〕。張雕「遍通『五經』，尤明『三傳』，弟子遠方就業者以百數，諸儒服其強辨」〔註261〕。魯祈「避地寒山，教授弟子數百人」〔註262〕。

2、北朝私學的分佈

北朝私學的分佈情況，據現有材料看，北方之私學以山東地區爲盛，山東地區之私學也河北地區爲盛，即材料所述之「燕齊趙魏之間」、「燕、趙之俗，北眾尤甚」、即使是到了隋朝初年也是「齊、魯、趙、魏，學者尤多，負笈追師，不遠千里，講誦之聲，道路不絕」〔註263〕。

北朝私學傳授者籍貫表

姓　名	籍　貫	所屬州	姓　名	籍　貫	所屬州
張偉	太原中都	并州	劉軌思	渤海	冀州
王聰	上黨屯留	并州	鮑長暄	渤海	冀州
李曾	趙郡	定州	馬光	武安	洺州
劉獻之	博陵饒陽	定州	馮元興	東魏郡肥鄉	齊州
張吾貴	中山	定州	高望崇	河內	司州
王保安	中山	定州	樊深	河東猗氏	泰州
房虯	常山	定州	樂遜	河東猗氏	泰州
張雕	中山北平	定州	清河監伯陽	清河	相州
馮偉	中山安喜	定州	董徵	頓丘衛國	相州
杜臺卿	中山曲陽	定州	徐遵明	華州華陰	華州
房暉遠	恒山眞定	恒州	李周仁	浮陽	瀛州
常爽	河內溫	懷州	劉子猛	章武	瀛州
唐遷	平原	濟州	馬敬德	河間	瀛州
張買奴	平原	濟州	權會	河間鄚	瀛州
高允	勃海	冀州	魯祈	扶風	雍州
程玄	勃海	冀州	梁祚	北地泥陽	雍州
長樂監伯陽	長樂	冀州	杜裕	京兆	雍州

〔註260〕《魏書》卷七九《馮元興傳》，第1760頁。
〔註261〕《北齊書》卷四四《儒林傳・張雕》，第594頁。
〔註262〕《魏書》卷一一四《釋老志》，第3054頁。
〔註263〕《隋書》卷七六《儒林傳》，第1706頁。

劉蘭	武邑	冀州	孫買德	范陽	幽州
李鉉	渤海南皮	冀州	鮮于靈馥	漁陽	幽州
刁沖	勃海饒安	冀州	盧景裕	范陽涿	幽州
鮑季詳	渤海	冀州	盧誕	范陽涿	幽州
劉晝	渤海阜城	冀州	盧光	范陽涿	幽州
熊安生	長樂阜城	冀州			

　　從上表統計北朝時期主要的私學教授者籍貫來看，北朝時期的私學教授者多分佈在黃河以北的定州、冀州、幽州、瀛州等地區，來自於關中地區雍州、華州的私學學者僅有四人，而他們設立私學的教學地點卻也主要在河北地區。

第二章　北朝學校中的業師與諸生

　　北朝時期的學校中從事教育活動的相關人員按照其在教育活動中的身份可以分爲教師與學生兩類。北朝時期，各類教師可以統稱爲業師，學生可以統稱爲諸生。本章將根據現有材料對北朝時期的這兩類人進行系統研究。探討官學之中博士等學官的類型、選任、待遇；私學教授者的身份、教學與收入情況；官學諸生的類型、入學、求學、師生關係、仕進情況；私學諸生的求學、師生關係以及出路情況等問題以期全面瞭解北朝學校教育中教師與學生的情況。

第一節　北朝學校中的業師

　　在北朝時期，從事教授活動的教師，又被稱作博士。《漢書》卷十九上《百官公卿表上》稱：「博士，秦官，掌通古今」，然而博士官的設置在早在戰國時代就已經存在。漢武帝建元五年（公元前 136 年）初置五經博士，執掌教學，教授儒生。然而，到了北朝時期博士之稱謂已不再是單純的指代官學的博士官，而是泛指設館教學的儒生，成爲學徒對老師的稱謂，對此前人唐長孺早有論述，此處不再詳述〔註1〕。

一、北朝時期的官學職官

（一）北朝時期官學職官的設置

　　北朝的官學體系包括位於京師的中央官學和屬於州、郡、縣的地方官學，

〔註 1〕唐長孺：《魏晉南北朝史論拾遺》，收入於《唐長孺文集》之中，中華書局 2011年版，第 279～282 頁。

官學之中各類學官官名目繁多，現就相關材料，探究北朝官學中包括各類博士在內的各種職官的設置問題。

1、中央官學中的學官

北朝時期中央官學的學官主要有博士、助教和其它學官三類。博士官之設置，《漢書》卷十九上《百官公卿表上》：「博士，秦官，掌通古今，秩比六百石，員多至數十人」。然而早在戰國時期就已經有了博士這一職官的設置。〔註2〕助教一職則源於西晉國子學的設立，並為後世所沿用。據前引《晉書》卷二四《職官志》設立國子學的記載可知，此時國子學中就設有助教一職。此外《晉辟雍碑》中所見職官中也有助教中郎一職。十六國時期沿用了西晉的制度，如後趙石虎曾「下書令諸郡國立五經博士。初，勒置大小學博士，至是，復置國子博士、助教」〔註3〕，也設有助教一職。北朝時期，中央官學、各個專門學校乃至地方官學中均設有助教一職。在中央官學之中，除了從事教學的博士、助教以外還有一些其它諸如功曹、土簿等官職設置。

（1）博士

博士學官根據其隸屬關係分為由國子祭酒統領的諸博士、由太常卿等列卿統領的諸博士和隸屬其它系統的諸博士三類。

首先，北朝時期從事教學活動的博士官大多由國子祭酒所統領，包括五經博士、中書博士、國子博士、露門博士、皇宗博士、太學博士、四門博士等。這些博士官儘管存在於北朝的不同時期、所屬的學校各異，但是都是中央官學之中的重要學官。

五經博士，北魏早期國子、太學中教學任務的承擔者，作為國家官員也承擔著其它的職責。《漢書》卷十九上《百官公卿表上》：「武帝建元五年初置五經博士」，是為五經博士設立之開始。漢代之五經博士分掌各經，實行的是專經教育。《漢書》卷八八《儒林傳》：

> 武帝立五經博士，開弟子員，設科射策，勸以官祿，訖於元始，百有餘年，傳業者浸盛，支葉蕃滋，一經說至百餘萬言，大師眾至千餘人，蓋祿利之路然。初，《書》唯有歐陽，《禮》後，《易》楊，《春秋》公羊而已。至孝宣世，復立大小夏侯《尚書》，大小戴《禮》，

〔註2〕《宋書》卷三九《百官志上》記載，「史臣案，六國時往往有博士，掌通古今」。王國維在其《漢魏博士考》一文中也有所論述。
〔註3〕《晉書》卷一〇六《石季龍載記上》，第2769頁。

施、孟、梁丘《易》，《穀梁春秋》。至元帝世，復立《京氏易》。平帝時，又立《左氏春秋》、《毛詩》、逸《禮》、古文《尚書》，所以周羅遺失，兼而存之，是在其中矣。

上面的材料說明了漢代專經教育情況。魏晉之後，中央官學中尚有五經博士之說，然而八王、永嘉之亂後，分掌各經已經很難實現了。十六國時期，北方諸國之中尚有五經博士的設置，如後趙石虎就曾「下書令諸郡國立五經博士」〔註4〕。北魏建國之初，「太祖初定中原，雖日不暇給，始建都邑，便以經術為先，立太學，置五經博士生員千有餘人」〔註5〕，設立了五經博士。北魏初年，新興人梁越「國初，為『禮經』博士。太祖以其謹厚，舉動可則，拜上大夫，命授諸皇子經書」〔註6〕。是為擔任過五經博士中、「禮經」博士之人。然而值得注意的是，梁越「博綜經傳，無何不通」，在這一時期的五經博士在傳授過程中已經不再實行專經教育。明元帝時期，改置中書學，五經博士的稱謂被中書博士所取代。（北魏初年可能擔任過五經博士一職的人員名錄詳見附表一）

中書博士，北魏時期中書學中設立的官職，取代了北魏初年五經博士的設置，隸屬於中書省，在其執掌工作中承擔一定的教學任務。中書博士之稱謂源於中書學的設置。據出土墓誌記載，石育的「曾祖瓚，以秀才仕燕，釋褐鷹揚將軍中書博士」，是為現有材料所見最早的中書博士，然而從石育的祖父石邃「遼東護軍。從燕歸闕，領戶三千，賜爵昌邑子，建威將軍遼東新城二郡太守」〔註7〕可知，石瓚所任的中書博士，當是後燕、或是北燕的職官。十六國時期的中書博士或為北朝相關制度的淵源。北魏明元帝時期創立中書學，至孝文帝時期改中書學為國子學，期間擔任中書博士之人，史書屢見不鮮。（北魏時期擔任中書博士一職的人員名錄詳見附表二）

國子博士，國子學中的重要官職，承擔一定的教學任務。國子博士之稱謂源於西晉國子學的設立。據前引《晉書》卷二四《職官志》的記載可知，在西晉咸寧四年（公元278年）之時就設立了國子博士一職。十六國時期這一設置到了沿用，如王歡就曾於前燕慕容暐統治時「署為國子博士」〔註8〕。

〔註4〕《晉書》卷一〇六《石季龍載記上》，第2769頁。
〔註5〕《魏書》卷八四《儒林傳》，第1841頁。
〔註6〕《魏書》卷八四《儒林傳・梁越》，第1843頁。
〔註7〕趙超：《漢魏南北朝墓誌彙編》，天津古籍出版社2008年版，第307頁。
〔註8〕《晉書》卷九一《儒林傳・王歡》，第2366頁。

北朝時期，同樣設置了這一職位。（北朝時期擔任國子博士一職的人員名錄詳見附表三）

　　露門博士，北周露門學中承擔教學任務的官職。露門博士之稱謂源於北周露門學的設立。北周武帝天和二年（公元 567 年）七月甲辰，「立露門學，置生七十二人」〔註9〕，是爲露門學的設置。露門之名源於北周長安的宮城門——露門。露門、又名路門、虎門、獸門其名稱來源與儒家傳統相關，前文已有論述，此處不再詳述。史籍中所見之露門博士有沉重於天和六年（公元 571 年）「授驃騎大將軍、開府儀同三司、露門博士。仍於露門館爲皇太子講論」〔註10〕、樂遜於「大象初，進爵崇業郡公，增邑通前二千戶，又爲露門博士」〔註11〕。又有熊安生，入長安後於「宣政元年，拜路門學博士、下大夫」〔註12〕，此路門學博士，也應是露門博士。沉重、樂遜、熊安生都是當時有名的儒者，擔任露門博士自然承擔教學任務。此外露門學中有也設有文學博士、露門學士等職官。如蘭陵人蕭撝入朝後「屬置露門學。高祖以爲與唐瑾、元偉、王褒等四人俱爲文學博士」〔註13〕；又如樂運，「臨淄公唐瑾薦爲露門學士」〔註14〕；明克讓，「武帝即位，復徵爲露門學士，令與太史官屬正定新曆」〔註15〕；劉臻「後爲露門學士，授大都督，封饒陽縣子，歷藍田令、畿伯下大夫」〔註16〕；王頗，「年二十二，周武帝引爲露門學士」〔註17〕。

　　皇宗博士，北魏皇宗學中教學任務的承擔者。北魏馮太后執政後重視對宗室的教育，於孝文帝太和年間設立了皇宗學。皇宗博士這一職官也源於此。《魏書》卷一一三《官氏志》記載有皇宗博士一職，然而史書所見之皇宗博士僅孫惠蔚一人，由中書博士「轉皇宗博士」〔註18〕

　　太學博士，太學中的重要官職，是教學任務的承擔者。太學博士之名源於太學。《晉書》卷二四《職官志》：

〔註9〕　《周書》卷五《武帝紀上》，第 74 頁。
〔註10〕　《周書》卷四五《儒林傳・沉重》，第 810 頁。
〔註11〕　《周書》卷四五《儒林傳・樂遜》，第 818 頁。
〔註12〕　《周書》卷四五《儒林傳・熊安生》，第 813 頁。
〔註13〕　《周書》卷四二《蕭撝傳》，第 752 頁。
〔註14〕　《周書》卷四〇《顏之儀傳附樂運》，第 721 頁。
〔註15〕　《隋書》卷五八《明克讓傳》，第 1415 頁。
〔註16〕　《隋書》卷七六《文學傳・劉臻》，第 1731 頁。
〔註17〕　《隋書》卷七六《文學傳・王頗》，第 1732 頁。
〔註18〕　《魏書》卷八四《儒林傳・孫惠蔚》，第 1852 頁。

及江左初，減爲九人。元帝末，增《儀禮》、《春秋公羊》博士各一人，合爲十一人。後又增爲十六人，不復分掌五經，而謂之太學博士也。

這表明，分掌五經之博士依照所習經典的不同而稱之爲《儀禮》博士、《春秋公羊》博士等，又統稱爲五經博士，東晉之博士不再分掌五經，故而稱之爲太學博士。十六國時期北方紛亂不已，制度上多沿用晉朝制度，北魏建國之初就設有太學，此時之博士稱之爲五經博士。然而，此時的太學之中，經學的傳授已經不同於西晉時期的傳授方式。明元帝時期改設中書學，太武帝時期別建太學於平城城東，至此北魏初年之五經博士已經分化爲中書博士和太學博士。孝文帝時期改中書學爲國子學，恢復了內國子學、外太學的格局。太學博士這一稱謂也就延續了下來。（北朝時期擔任太學博士一職的人員名錄詳見附表四）

四門博士，又名四門小學博士，北朝時期四門小學中的主要官職，是教學任務的承擔者。四門博士之名源於四門學的設立。早在十六國時期，後趙的石勒就曾「增置宣文、宣教、崇儒、崇訓十餘小學於襄國四門」〔註 19〕，可說是北魏四門小學的濫觴。北魏孝文帝遷都洛陽以後於「太和二十年，發敕立四門博士，於四門置學」〔註 20〕，又「命故御史中尉臣李彪與吏部尚書、任城王澄等妙選英儒，以崇文教。澄等依旨，置四門博士四十人，其國子博士、太學博士及國子助教，宿已簡置」〔註 21〕。至此國家設立了四門博士一職，然而北魏後期中央官學中四門小學的建設遲緩、四門博士並無教學任務可以承擔。北魏後期在地方官學設置上郡一級之官學被稱爲太學，有太學博士的建制，而四門博士的級別要低於太學博士，據此可以推測縣鄉之學的學官又可以稱謂四門博士。另一方面北齊在制度上沿用北魏後期制度存在著四門學的設置。因而北朝後期四門博士是存在著承擔教學任務的可能性的。（北朝時期擔任四門博士一職的人員名錄詳見附表五）

其次，北朝時期太常寺等列卿所屬之博士官也有承擔教學任務的情況。秦漢時期之博士歸太常卿管轄，魏晉以來，中央官學在發展中逐漸脫離了太常管轄，博士官的設置也逐漸分爲中央官學之博士官、繼續隸屬於太常卿的

〔註 19〕 《晉書》卷一○四《石勒載記上》，第 2729 頁。
〔註 20〕 《魏書》卷五五《劉芳傳》，第 1222 頁。
〔註 21〕 《魏書》卷五六《鄭羲傳附鄭道昭》，第 1241 頁。

太常諸博士和隸屬於其它部門的博士官。太常博士以下諸博士各有執掌，然而諸博士所學之學也涉及到學術的傳承，部分博士也有承擔相關教學任務的義務。現記述太常博士以下八書博士、太醫博士、太史博士、算生博士、律博士等諸博士的情況。

太常博士，太常卿所轄博士中權責較重者，一般認爲不涉及到教學任務的承擔。太常博士之設立源於曹魏時期。故《晉書》卷二四《職官志》記載其沿革云：「太常博士，魏官也。魏文帝初置，晉因之。掌引導乘輿。王公已下應追謚者，則博士議定之。」

八書博士，隸屬於太常寺，涉及到書學的傳授。西晉時期的荀勖領秘書監之時，「與中書令張華依劉向《別錄》，整理記籍。又立書博士，置弟子教習，以鍾、胡爲法」，設有書博士〔註22〕。北朝時期設有八書博士。《隋書》卷二七《百官志中》記載北齊的制度云：

> 太常……其屬官有博士……八書博士等員。

其下注云八書博士二人，或是沿用北魏時期的制度。《魏書》卷九一《術藝傳・江式》記載延昌三年（公元514年）三月，江式的上表云：

> 臣聞……故秦有八體：一曰大篆，二曰小篆，三曰刻符書，四曰蟲書，五曰摹印，六曰署書，七曰殳書，八曰隸書。漢興，有尉律學，復教以籀書，又習八體，試之課最，以爲尚書史。……臣六世祖瓊家世陳留，往晉之初，與從父兄應元俱受學於衛覬，古篆之法，《倉》、《雅》、《方言》、《說文》之誼，當時並收善譽。而祖官至太子洗馬，出爲馮翊郡，值洛陽之亂，避地河西，數世傳習，斯業所以不墜也。……是以敢藉六世之資，奉遵祖考之訓，竊慕古人之軌，企踐儒門之轍，輒求撰集古來文字，……脫蒙遂許，冀省百氏之觀，而同文字之域，典書秘書。所須之書，乞垂敕給；並學士五人嘗習文字者，助臣披覽；書生五人，專令抄寫。侍中、黃門、國子祭酒一月一監，評議疑隱，庶無紕繆。所撰名目，伏聽明旨。

又記載皇帝詔書云：

> 可如所請，並就太常，冀兼教八書史也。其有所須，依請給之。名目待書成重聞。

〔註22〕《晉書》卷三九《荀勖傳》，第1154頁。另外關於西晉書博士的設置，參看 張明：《西晉立書博士考論補遺》，鞍山師範學院學報2013年第1期，9～11頁。

上述材料表明，秦朝曾經流傳有八種字體，而八書博士之「八書」應當源於此。江式本人有家學傳統，希望編寫一部文字學的著作，國子祭酒也參與考核工作，而根據皇帝詔書的要求，太常卿也參與其中，希望能夠「兼教八書史」，進而可知這一時期書學的情況。北朝時期的八書博士或參與書學的傳授工作。

太醫博士，隸屬於太常寺，是北朝時期醫學知識的傳授者。《魏書》卷八《宣武帝紀》記載永平三年（公元 510 年）冬十月辛卯，中山王元英去世後，於丙申日頒佈的詔書云：

> 可敕太常，於閑敞之處，別立一館，使京畿內外疾病之徒，咸令居處。嚴敕醫署，分師療治，考其能否，而行賞罰。雖齡數有期，修短分定，然三疾不同，或賴針石，庶秦扁之言，理驗今日。又經方浩博，流傳處廣，應病投藥，卒難窮究。更令有司，集諸醫工，尋篇推簡，務存精要，取三十餘卷，以班九服，郡縣備寫。布下鄉邑，使知救患之術耳。」

據此可知，北魏政府命令太常設立醫館，治療病患，整理醫書，進而參照《魏書》卷一一三《官職志》記載之太醫博士、助教之職可知北魏之太醫博士隸屬於太常，承擔醫學知識的教授任務。

太常諸博士之還有太史博士，設有與太醫博士一樣設有助教一職，涉及到太史所執掌學問的專門教授。至於太常諸博士之中的太卜博士、太廟博士、太樂博士等職位，由於史料所限，待考。

算生博士，是北朝時期設置的以算學為教授內容的職官。殷紹「少聰敏，好陰陽術數，遊學諸方，達九章、七曜。世祖時為算生博士，給事東宮西曹，以藝術為恭宗所知」〔註23〕。范紹「太和初，充太學生，轉算生，頗涉經史」〔註24〕。據此可知，北魏有算生之職，由算生博士教授。《魏書》卷一一三《官職志》記載孝文帝時期前《職員令》中有尚書算生和諸寺算生，可知算生在中央各部門中都有設置，算生博士應是教授這類學生之人。

律博士，是隸屬於大理寺涉及到律學的傳授的職官。律博士的設置始於曹魏時期。《三國志》卷二一《魏書·衛覬傳》：

> 覬奏曰：「九章之律，自古所傳，斷定刑罪，其意微妙。百里長

〔註23〕《魏書》卷九一《術藝傳·殷紹》，第 1955 頁。
〔註24〕《魏書》卷七九《范紹傳》，第 1755 頁。

> 吏，皆宜知律。刑法者，國家之所貴重，而私議之所輕踐；獄吏者，
> 百姓之所縣命，而選用者之所卑下。王政之弊，未必不由此也。請
> 置律博士，轉相教授。」事遂施行。

衛覬的上書促使國家開始設立律博士。《晉書》卷二四《職官志》之中也不乏律博士的記載，十六國時期石勒曾經設有律學祭酒一職，以「參軍續咸、庾景為律學祭酒」〔註25〕，後秦姚興更是「立律學於長安，召郡縣散吏以授之」〔註26〕。北朝時期沿用了律博士的設置，也涉及到了律學的傳授。

此外，在北朝時期還有一些博士既不歸國子祭酒統領又不歸屬於太常等列卿管轄，他們也涉及到了學術的傳授。

東宮博士，是隸屬於東宮系統的學官。《魏書》卷四八《高允傳》：

> 允聞之，謂東宮博士管恬曰：「崔公其不免乎！苟遑其非，而校
> 勝於上，何以勝濟。」

高允曾經與東宮博士管恬交流過崔浩與太子之間的衝突，高允教授太子經學，而管恬所任之東宮博士也應承擔一定的教學任務。又王魏誠「為東宮學生，拜給事中，賜爵中都侯，加龍驤將軍」〔註27〕。東宮學生的存在也證明東宮博士是承擔東宮的教學任務的。

內博士，是一種可以出入宮廷的學官。李靈「以學優溫謹，選授高宗經。後加建威將軍、中散、內博士，賜爵高邑子」〔註28〕。李靈的教授對象是文成帝，而受封內博士。由此可以推測，內博士應是可以出入宮廷的博士官。十六國時期的前秦苻堅「後宮置典學以教掖庭，選閹人及女隸敏慧者詣博士授經」，就在宮廷之中設有專門的學校。據墓誌材料可知，北魏宮廷中也設有學校。如《魏故宮御作女尚書馮（迎男）女郎之誌》：

> 女郎姓馮，諱迎男，西河介人也。父顯，為州別駕。因鄉曲之
> 難，家沒奚官。女郎時年五歲，隨母配宮。……年十一，蒙簡為宮
> 學生，博達墳典，手不釋卷。聰穎洞鑒，朋中獨異。〔註29〕

又如《女尚書王氏諱僧男墓誌》：

> 女尚書王氏諱僧男，安定煙陽人。……男父以雄俠圍法，渡馬

〔註25〕《晉書》卷一○五《石勒載記下》，第2735頁。
〔註26〕《晉書》卷一一七《姚興載記上》，第2980頁。
〔註27〕《魏書》卷九三《恩倖傳・王叡附王魏誠》，第1995頁。
〔註28〕《魏書》卷四九《李靈傳》，第1097頁。
〔註29〕趙超：《漢魏南北朝墓誌彙編》，天津古籍出版社2008年版，第123頁。

　　招辜，由斯尤戾。唯男與母，伶丁茶蓼，獨入宮焉。時年有六。聰
　　令詔朗，故簡充學生。惠性敏悟，日誦千言，聽受訓詁，一聞持曉。
〔註30〕

這兩條材料中所提到的宮學生和在宮中「簡充學生」一事都可以說明在宮廷
系統是存在相應的學校，因而需要內博士這樣的學官。

　　史書中所見之博士官還有仙人博士、方驛博士等。其中仙人博士，據《魏
書》卷一一四《釋老志》：

　　　　天興中，儀曹郎董謐因獻服食仙經數十篇。於是置仙人博士，
　　立仙坊，煮鍊百藥，封西山以供其薪蒸。令死罪者試服之，非其本
　　心，多死無驗。太祖猶將修焉。太醫周澹，苦其煎採之役，欲廢其
　　事，乃陰令妻貨仙人博士張曜妾。得曜隱罪。曜懼死，因請辟穀。
　　太祖許之，給曜資用，爲造靜堂於苑中，給洒掃民二家。而鍊藥之
　　官，仍爲不息。久之，太祖意少懈，乃止。

可知，其執掌應爲神仙方術方面，教授丹藥的煉製。方驛博士的執掌據學者
樓勁推測應是教授車馬驛傳知識的教官，也負責獸醫知識的教授〔註31〕。（北
朝時期擔任太常博士等博士官的人員名錄詳見附表六）

　　（2）助教
　　北朝時期中央官學之中助教是從事教學活動的重要學官。
　　助教，是官學之中輔助教學之人，承擔著主要的教學的任務。根據所屬
官學體系的不同有國子助教、太學助教、四門助教、太醫助教、太史助教等
稱謂。以國子助教爲例，《唐六典》卷二十一《國子監》：

　　　　助教掌佐博士，分經以教授焉。

可知，國子助教的基本職責是輔助教學，然而在北朝時期，中央官學之博士
官多承擔著國家的政治任務，存在著拒絕教授學生的現象。《魏書》卷五三《李
孝伯傳附李郁》：

　　　　自國學之建，諸博士率不講說，朝夕教授，惟郁而已。

由此可見，李郁曾經擔任國子博士朝夕教授弟子，然而在中央官學之中這樣
的博士很少，因而在博士很少承擔教學任務的情況下，助教的責任自然增加
了。（北朝時期擔任助教一職的人員名錄詳見附表七）

────────────

〔註30〕趙超：《漢魏南北朝墓誌彙編》，天津古籍出版社2008年版，第124頁。
〔註31〕樓勁：《北魏的方驛博士》，《中國史研究》，2010年第一期，第86頁。

（3）其它學官

在中央官學之中，除了學校管理的管理人員、從事教學的博士、助教以外還有一些其它的官職設置。《隋書》卷二七《百官志中》：「國子寺，掌訓教冑子。祭酒一人，亦置功曹、五官、主簿、錄事員。」北齊之國子寺在國子祭酒以下還設有功曹、五官、主簿、錄事員等職官。這些職官的具體執掌不明，然而後世相關職官的執掌多是由此沿革而來，或許可以窺見這些職官的職責。《唐六典》卷二十一《國子監》：

> 丞一人，從六品下；主簿一人，從七品下；錄事一人，從九品下。承掌判監事。凡六學生每歲有業成上於監者，以其業與司業、祭酒試之：明經帖經，口試，策經義；進士帖一中經，試雜文，策時務，微故事；其明法、明書、算亦各試所習業。登第者，白祭酒，上於尚書禮部。主簿掌印，勾檢監事。凡六學生有不率師教者，則舉而免之。其頻三年下第，九年在學及律生六年無成者，亦如之。錄事掌受事發辰。……典學掌抄錄課業。廟幹掌灑掃學廟。

此為唐朝時期國子監各個職官的執掌情況。其中丞一職，設於隋朝；北朝時期沒有相關設置，其執掌或為相關功曹負責；主簿的執掌與後世一致；典學一職源於南朝學官，北朝是否有相關職官不詳；廟幹掌灑掃學廟，北朝時期中央官學之中設有供奉儒家人物的廟宇，也會有相關職官的設置。

2、地方官學中的學官

在北朝地方官學體系下，州、郡設有太學博士、助教縣一級也設有縣博士，從事教學工作。

其一，總管博士、州博士，是北朝時期州級以上的官學教授人員。北朝的地方行政建制主要包括州、郡、縣三級，然而北朝時期又存在著發達的都督制度、軍鎮制度等地方行政制度。據嚴耕望引述保定二年（公元 562 年）北齊六州總管博士韓慕造玉像記的材料，認為「總管府亦有博士矣」〔註32〕，此應為北周時期的制度。北齊時期有州博士的設置。《隋書》卷七五《儒林傳‧房暉遠》：

> 房暉遠字崇儒，恒山真定人也。世傳儒學。暉遠幼有志行，治「三禮」、「春秋三傳」、《詩》、《書》、《周易》，兼善圖緯，恒以教授

〔註32〕嚴耕望：《中國地方行政制度史‧魏晉南北朝地方行政制度下》，上海古籍出版社，第 675 頁。

為務。遠方負笈而從者，動以千計。齊南陽王綽為定州刺史，聞其
名，召為博士。

房暉遠在北齊時期以私學教授聞名，南陽王高綽徵召他做了定州地方官學的
博士。又《隋書》卷七五《儒林傳・劉焯》：

劉焯字士元，信都昌亭人也。……少與河間劉炫結盟為友，同
授《詩》於同郡劉軌思，受《左傳》於廣平郭懋當，問《禮》於阜
城熊安生，皆不卒業而去。武強交津橋劉智海家素多墳籍，焯與炫
就之讀書，向經十載，雖衣食不繼，晏如也。遂以儒學知名，為州
博士。

劉焯早年求學之後以儒學知名擔任了州博士。參考《北史》中的相關記載可
知，此事應在隋朝建立之前，可以反映出北朝後期州一級地方官學學官設置
的情況。值得注意的是北朝時期學官體系以郡國為中心，設有太學博士這一
職官，州學設於州的治所，屬於大郡，總管博士、州博士的職官級別或與郡
國相同。

其二，太學博士，助教是北朝時期郡國一級的官學教授人員。北朝後期
出現了中央官學下移的現象，地方官學體系仿造中央官學體系而來。郡國一
級是地方官學體系中最為重要的一級。

北朝時期在州的治所、郡國一級的行政區內設有太學，對此前文已有相
關論述。在地方上太學承擔教學任務的就是太學博士、助教。《隋書》卷二七
《百官志中》：「上上郡太守，屬官有……太學博士，助教，太學生……等員」。
此為地方官學中對於學官的設置情況。

最後，縣博士、小學博士應是北朝時期縣鄉以下的官學教授人員。北朝時
期在縣一級設有小學。北魏時期西兗州刺史高祐鎮滑臺，「以郡國雖有太學，
縣黨宜有黌序，乃縣立講學，黨立小學」[註33]，在縣鄉設學。北周時期的張
元因為遵守孝道，「縣博士楊軌等二百餘人上其狀，有詔表其門閭」[註34]，
也說明在這一時期縣一級別設有縣博士這一職官。參考郡國一級太學博士的級
別，縣以下之官學博士很可能就是小學博士。

（二）北朝時期官學職官的選任

在北朝時期，官學相關職官的選拔存在著嚴格的選拔標準和多元的選拔

[註33]　《魏書》卷五七《高祐傳》，第 1261 頁。
[註34]　《周書》卷四六《孝義傳・張元》，第 833 頁。

途徑。這決定了這一時期博士等學官的素質，也影響了官學教育的發展。

1、北朝時期學官的選拔標準

歷代王朝均重視學官的選拔，北朝時期也不例外，其官學職官的選任標準多是沿襲前朝而來，又有所不同。漢代選拔學官就有嚴格的標準，「儒林之官，四海淵源，宜皆明於古今，溫故知新，通達國體，故謂之博士」〔註35〕。西晉選博士規定「博士皆取履行清淳，通明典義者」〔註36〕。北朝時期官學職官的選拔，特別是博士官的選拔重視的是才學、道德、家世和年限幾個因素。

首先，北朝時期中央官學學官的選拔存在著嚴格的標準。北魏明元帝永興五年二月（公元 413 年），「詔分遣使者，巡求儁逸，其豪門強族爲州閭所推者，及有文武才幹、臨疑能決，或有先賢世冑、德行清美、學優義博、可爲人師者，各令詣京師，當隨才敘用，以贊庶政」〔註37〕。國家徵召各類人才充實中央政府，對於學官的選拔標準是先賢世冑、德行清美、學優義博。其中先賢世冑說的就是家世出身標準；而德行清美則強調的是道德修養的標準；學優義博則是對於才學的要求。

其次，從高允請求設立地方官學的上書中可以看出北朝時期對於地方官學學官的選拔標準。前引《魏書》卷四八《高允傳》所述高允的上表云：

> 其博士取博關經典、世履忠清、堪爲人師者，年限四十以上。
> 助教亦與博士同，年限三十以上。若道業夙成，才任教授，不拘年齒。

高允所規劃的地方官學學官的選拔標準包括才學標準和年齡標準兩個部分。博士、助教都選擇「博關經典、世履忠清、堪爲人師者」，這是才學標準，而博士的年齡下限是四十、助教的年齡下限是三十，這是年齡標準，此外又規定了「道業夙成，才任教授」這一可以破格選任博士、助教的條件。

然而，官學職官的選任受到國家政策、社會風氣等現實條件的制約，有時難以達到理想的標準。如早在曹魏時期就出現了「博士選輕，諸生避役」〔註38〕的現象，而在北朝時期，特別是北齊時期，這種現象十分突出。《北

〔註35〕《漢書》卷一○《成帝紀》，第 313 頁。
〔註36〕《晉書》卷二四《職官志》，第 736 頁。
〔註37〕《魏書》卷三《明元帝紀》，第 52 頁。
〔註38〕《三國志》卷一五《魏書·劉馥傳附劉靖》，第 464 頁。

齊書》卷四四《儒林傳》：

> 夫帝子王孫，……而内有聲色之娛，外多犬馬之好，……徒
> 有師傅之資，終無琢磨之實。下之從化，如風靡草，是以世胄之
> 門，罕聞強學。……而齊氏司存，或失其守，師、保、疑、丞皆
> 賞勳舊，國學博士徒有虛名，唯國子一學，生徒數十人耳。欲求
> 官正國治，其可得乎？……齊制諸郡並立學，置博士助教授經，
> 學生俱差逼充員，士流及豪富之家皆不從調。備員既非所好，墳
> 籍固不關懷，又多被州郡官人驅使。縱有遊惰，亦不檢治，皆由
> 上非所好之所致也。

這表明，在北齊統治時期，學官教授不嚴，職位往往授予勳貴，國子博士徒
有虛名，地方官學校驗不及時，適當理想的學官職官選拔標準與現實之間存
在著很大的差距。

2、北朝時期學官的選拔途徑

北朝時期官員的選任制度淵源魏晉，官學職官也不例外。俞鹿年在其《北
魏職官考》一書中將官員的入仕途徑歸納爲由中正薦舉入仕、察舉入仕、由
朝廷徵拜入仕、由官府闢除入仕、由官學生入仕和其它入仕途徑六類〔註39〕。
這對於研究北朝時期學官的選任途徑具有借鑒意義。然而北朝時期的學官的
選任途徑又不同於一般的入仕途徑，學官的品級不一，充任學官的途徑即包
括入仕之時充任學官也包括由他官遷轉、兼任而充任學官。入仕之時充任學
官的途徑與入仕途徑相同，主要包括徵召選任、察舉選任、薦舉選任和闢除
選任四類。

首先，徵召選任是北朝時期學官的任職途徑之一，在北魏前期起到十分
重要的作用。北魏建國之後，多次向地方徵召人才。如明元帝永興五年二月
（公元 413 年），「詔分遣使者，巡求儁逸，其豪門強族爲州閭所推者，及有
文武才幹、臨疑能決，或有先賢世胄、德行清美、學優義博、可爲人師者，
各令詣京師，當隨才敍用，以贊庶政」〔註40〕，國家徵召的幾類人中就包括
「可爲人師者」。又如太武帝神麚四年（公元 431 年），「徵玄等及州郡所遣，
至者數百人，皆差次敍用」〔註41〕，一次性就徵召盧玄、高允、游雅等四十

〔註39〕　俞鹿年：《北魏職官考》，社會科學文獻出版社年版，第 369～373 頁。
〔註40〕　《魏書》卷三《明元帝紀》，第 52 頁。
〔註41〕　《魏書》卷四上《太武帝紀上》，第 79 頁。

二人入朝，其中三十五人〔註42〕應召前往，這些人都被授予中書博士一職。太武帝一朝還有胡方回「爲北鎮司馬，爲鎮修表，有所稱慶。世祖覽之，嗟美，問誰所作。既知方回，召爲中書博士，賜爵臨涇子」〔註43〕；宋溫「世祖時徵拜中書博士」〔註44〕；平恒「徵爲中書博士」〔註45〕、高閭「眞君九年，徵拜中書博士」〔註46〕。這些人都是通過徵召的方式選任博士官。獻文帝時期的崔辯「學涉經史，風儀整峻，顯祖徵拜中書博士」，其子崔景儁「梗正有高風，好古博涉。以經明行修，徵拜中書博士」，此事應在獻文帝到孝文帝時期〔註47〕。孝文帝時期則有通曉《老》、《易》緯候之學的陸旭「太和中，徵拜中書博士，稍遷散騎常侍」〔註48〕。《魏故涇雍二州別駕安西平西二府長史新平安定清水武始四郡太守皇甫君墓誌銘》：

> 太和廿年中，仇池不靖，扇逼涇隴。君望著西垂，勘能厭服，
>
> 旨召爲中書博士加議郎，馳驛慰勞，陳示禍福。〔註49〕

墓誌主人皇甫驎是在太和年間應召成爲中書博士的。宣武帝時期則有太學博士宋道璵，「世宗初，以才學被召，與秘書丞孫惠蔚典校群書，考正同異」〔註50〕。北周武帝也曾「命輶軒而致玉帛，徵沈重於南荊。及定山東，降至尊而勞萬乘，待熊生以殊禮」，徵召大儒沈重、熊安生等人入長安講學。據前文所列之官學博士，在北朝時期所見的通過徵召的方式得以選任許多官學博士的，是比較常見的。

值得注意的是，十六國以來北方各國在徵召人才之時，被徵召者往往以各種理由拒絕任職，政府則逼遣，強迫其出任官職。如前涼時時期的郭荷，「張祚遣使者以安車束帛徵爲博士祭酒，使者迫而致之」〔註51〕；又如後趙時期，

〔註42〕《魏書》卷四八《高允傳》記載爲盧玄、崔綽、燕崇、常陟、高毗、李欽、許堪、杜銓、韋閬、李訢、李靈、李遐、張偉、祖邁、祖侃、劉策、許琛、宋宣、劉遐、邢穎、高濟、李熙、游雅、崔建、宋惜、潘天符、杜熙、張綱、張誕、王道雅、閔弼、郎苗、侯辯、呂季才與高允本人共三十五人。

〔註43〕《魏書》卷五二《胡方回傳》，第1149頁。

〔註44〕《魏書》卷三三《宋隱傳附宋溫》，第774頁。

〔註45〕《魏書》卷八四《儒林傳·平恒》，第1845頁。

〔註46〕《魏書》卷五四《高閭傳》，第1196頁。

〔註47〕《魏書》卷五六《崔辯傳附崔景儁》，第1251頁。

〔註48〕《周書》卷二八《陸騰傳》，第469頁。

〔註49〕趙超：《漢魏南北朝墓誌彙編》，天津古籍出版社2008年版，第81頁。

〔註50〕《魏書》卷七七《宋翻傳附宋道璵》，第1690頁。

〔註51〕《晉書》卷九四《隱逸傳·郭荷》，第2454頁。

楊柯被石虎徵召「軻以疾辭，迫之，乃發」〔註52〕；又如後秦時期的王嘉，「姚萇之入長安，禮嘉如苻堅故事，逼以自隨，每事諮之」〔註53〕，此類現象十分常見。而北朝時期的北魏在早年徵召人才時也存在這種現象。早在代國拓拔什翼健時期，就通過這種方式得到了燕鳳這樣的人才。《魏書》卷二十四《燕鳳傳》：

> 燕鳳，字子章，代人也。好學，博綜經史，明習陰陽、讖緯。昭成素聞其名，使人以禮迎致之。鳳不應聘。乃命諸軍圍代城，謂城人曰：「燕鳳不來，吾將屠汝。」代人懼，送鳳。

拓拔什翼健是以屠城為威脅才得到了燕鳳這樣的人才。又《魏書》卷二十四《崔玄伯傳》：

> 太祖征慕容寶，次於常山，玄伯棄郡，東走海濱。太祖素聞其名，遣騎追求，執送於軍門，引見與語，悅之，以為黃門侍郎，與張袞對總機要，草創制度。

可知，道武帝為了得到崔宏也是不擇手段的。這種現象一直到太武帝時期依然存在。《魏書》卷四上《太武帝紀》記載延和元年（公元432年）：

> 先是，辟召賢良，而州郡多逼遣之。詔曰：「朕除偽平暴，征討累年，思得英賢，緝熙治道，故詔州郡搜揚隱逸，進舉賢俊。古之君子，養志衡門，德成業就，才為世使。或雍容雅步，三命而後至；或棲棲遑遑，負鼎而自達。雖徇尚不同，濟時一也。諸召人皆當以禮申諭，任其進退，何逼遣之有也！此刺史、守宰宣揚失旨，豈復光益，乃所以彰朕不德。自今以後，各令鄉閭推舉，守宰但宣朕虛心求賢之意。既至，當待以不次之舉，隨才文武，任之政事。其明宣敕，咸使聞知。」

這表明，北魏到太武帝時期才明令禁止逼遣徵召。然而，此後北朝在徵召人才的時候，還是存在逼遣應召的現象。如北魏著名的私學教授者劉獻之，「本郡舉孝廉，非其好也，逼遣之，乃應命，至京，稱疾而還」〔註54〕。由於受到徵召者，往往以稱疾等理由拒絕任職，加之國家也有明令禁止逼遣，因而在北魏後期又出現了徵召不至者的現象。如張通「太和中，徵中書博士、

〔註52〕　《晉書》卷九四《隱逸傳·楊軻》，第 2450 頁。
〔註53〕　《晉書》卷九五《藝術傳·王嘉》，第 2496 頁。
〔註54〕　《魏書》卷八四《儒林傳·劉獻之》，第 1850 頁。

中書侍郎，永平中，又徵汾州刺史，皆不赴，終於家」〔註55〕。又如張僧皓，「歷涉群書，工於談說，有名於當世。熙平初，徵爲諫議大夫。正光五年，以國子博士徵之。孝昌二年，徵爲散騎侍郎。並不赴。世號爲徵君焉」〔註56〕。

　　在北魏前期國家主要採用徵召的方式選拔中書博士，而到了北魏後期之後雖然也有徵召，但是這種方式已經不再是主要的方式，然而一旦國家再次陷入動蕩之時，徵召的方式又成爲重要的方式。儘管在北朝時期被徵召者拒絕應召而國家逼遣應召等現象還是存在的，但是這並不影響徵召這種途徑在官學職官選任中的地位。

　　其次，察舉選任也是北朝時期學官的任職途徑之一。漢魏以來，察舉秀才、孝廉的方式是官員入仕的主要途徑。北朝時期的學官也往往通過察舉的途徑得以任職的。

　　在北魏前期察舉是選任中書博士的重要途徑之一。如北魏太武帝時期的李祥，「世祖詔州郡舉賢良，祥應貢，對策合旨，除中書博士」〔註57〕，就是通過州郡貢舉，考覈後任職的中書博士。又如文成帝時期的鄭義，「文學爲優。弱冠，舉秀才。尚書李孝伯以女妻之，高宗末，拜中書博士」〔註58〕。特別在獻文帝到孝文帝時期，察舉取代了徵召成爲中書博士選任的主要途徑，史籍中所見之通過察舉方式選任的中書博士也集中於這一時期。在獻文帝時期如封琳「顯祖末，本州表貢，拜中書博士」〔註59〕；劉善「魏天安中，舉秀才，拜中書博士」〔註60〕都是通過這種方式選任的中書博士。又如崔挺「舉秀才，射策高第，拜中書博士」〔註61〕，此事按照其經歷推斷應是在獻文帝到孝文帝時期。在孝文帝時期通過這種方式選任中書博士的就更多了。如李彥「高祖初，舉司州秀才，除中書博士」〔註62〕；杜振「太和初，舉秀才，卒於中書博士」〔註63〕；郭祚「高祖初，舉秀才，對策上第，拜中書博士」〔註64〕；邢巒「有

〔註55〕《北史》卷三四《張湛傳附張通》，第1265頁。
〔註56〕《魏書》卷七六《張烈傳附張僧皓》，第1687頁。
〔註57〕《魏書》卷五三《李孝伯傳附李祥》，第1174頁。
〔註58〕《魏書》卷五六《鄭義傳》，第1237頁。
〔註59〕《魏書》卷三二《封懿傳附封琳》，第763頁。
〔註60〕《周書》卷三六《裴果傳附劉志》，第649頁。
〔註61〕《魏書》卷五七《崔挺傳》，第1264頁。
〔註62〕《魏書》卷三九《李寶傳附李彥》，第888頁。
〔註63〕《魏書》卷四五《杜銓傳附杜振》，第1019頁。

文才幹略，美鬚髯，姿貌甚偉。州郡表貢，拜中書博士」〔註65〕等。此外還有薛驎駒「好讀書。舉秀才，除中書博士」〔註66〕；李長仁「頗有學涉。舉秀才，射策高第。拜中書博士」〔註67〕；裴佗「舉秀才，以高第除中書博士」〔註68〕等人也是通過這種方式選任的中書博士，史書未詳述其選任時間，根據這些人的個人經歷可以推斷應在獻文帝至孝文帝時期。《李璧墓誌》：

> 君締靈結綵，維山育性，韻宇端華，風量淵遠，儵儻不羈，魁岸獨絕，猛氣煙張，雄心泉湧，藝因生機，學師心曉。少好春秋左氏傳而不存章句，尤愛馬班兩史，談論事意，略無所遺。性嚴毅，簡得言，工賞要，善尺牘。……十八舉秀才，對策高第，入除中書博士。〔註69〕

李璧十八歲擔任中書博士，墓誌又稱其「譽溢一京，聲輝二國」，他於孝文帝時期出使南齊借書，因而推測其選任中書博士也是在獻文帝至孝文帝時期。

北魏後期在太學博士的選任過程中察舉也是主要的途徑。如房景先「州舉秀才，值州將卒，不得對策。解褐太學博士」〔註70〕；張吾貴「年十八，本郡舉爲太學博士」〔註71〕；裴敬憲「少有志行，學博才清，撫訓諸弟，專以讀誦爲業。……司州牧、高陽王雍舉秀才，射策高第，除太學博士」〔註72〕；鄭伯猷「舉司州秀才，以射策高第，除幽州平北府外兵參軍，轉太學博士，領殿中御史」〔註73〕；盧觀「少好學，有俊才。舉秀才，射策甲科，除太學博士、著作佐郎」〔註74〕；邢臧「年二十一，神龜中，舉秀才，問策五條，考上第，爲太學博士」〔註75〕；裴景融「正光初，舉秀才，射策高第，除太學博士」〔註76〕；盧辯「少好學，博通經籍，舉秀才，爲太學博士」等都是

〔註64〕　《魏書》卷六四《郭祚傳》，第 1421 頁。
〔註65〕　《魏書》卷六五《邢巒傳》，第 1437 頁。
〔註66〕　《魏書》卷四二《薛辯傳附薛驎駒》，第 944 頁。
〔註67〕　《魏書》卷七二《李叔虎傳附李長仁》，第 1617 頁。
〔註68〕　《魏書》卷八八《良吏傳·裴佗》，第 1906 頁。
〔註69〕　趙超：《漢魏南北朝墓誌彙編》，天津古籍出版社 2008 年版，第 118 頁。
〔註70〕　《魏書》卷四三《房法壽傳附房景先》，第 978 頁。
〔註71〕　《魏書》卷八四《儒林傳·張吾貴》，第 1851 頁。
〔註72〕　《魏書》卷八五《文苑傳·裴敬憲》，第 1870 頁。
〔註73〕　《魏書》卷五六《鄭義傳附鄭伯猷》，第 2244 頁。
〔註74〕　《魏書》卷八五《文苑傳·盧觀》，第 1871 頁。
〔註75〕　《魏書》卷八五《文苑傳·邢臧》，第 1871 頁。
〔註76〕　《魏書》卷六九《裴延儁傳附裴景融》，第 1534 頁。

通過選舉的方式任職太學博士〔註77〕。

在北朝時期察舉也是四門博士的主要選任途徑之一。如權會「魏定初，本郡貢孝廉，策居上第，解褐四門博士」；邢峙「天保初，郡舉孝廉，授四門博士，遷國子助教，以經入授皇太子」就是通過選舉的方式任職四門博士。

太常博士、國子助教中也有通過這種方式得以選任之人。如太常博士李述「有學識。州舉秀才。拜太常博士，使詣長安，冊祭燕宣王廟」〔註78〕。又如北魏時期的國子助教李同軌「年二十二，舉秀才，射策，除奉朝請，領國子助教」〔註79〕；宋世景「舉秀才，對策上第，拜國子助教」〔註80〕等。北齊時期的馬敬德也是通過這種方式得以任職。《北齊書》卷四四《儒林傳‧馬敬德》：

> 將舉爲孝廉，固辭不就。乃詣州求舉秀才，舉秀才例取文士，
> 州將以其純儒，無意推薦。敬德請試方略，乃策問之，所答五條，
> 皆有文理。乃欣然舉送至京。依秀才策問，唯得中第，乃請試經業，
> 問十條並通。擢授國子助教，遷太學博士。

馬敬德的策問考試僅僅是中第，而明經考試卻是成績優異，得以選任國子助教。

通過察舉方式選任博士這一任職途徑可知，在北魏獻文帝到孝文帝時期，察舉成爲中書博士選任的主要途徑，中書博士往往是通過察舉而得到任職，或是通過選舉任職他官後在通過其它方式任職中書博士。在北魏後期官學職官的任職過程中，太學博士主要由這種方式得以任職，而國子博士的品級較高，多是由他官遷轉而來。

此外，薦舉選任與辟除選任也是北朝時期官學獲得人才的重要途徑之一。北魏承襲了魏晉以來的九品中正制度，地方上設有中正官定期向中央舉薦人才。如《魏書》卷三三《王憲傳》：

> 王憲，字顯則，北海劇人也。祖猛，苻堅丞相。……皇始中，
> 輿駕次趙郡之高邑，憲乃歸誠。太祖見之，曰：「此王猛孫也。」厚
> 禮待之，以爲本州中正，領選曹事，兼掌門下。

〔註77〕《周書》卷二四《盧辯傳》，第 403 頁。
〔註78〕《魏書》卷七二《李叔虎傳附李述》，第 1617 頁。
〔註79〕《魏書》卷八四《儒林傳‧李同軌》，第 1860 頁。
〔註80〕《魏書》卷八八《良吏傳‧宋世景》，第 1902 頁。

王憲就在道武帝時期任職本州中正。此外李先是在這一時期「遷博士、定州大中正」〔註81〕。《魏書》卷二七《穆崇傳附穆亮》：

> 於時復置司州，高祖曰：「司州始立，未有僚吏，須立中正，以定選舉。然中正之任，必須德望兼資者。世祖時，崔浩爲冀州中正，長孫嵩爲司州大中正，可謂得人。公卿等宜自相推舉，必令稱允。」

崔浩在太武帝時期曾任冀州中正。《魏書》卷四八《高允傳》：

> 初，崔浩薦冀、定、相、幽、并五州之士數十人，各起家郡守。恭宗謂浩曰：「先召之人，亦州郡選也，在職已久，勤勞未答。今可先補前召外任郡縣，以新召者代爲郎吏。又守令宰民，宜使更事者。」浩固爭而遣之。

崔浩一次性就舉薦了數十人。這都是北朝時期中正官薦舉人才的事例。

除了中正可以官可以舉薦人才以外，中央的其它官員往往薦舉一些自己熟悉的人才，其中就不乏充任學官的人。北魏時期就存在著受到薦舉而任職中書博士的事例。《魏書》卷六八《高聰傳》：

> 高聰，字僧智，本勃海蓨人。……大軍攻克東陽，聰徙入平城，與蔣少游爲雲中兵户，窘困無所不至。族祖允視之若孫，大加賙給。聰涉獵經史，頗有文才。允嘉之，數稱其美，言之朝廷云：「青州蔣少游與從孫僧智，雖爲孤弱，然皆有文情。」由是與少游同拜中書博士。

高聰和蔣少游得以任職中書博士就是由於高允的薦舉。《魏書》卷六六《崔亮傳》：

> 崔亮，字敬儒，清河東武城人也。……及慕容白曜之平三齊，内徙桑乾，爲平齊民。時年十歲，常依季父幼孫，居家貧，傭書自業。時隴西李沖當朝任事，亮從兄光往依之，謂亮曰：「安能久事筆硯，而不往託李氏也？彼家饒書，因可得學。」亮曰：「弟妹飢寒，豈可獨飽？自可觀書於市，安能盾人眉睫乎！」光言之於沖，沖召亮與語，因謂亮曰：「比見卿先人《相命論》，使人胸中無復怵迫之念。今遂亡本，能記之不？」亮即爲誦之，涕淚交零，聲韻不異。沖甚奇之，迎爲館客。沖謂其兄子彦曰：「大崔生寬和篤雅，汝宜友之；小崔生峭整清徹，汝宜敬之。二人終將大至。」沖薦之爲中書博士。

崔亮早年與兄長崔光依附於李沖,受到李沖的賞識,薦舉做了中書博士。北魏後期以來,國子博士的任職也存在著通過薦舉的方式實現的。如國子助教宋世景,得到「尚書令、廣陽王嘉,右僕射高肇,吏部尚書、中山王英,共薦世景爲國子博士」〔註82〕。又如祖瑩「爲冀州鎮東府長史,以貨賄事發,除名。後侍中崔光舉爲國子博士,仍領尚書左戶部」〔註83〕。北齊時期的熊安生,「齊河清中,陽休之特奏爲國子博士」〔註84〕。通過上面的事例可知,通過薦舉方式選任學官既適用於首次任官也適用於學官的遷轉。

在北朝時期,地方上官員往往也可以通過辟除選任的方式,選任地方學官。這種由地方官員選任人才的官學選拔途徑也是比較常見的。如北魏時期,相州刺史李平「勸課農桑,修飾太學,簡試通儒以充博士,選五郡聰敏者以教之」〔註85〕,親自選拔學官。瀛州刺史裴植「徵(劉)蘭講書於州城南館,植爲學主,故生徒甚盛,海內稱焉」〔註86〕,劉蘭任職於地方官學就是受到裴植的徵召。在北齊時期,如清河太守蘇瓊,「每年春,總集大儒衛顗隆、田元鳳等請於郡學,朝吏文案之暇,悉令受書,時人指吏曹爲學生屋」〔註87〕,延請衛顗隆、田元鳳講學。又如房暉遠,「齊南陽王綽爲定州刺史,聞其名,召爲博士」〔註88〕。

在北朝時期,學官的任職也存在由他官遷轉和兼任的現象。首先,這些遷轉而來的學官有的是由學生陞遷而做了學官。如崔思叔「少爲中書學生,遷中書博士」〔註89〕;公孫質「初爲中書學生,稍遷博士」〔註90〕;高祐「祐博涉書史,好文字雜說,材性通放,不拘小節。初拜中書學生,轉博士侍郎」〔註91〕。李訢由中書學生受到賞識,後「除中書助教、博士」〔註92〕。這些人都是由中書學生升任的中書博士。而祖瑩「以才名拜太學博士」〔註93〕,

〔註82〕 《魏書》卷八八《良吏傳・宋世景》,第1902頁。
〔註83〕 《魏書》卷八二《祖瑩傳》,第1799頁。
〔註84〕 《周書》卷四五《儒林傳・熊安生》,第812頁。
〔註85〕 《魏書》卷六五《李平傳》,第1452頁。
〔註86〕 《魏書》卷八四《儒林傳・劉蘭》,第1851頁。
〔註87〕 《北齊書》卷四六《循吏傳・蘇瓊》,第644頁。
〔註88〕 《隋書》卷七五《儒林傳・房暉遠》,第1716頁。
〔註89〕 《魏書》卷三二《崔逞傳附崔思叔》,第759頁。
〔註90〕 《魏書》卷三三《公孫表傳附公孫質》,第785頁。
〔註91〕 《魏書》卷五七《高祐傳》,第1259頁。
〔註92〕 《魏書》卷四六《李訢傳》,第1039頁。
〔註93〕 《魏書》卷八二《祖瑩傳》,第1799頁。

則是由中書學生而任職太學博士。

其次更多的是由其它官職陞遷做了學官。如北魏時期的崔鍾「歷尚書郎、國子博士」〔註94〕、賈禎「轉治書侍御史、國子博士」〔註95〕、游祥「遷通直郎、國子博士」〔註96〕、崔景儁「後爲員外散騎侍郎，與著作郎韓興宗參定朝儀，雅爲高祖所知重，遷國子博士」〔註97〕、高諒「稍遷太尉主簿、國子博士」〔註98〕、邢虯「轉司徒屬、國子博士」〔註99〕、甄密「歷太尉鎧曹，遷國子博士」〔註100〕、李鳳「歷尚書郎中、國子博士」〔註101〕、李同軌「除奉朝請，領國子助教」〔註102〕；北周時期的樊深「六官建，拜太學助教，遷博士」〔註103〕；樂遜「孝閔帝踐阼，以遜有理務材，除秋官府上士。其年，治太學博士，轉治小師氏下大夫」〔註104〕等等，不勝枚舉。

再次，也存在部分左遷貶官做了學官的現象。如梁祚「辟秘書中散，稍遷秘書令。爲李訢所排，擯退爲中書博士」〔註105〕。

此外，兼任學官的現象也是存在的。如高綽「轉洛陽令。綽爲政強直，不避豪貴，邑人憚之。又詔參議律令。遷長兼國子博士，行穎川郡事。詔假節，行涇州刺史」〔註106〕。《魏書》卷一〇七上《律曆志上》中有「秘書監鄭道昭才學優贍，識覽該密；長兼國子博士高僧裕，乃故司空允之孫，世綜文業」這樣的記述，高僧裕就是由他官兼任國子博士。

3、北朝時期學官選拔的特點

首先，在北朝時期伴隨這選官制度的發展學官的選任也越來越制度化。通過各種途徑獲得入仕資格之人，再通過政府的考覈選拔而授予相應的官職。這一過程既包括對於察舉上來的秀才、孝廉的策問也包括對於舉薦上來

〔註94〕《魏書》卷二四《崔玄伯傳附崔鍾》，第626頁。
〔註95〕《魏書》卷三三《賈彝傳附賈禎》，第794頁。
〔註96〕《魏書》卷五五《游明根傳附游祥》，第1218頁。
〔註97〕《魏書》卷五六《崔辯傳附崔景儁》，第1251頁。
〔註98〕《魏書》卷五七《高祐傳附高諒》，第1263頁。
〔註99〕《魏書》卷六五《邢巒傳附邢虯》，第1450頁。
〔註100〕《魏書》卷六八《甄琛傳附甄密》，第1518頁。
〔註101〕《魏書》卷七二《李叔虎傳附李鳳》，第1617頁。
〔註102〕《魏書》卷八四《儒林傳·李同軌》，第1860頁。
〔註103〕《周書》卷四五《儒林傳·樊深》，第812頁。
〔註104〕《周書》卷四五《儒林傳·樂遜》，第814頁。
〔註105〕《魏書》卷八四《儒林傳·梁祚》，第1845頁。
〔註106〕《魏書》卷四八《高允傳附高綽》，第1091頁。

的人才的銓選。這種制度化的選任過程中蘊含著科舉制度的萌芽〔註107〕。

北朝時期對於秀才、孝廉的策問存在著制度性的規定。《隋書》卷九《禮儀志》：

> 後齊每策秀孝，中書策秀才，集書策考貢士，考功郎中策廉良，
> 皇帝常服，乘輿出，坐於朝堂中楹。秀孝各以班草對。其有脫誤、
> 書濫、孟浪者，起立席後，飲墨水，脫容刀。

中書省負責對秀才的策問，而據嚴耕望的研究則是「集書省、尚書省策孝廉」〔註108〕。在策問的過程中，皇帝親自參與其中。在北魏孝文帝於太和十六年（公元492年）正月「戊辰，帝臨思義殿，策問秀孝」〔註109〕。孝明帝熙平元年（公元516年）正月「癸亥，初聽秀才對策，第居中上已上，敘之」〔註110〕。《北齊書》卷四四《儒林傳·馬敬德》：

> 將舉爲孝廉，固辭不就。乃詣州求舉秀才，舉秀才例取文士，
> 州將以其純儒，無意推薦。敬德請試方略，乃策問之，所答五條，
> 皆有文理。乃欣然舉送至京。依秀才策問，唯得中第，乃請試經業，
> 問十條並通。擢授國子助教，遷太學博士。

據此可知，策問的內容則是秀才策以文章五事，孝廉問以章句十條，北朝時期對於九品中正制度下薦舉的人才也有銓選制度。北魏在中央、地方上都都設有中正官品評人物推薦人才。中正按照所推薦人才的家世等因素將其分爲上上、上中、上下、中上、中中、中下、下上、下中、下下九品，再由吏部根據其品級的高低進行銓選授予相應品級的官職。中正品評的品級與實際授予官職品級的對應關係，據日本學者宮崎市定的研究認爲中正官給予的鄉品的定「不是針對目前的狀態，而是在於預測將來的發展」。青年初任官吏在魏晉時期稱爲「起家」，「起家的官品大概比鄉品低四等」〔註111〕。對於人才銓選是有中央吏部的官員負責的。《通典》卷十四《選舉二》：「後魏州郡皆有中

〔註107〕唐長孺：《南北朝後期科舉制度的萌芽》一文有詳細論述，《魏晉南北朝史論從續編》收入於《唐長孺文集》之中，中華書局2011年版，第141～148頁。另閻步克：《察舉制度變遷史稿》，中國人民大學出版社年版，第264～284頁也有相關論述。

〔註108〕嚴耕望：《中國地方行政制度史：魏晉南北朝地方行政制度下》，上海古籍出版社2007年版，第659頁。

〔註109〕《魏書》卷七下《孝文帝紀》，第169頁。

〔註110〕《魏書》卷九《孝明帝紀》，第223頁。

〔註111〕宮崎市定：《九品官人法研究》，中華書局，第64、66頁。

正掌選舉，每以季月，與吏部銓擇可否。其秀才對策，第居中上，表敘之。」
這就是北魏時期銓選的情況。

其次，北朝時期在學官選任上存在著世家大族壟斷任官與寒庶子弟執掌
教學的矛盾。統計北朝時期官學學官的家庭出身可以發現，諸如國子博士、
中書博士這樣的學官大多是由世家大族子弟充任教授；而太學博士、四門博
士這類的學官則是參雜了世家大族和寒庶子弟；至於諸如國子助教以下的部
分學官，世家大族子弟往往是不屑於充任的。《魏書》卷二七《穆崇傳附穆
弼》：

> 高祖初定氏族，欲以弼為國子助教。弼辭曰：「先臣以來，蒙恩
> 累世，比校徒流，實用慚屈。」高祖曰：「朕欲敦屬胄子，故屈卿光
> 之。白玉投泥，豈能相污？」弼曰：「既遇明時，恥沈泥滓。」

穆弼對於任職國子助教的態度就是十分典型的。然而，在官學中充當教學主
力的往往就是這些世家大族不願擔當的職位。北朝時期，擔任學官之人也不
乏出身窮苦者，這種效法魏晉南朝整齊人倫、區別世庶的努力與北朝後期社
會發展之間存在著矛盾。《魏書》卷七上《孝文帝紀上》：

> 頃者州郡選貢，多不以實，碩人所以窮處幽仄，鄙夫所以超分
> 妄進，豈所謂旌賢樹德者也。今年貢舉，尤為猥濫。自今所遣，皆
> 門盡州郡之高，才極鄉閭之選。

國家選拔人才，強調的是家庭的出身。而《周書》卷二三《蘇綽傳》記載其
上書云：

> 其四，擢賢良……自昔以來，州郡大吏，但取門資，多不擇
> 賢良；末曹小吏，唯試刀筆，並不問志行。夫門資者，乃先世之
> 爵祿，無妨子孫之愚瞽；刀筆者，乃身外之末材，不廢性行之澆
> 偽。若門資之中而得賢良，是則策騏驥而取千里也；若門資之中
> 而得愚瞽，是則土牛木馬，形似而用非，不可以涉道也。若刀筆
> 之中而得志行，是則金玉質，內外俱美，實為人寶也；若刀筆之
> 中而得澆偽，是則飾畫朽木，悅目一時，不可以充棟梁之用是也。
> 今之選舉者，當不限資蔭，唯在得人。苟得其人，自可起廝養而
> 為卿相，伊尹、傅說是也。而況州郡之職乎。苟非其人，則丹朱、
> 商均雖帝王之胤，不能守百里之封，而況於公卿之胄乎。由此而
> 言，觀人之道可見矣。

蘇綽的主張上陞為北周的國家意識，至此國家已經意識到了人才選拔中存在的問題。

此外，在北朝時期學官選任上，私學的教授越來越影響到官學學官的選任。特別是從北魏後期以來，許多官學的學官就是由私學之中著名的教授人員充任的。北齊時期的熊安生就是個十分典型的例了。

（三）北朝時期官學職官的待遇

北朝時期，官學職官的待遇也是值得探討的問題。博士、助教之類的學官在教育上屬於教師範疇，然而在政治上屬於官員的一種，考察其待遇需要關注的是學官的品級、收入以及輿服等情況。

1、北朝時期學官的品級

官學的學官因其官員的身份，具有一定的品級，學官所能享有的一切待遇均源於此。北朝時期的官員品級承襲前朝而來。《周禮》中有「九儀之命，正邦國之位」，九命之別是為儒家典籍中官員的級別。秦漢以來秩級的區分以「石」為計量，上至三公，號為「萬石」，下有「斗食」之小吏。及至曹魏行九品官制，官員之品級逐漸與秩級分離，九品之官制、秦漢以來之秩級一併經由西晉、十六國時期沿襲至北朝時期。

早在代國拓跋什翼鍵時期，「始置百官，分掌眾職」〔註112〕，「命燕鳳為右長史，許謙為郎中令矣。餘官雜號，多同於晉朝」〔註113〕。道武帝建國之後於「皇始元年，始建曹省，備置百官，封拜五等」，又「天興元年十一月，詔吏部郎鄧淵典官制，立爵品」，然而「初，帝欲法古純質，每於制定官號，多不依周漢舊名，或取諸身，或取諸物，或以民事，皆擬遠古雲鳥之義」〔註114〕。太武帝以來「稍僭華典，胡風國俗，雜相揉亂」〔註115〕。北魏前期的官制傲仿魏晉卻有所不同，史稱「舊令亡失，無所依據」〔註116〕。史書所見之北魏官員品級有「太和中高祖詔群僚議定百官，著於令」之前《職員令》和「二十三年，高祖復次職令，及帝崩，世宗初班行之，以為永制」的後《職員令》，考察北魏時期學官的品級只能以此為基礎。現考察《魏書》

〔註112〕《魏書》卷一《序紀・昭成帝》，第 12 頁。
〔註113〕《魏書》卷一一三《官氏志》，第 2971 頁。
〔註114〕《魏書》卷一一三《官氏志》，第 2972、2973 頁。
〔註115〕《南齊書》卷五七《魏虜傳》，第 990 頁。
〔註116〕《魏書》卷一一三《官氏志》，第 2976 頁。

卷一一三《官氏志》中前、後《職員令》中所列學官之品級列表如下。

北魏孝文帝前《職員令》學官品級表 [註117]

品　級	國子學系統	皇宗學系統	太學系統	太常、其它系統
第四品上	國子祭酒			
第五品下		皇宗博士		
從第五品上	國子博士		太學祭酒	
從第五品中				太樂祭酒
第六品中			太學博士	太史博士、律博士、禮官博士
第六品下				太樂博士
第七品中	國子學生			
從第七品下				太史博士、太卜博士、太醫博士
第八品中			太學助教	
第九品中				尚書算生
第九品下				諸寺算生
從第九品中				方驛博士

北魏孝文帝後《職員令》學官品級表

品　級	國子學系統	太學系統	四門小學系統	太常、其它系統
從第三品	國子祭酒			
第五品	國子博士			
從第七品	國子助教	太學博士		太常博士
第九品			四門小學博士	律博士

　　由上表所列的學官品級可知，在北魏時期國子祭酒的地位有所上陞、皇宗博士因教授宗室子弟而品級次之。在中央官學之中，國子學國子博士的品級甚至與太學祭酒的品級一致，並且品級有所上陞。太學博士的品級僅僅相

[註117] 北魏前期之中書博士、中書助教、中書學生史書未見其品級，故未列於表中。

當於國子助教。至於太常諸博士的品級有所下降，四門小學博士、律博士的品級最低。北魏的學官品級可以分爲五品左右以上、五品至七品左右和八品以下二個等級。

北齊時期的官員的品級制度沿襲於北魏後期，《隋書》卷二七《百官志中》對此有所記載，對於考察這一時期學官的品級有著十分重要的意義，現羅列其中學官之品級列表如下。

北齊時期學官品級表

品　級	國子學系統	太學系統	四門小學系統	太常、其它系統
從第三品	國子祭酒			
第五品	國子博士			
從第七品	國子助教 國子學生	太學博士		太常博士
第九品			四門博士	大理律博士
從第九品		太學助教		諸宮教博士

據此可知，北齊的學官品級延續了北魏後期的制度。國子祭酒、國子博士可以實爲學官之中品級較高的。國子助教、國子學生、太學博士、太常博士的品級則是適中的。而四門博士、大理律博士、太學助教、諸宮教博士則是學官之中品級較低的。

北周依《周禮》建六官，改革之後的官員品級《隋書》卷二七《百官志中》：

> 内命，謂王朝之臣。三公九命，三孤八命，六卿七命，上大夫六命，中大夫五命，下大夫四命，上士三命，中士再命，下士一命。

據此可知，學官系統之官員品級屬於「内命」，《通典》卷第秩品三《職官二十一・秩品四》記載有北周的官品，現參考王仲犖的《北周六典》將這一時期學官品級列表如下。

北周六官改革後學官品級表〔註118〕

品　　級		春官系統	其它系統
正五命	中大夫	大司樂	
正四命	下大夫	太學博士	露門學博士 文學博士
正三命	上士	太學助教 小學博士	
正二命	中士	小學助教	

　　由上表所列的學官品級可知，露門博士、太學博士等學官屬於下大夫一級，而太學助教、小學博士、小學助教等學官則屬於士，品級較低。北周時期的學官品級可以分類正四命以上和正三命以下兩個等級。

　　2、北朝時期學官的收入

　　在北朝時期，官學職官的收入可以歸結爲官員俸祿這類常態收入和國家賞賜、制度外的收入等非常態收入兩類。

　　相對穩定的俸祿收入無疑是北朝時期學官的重要收入來源。秦漢以來的官學職官都享有秩級所帶來的俸祿收入。如漢代的博士秩級爲比六百石，月俸可以達到六十斛，東漢時期改革舊制，「凡諸受俸，皆取半錢半穀」，博士月俸可以達到「錢三千五百，米二十一斛」〔註119〕。魏晉時期學官依舊享有俸祿，然而經歷了八王、永嘉之亂的北方社會動盪，十六國時期往往有官而無祿。

　　在北魏前期官員是沒有俸祿的。《魏書》卷七上《孝文帝紀上》記載太和八年六月丁卯詔書云：

　　　　置官班祿，行之尚矣。《周禮》有食祿之典，二漢著受俸之秩。逮于魏晉，莫不率稽往憲，以經綸治道。自中原喪亂，茲制中絕，先朝因循，未遑釐改。朕永鑒四方，求民之瘼，夙興昧旦，至於憂勤。故憲章舊典，始班俸祿。罷諸商人，以簡民事。戶增調三匹、穀二斛九斗，以爲官司之祿。均預調爲二匹之賦，即兼商用。雖有

〔註118〕北周時期之六官制度仿照《周禮》，露門學中設有文學博士或爲露門博士的一種，故權且列於露門博士處。露門學士、麟趾殿學士，史書未見其品級，故未列於表中。

〔註119〕《通典》卷三十五《職官十七・俸祿》。

> 一時之煩，終克永逸之益。祿行之後，贓滿一匹者死。變法改度，
> 宜爲更始，其大赦天下，與之惟新。

直到孝文帝太和八年（公元 484 年）國家才頒佈詔令，給予官員俸祿。至太和十年（公元 486 年），「議定州郡縣官，依戶給俸」，俸祿制度頒行全國。北魏後期的官員的俸祿情況，史書未見詳細記載，然而北魏後期的制度多爲北齊時期所沿襲，可以視爲北朝後期，官員俸祿的一般情況。東西對峙之後，北周施行了六官改革，其官員的俸祿有所不同。北朝後期對於官員俸祿的相關記載均見於《隋書》卷二七《百官志中》。

其一，北齊時期的學官俸祿，列表如下。

北齊學官俸祿表

品　　級	官學博士	歲祿（匹）	一秩（匹）
從第三品	國子祭酒	300	75
第五品	國子博士	160	40
從第七品	國子助教 太學博士 太常博士	40	10
第九品	四門博士 大理律博士	28	7
從第九品	諸宮教博士	24	6

值得注意的北齊時期官員俸祿的發放情況。《隋書》卷二七《百官志中》：

> 祿率一分以帛，一分以粟，一分以錢。事繁者優一秩，平者守
> 本秩。閑者降一秩。長兼、試守者，亦降一秩。官非執事、不朝拜
> 者，皆不給祿。

這表明，這一時期學官的俸祿如同其它官員一樣，按照帛、粟、錢各一份同時發放，根據官員實際的工作職務的差異又有所不同，事務繁重者收入可以在本秩的基礎上增加一秩，這一秩的數量又根據官品的不同有所差異。以國子祭酒爲例，這一職官的官品爲從第三品，本秩歲祿應是三百匹，考慮到學官的職務相對於政府其它部門要輕鬆，要在本秩的基礎上減去一秩，七十五匹，國子祭酒可能的秩級歲祿收入應是二百二十五匹，分別用帛、粟、錢進行結算。餘者根據上表所列皆可推斷其歲祿的多寡。

其二，北周時期學官俸祿。《隋書》卷二七《百官志中》：

> 其制祿秩，下士一百二十五石，中士已上，至於上大夫，各倍之。上大夫是爲四千石。卿二分，孤三分，公四分，各益其一。公因盈數爲一萬石。其九秩一百二十石，八秩至於七秩，每二秩六分而下各去其一，二秩俱爲四十石。凡頒祿，視年之上下。畝至四釜爲上年，上年頒其正。三釜爲中年，中年頒其半。二釜爲下年，下年頒其一。無年爲凶荒，不頒祿。六官所制如此。

這表明，北周時期官員的祿秩和漢代一樣以石爲計量單位，現根據其學官品級，考察學官俸祿列表如下。

北周學官俸祿表

品　　級		官學博士	歲祿（石）	一秩（石）
正五命	中大夫	大司樂	2000	80
正四命	下大夫	露門學博士 文學博士 太學博士	1000	60
正三命	上士	露門學士 麟趾殿學士 太學助教 小學博士	500	60
正二命	中士	小學助教	250	40

同樣值得注意的是，北周時期官員俸祿的發放是與年景相聯繫的，只有在好的上年的年景下才全額發放俸祿、中年俸祿減半，下年俸祿僅得一分，無年爲災荒之年，國家甚至不頒發俸祿。這種減少官員俸祿的現象，在北朝的其它時期也時有發生。如北魏孝文帝太和十九年（公元 195 年）五月甲申就曾「減開官祿以裨軍國之用」[註120]。《魏書》卷三一《于栗磾傳附于忠》：

> 初，太和中，軍國多事，高祖以用度不足，百官之祿四分減一。

> 忠既擅權，欲以惠澤自固，乃悉歸所減之祿，職人進位一級。

太和十九年官員俸祿就減少了四分之一。北魏末期北方戰亂紛擾，國家頒佈俸祿也是很難的，史稱「自魏孝莊已後，百官絕祿，至是復給焉」，北魏孝莊

[註120]《魏書》卷七下《孝文帝紀下》，第 177 頁。

帝以後直至東魏時期官員沒有俸祿，一直到北齊建國後這種局面才得以改觀
〔註121〕。

　　根據北朝時期的制度規定，學官在相當長的時期內享有相對穩定的俸祿
之外，還有其它一些穩定的收入來源。《隋書》卷二七《百官志中》：

> 又自一品已下，至於流外勳品，各給事力。一品至三十人，下
> 至於流外勳品，或以五人爲等，或以四人、三人、二人、一人爲等。
> 繁者加一等，平者守本力，閒者降一等焉。

> 諸州刺史、守、令以下，幹及力，皆聽敕乃給。其幹出所部之
> 人。一幹輸絹十八匹，幹身放之。力則以其州、郡、縣白直充。

根據上述記載可知，北朝的學官也配有事力。《隋書》卷二四《食貨志》記載
北齊河清三年（公元564年）的規定云：

> 奴婢受田者，親王止三百人；嗣王止二百人；第二品嗣王已下
> 及庶姓王，止一百五十人；正三品已上及皇宗，止一百人；七品已
> 上，限止八十人；八品已下至庶人，限止六十人。奴婢限外不給田
> 者，皆不輸。

在北齊時期又有奴婢受田規定，學官也可以依照其品級蔭庇一定的戶口佔有
一定的田地，形成相對穩定的收入。

　　然而，在北魏的前期國家沒有實行俸祿制度，包括學官在內的官員收入
往往是不穩定的，其非常態的收入來源可以歸納爲國家賞賜、商業收入和賄
賂等制度外收入兩類。

　　國家的賞賜對於官員來說，往往是一筆不小的收入。僅以李沖爲例，《魏
書》卷五三《李沖傳》：

> 沖爲文明太后所幸，恩寵日盛，賞賜月至數千萬，進爵隴西公，
> 密致珍寶御物以充其第，外人莫得而知焉。沖家素清貧，於是始爲
> 富室。

李沖爲馮太后所寵幸，賞賜十分豐富，其家庭收入爲之改觀。然而考察北朝
時期的官員的賞賜情況，得到國家賞賜的人物多以軍功、寵幸爲主，學官得
到國家賞賜的機會不多，主要是在國家禮制建設、或是施行禮儀儀式之時。

　　北朝時期在官學之中施行的禮儀主要有視學釋奠禮、束脩之禮、三老五更

〔註121〕《北史》卷七《齊本紀·顯祖文宣帝》，第245頁。

禮等。其一，皇帝視學、釋奠之禮。釋奠之禮是一種對於儒家先師的祭祀禮儀，北周時期國家規定「釋奠者，學成之祭，自今即爲恒式」〔註122〕，是一種學成之禮。而皇帝對於中央官學的視察體現了國家對於教化的重視，在視察的過程中往往伴隨著對於教學的考察，親自參與到教學之中，實行對先師的釋奠祭祀禮儀。在此過程中，學官學官是重要參與者，容易受到賞賜。如在十六國時期，後趙石勒「親臨大小學，考諸學生經義，尤高者賞帛有差」〔註123〕。

在北朝時期，皇帝視學的事例不勝枚舉。如北魏孝文帝於太和十六年四月（公元492年）「甲寅，幸皇宗學，親問博士經義」，於太和十七年九月（公元493年），「觀洛橋，幸太學，觀石經」〔註124〕。孝明帝於正光二年（公元521年）「二月癸亥，車駕幸國子學，講《孝經》」〔註125〕。

皇帝親講經義的事情也時有發生。如北魏孝文帝於太和二十一年（公元497年）秋七月甲寅，「帝親爲群臣講喪服於清徽堂」〔註126〕；宣武帝於正始三年（公元507年）十有一月甲子，「爲京兆王愉、清河王懌、廣平王懷、汝南王悅講《孝經》於式乾殿」〔註127〕；東魏孝靜帝曾「於顯陽殿講《孝經》、《禮記》」，李繪「與從弟騫、裴伯莊、魏收、盧元明等俱爲錄議」〔註128〕；北齊廢帝高殷曾以皇太子的身份於天保七年（公元556年）冬「文宣召朝臣文學者及禮官於宮宴會，令以經義相質，親自臨聽。太子手筆措問，在坐莫不歡美」，又在天保九年（公元556年），「文宣在晉陽，太子監國，集諸儒講《孝經》」〔註129〕。北周武帝於天和元年（公元566年）五月庚辰「御正武殿，集群臣親講《禮記》」，於天和三年八月（公元568年）癸酉「御大德殿，集百僚及沙門、道士等親講《禮記》」；於建德二年（公元573年）十二月癸巳，「集群臣及沙門、道士等，帝升高座，辨釋三教先後，以儒教爲先，道教爲次，佛教爲後」〔註130〕。

行國家祭祀、或皇帝親臨的太學行釋奠之禮的事例也屢見不鮮。如北魏

〔註122〕《周書》卷五《武帝紀上》，第73頁。

〔註123〕《晉書》卷一○五《石勒載記下》，第2741頁。

〔註124〕《魏書》卷七下《孝文帝紀下》，第169、173頁。

〔註125〕《魏書》卷九《孝明帝紀》，第231頁。

〔註126〕《魏書》卷七下《孝文帝紀下》，第182頁。

〔註127〕《魏書》卷八《宣武帝紀》，第203頁。

〔註128〕《北齊書》卷二九《李渾傳附李繪》，第395頁。

〔註129〕《北齊書》卷五《廢帝紀》，第73頁。

〔註130〕《周書》卷五《武帝紀上》，第73、75、83頁。

太武帝於始光三年二月（公元 426 年），「起太學於城東，祀孔子，以顏淵配」〔註131〕；孝文帝於太和十九年（公元 495 年）夏四月庚申，「行幸魯城，親祠孔子廟」〔註132〕；孝明帝於止光二年（公元 521 年）「三月庚午，帝幸國子學祠孔子，以顏淵配」〔註133〕；孝武帝「永熙中，復釋奠於國學，又於顯陽殿詔祭酒劉廞講《孝經》，黃門李郁說《禮記》，中書舍人盧景宣講《大戴禮·夏小正篇》，復置生七十二人」〔註134〕；北周宣帝宇文贇於靜帝大象二年（公元 580 年）二月丁巳「幸露門學，行釋奠之禮」〔註135〕。在北朝時期對於釋奠之禮的制度化的記述，《隋書》卷九《禮儀志四》：

> 後齊將講於天子，先定經於孔父廟，置執經一人，侍講二人，執讀一人，摘句二人，錄義六人，奉經二人。講之旦，皇帝服通天冠、玄紗袍，乘象輅，至學，坐廟堂上。講訖，還便殿，改服絳紗袍，乘象輅，還宮。講畢，以一太牢釋奠孔父，配以顏回，列軒懸樂，六佾舞。行三獻，禮畢皇帝服通天冠、絳紗袍，升阼，即坐。宴畢，還宮。皇太子每通一經，亦釋奠，乘石山安車，三師乘車在前，三少從後而至學焉。

> 後齊制，新立學，必釋奠禮先聖先師，每歲春秋二仲，常行其禮。每月旦，祭酒領博士已下及國子諸學生已上，太學、四門博士升堂，助教已下、太學諸生階下，拜孔揖顏。日出行事而不至者，記之為一負。雨霑服則止。學生每十日給假，皆以丙日放之。郡學則於坊內立孔、顏廟，博士已下，亦每月朝云。

這兩段材料詳細記述了北齊時期對於釋奠之禮的制度規定。

其二，束脩相見之禮。束脩之禮是儒學教授之初的師生相見之禮，在官學之中，束脩往往體現為禮儀性質，然而這對於學官而言也是一種收入。如北周武帝於天和元年（公元 566 年）秋七月壬午，詔：「諸冑子入學，但束脩於師，不勞釋奠」，規定官學之貴族子弟入學要「束脩於師」〔註136〕。皇太子的拜師之事例，北朝時期也不乏相關記載。《魏書》卷六七《崔光傳》：

〔註131〕《魏書》卷四上《太武帝紀上》，第 71 頁。
〔註132〕《魏書》卷七下《孝文帝紀下》，第 177 頁。
〔註133〕《魏書》卷九《孝明帝紀》，第 232 頁。
〔註134〕《魏書》卷八四《儒林傳》，第 1842 頁。
〔註135〕《周書》卷七《宣帝紀》，第 122 頁。
〔註136〕《周書》卷五《武帝紀上》，第 73 頁。

　　　　二年，世宗幸東宮，召光與黃門甄琛、廣陽王淵等，並賜坐，
詔光曰：「卿是朕西臺大臣，今當爲太子師傅。」光起拜固辭，詔
不許。即命肅宗出，從者十餘人，敕以光爲傅之意，令肅宗拜光。
光又拜辭，不當受太子拜。復不蒙許，肅宗遂南面再拜。詹事王
顯啓請從太子拜，於是宮臣畢拜，光北面立，不敢答拜，唯西面
拜謝而出。於是賜光繡絲一百匹，琛、淵等各有差。尋授太子少
傅。

崔光等人是行了束脩相見之禮，才任太子少傅一職的。在此過程中，皇帝對
這些人進行了賞賜。又如西魏時期，盧辯任太子少傅，「魏太子及諸王等，皆
行束脩之禮，受業於辯」〔註137〕；樂遜曾任職太學博士、小師氏下大夫等職，
「自譙王儉以下，並束脩行弟子之禮。遜以經術教授，甚有訓導之方」〔註138〕。
在北周時期武帝保定二年（公元 562 年），「詔魯公、與畢公賢等，俱以束脩
之禮，同受業」於樂遜〔註139〕；斛斯徵「治經有師法，詔令教授皇太子。宣
帝時爲魯公，與諸皇子等咸服青衿，行束脩之禮，受業於徵，仍並呼爲夫子」
〔註140〕。《周書》卷四七《藝術傳·冀俊》：

　　　　冀俊字僧俊，太原陽邑人也。性沈謹，善錄書，特工模寫。……
　　尋徵教世宗及宋獻公等隸書。時俗入書學者，亦行束脩之禮，謂之
　　謝章。

這表明在北周時期按照但是的習俗，入書學求學之人也行束脩之禮，謂之謝
章。

　　最後，三老五更之禮。這是一種尊老養老之禮，往往在官學之中行禮，
期間也伴隨著賞賜。北魏時期可見施行三老五更禮的事例，主要是孝文帝和
宣武帝時期。如北魏孝文帝太和十六年（公元 492 年）八月己酉「以尉元爲
三老，游明根爲五更。又養國老、庶老」〔註141〕；宣武帝於景明三年（公
元 502 年）八月乙卯，「以前太傅、平陽公丕爲三老」〔註142〕。史書對於孝
文帝時期的三老五更之禮的施行有更爲詳細的記載。如《魏書》卷五〇《尉

〔註137〕《周書》卷二四《盧辯傳》，第 403 頁。
〔註138〕《周書》卷四五《儒林傳·樂遜》，第 814 頁。
〔註139〕《周書》卷四五《儒林傳·樂遜》，第 817 頁。
〔註140〕《周書》卷二六《斛斯徵傳》，第 432 頁。
〔註141〕《魏書》卷七下《孝文帝紀下》，第 170 頁。
〔註142〕《魏書》卷八《宣武帝紀》，第 194 頁。

元傳》：

> 八月，……元詣闕謝老，引見於庭，命昇殿勞宴，賜玄冠素
> 服。……於是養三老五更於明堂，國老庶老於階下。高祖再拜三老，
> 親袒割牲，執爵而饋；於五更行肅拜之禮，賜國老、庶老衣服有
> 差。……禮畢，乃賜步挽一乘。詔曰：「……三老可給上公之祿，五
> 更可食元卿之俸。供食之味，亦興其例。」

上面的材料就說明了北魏時期在實行三老五更之禮之時就伴隨著賞賜。

北周時期實行三老五更禮的事例見於周武帝時期。保定三年（公元 563
年）夏四月戊午，「幸太學，以太傅、燕國公于謹爲三老而問道焉」〔註143〕，
史稱武帝宇文邕「服袞冕，乘碧輅，陳文物，備禮容，清蹕而臨太學。袒割
以食之，奉觴以酳之。斯固一世之盛事也」〔註144〕。又《周書》卷一五《于
謹傳》：

> 三年四月，詔曰：「……太傅、燕國公謹，執德淳固，爲國元老，
> 饋以乞言，朝野所屬。可爲三老，有司具禮，擇日以聞。」謹上表
> 固辭，詔答不許。又賜延年杖。高祖幸太學以食之。三老入門，皇
> 帝迎拜門屏之間，三老答拜。有司設三老席於中楹，南向。太師、
> 晉國公護升階，設几於席。三老升席，南面憑几而坐，以師道自居。
> 大司馬、楚國公寧升階，正舄。皇帝升階，立於斧扆之前，西面。
> 有司進饌，皇帝跪設醬豆，親自袒割。三老食訖，皇帝又親跪授爵
> 以酳。有司撤訖。皇帝北面立而訪道。三老乃起立於席後。……三
> 老言畢，皇帝再拜受之，三老答拜焉。禮成而出。

由此可見北周時期三老五更禮施行的盛況。

商業收入和賄賂收入等制度外收入成爲北朝時期官員收入之中的重要部
分。如前文所引《魏書》卷七上《孝文帝紀上》中「罷諸商人，以簡民事」
的說法可知，北魏在實行俸祿制度之前，國家是設有專門的商人從事商業活
動的。商業活動的收益可以爲官員提供一定的收入。這一時期的官員往往通
過經營商業而從而牟利，甚至是公然收入賄賂。值得注意的是學官在官員群
體中是屬於缺乏實際權力的一類官員，他們在這方面的收入儘管有限卻是不
容忽視的。如《魏書》卷五六《鄭義傳》：

〔註143〕《周書》卷五《武帝紀上》，第 68 頁。
〔註144〕《周書》卷四五《儒林傳》，第 806 頁。

中山王睿，寵幸當世，並置王官，義爲其傅。是後歷年不轉，
資產亦乏，因請假歸，遂磐桓不返。及李沖貴寵，與義姻好，乃就
家徵爲中書令。……義多所受納，政以賄成，性又嗇吝，民有禮餉
者，皆不與杯酒臠肉。西門受羊酒，東門酤賣之。

據此可知，鄭義在任職學官之時收入是有限的，直至擔任中書令時才大舉受
賄、販賣牟利。又《魏書》卷五四《高閭傳》：

然貪褊矜慢，初在中書，好詈辱諸博士。博士、學生百有餘人，
有所干求者，無不受其財貨。及老，爲二州，乃更廉儉自謹，有良
牧之譽。

高閭早年任職中書省之時就收受博士、學生的賄賂。在北魏前期俸祿制度沒
有施行之時，百官貧困學官更甚，其收入本無制度保障，因而多貪腐之人。
然而，這一時代也不乏安於貧困者。如崔宏早年於十六國後燕之時「所歷著
稱，立身雅正，與世不群，雖在兵亂，猶勵志篤學，不以資產爲意，妻子不
免飢寒」，甚至在北魏時期卻也「而儉約自居，不營產業，家徒四壁，出無車
乘，朝晡步上。母年七十，供養無重膳」〔註145〕。又如胡叟「不治產業，常
苦饑貧，然不以爲恥。養子字螟蛉，以自給養。每至貴勝之門，恒乘一牸牛，
弊韋褲褶而已。作布囊，容三四斗，飲啖醉飽。便盛餘肉餅以付螟蛉。見車
馬榮華者，視之蔑如也。尚書李敷嘗遺之以財，都無所取」〔註146〕，如此安
貧樂道之人，史書中也多見記載。

3、北朝時期學官的輿服

在古代社會，輿服是與學官特殊的社會地位相互聯繫的，是其身份地位
的象徵，也是其所能夠享有的重要待遇之一。

在北朝時期，學官如同其它官員一樣出行是乘車的。《魏書》卷七九《馮
元興傳附曹昂》：

又齊郡曹昂，有學識，舉秀才。永安中，太學博士、兼尚書郎。
而常徒步上省，以示清貧。忽遇盜，大失綾縑，時人鄙其矯詐。

曹昂以清貧自居，徒步上省，而被盜錢財，反而別人恥笑。按照其官員的身
份是原本是可以乘車的。學官所享有的車輿方面的待遇是與北朝時期的禮制
相互匹配的。北朝時期的車輿制度源於漢晉，然而北魏早期「太祖世所製車

〔註145〕《魏書》卷二四《崔玄伯傳》，第621頁。
〔註146〕《魏書》卷五二《胡叟傳》，第1151頁。

輦，雖參採古式，多違舊章」，多與禮制不符，「至高祖太和中，詔儀曹令李韶監造車輅，一遵古式焉」〔註147〕，「至熙平九年，明帝又詔侍中崔光與安豐王延明、博士崔瓚采其議，大造車服」〔註148〕，至此北魏才逐漸建立起了完備車輿制度，這種制度在北齊時期也得到了延續。《隋書》卷一〇《禮儀五》記載北齊的制度云：

> 庶姓王、侯及尚書令、僕已下，列卿已上，並給軺車，駕用一馬。或乘四望通幰車，駕一牛。自斯以後，條章粗備，北齊咸取用焉。……皇宗及三品已上官，青傘朱裏。其青傘碧裏，達於士人，不禁。

> 正從第一品執事官、散官及儀同三司、諸公主，得乘油色朱絡網車，車牛飾得用金塗及純銀。二品、三品得乘卷通幰車，車牛飾用金塗。四品已下，七品已上，得乘偏幰車，車牛飾用銅。

據此可以瞭解，北齊時期官員在車輿配置上的制度規定。在學官之中，其國子祭酒的官品可達到三品以上，一般的學官也在七品以上，其下者爲從九品。參照上述規定，就可以知道對其車輿制度的設定，詳見下表：

北齊學官車輿表

品級	官學博士	車	駕	傘蓋	裝飾
從第三品	國子祭酒	卷通幰車	牛	青傘朱裏	金塗
第五品	國子博士	偏幰車	牛	青傘碧裏	銅
從第七品	國子助教 太學博士 太常博士	偏幰車	牛	青傘碧裏	銅
第九品	四門博士 大理律博士	無特殊規定			
從第九品	諸宮教博士				

　　北朝時期的學官多以牛車代步，其車輿的差異體現在傘蓋與裝飾上，對於四門博士以下的學官，國家並沒有配置車輿。此外，學官在享有國家給予的車輿的之外，也使用其它的代步工具。如權會「本貧生，無僕隸，初任助

〔註147〕《魏書》卷一〇八之四《禮志四》，第 2811、2813 頁。
〔註148〕《隋書》卷一〇《禮儀五》，第 195 頁。

教之日，恒乘驢上下」〔註149〕。

　　北朝的車輿制度也體現在參與祭祀活動之中。《隋書》卷一〇《禮儀五》記載北周時期的制度云：

　　　　公孤卿大夫，皆以中之色乘祀輅。士乘祀車。

　　　　三公之輅車九：祀輅、犀輅、貝輅、篆輅、木輅、夏篆、夏縵、墨車、輚車。自篆已上，金塗諸末，疏錫，繁纓，金鉤。木輅已下，銅飾諸末，疏，繁纓皆九就。三孤自祀輅而下八，無犀輅。六卿自祀輅而下七，又無貝輅。上大夫自祀輅而下六，又無篆輅。中大夫自祀輅而下五，又無木輅。下大夫自祀輅而下四，又無夏篆。士車三：祀車、墨車、輚車。凡就，各如其命之數。自孤下，就以朱綠二采。

　　　　皆篁簀，漆之。君以赤，卿大夫士以玄。

　　　　君駕四，三輈六轡。卿大夫駕三，二輈五轡。士駕二，一輈四轡。

　　　　輅之制，重輪重較而加耳焉。

　　　　凡旗，太常畫三辰……孤卿已下，各以其等建其旗。

　　　　旒，皇帝曳地，諸侯及軹，大夫及轂，士及軫。凡注毛於杠首曰綏，析羽曰旌，全羽曰旞。

　　　　車之蓋圓，以象天，輿方，以象地。輪輻三十，以象日月。蓋橑二十有八，以象列宿。設和鑾以節趨行，被旗旒以表貴賤。其取象也大，其彰德也明，是以王者尚之。

據此可知，在北周的祭祀活動中，不同的官員級別享受不同的待遇。根據北周時期學官的品級可知其享有的車輿情況如下表。

北周學官祭祀車輿表

品級		官學博士	車	駕	裝飾	旒
正五命	中大夫	大司樂	祀輅 夏篆 夏縵	駕三 二輈五轡	銅飾諸末 疏錫，繁纓 凡就，各如其命之數	及轂

			墨車 轙車		（五就）	
正四命	下大夫	露門學博士 文學博士 太學博士	祀輅 夏縵 墨車 轙車	駕三 二輈五轡	銅飾諸末 疏錫，鑾纓 凡就，各如其命之數 （四就）	及觳
正三命	上士	露門學士 麟趾殿學士 太學助教 小學博士	祀車 墨車 轙車	駕二 一輈四轡	銅飾諸末 疏錫，鑾纓 凡就，各如其命之數 （二就、二就）	及軨
正二命	中士	小學助教				

　　北周六官改革後，其車輿制度是非常複雜的、在祭祀活動中，學官根據級別的差異大體可以分爲大夫和士兩個層次。其車輿的差別主要體現在車架的數量、裝飾物品的材質、數量上。

　　在北朝時期，學官在衣冠服飾上也有相關的制度規定。西晉滅亡之後，中原的禮儀制度多有遺失，而北魏興起於北方邊地，其衣冠服飾保留著游牧民族的習慣，變革起來是比較困難的。北魏建國之後，於天興六年（公元403年）「詔有司制冠服，隨品秩各有差，時事未暇，多失古禮」，開始了衣冠制度的建設。然而「世祖經營四方，未能留意，仍世以武力爲事，取於便習而已」，直至孝文帝太和年間漢化改革，「始考舊典，以制冠服，百僚六宮，各有差次。早世昇遐，猶未周洽」〔註150〕。此後「及至熙平二年，太傅、清河王懌、黃門侍郎韋廷祥等，奏定五時朝服，準漢故事，五郊衣幘，各如方色焉。及後齊因之。河清中，改易舊物，著令定制云」〔註151〕。此爲北朝時期衣冠制度的建設情況。《隋書》卷一〇《禮儀五》記載北齊時期的制度云：

　　　　諸公卿平冕，黑介幘，青珠爲旒，上公九，三公八，諸卿六，
　　　以組爲纓，色如其綬。衣皆玄上纁下。三公山龍八章，降皇太子一
　　　等，九卿藻火六章，唯郊祀天地宗廟服之。

　　　　進賢冠，文官二品已上，並三梁，四品已上，並兩梁，五品已
　　　下，流外九品已上，皆一梁。

　　　　百官朝服公服，皆執手板。尚書錄令、僕射、吏部尚書，手板

〔註150〕《魏書》卷一〇八之四《禮志四》，第2817頁。
〔註151〕《隋書》卷一一《禮儀六》，第238頁。

頭復有白筆，以紫皮裏之，名曰笏。朝服綴紫荷，錄令、左僕射左荷，右僕射、吏部尚書右荷。七品已上文官朝服，皆簪白筆。……朝服，冠、幘各一，絳紗單衣，白紗中單，皁領袖，皁襈，革帶，曲領，方心，蔽膝，白筆、舃、襪，兩綬，劍佩，簪導，鉤䚢，爲具服。七品已上服也。公服，冠、幘，紗單衣，深衣，革帶，假帶，履襪，鉤䚢，謂之從省服。八品已下，流外四品已上服也。

　　流外五品已下，九品已上，皆著褠衣爲公服。

這表明，北齊時期官員在祭祀之時，九卿之官有冕旒之制。而平日文官冠進賢冠，根據級別的差異有所不同，官員又有朝服、具服乃之公服之別的服飾制度。參照前文所述之學官品級就可以知道對其衣冠制度的規定，詳見下表：

北齊學官衣冠制度表

品級	官學博士	冠		服	
		名稱	差異	名稱	服飾
從第三品	國子祭酒	進賢冠	兩梁	具服	朝服，冠、幘各一，絳紗單衣，白紗中單，皁領袖，皁襈，革帶，曲領，方心，蔽膝，白筆、舃、襪，兩綬，劍佩，簪導，鉤䚢
第五品	國子博士	進賢冠	一梁		
從第七品	國子助教 太學博士 太常博士	進賢冠	一梁		
第九品	四門博士 大理律博士	進賢冠	一梁	省服	公服，冠、幘，紗單衣，深衣，革帶，假帶，履襪，鉤䚢
從第九品	諸宮教博士	進賢冠	一梁		

　　北齊的學官在衣冠制度上可以分爲兩個級別。學官所戴之冠都是進賢冠，差別體現在梁的數量上。學官的服飾太常博士以上的諸博士、國子助教享有國家給予的具服，而四門博士以下的學官享有的是省服，從各自包括服飾數量、飾品的種類就可以看出二者的區別。此外，北朝學官在衣冠制度上與同時期的南朝存在著一定差異。《隋書》卷一一《儀禮志六》記載南朝的制度：「諸博士，給皁朝服，進賢兩梁冠，佩水蒼玉。」南朝諸博士所戴之進賢冠都是二梁，而北朝則無相關的規定。

　　又《隋書》卷一一《禮儀六》記載北周時期的制度云：

公卿之服，自祀冕而下七，又無毳冕。藻冕四章，衣裳各二章，衣重粉米，裳重黼黻，爲七等，皆以粉米爲領褾，各七。繡冕三章，衣一章，裳二章，衣重粉米，裳重黼黻，爲七等。

上大夫之服，自祀冕而下六，又無藻冕。繡冕三章，衣一章，裳二章，衣重粉米，裳重黼，爲六等。

中大夫之服，自祀冕而下五，又無皮弁。繡冕三章，衣一章，裳二章，衣重粉米，爲五等。

下大夫之服，自祀冕而下四，又無爵弁。繡冕三章，衣一章，裳二章，衣重粉米，爲四等。

士之服三：一曰祀弁，二曰爵弁，三曰玄冠。(玄冠皆玄衣。其裳，上士以玄，中士以黃，下士雜裳，謂前玄後黃也)。庶士之服一：玄冠。(庶士，庶人在宮，府史之屬。其服緇衣裳)。

據此可知，北周時期官員的衣冠制度。同樣參照學官的官品等級，可以得出這一時期學官所享有的衣冠服飾上的待遇。

北周學官祭祀衣冠制度表

品級		官學博士	冠		服	
			種類	數量	衣	裳
正五命	中大夫	大司樂	祀冕 繡冕 爵弁 韋弁 玄冠	5	一章 衣重粉米	二章 裳重黼黻
正四命	下大夫	露門學博士 文學博士 太學博士	祀冕 繡冕 韋弁 玄冠	4	一章 衣重粉米	二章 裳重黼黻
正三命	上士	露門學士 麟趾殿學士 太學助教 小學博士	祀弁 爵弁 玄冠	3	玄衣	玄裳
正二命	中士	小學助教				黃裳

按照北周的衣冠制度，學官所享有的衣冠的差別主要體現在冠的數量、衣裳的紋飾上。太學博士以上諸學官屬於大夫，露門學士以下諸學官屬於士，他們的衣冠服飾各有差異。

二、北朝時期的私學教授者

北朝時期私學盛行，其教授者也可以稱之爲博士。〔註152〕《魏書》卷八四《儒林傳·李業興》：

> 靈馥乃謂曰：「李生久逐羌博士，何所得也？」業興默爾不言。

鮮與靈馥稱徐遵明爲羌博士，徐遵明籍貫是雍州的華陰，魏晉以來關中地區羌人聚居，而此時之徐遵明剛剛設學教授，並沒有擔任官學之中的博士官，因而所謂羌博士，是鮮與靈馥對於徐遵明的一種蔑稱。博士也就成了私學教授者的一種稱呼。《顏氏家訓》卷三《勉學》：

> 鄴下又見邢子才：此四儒者，雖好經術，亦以才博擅名。如此諸賢，故爲上品，以外率多田野閒人，音辭鄙陋，風操蚩拙，相與專固，無所堪能，問一言輒酬數百，責其指歸，或無要會。鄴下諺云：『博士買驢，書券三紙，未有驢字。』使汝以此爲師，令人氣塞。

顏之推所稱之博士就是私學的教授者。然而，一般意義上博士是對老師的一種稱呼，也可以指代專門研習經學進行教授之人。《周書》卷一一《宇文護傳》：

> 於後，吾共汝在受陽住。時元寶、菩提及汝姑兒賀蘭盛洛，並汝身四人同學。博士姓成，爲人嚴惡，（淩）〔汝〕等四人謀欲加害。
> 吾汝共叔母等聞之，各捉其兒打之。唯盛洛無母，獨不被打。

宇文護的母親在回憶早年經歷的時候提到了一個博士，在此語境下的博士，就是一般意義的老師。《北齊書》卷三一《王昕傳》：

> 子默遂以昕言啓顯祖，仍曰：「王元景比陛下於殷紂。」楊愔微爲解之。帝謂愔曰：「王元景爾博士，爾語皆元景所教。」

在此語境之下，「王元景爾博士，爾語皆元景所教」，就是指王元景是你的老師的意思。在北朝時期，學生也有直接稱呼教授直接學問之人爲博士的。《北齊書》卷四四《儒林傳·張雕》：

> 尋除侍中，加開府，奏度支事，大被委任，言多見從。特敕奏

〔註152〕參考唐長孺：《魏晉南北朝史論拾遺》，收入於《唐長孺文集》之中，中華書局 2011 年版，第 279～282 頁。

事不趨，呼爲博士。

《北齊書》卷四四《儒林傳・張景仁》：

> 後主在東宮，世祖選善書人性行淳謹者令侍書，景仁遂被引擢。小心恭慎，後主愛之，呼爲博士。

《北齊書》卷二一《王昕傳附王晞》：

> 齊天保初，行太原郡事。及文宣昏逸，常山王數諫，帝疑王假辭於晞，欲加大辟。王私謂晞曰：「博士，明日當作一條事，爲欲相活，亦圖自全，宜深體勿怪。」乃於眾中杖晞二十。帝尋發怒，聞晞得杖，以故不殺，髠鉗配甲方。

張景仁承擔的職責是侍書〔註153〕，王晞爲常山王友，北齊後主、常山王口中所稱之博士，就是對教授自己學問之老師的稱呼。《魏書》卷五三《李孝伯傳附李倘》：

> 瑒叔倘有大志，好飲酒，篤於親知。每謂弟郁曰：「士大夫學問，稽博古今而罷，何用專經爲老博士也？」

《北齊書》卷十《高祖十一王・上黨剛肅王渙傳》：

> 渙每謂左右曰：「人不可無學，但要不爲博士耳。」故讀書頗知梗概。而不甚耽習。

《北齊書》卷二一《高乾傳附高昂》：

> 昂不遵師訓，專事馳騁，每言男兒當橫行天下，自取富貴，誰能端坐讀書，作老博士也。

此處李倘、王渙、高昂所稱之老博士就是指專門研習經學，進行教授之人。

（一）北朝時期私學教授者的類型

在北朝時期，私學傳授者要麼設立學館，廣收門徒，要麼奔赴世家大族、王公大臣家中教授貴族子弟。按照私學教授者自身從事私學教育與入仕任官的關係可以分爲入仕前從事私學教授、任官時從事私學教授、辭官後從事私學教授和隱居不仕專門從事私學教授兼職經師四類。

1、入仕前從事私學教授之人

在北朝時期，這類私學教授者的人生履歷呈現出「求學—私學教授—入仕任官」或是「簡短入仕—私學教授—入仕任官」的趨勢。在這類私學教授

〔註153〕參考劉軍：《北朝侍讀考》《蘭州學刊》2010 年第 4 期，第 158～161 頁。

這的人生中，仕途是其主要的人生經歷，私學教授只是其入仕任官之前早年間的活動。《魏書》卷五三《李孝伯傳》：

> 父曾，少治《鄭氏禮》、《左氏春秋》，以教授爲業。郡三辟功曹，不就。門人勸之，曾曰：「功曹之職，雖曰鄉選高第，猶是郡吏耳。北面事人，亦何容易。」州辟主簿。到官月餘，乃歎曰：「梁叔敬有云：州郡之職，徒勞人耳。道之不行，身之憂也。」遂還家講授。
>
> 太祖時，徵拜博士，出爲趙郡太守，令行禁止，劫資奔竄。

李孝伯的父親李曾的早年就以私學教授爲主、北魏時期才出任官學學官後任職趙郡太守。在北朝時期，這類人不勝枚舉。如北魏時期的張偉「學通諸經，講授鄉里，受業者常數百人」，後入仕「與高允等俱被辟命，拜中書博士」〔註154〕；高允「性好文學，擔笈負書，千里就業，博通經史天文術數，尤好《春秋公羊》」，曾於神䴥三年（公元430年）「還家教授，受業者千餘人」，後入仕「與盧玄等俱被徵，拜中書博士」〔註155〕；梁祚，定居於趙郡之時，「篤志好學，歷治諸經，尤善《公羊春秋》、鄭氏《易》，常以教授。有儒者風，而無當世之才」，後「與幽州別駕平恒有舊，又姊先適范陽李氏，遂攜家人僑居於薊」，後入仕「辟秘書中散，稍遷秘書令」〔註156〕；董徵，「身長七尺二寸，好古學尚雅素」，「數年之中，大義精練，講授生徒」，後入仕「爲四門小學博士」〔註157〕；李鉉「歸養二親，因教授鄉里，生徒恒至數百。燕、趙間能言經者，多出其門」，後「州舉秀才，除太學博士」〔註158〕等。北齊時期的鮑季詳，「甚明《禮》，聽其離文析句，自然大略可解。兼通《左氏春秋》，少時恒爲李寶鼎都講，後亦自有徒眾，諸儒稱之。天統中，卒於太學博士」〔註159〕；張買奴，「經義該博，門徒千餘人。諸儒咸推重之。名聲甚盛。歷太學博士、國子助教，天保中卒」〔註160〕；劉軌思，「說《詩》甚精。少事同郡劉敬和，敬和事同郡程歸則，故其鄉曲多爲《詩》者。軌思，天統中任國子博士」〔註161〕；房暉遠，「世傳儒學。暉遠幼有志行，治『三

〔註154〕《魏書》卷八四《儒林傳·張偉》，第1844頁。

〔註155〕《魏書》卷四八《高允傳》，第1067頁。

〔註156〕《魏書》卷八四《儒林傳·梁祚》，第1844頁。

〔註157〕《魏書》卷八四《儒林傳·董徵》，第1857頁。

〔註158〕《北齊書》卷四四《儒林傳·李鉉》，第585頁。

〔註159〕《北齊書》卷四四《儒林傳·鮑季詳》，第588頁。

〔註160〕《北齊書》卷四四《儒林傳·張買奴》，第588頁。

〔註161〕《北齊書》卷四四《儒林傳·劉軌思》，第588頁。

禮』、『春秋三傳』、《詩》、《書》、《周易》，兼善圖緯，恒以教授爲務。遠方負笈而從者，動以千計」，「齊南陽王綽爲定州刺史，聞其名，召爲博士。周武帝平齊，搜訪儒俊，暉遠首應辟命，授小學下士」〔註162〕；馬光，「少好學，從師數十年，晝夜不息，圖書讖緯，莫不畢覽，尤明『三禮』，爲儒者所宗」，「開皇初，高祖徵山東義學之士，光與張仲讓、孔籠、竇士榮、張黑奴、劉祖仁等俱至，並授太學博士，時人號爲六儒」，「山東『三禮』學者，自熊安生後，唯宗光一人。初教授瀛、博間，門徒千數，至是多負笈從入長安」〔註163〕等。

2、任官時從事私學教授之人

在北朝時期，這類私學的教授者，往往身兼數職，在出任官員的同時又從事私學教授，既從事私學教授，又任官學學官，多是亦官亦師的身份。如北魏時期的清河監伯陽，董徵「年十七，師清河監伯陽，受《論語》、《毛詩》、《周易》」〔註164〕；長樂監伯陽，李彪「初受業於長樂監伯陽，伯陽稱美之」〔註165〕，此二人都有官職在身而從事私學教授。又如刁沖，「學通諸經，偏修鄭說，陰陽、圖緯、算數、天文、風氣之書莫不關綜，當世服其精博」，「後太守范陽盧尚之、刺史河東裴植並徵沖爲功曹、主簿，非所好也，受署而已，不關事務。惟以講學爲心，四方學徒就其受業者歲有數百」〔註166〕，此人雖然擔任官職，然而卻熱心於私學的教授。又如北齊時期的權會，「志尚沈雅，動遵禮則。少受《鄭易》，探賾索隱，妙盡幽微，《詩》、《書》、『三禮』，文義該洽，兼明風角，妙識玄象」，又「參掌雖繁，教授不闕。性甚儒懦，似不能言，及臨機答難，酬報如響，動必稽古，辭不虛發，由是爲儒宗所推。而貴遊子弟慕其德義者，或就其宅，或寄宿鄰家，晝夜承閑，受其學業。會欣然演說，未嘗懈怠」〔註167〕；李同軌，「齊獻武王引同軌在館教諸公子，甚加禮之。每旦入授，日暮始歸。緗素請業者，同軌夜爲說解，四時恒爾，不以爲倦」〔註168〕，此二人在承擔繁重的官職事務的同時又在家中從事私學的教授。

〔註162〕《隋書》卷七五《儒林傳・房暉遠》，第1716頁。
〔註163〕《隋書》卷七五《儒林傳・馬光》，第1717～1718頁。
〔註164〕《魏書》卷八四《儒林傳・董徵》，第1857頁。
〔註165〕《魏書》卷六二《李彪傳》，第1381頁。
〔註166〕《魏書》卷八四《儒林傳・刁沖》，第1858頁。
〔註167〕《北齊書》卷四四《儒林傳・權會》，第592頁。
〔註168〕《魏書》卷八四《儒林傳・李同軌》，第1861頁。

3、辭官後從事私學教授之人

在北朝時期，這類私學教授者的人生履歷呈現出，任官～歸隱～私學教授的發展趨勢。這類人在其仕途終結之時回鄉教授，私學教授只是其晚年的活動。在北齊滅亡之後，很多北齊的官員回鄉教授私學。如鮑長暄，鮑季詳的從弟，「恒在京教授貴遊子弟。齊亡後，歸鄉里講經，卒於家」〔註169〕；杜裕，杜銓的族孫杜景之子，「雖官非貴仕，而文學相傳」，「齊亡，退居教授，終於家」〔註170〕；杜臺卿，「及周武平齊，歸鄉里。以《禮記》、《春秋》講授子弟」〔註171〕等。

4、隱居不仕專門從事私學教授之人

在北朝時期，這類人是最主要的私學教授者，這些人一生以私學教授爲職業，或短暫出任官職，多不願爲官，歸隱從事私學教授。《魏書》卷八四《儒林傳・常爽》：

> 常爽，字仕明，河內溫人，……篤志好學，博聞強識，明習緯候，「五經」百家多所研綜。州郡禮命皆不就。世祖西征涼土，爽與兄仕國歸款軍門，世祖嘉之。賜仕國爵五品，顯美男；爽爲六品，拜宣威將軍。是時，戎車屢駕，征伐爲事，貴遊子弟未遑學術，爽置館溫水之右，教授門徒七百餘人，京師學業，翕然復興。爽立訓甚有勸罰之科，弟子事之若嚴君焉。尚書左僕射元贊、平原太守司馬眞安、著作郎程靈虯，皆是爽教所就。崔浩、高允並稱爽之嚴教，獎屬有方。允曰：「文翁柔勝，先生剛克，立教雖殊，成人一也。」其爲通識歎服如此。……爽不事王侯，獨守閑靜，講肄經典二十餘年，時人號爲「儒林先生」。

由此可見，常爽雖有爵位，卻也不事王侯，專心教授私學，實爲專職的私學教授者。北朝時期，這類私學教授最多，史書中也多有記載。如北魏時期的劉獻之，「本郡舉孝廉，非其好也，逼遣之，乃應命，至京，稱疾而還。高祖幸中山，詔徵典內校書……固以疾辭」，因「四方學者，莫不高其行義而希造其門」，故「獻之著錄，數百而已，皆經通之士」〔註172〕；張吾貴，「每一講唱，門徒

〔註169〕《北齊書》卷四四《儒林傳・鮑季詳附鮑長暄》，第588頁。
〔註170〕《北史》卷二六《杜銓傳附杜裕》，第961頁。
〔註171〕《北史》卷五五《杜弼傳附杜臺卿》，第1991頁。
〔註172〕《魏書》卷八四《儒林傳・劉獻之》，第1850頁。

千數」,「而以辯能飾非,好爲詭說,由是業不久傳,而氣陵牧守,不屈王侯,竟不仕而終」﹝註173﹞,此二人或一時應政府召遣任官,稱疾告歸,或不事王侯,一生以私學教授爲業,實爲專職的私學教授者,號爲一時之儒宗,其門徒也有所稱道。又如徐遵明,「講學於外二十餘年,海內莫不宗仰」,「後廣平王懷聞而徵焉。至而尋退」,是北魏後期重要的私學教授者,一生以私學教授爲業﹝註174﹞。又如北齊時期的熊安生「然專以『三禮』教授。弟子自遠方至者,千餘人,乃討論圖緯,捃摭異聞,先儒所未悟者,皆發明之」﹝註175﹞,雖然也曾任職於北齊、北周的國學,但是他是一生還是主要也私學教授爲主,實際上也是專職從事私學教授之人。除此之外在北朝時期還有許多人從事私學教授,如程玄、麗詮、牛天祐、董道季、王保安、王聰、孫買德、唐遷、鮮于靈馥、李周仁、劉子猛、房蚪、陳達、馮元興、馮偉、劉書等。

值得注意的是,在北朝時期私學的教授者的人生軌跡往往呈現出求學─私學教授─官學教授的趨勢,對於這些人而言私學的教授活動與官學的教授工作是並行不悖的。《魏書》卷八四《儒林傳·劉蘭》:

> 劉蘭,武邑人。年三十餘。始入小學,書《急就篇》。家人覺其聰敏,遂令從師,受《春秋》、《詩》、《禮》於中山王保安。家貧無以自資,且耕且學。三年之後,便白其兄:「蘭欲講書。」其兄笑而聽之,爲立黌舍,聚徒二百。蘭讀《左氏》,五日一遍,兼通「五經」。……瀛州刺史裴植徵蘭講書於州城南館,植爲學主,故生徒甚盛,海內稱焉。又特爲中山王英所重。英引在館,令授其子熙、誘、略等。蘭學徒前後數千,成業者眾,而排毀《公羊》,又非董仲舒,由是見譏於世。

劉蘭的人生就經歷了由求學、設館、在地方官學任教、入元英家教授其子弟的私學與官學教授都有的人生經歷。因而可以得出這一時期的私學教授與官學教授並不是截然分開的,其教授者從事的工作如此,其身份也是無法完全分開的。

(二)北朝時期私學教授者的教學與收入

在北朝時期,私學的教授是一種民間自發的教學行爲,其教學活動深受

﹝註173﹞《魏書》卷八四《儒林傳·張吾貴》,第1851頁。

﹝註174﹞《魏書》卷八四《儒林傳·徐遵明》,第1855頁。

﹝註175﹞《周書》卷四五《儒林傳·熊安生》,第812頁。

社會環境影響，而私學教授的收入也與之密切相關。

1、私學教授者的教學

在北朝時期，私學教授者的教學活動關係到自身的收入情況，因而在實際的教授過程中產生與之相應的教學行爲。從北朝一代大儒徐遵明的私學崛起就可以看出這一時期私學教授者在教學行爲上的特點。

徐遵明是北魏後期最具影響力是私學大師，其私學的發展經歷了幾個重要的階段。《魏書》卷八四《儒林傳·徐遵明》：

> 徐遵明，字子判，華陰人也。身長八尺，幼孤好學。年十七，隨鄉人毛靈和等詣山東求學。至上黨，乃師屯留王聰，受《毛詩》、《尚書》、《禮記》。一年，便辭聰詣燕趙，師事張吾貴。吾貴門徒甚盛，遵明伏膺數月，乃私謂其友人曰：「張生名高而義無檢格，凡所講說，不愜吾心，請更從師。」遂與平原田猛略就範陽孫買德受業。一年，復欲去之。猛略謂遵明曰：「君年少從師，每不終業，千里負帙，何去就之甚？如此用意，終恐無成。」遵明曰：「吾今始知眞師所在。」猛略曰：「何在？」遵明乃指心曰：「正在於此。」乃詣平原唐遷，納之，居於蠶舍。讀《孝經》、《論語》、《毛詩》、「三禮」，不出門院，凡經六年，時彈箏吹笛以自娛慰。又知陽平館陶趙世業家有《服氏春秋》，是晉世永嘉舊本，遵明乃往讀之。復經數載，因手撰《春秋義章》，爲三十卷。

是爲徐遵明的求學階段，也是其私學教授的準備時期。徐遵明通過廣泛的求學積纍了各家學術的特點，又通過自己的研讀，將儒家經典爛熟於心，又通過追訪《服氏春秋》之永嘉舊本，得到不爲他人所通曉的內容，最後通過撰寫《春秋義章》，形成具有自己獨到見解的經學教材，至此完成私學教授的準備工作。然而，《魏書》卷八四《儒林傳·徐遵明》：

> 是後教授，門徒蓋寡，久之乃盛。

可知徐遵明自身名望不高，他的私學最初也面臨著困難。《魏書》卷八四《儒林傳·李業興》：

> 李業興，上黨長子人也。……業興少耿介，志學精力，負帙從師，不憚勤苦，耽思章句，好覽異說。晚乃師事徐遵明於趙魏之間。時有漁陽鮮于靈馥亦聚徒都授，而遵明聲譽未高，著錄尚寡。業興乃詣靈馥黌舍，類受業者。靈馥乃謂曰：「李生久逐羌博士，何所得

也？」業興默爾不言。及靈馥說《左傳》，業興問其大義數條，靈馥
不能對。於是振衣而起曰：「羌弟子正如此耳！」遂便徑還。自此靈
馥生徒傾學而就遵明。遵明學徒大盛，業興之為也。

在弟子李業興的幫助之下，通過詰問經典大義，打擊了當時名望正盛的鮮于
靈馥，擴大了徐遵明的影響，爭取了生源，是為徐遵明私學發展的第二階段，
擴大影響階段。《魏書》卷八四《儒林傳·徐遵明》：

遵明每臨講坐，必持經執疏，然後敷陳，其學徒至今浸以成俗。

遵明講學於外二十餘年，海內莫不宗仰。

此後，徐遵明形成了自己的講授風格，遊走於四方，以至於出現了「每精廬
暫闢，杖策不遠千里；束脩受業，編錄將逾萬人」，「凡是經學諸生，多出自
魏末大儒徐遵明門下」的局面。是為徐遵明私學發展的第三階段。

透過徐遵明的私學發展過程，從中可以看出北朝的時期私學教授者在教
學行為上所呈現出的幾個特點。其一，追求獨樹一幟的教學內容與風格。北
朝以來，私學的教授者在教學內容上追求廣博與專精，在風格上追求各異獨
樹一幟。如在教學內容上，北魏前期的私學教授多是通經教授，而到了後期
在通經教授的同時，也出現了專授一經、或是幾經進行教授的現象。如北齊
時期的熊安生「博通『五經』。然專以『三禮』教授」〔註176〕。這一時期的私
學教授者在從事自己擅長的經典的同時也積極擴大自己的教學範圍。《魏書》
卷八四《儒林傳·張吾貴》：

張吾貴字吳子，中山人也。……曾在夏學，聚徒千數，而不講
《傳》。生徒竊云：「張生之於《左氏》，似不能說。」吾貴聞之，謂
曰：「我今夏講暫罷，後當說《傳》，君等來日，皆當持本。」生徒
怪之而已。吾貴謂劉蘭云：「君曾讀《左氏》，為我一說。」蘭遂為
講。三旬之中，吾貴兼讀杜、服，隱括兩家，異同悉舉。諸生後集，
便為講之，義例無窮，皆多新異，蘭仍伏聽。學者以此益奇之。

張吾貴就在積極拓展自己的教學領域。又如教學風格上，在北朝時期出現了
幾種截然不同的教學風格。張偉「學通諸經，講授鄉里，受業者常數百人。
儒謹泛納，勤於教訓，雖有頑固不曉，問至數十，偉告喻殷勤，曾無慍色。
常儀附經典，教以孝悌，門人感其仁化，事之如父。性恬平，不以夷險易操，

〔註176〕《周書》卷四五《儒林傳·熊安生》，第812頁。

清雅篤慎，非法不言」〔註177〕，而常爽「立訓甚有勸罰之科，弟子事之若嚴君焉」〔註178〕，此二人的教學風格迥異。而張吾貴「辯能飾非，好爲詭說，由是業不久傳」，迎合社會風潮，追求學術上的異說達到了極點，最終是徐遵明的講授方式、風格贏得了學者的遵從、社會的認可。其二，通過各種方式，擴大影響。私學教授者往往通過各種方式，來擴大自身的影響。如《魏書》卷八四《儒林傳·劉蘭》：

> 先是張吾貴以聰辨過人，其所解說，不本先儒之旨。唯蘭推
> 《經》、《傳》之由，本注者之意，參以緯候及先儒舊事，甚爲精悉。
> 自後經義審博，皆由於蘭。蘭又明陰陽，博物多識，爲儒者所宗。

在劉蘭擴大影響的過程中張吾貴就起到了十分重要的作用。而李業興的故事則不失爲一個打擊競爭對手，擴大自身影響的一個極端的例子。其三，遊走於四方，廣收門徒。在北朝時期，一些著名的私學教授者，往往以各地的學館爲基點，四處遊走，廣收門徒。如《魏書》卷六九《崔休傳》記載：

> 時大儒張吾貴有盛名於山東，四方學士咸相宗慕，弟子自遠而
> 至者恒千餘人。生徒既眾，所在多不見容。休乃爲設俎豆，招延禮
> 接，使肄業而遠，儒者稱爲口實。

由此可見，張吾貴遊走四方之時的盛況。

2、私學教授者的收入

北朝時期私學教授者的收入主要來源於門徒所提供的束脩。束脩本是一種儒學教授之初師生相見之禮儀，然而對於私學而言，束脩卻是教學者最爲重要的收入來源。故《論語》有云：「自行束脩以上，吾未嘗無誨焉。」〔註179〕最初之束脩之禮很輕〔註180〕，卻十分隆重。

在北朝時期私學的教授過程中是收取束脩的。《魏書》卷八四《儒林傳·劉獻之》：

> 時人有從獻之學者，獻之輒謂之曰：「人之立身，雖百行殊途，

〔註177〕《魏書》卷八四《儒林傳·張偉》，第 1844 頁。
〔註178〕《魏書》卷八四《儒林傳·常爽》，第 1848 頁。
〔註179〕《論語·述而》，見程樹德：《論語集注》，中華書局 1990 年版，第 445 頁。
〔註180〕《四書章句》：「脩，脯也。十脡爲束。古者相見，必執贄以爲禮，束脩其至薄者。蓋人之有生，同具此理，故聖人之於人，無不欲其入於善。但不知來學，則無往教之禮，故苟以禮來，則無不有以教之也。」故云禮輕。參考朱熹：《四書章句》，中華書局 1983 年版，第 94～95 頁。

> 準之四科，要以德行爲首。君若能入孝出悌，忠信仁讓，不待出戶，
> 天下自知。儻不能然，雖復下帷針股，躡蹻從師，正可博聞多識，
> 不過爲土龍乞雨，眩惑將來，其於立身之道有何益乎？孔門之徒，
> 初亦未悟，見旱魚之歎，方歸而養親。嗟乎先達，何自覺之晚也！
> 束脩不易，受之亦難，敢布心腹，子其圖之。」由是四方學者，莫
> 不高其行義而希造其門。

劉獻之重視求學者的德行修養，認爲「束脩不易，受之亦難，敢布心腹，子其圖之」，勸退登門求學者。《北史》卷八四《儒林傳・徐遵明》：

> 遵明講學於外，二十餘年，海內莫不宗仰。頗好聚斂，與劉獻
> 之、張吾貴皆河北聚徒教授，懸納絲粟，留衣物以待之，名曰影質，
> 有損儒者之風。

徐遵明這樣的私學大家束脩的價值也是十分不菲的，其「懸納絲粟，留衣物以待之」，稱之爲「影質」。而此時束脩的物質也以絲、粟爲主，不僅僅是一種禮儀的儀式。

然而值得注意的是，這一時期既存在劉獻之這樣體恤求學者，又有馮偉「門徒束脩，一毫不受。耕而飯，蠶而衣，簞食瓢飲，不改其樂，竟以壽終」〔註181〕，這些淡泊名利、安於貧困的私學教授者。

在北朝時期，赴世家大族家中教授的私學教授者也會收取相應的費用，作爲自己的收入。《魏書》卷一九上《景穆十二王上・陽平王新成傳附元欽》：

> 欽曾託青州人高僧壽爲子求師，師至，未幾逃去。欽以讓僧壽
> 僧。壽性滑稽，反謂欽曰：「凡人絕粒，七日乃死，始經五朝，便爾
> 逃遁，去食就信，實有所闕。」欽乃大慚，於是待客稍厚。

元欽延請私學教授者教授子弟，卻十分吝嗇，導致教授者逃走。這說明當時延師在家教學是需要給予教授者一定的報酬的。這也構成了私學教授者的收入來源。

第二節　北朝學校的諸生

在北朝時期，求學的學生往往被統稱爲諸生。然而在不同的語境下，諸生的含義也有所不同。首先，諸生可以指代在官學中求學之人。《魏書》卷八

〔註181〕《北齊書》卷四四《儒林傳・馮偉》，第 588 頁。

二《祖瑩傳》：

> 尤好屬文，中書監高允每歎曰：「此子才器，非諸生所及，終當遠至。」

這裏的諸生就是指代中央官學中書學的學生。《魏書》卷九一《術藝傳·王顯》：

> 始，顯布衣爲諸生，有沙門相顯後當富貴，誡其勿爲吏官，吏官必敗。

這裏的諸生就是指代學習醫學的學生。

其次，諸生也可以指代在地方官學中求學之人。《北齊書》卷二四《杜弼傳》：

> 弼幼聰敏，家貧無書，年十二，寄郡學受業，講授之際，師每奇之。同郡甄琛爲定州長史，簡試諸生，見而策問，義解閑明，應答如響，大爲琛所歎異。

《周書》卷三九《辛慶之傳附辛昂》：

> 昂到縣，便與諸生祭文翁學堂，因共歡宴。謂諸生曰：「子孝臣忠，師嚴友信，立身之要，如斯而已。若不事斯語，何以成名。各宜自勉，克成令譽。」昂言切理至，諸生等並深感悟，歸而告其父曰：「辛君教誡如此，不可違之。」於是井邑肅然，咸從其化。

這裏的諸生就是指代地方官學中的學生。

再次，諸生也可以指代在私學中求學之人。《魏書》卷八四《儒林傳·張吾貴》：

> 三旬之中，吾貴兼讀杜、服，隱括兩家，異同悉舉。諸生後集，便爲講之，義例無窮，皆多新異。蘭乃伏聽。學者以此益奇之。

《周書》卷三八《呂思禮傳》：

> 年十四，受學於徐遵明。長於論難。諸生爲之語曰：「講《書》論《易》，其鋒難敵。」

這裏的諸生就是指代私學中的學生。

此外，諸生一詞也可以泛指研習儒學之人。《魏書》卷八四《儒林傳·劉獻之》：

> 魏承喪亂之後，「五經」大義雖有師說，而海內諸生多有疑滯，咸決於獻之。

《北齊書》卷四四《儒林傳》：

　　　　凡是經學諸生，多出自魏末大儒徐遵明門下。

這裏的諸生就是指代研習經學的儒生。

　　更多時候，諸生用於指代求學之人，是一種身份的象徵。《魏書》卷八四《儒林傳・刁沖》：

　　　　沖免喪後，便志學他方，高氏泣涕留之，沖終不止。雖家世貴達，乃從師於外，自同諸生。於時學制，諸生悉日直監廚，沖雖有僕隸，不令代己，身自炊爨。

這裏的諸生則是泛指求學之人。《魏書》卷六五《李平傳附李諧》記載李諧自述云：

　　　　竊自託於諸生，頗馳騁於文史。

　　又《北齊書》卷四四《儒林傳・張雕》：

　　　　曾雕與侍中崔季舒等諫帝幸晉陽，長鸞因譖之，故俱誅死。臨刑，帝令段孝言詰之。雕致對曰：「臣起自諸生，謬被抽擢，接事累世，常蒙恩遇，位至開府、侍中，光寵隆洽。每思塵露，微益山海，今者之諫，臣實首謀，意善功惡，無所逃死。伏願陛下珍愛金玉，開發神明，數引貫誼之倫，論說治道，令聽覽之間，無所擁蔽，則臣雖死之日，猶生之年。」歔欷流涕，俯而就戮，侍衛左右莫不憐而壯之，時年五十五。

這裏李諧與張雕都自稱諸生，指代其求學的生涯。值得注意的是在文獻中，諸生在更多的時候只是一般求學的代名詞。《魏書》卷三三《公孫表傳》：

　　　　公孫表，字玄元，燕郡廣陽人也。遊學爲諸生。

《周書》卷一四《賀拔念賢傳》：

　　　　爲兒童時，在學中讀書，有善相者過學，諸生競詣之，賢獨不往。笑謂諸生曰：「男兒死生富貴在天也，何遽相乎。」

《周書》卷三五《薛善傳附薛愼》：

　　　　愼字佛護，好學，能屬文，善草書。……太祖於行臺省置學，取丞郎及府佐德行明敏者充生。悉令旦理公務，晚就講習，先六經，後子史。又於諸生中簡德行淳懿者，侍太祖讀書。愼與李璨及隴西李伯良、辛韶，武功蘇衡，譙郡夏侯裕，安定梁曠、梁禮，河南長孫璋，河東裴舉、薛同，滎陽鄭朝等十二人，竝應其選。又以愼爲學師，以知諸生課業。

都是用諸生來指代求學之人。在文獻中也存在這弟子、門徒這類詞彙也可以指代求學之人，然而都不如諸生合適，因而，此處選用諸生來論述北朝時期求學者的情況。在北朝時期，各類求學之人所構成的諸生群體作爲學校教育中的主體之一，是值得研究的。

一、北朝時期的官學諸生

北朝時期的官學諸生，是在官學之中求學之人。這一時期官學之中諸生的類型、入學、求學、仕進以及師生關係等問題等是值得探討的。

（一）官學諸生的類型

在北朝的官學體系下，包括由國子學（中書學）、太學、四門學構成的中央官學和州、郡、縣的地方官學，各類學生根據求學之學校不同、內容差異而有所不同，現就相關材料探究北朝官學中諸生的類型。

1、中央官學中的諸生

在北朝時期按照諸生求學的學校的不同，中央官學之中存在著中書學生、國子學生、露門學生、太學生、四門學生等幾類學生。

中書學生，北魏前期就讀於中書學的求學者。中書學生的稱謂源於中書學的設置。北魏明元帝時期創立中書學，至孝文帝時期改中書學爲國子學，在此期間內，在中書學求學之人，都稱之爲中書學生，史書屢見不鮮。（北朝時期的中書學生詳見附表八）

國子學生，北朝時期國子學中的求學者。國子學生的稱謂源於國子學的設立。《南齊書》卷九《禮志上》：

> 晉初太學生三千人，既多猥雜，惠帝時欲辯其涇渭，故元康三
> 年始立國子學，官品第五以上得入國學。

可知西晉元康三年（公元 293 年）開始國子學按照官品第五以上的標準招收學生。又《晉書》卷二七《五行志上》：

> 太元十年正月，國子學生因風放火，焚房百餘間。

國子學中的學生稱之爲國子學生。十六國時期，國子學的設置得到了延續。北魏道武帝天興二年三月（公元 399 年），「初令五經諸書各置博士，國子學生員三十人」〔註182〕。後明元帝改設中書學，直至孝文帝時期，復改中書學

〔註182〕《魏書》卷一一三《官氏志》，第 2972 頁。

爲國子學。北朝時期，在國子學中求學之人，都可以稱之爲國子學生，史書中也是多有記載。

　　露門學生（露門生），北周六官改革後，露門學中的求學者。北周武帝天和二年（公元 567 年）七月甲辰，「立露門學，置生七十二人」〔註183〕。露門學所屬之學生七十二人，或可稱之爲露門學生（露門生）。這類人史書中亦不乏記載。

　　太學生，北朝時期太學中的求學者。太學生的稱謂源於太學的設立。《漢書》卷八八《儒林傳》：「太常擇民年十八以上儀狀端正者，補博士弟子。」據此可知，在西漢太學設立之初已經有了博士弟子的說法。又《後漢書》卷八《孝靈帝紀》：「試太學生年六十以上百餘人，除郎中、太子舍人至王家郎、郡國文學吏」。東漢時期就已經有了太學生的說法。魏晉以來，太學中求學之人都以太學生稱之。如嵇康之臨刑，「太學生三千人請以爲師，弗許」〔註184〕；司馬倫之篡位，「太學生年十六以上及在學二十年，皆署吏」〔註185〕。十六國時期，延續了這一稱謂。如後趙石勒「命郡國立學官，每郡置博士祭酒二人，弟子百五十人，三考修成，顯升臺府。於是擢拜太學生五人爲佐著作郎，錄述時事」〔註186〕；南燕慕容德「建立學官，簡公卿已下子弟及二品士門二百人爲太學生」〔註187〕。北魏建國之初，「太祖初定中原，雖日不暇給，始建都邑，便以經術爲先，立太學，置五經博士生員千有餘人」；太武帝「始光三年春，別起太學於城東」〔註188〕。北朝時期，在太學之中求學之人，都以太學生稱之，史書中十分常見。（北朝時期的國子學生與太學生詳見附表九）

　　四門學生，北朝時期四門小學之中的求學者。稱謂源於四門小學的設立。《隋書》卷二七《百官志中》記載北齊的制度云：

　　　　國子寺，掌訓教冑子。……四門學博士二十人，助教二十人，學生三百人。

據此可知，按照北齊的制度規定，四門學中當設學生三百人，參照後世的稱謂，應以四門學生稱之。然而在北齊時期，「國學博士徒有虛名，唯國子一學，

〔註183〕《周書》卷五《武帝紀上》，第 74 頁。
〔註184〕《晉書》卷四九《嵇康傳》，第 1374 頁。
〔註185〕《晉書》卷五九《趙王倫傳》，第 1601～1602 頁。
〔註186〕《晉書》卷一○五《石勒載記下》，第 2751 頁。
〔註187〕《晉書》卷一二七《慕容德載記》，第 3168 頁。
〔註188〕《魏書》卷八四《儒林傳》，第 1841 頁。

生徒數十人耳」〔註189〕，現實與制度規定還是存在著一定差距的。

其次，探討太常卿及其它部門所屬之諸生的類型。在北朝時期，一些專門的學校是不屬於國子祭酒管轄下的中央官學系統的，他們或隸屬於太常卿，或隸屬於大理寺等九卿系統，亦或是隸屬於內廷系統。在這些學校中求學之人，或按照其求學內容的差異，而構成了幾種獨特的學生類型。

書生，太常所轄之諸生，學習書學。北魏時期，江式在其上書中曾經提到「所須之書，乞垂敕給；並學士五人嘗習文字者，助臣披覽；書生五人，專令抄寫」，希望國家可以爲其編書提供條件，這裏就涉及到了書生這類人。

醫生，太常所轄之諸生，學習醫學。《唐六典》卷一四《太常寺》記載唐代太醫署中所轄之職官中有藥園生、醫生、針生、按摩生、咒禁生等諸生，並爲在太醫署中求學之人。前引《魏書》卷八《宣武帝紀》：「可敕太常，於閒敞之處，別立一館，使京畿內外疾病之徒，咸令居處。嚴敕醫署，分師療治，考其能否，而行賞罰。」北魏時期設有醫館，隸屬於太常。《隋書》卷二七《百官志中》記載北齊設有太醫署，其下也應有求學之人。又《唐六典》卷一四《太常寺》注文：「後周醫正有醫生三百人。」北周時期也有醫生的存在，至於太醫署中其它諸生，未見記載。

卜筮生，太常所轄之諸生，《唐六典》卷一四《太常寺》記載唐代太卜署中有卜筮生四十五人。據其下注文云「隋有卜生四十人、筮生三十人」可知，卜生、筮生隋代設置，北朝時期是否存在，史料所限，無法推斷。

算生，學習算學之人。北魏時期設有算生，敦煌龍勒人范紹「太和初，充太學生，轉算生，頗涉經史」〔註190〕，孝文帝前《職員令》中有尙書算生和諸寺算生〔註191〕，算生在中央各部門中都有設置。

律學生，學習律學之人。後秦姚興曾「立律學於長安，召郡縣散吏以授之」〔註192〕，教授的對象爲地方上的官吏。《唐六典》卷二十一《國子監》中記載有「律學博士掌教文武官八品已下及庶人子之爲生者，以《律》、《令》爲專業，《格》、《式》、《法例》亦兼習之。其束脩之禮，督課、試舉，如三館博士之法」，此爲唐代律學教授情況。而北朝時期設有律博士隸屬於大理寺，

〔註189〕《北齊書》卷四四《儒林傳》，第 582 頁。
〔註190〕《魏書》卷七九《范紹傳》，第 1755 頁。
〔註191〕《魏書》卷一一三《官氏志》，第 2992 頁。
〔註192〕《晉書》卷一一七《姚興載記上》，第 2980 頁。

史書雖然沒有記載其學生設置情況。然而在北齊時期「法令明審，科條簡要，又敕仕門之子弟，常講習之。齊人多曉法律，蓋由此也」〔註193〕，說明這一時期學習律學之人是十分常見的。

東宮學生與宮學生，隸屬於北魏內廷系統之求學者。前秦苻堅曾於宮中「置典學，立內司，以授於掖庭，選閹人及女隸敏慧者署博士以授經」〔註194〕，在內廷系統設學。北魏時期，王魏誠「爲東宮學生，拜給事中，賜爵中都侯，加龍驤將軍」〔註195〕，是爲北朝時期的東宮學生。穆伯智「八歲侍學東宮，十歲拜太子洗馬、散騎侍郎」；穆紹「九歲，除員外郎，侍學東宮，轉太子舍人」，此二人皆爲侍學東宮之人。另據前引墓誌材料可知，北魏時期宮廷之中設有學生，有宮學生這樣的說法。〔註196〕（北朝時期的官學之中的其它學生詳見附表十）

2、地方官學中的諸生

北朝時期，地方上州、郡、縣各級均設有官學。地方官學體系以郡一級爲主，設有太學。《隋書》卷二七《百官志中》：

> 上上郡太守，屬官有……太學博士，助教，太學生……等員。

據此可知，北齊時期在郡一級地方太學之中求學之人，也稱之爲太學生。至於縣學之生徒，限於材料，待考。

（二）官學諸生的入學

在北朝時期，官學諸生的入學存在著一定的入學標準和入學年限。這構成了官學的入學制度，對這一時期官學教育的發展具有十分重要的影響。

1、官學諸生的入學標準

自西漢設立太學以來，官學諸生都有一定的入學標準。《漢書》卷八八《儒林傳》：

> 太常擇民年十八以上儀狀端正者，補博士弟子。郡國縣官有好
> 文學，敬長上，肅政教，順鄉里，出入不悖，所聞，令相長丞上屬
> 所二千石。二千石謹察可者，常與計偕，詣太常，得受業如弟子。

〔註193〕《隋書》卷二五《刑法志》，第706頁。
〔註194〕《晉書》卷一一三《苻堅載記上》，第2897頁。
〔註195〕《魏書》卷九三《恩倖傳·王叡附王魏誠》，第1995頁。
〔註196〕參考馬立軍：《北魏「宮學生」考》，《中國史研究》2011年第2期，第90頁。

此時太學生的入學標準還沒有考慮諸生的家世背景。然而隨著太學規模的擴大，魏晉時期太學生人數眾多，出現了「博士選輕，諸生避役」的現象，因而劉靖提出「宜高選博士，取行為人表，經任人師者，掌教國子。依遵古法，使二千石以上子孫，年從十五，皆入太學」的建議〔註197〕。西晉武帝泰始八年（公元272年），有司奏：「太學生七千餘人，才任四品，聽留」，出現了提高太學生標準的建議，後國家規定「已試經者留之，其餘遣還郡國。大臣子弟堪受教者，令入學」〔註198〕。西晉國子學設立，就伴隨著嚴格的入學標準。《南齊書》卷九《禮志上》：

> 晉初太學生三千人，既多猥雜，惠帝時欲辯其涇渭，故元康三
> 年始立國子學，官品第五以上得入國學。

西晉元康三年（公元293年）開始國子學按照官品第五以上的標準招收學生。至此，國子學形成了以諸生的家世背景為基礎的入學標準。十六國時期，北方各國官學諸生的入學標準各有不同。如前趙劉曜「立太學於長樂宮東，小學於未央宮西，簡百姓年二十五已下十三已上，神志可教者千五百人，選朝賢宿儒明經篤學以教之」〔註199〕。前趙的入學標準就非常寬泛。然而這一時期的後趙、前燕、北燕、南燕等國的入學標準都局限在貴冑子弟。如南燕慕容德「建立學官，簡公卿已下子弟及二品士門二百人為太學生」〔註200〕。南燕的入學標準對於諸生家世背景上的要求是很高的。

　　北朝時期官學諸生的入學標準也是以家世背景為主要要的依據。以中央的中央官學的入學標準更為嚴格。首先，北魏初年，太學的選拔標準不高，卻也考慮了諸生的家世出身。北魏道武帝時期，「立太學，置五經博士生員千有餘人」〔註201〕，又「增國子太學生員三千人」〔註202〕，又「初令五經諸書各置博士，國子學生員三十人」〔註203〕，從此時太學千餘人到三千人的規模可知，此時的太學選拔標準是很低的。然而這一時期太學生的選拔還是考慮了家世出身標準。如張昭「天興中，以功臣子為太學生」〔註204〕。北魏太武

〔註197〕《三國志》卷十五《魏書・劉馥傳附劉靖》，第464頁。
〔註198〕《宋書》卷十四《禮志一》，第356頁。
〔註199〕《晉書》卷一〇三《劉曜載記》，第2688頁。
〔註200〕《晉書》卷一二七《慕容德載記》，第3168頁。
〔註201〕《魏書》卷八四《儒林傳》，第1841頁。
〔註202〕《魏書》卷二《道武帝紀》，第35頁。
〔註203〕《魏書》卷一一三《官氏志》，第2972頁。
〔註204〕《魏書》卷三三《張蒲傳附張昭》，第779頁。

帝太平眞君五年詔書中有「自王公已下至於卿士，其子息皆詣太學」〔註205〕這樣的內容，也可知此時的太學之中也會充斥著貴族子弟。其次，北魏前期中書學的入學標準要更爲嚴格。《魏書》卷五三《李孝伯傳附李安世》：「興安二年，高宗引見侍郎、博士之子，簡其秀俊者欲爲中書學生。」這說明，文成帝是從侍郎、博士的子弟中選拔中書學生。《魏書》卷三三《谷渾傳》：

> 渾正直有操行，性不苟合，趣舍不與己同者，視之蔑如也。然反重舊故，不以富貴驕人，時人以此稱之。在官廉直，爲世祖所器重，詔以渾子孫十五以上，悉補中書學生。

谷渾的子孫就是因爲谷渾的庇祐而入中書學。再次，北魏後期國子學也存在著嚴格的入學標準。北魏孝明帝「神龜中，將立國學，詔以三品已上及五品清官之子以充生選。未及簡置，仍復停寢」〔註206〕，國子學的入學標準以三品以上官員之子、五品以上清官之子這樣的家世出身爲標準。北朝中央官學對於諸生的選拔標準對後世產生了十分深遠的影響。《唐六典》卷二一《國子監》：

> 國子博士掌教文武官三品已上及國公子、孫、從二品已上曾孫之爲生者……太學博士掌教文武官五品已上及郡・縣公子、孫、從三品曾孫之爲生者……四門博士掌教文武官七品已上及侯、伯、子、男子之爲生者，若庶人子爲俊士生者。

這表明，唐朝時期的國子學、太學與四門小學中諸生也是在對生徒的家世背景進行嚴格區分的基礎上制訂的入學標準。

北朝時期，地方官學的入學標準也是以家世背景爲主要依據。《魏書》卷四八《高允傳》記載高允的上表云：

> 學生取郡中清望，人行修謹、堪循名教者，先盡高門，次及中第。

這裏提及北魏時期地方官學諸生的入學標準。地方官學諸生入學在選擇「郡中清望，人行修謹、堪循名教者」，這樣的才學標準的同時，也要先選擇高門子弟、其後是中第人家，考慮家世出身標準。

2、官學諸生的入學年限

儒家典籍之中就有對於入學年限的論述〔註207〕。及至秦漢時期設立太

〔註205〕《魏書》卷四下《太武帝紀下》，第97頁。
〔註206〕《魏書》卷八四《儒林傳》，第1842頁。
〔註207〕《大戴禮記・保傅》：「古者年八歲而出就外舍，學小藝焉，履小節焉。束髮而就大學。」漢人遵從此說，故《白虎通義》卷四《辟雍》：「古者所以年十五入太學何？以爲八歲毀齒，始有識知，入學學書計。七八十五，陰陽備，

學，「太常擇民年十八以上儀狀端正者，補博士弟子」〔註208〕，以十八歲爲入太學求學的年限，然而後漢以來，諸生入學各隨時宜，多不以十八爲限。這種現象經由魏晉十六國時期延續到了北朝時期。

北朝時期官學諸生的入學，根據所在學校的差異，入學年限上也有所不同。首先，北魏前期的中書學的入學年限多在十一至十五歲之間。如《魏書》卷五三《李孝伯傳附李安世》：

> 興安二年，高宗引見侍郎、博士之子，簡其秀儁者欲爲中書學生。安世年十一，高宗見其尚小，引問之。安世陳說父祖，甚有次第，即以爲學生。高宗每幸國學，恒獨被引問。詔曰：「汝但守此至大，不慮不富貴。」

這表明，李安世十一歲就入中書學求學，這個年齡入中書學算是非常早了，並非一般性的規定。又《魏書》卷八二《祖瑩傳》：

> 瑩年八歲，能誦《詩書》，十二爲中書學生。好學耽書，以晝繼夜，父母恐其成疾，禁之不能止，常密於灰中藏火，驅逐僮僕，父母寢睡之後，燃火讀書，以衣被蔽塞窗戶，恐漏光明，爲家人所覺。由是聲譽甚盛，內外親屬呼爲「聖小兒」。

祖瑩十二歲入中書學求學，這也是比較早的，因其早年十分聰慧，聲譽很高，其入學也非一般性的規定。史籍中記載有十三歲入中書學求學者。如韋纘「年十三，補中書學生，聰敏明辯，爲博士李彪所稱」；裴修「年十三，補中書學生，遷秘書中散，轉主客令」。又《魏故華州別駕楊府君墓誌銘》：

> 君諱穎，字惠哲，弘農華陰潼鄉習仙里人也。……高祖孝文皇帝初建壁雍，選入中書學生。及登庠序，才調秀逸。少立愛道之名，長荷彌篤之稱。春秋代易，而志業不移，錄三王魏晉書記爲卅卷，

故十五成童志明，入太學，學經術」。然而，《禮記·內則》：「子能食食。教以右手。能言。男唯女俞。男鞶革。女鞶絲。六年。教之數與方名。七年。男女不同席。不共食。八年。出入門戶。及即席飲食。必後長者。始教之讓。九年。教之數日。十年。出就外傅。居宿於外。學書記。衣不帛襦褲。禮帥初。朝夕學幼儀。請肄簡諒。十有三年。學樂誦詩。舞勺。成童。舞象。學射御。二十而冠。始學禮。可以衣裘帛。舞大夏。惇行孝悌。博學不教。內而不出」，諸說各不相同。參考王聘珍：《大戴禮記解詁》，中華書局1983年版，第60頁；陳立：《白虎通疏證》，中華書局1994年版，第253頁；孫希旦：《禮記集解》，中華書局1989年版，第768～773頁。

〔註208〕《漢書》卷八八《儒林傳》，第3594頁。

皆傳於世。……春秋卅有八，以永平四年歲次辛卯五月丙申朔廿七
日壬戌卒於京師依仁里第。〔註209〕

楊穎仕永平四年（公元 551 年）去世享年二十八歲，他是在孝文帝興建辟雍
之時入中書學，而孝文帝與太和十年（公元 486 年）「九月辛卯，詔起明堂、
辟雍」，由此可以推斷楊穎入中書學時也是十三歲。在這個年齡入中書學求學
的就相對要多一些了。《魏書》卷三三《谷渾傳》：

渾正直有操行，性不苟合，趣舍不與己同者，視之蔑如也。然
反重舊故，不以富貴驕人，時人以此稱之。在官廉直，爲世祖所器
重，詔以渾子孫十五以上，悉補中書學生。

這說明，在北魏前期十五入中書學或爲一般性的規定，出於對谷渾的器重，
他的子孫十五以上的都入中書學求學。

其次，北朝時期的國子學入年限，也應是在十五歲左右。如李騫「十四，
國子學生，以聰達見知」〔註210〕，比較接近於一般性的規定。《魏故龍驤將軍
太常少卿元君墓誌銘》：

君諱悛，字士愉，河南洛陽人也。昭成皇帝之七世孫。年七歲
召爲國子學生，即引入侍書。〔註211〕

元悛七歲就入國子學求學了。這裏元悛以其宗室的緣故，因而入國子學非常
的早，應非一般性的規定。

再次，北朝時期的太學入學年限也應是在十五歲左右。如韓興宗「好學，
有文才。年十五，受道太學」〔註212〕。徐之才「年十三，召爲太學生，粗通
《禮》、《易》」〔註213〕，因爲他來自於南朝，所以入學要早一些。

此外，北朝時期據墓誌記載有宮學生，十一歲入學。《魏故宮御作女尙書
馮（迎男）女郎之誌》：

女郎姓馮，諱迎男，西河介人也。父顯，爲州別駕。因鄉曲之
難，家沒奚官。女郎時年五歲，隨母配宮。……年十一，蒙簡爲宮
學生，博達墳典，手不釋卷。聰穎洞鑒，朋中獨異。〔註214〕

〔註209〕趙超：《漢魏南北朝墓誌彙編》，天津古籍出版社 2008 年版，第 61 頁。
〔註210〕《魏書》卷三六《李順傳附李騫》，第 836 頁。
〔註211〕趙超：《漢魏南北朝墓誌彙編》，天津古籍出版社 2008 年版，第 231 頁。
〔註212〕《魏書》卷六○《韓麒麟傳附韓興宗》，第 1333 頁。
〔註213〕《北齊書》卷三三《徐之才傳》，第 444 頁。
〔註214〕趙超：《漢魏南北朝墓誌彙編》，天津古籍出版社 2008 年版，第 123 頁。

馮迎男在宮中於十一歲時選爲宮學生求學，然而僅見此唯一記載，對宮學生入學年限的具體規定待考。

（三）官學諸生的求學

在北朝時期官學諸生在求學過程中，也存在著一些諸如學習生活方面的具體規定，是值得探討的。

1、官學諸生的學習期限

北朝時期對於官學諸生的學習期限有著明確的規定。《唐六典》卷二十一《國子監》：

> 主簿掌印，勾檢監事。凡六學生有不率師教者，則舉而免之。
>
> 其頻三年下第，九年在學及律生六年無成者，亦如之。

據此，在唐代國子監主簿負責淘汰不合格的學生，而主簿一職在北齊時期就已經有所設置，進而可知在北朝時期對於官學諸生的求學也有一定的年限設置。北魏時期，中書學的學習年限是比較長的。《魏書》卷五三《李沖傳》：

> 顯祖末，爲中書學生，沖善交遊，不妄戲雜，流輩重之。高祖
>
> 初，以例遷秘書中散，典禁中文事，以修整敏惠，漸見寵待。

李沖在獻文帝末期作爲中書學生求學，孝文帝初年就任職秘書中散了，李沖去世於太和二十二年（公元 498 年），若按照十五歲入中書學求學，應是獻文帝皇興元年（公元 467 年），如果是在孝文帝即位之初的延興元年（公元 471 年）任職秘書中散，那麼他在中書學中求學的時間大約是五年左右。《魏書》卷五三《李孝伯傳附李安世》：

> 興安二年，高宗引見侍郎、博士之子，簡其秀儁者欲爲中書學
>
> 生。安世年十一，高宗見其尚小，引問之。安世陳說父祖，甚有次
>
> 第，即以爲學生。……居父憂以孝聞。天安初，拜中散，以溫敏敬
>
> 慎，顯祖親愛之。

李安世興安二年（公元 453 年）十一歲入中書學求學，直至天安初才拜中散，若以天安元年（公元 466 年）算，此時他已經二十四歲了，在中書學的時間長達十三年之久，期間他的父親去世，以古人守喪三年計算，期間也長達十年。若以十五歲入學爲一般之制，正常的求學年限當時六年左右。這表明，中書學的一般求學年限應是五、六年左右。而《唐六典》所述的九年應是中央官學諸生學習年限的上限。

2、官學諸生的學習生活

北朝時期對於官學諸生的學習生活也有規定。首先，北朝時期在一定的情境之下對於諸生服飾是有所規定的。《周書》卷二四《斛斯徵傳》：「後高祖以治經有師法，詔令教授皇太子。宣帝時爲魯公，與諸皇子等咸服青衿，行束脩之禮，受業於，仍並呼爲夫子。儒者榮之。」在實行束脩之禮時，諸生都穿著青衿。

其次，這一時期的諸生需要「日直監廚」，安排飲食起居。《魏書》卷八四《文苑傳・刁沖》：

> 雖家世貴達，乃從師於外，自同諸生。於時學制，諸生悉日直
> 監廚，沖雖有僕隸，不令代己，身自炊爨。

刁沖本人就親自下廚，安排飲食。由此亦可知，這一時期諸生在求學之時往往攜帶奴僕幫助料理個人生活。又《魏書》卷六八《甄琛傳》：

> 琛少敏悟，閨門之內，兄弟戲狎，不以禮法自居。頗學經史，
> 稱有刀筆。而形貌短陋，眇風儀。舉秀才。入都積歲，頗以弈棋棄
> 日，至乃通夜不止。手下蒼頭常令秉燭，或時睡頓，大加其杖，如
> 此非一。奴後不勝楚痛，乃白琛曰：「郎君辭父母，仕宦京師，若爲
> 讀書執燭，奴不敢辭罪，乃以圍棋，日夜不息，豈是向京之意？而
> 賜加杖罰，不亦非理！」琛惕然慚感，遂從許睿、李彪假書研習，
> 聞見益優。

甄琛在求學之時就有奴僕跟隨。

再次，北朝時期，中央官學之中爲諸生提供住宿的場所。《魏書》卷八二《祖瑩傳》：

> 時中書博士張天龍講《尚書》，選爲都講。生徒悉集，瑩夜讀書，
> 勞倦不覺天曉。催講既切，遂誤持同房生趙郡李孝怡《曲禮》卷上
> 座。博士嚴毅，不敢還取，乃置《禮》於前，誦《尚書》三篇，不
> 遺一字。講罷，孝怡異之，向博士說，舉學盡驚。

這說明，祖瑩就與趙郡的李孝怡居住在一起。

此外，值得注意的是，這一時期的諸生多喜好車服華盛，生活奢靡。《周書》卷三八《柳虯傳》：

> 柳虯字仲蟠，司會慶之兄也。年十三，便專精好學。時貴遊子
> 弟就學者，並車服華盛，唯虯不事容飾。

據此可知，北周時期貴遊子弟求學之時，出行之車，所衣之服都十分奢華。

3、官學諸生的待遇變化

在北朝後期官學諸生不再享受免役的特權。西漢「元帝好儒，能通一經者復。……於是增弟子員三千人。歲餘，復如故」[註215]，太學生可以享受「復其身」的待遇，得以免役。這種政策延續到了魏晉時期以至於出現了「博士選輕，諸生避役」的現象。[註216] 然而，在北朝時期，《北齊書》卷四四《儒林傳》：

> 齊制諸郡並立學，置博士助教授經，學生俱差逼充員，士流及豪富之家皆不從調。備員既非所好，墳籍固不關懷，又多被州郡官人驅使。

北齊的地方官學之中，學生都是差逼充員。還常被州郡長官驅使。這種現象和魏晉時期形成了鮮明的對比。官學諸生身份、待遇的降低也是這個時期學校教育發展困難的一個重要的原因。

（四）官學的師生關係

北朝時期官學之中的師生關係其實質是一種政府官員之間的關係。師生之間存在一定師生之誼的同時，更多的體現爲上下級的關係。

1、官學師生的政治聯繫

在北朝時期，官學之中博士與諸生之間的政治聯繫更爲緊密。北朝時期的官學諸生本身就有官品的存在，如北魏孝文帝時期前《職員令》記載，國子學生品級爲正七品中[註217]。而在北齊時期「國子學生，視從第七品」[註218]。而北朝時期的學官也各有官品，因而在政治上，他們同屬國家的官員，更像是上下級關係。《魏書》卷五四《高閭傳》：

> 然貪褊矜慢，初在中書，好詈辱諸博士。博士、學生百有餘人，有所干求者，無不受其財貨。

中書令（監）高閭就是中學書中博士、諸生的上級，決定著他們的遷轉。

2、官學師生的個人情誼

北朝時期，官學之中博士與諸生之間也存在著一定的師生情誼。這一時

〔註215〕《漢書》卷八八《儒林傳》，第3596頁。
〔註216〕《三國志》卷一五《魏書·劉馥傳附劉靖》，第464頁。
〔註217〕《魏書》卷一一三《官氏志》，第2989～2990頁。
〔註218〕《隋書》卷二七《百官志中》，第770頁。

期爲去世的人請諡、追贈就是這種情誼的體現。《魏書》卷五二《索敞傳》：

> 入國，以儒學見拔，爲中書博士。篤勤訓授，肅而有禮。京師
> 大族貴遊之子，皆敬憚威嚴，多所成益，前後顯達，位至尚書、牧
> 守者數十人，皆受業於敞。敞遂講授十餘年。敞以喪服散在眾篇，
> 遂撰比爲《喪服要記》，其《名字論》文多不載。後出補扶風太守，
> 在位清貧，未幾卒官。時舊同學生等爲請，詔贈平南將軍、涼州刺
> 史，諡曰獻。

索敞去世後，「舊同學生等爲請」，才追贈平南將軍、涼州刺史，諡號爲「獻」。
又《魏書》卷九〇《逸士傳・李謐》記載延昌四年（公元 515 年）李謐去世
後，四門小學博士孔璠等學官四十五人上書曰：

> 竊見故處士趙郡李謐：十歲喪父，哀號罷鄉人之相；幼事兄瑒，
> 恭順盡友於之誠。十三通《孝經》、《論語》、《毛詩》、《尚書》，歷數
> 之術尤盡其長，州閭鄉黨有神童之號。年十八，詣學受業，時博士
> 即孔璠也。覽始要終，論端究緒，授者無不欣其言矣。於是鳩集諸
> 經，廣校同異，比三《傳》事例，名《春秋叢林》，十有二卷。爲璠
> 等判析隱伏，垂盈百條。滯無常滯，纖毫必舉；通不長通，不枉斯
> 屈。不苟言以違經，弗飾辭而背理。辭氣磊落，觀者忘疲。每曰：「丈
> 夫擁書萬卷，何假南面百城。」遂絕跡下帷，杜門卻掃，棄産營書，
> 手自刪削，卷無重複者四千有餘矣。猶括次專家，搜比讜議，隆冬
> 達曙，盛暑通宵。……又結宇依岩，憑崖鑿室，方欲訓彼青衿，宣
> 揚墳典，冀西河之教重興、北海之風不墜。而祐善空聞，暴疾而卒。
> 邦國銜殄悴之哀，儒生結摧梁之慕。況璠等或服議下風，或親承音
> 旨，師儒之義，其可默乎？

在孔璠等學官的上書中詳細闡述了爲李謐請求死後追贈的原因。李謐在求學
之時求表現出了才識，有著「丈夫擁書萬卷，何假南面百城」的認識，收集
整理典籍，又從事私學教授。此外，孔璠等還引用劉芳等人對他的高度評價。
又《魏書》卷九〇《逸士傳・李謐》：

> 事奏，詔曰：「謐屢辭徵辟，志守沖素，儒隱之操，深可嘉美。
> 可遠傍惠、康，近準玄晏，諡曰貞靜處士，並表其門閭，以旌高節。」
> 遣謁者奉冊，於是表其門曰文德，里曰孝義云。

可知，政府贈予李謐「貞靜處士」的諡號，表其門爲文德門，里爲孝義里。

孔璠是教授李謐經學之人，又曾向其請教經學，這件事彰顯了孔璠與李謐之間所存在的師生情誼。

（五）官學諸生的仕進

北朝時期官學諸生通過考試完成學業，經由國家官員的選拔，從而在仕途上有所發展。官學諸生多具有品級而兼有官員身份，通過國家選拔後的任職方向也存在著規律。

1、官學諸生的考核

北朝時期官學諸生在其仕途發展中是需要經歷學校的考試與國家的選拔的。北朝時期的官員選拔延續了魏晉以來的選官制度，在這一時期考試制度也在孕育發展。北朝官學對於諸生是存在考核要求的。《魏書》卷十九下《景穆十二王下·南安王元楨傳附元英》中元英的上書云：

> 謹案學令：諸州郡學生，三年一校，所通經數，因正使列之，然後遣使就郡練考。……今外宰京官，銓考向訖，求遣四門博士明通五經者，道別校練，依令黜陟。

根據北魏時期的《學令》的規定，「諸州郡學生，三年一校，所通經數，因正使列之，然後遣使就郡練考」，國家每三年需要派遣專門人員對於地方官學中學生的學業水平進行考核，確定選拔對象，因而元英希望國家可以恢復舊有制度派遣「明通五經」的四門博士對地方官學進行考核。地方官學尚且存在考核的制度，中央官學也應有相應的制度規定。北朝時期通過考試的方式選拔人才，也夠構成了官學諸生仕途發展的一種途徑。《隋書》卷九《禮儀志四》：

> 後齊每策秀孝，中書策秀才，集書策考貢士，考功郎中策廉良，皇帝常服，乘輿出，坐於朝堂中楹。秀孝各以班草對。其有脫誤、書濫、孟浪者，起立席後，飲墨水，脫容刀。

北齊繼承了北魏後期的制度較為完善。北齊地方官學諸生的入仕也有制度上的規定。如《北齊書》卷四四《儒林傳》：

> 諸郡俱得察孝廉，其博士、助教及遊學之徒通經者，推擇充舉。
> 射策十條，通八以上，聽九品出身，其尤異者亦蒙抽擢。

據此可知，北齊地方上同射策考試，十條中八條就可以授予官職，考試優異的還可以超任官職。

2、官學諸生的遷轉

北朝時期官學諸生的遷轉具有方向性。以中書學生爲例,其遷轉所任的職官主要有文職方向、升任學官和其它官職三類。

首先,北魏前期中書學中的中書學生的仕進方向主要是以秘書省、中書省爲主的文職方向。北魏設有中散大夫,隸屬於秘書省者,稱之爲秘書中散。這一時期的中書學生多任職此類的中散官。如《魏書》卷五三《李沖傳》:「高祖初,以例遷秘書中散,典禁中文事,以修整敏惠,漸見寵待。」李沖由中書學生「例遷秘書中散」,說明此時中書學生任職秘書中散已經是一個常態的規定了。史書中所載之中書學生遷轉秘書中散者,屢見不鮮。如鄧靈珍「中書學生、秘書中散」﹝註219﹞;谷季孫「中書學生,入爲秘書中散,遷中部大夫」﹝註220﹞;李虔「太和初,爲中書學生,遷秘書中散」﹝註221﹞;韋纘「年十三,補中書學生,聰敏明辯,爲博士李彪所稱。除秘書中散,遷侍御中散」﹝註222﹞;裴修「年十三,補中書學生,遷秘書中散,轉主客令」﹝註223﹞;李蘊「有器幹。中書學生、秘書中散、侍御中散」﹝註224﹞;鄭道昭「少而好學,綜覽群言。初爲中書學生,遷秘書省,拜主文中散,徙員外散騎侍郎、秘書丞、兼中書侍郎」﹝註225﹞;高欽「幼隨從叔濟使於劉義隆,還爲中書學生,遷秘書中散,年四十餘,卒」﹝註226﹞;崔振「少有學行,居家孝友,爲宗族所稱。自中書學生爲秘書中散,在內謹敕,爲高祖所知」﹝註227﹞。這些人是由中書學生而任職秘書中散。又如鄧宗慶「以中書學生,入爲中散」﹝註228﹞;司馬金龍「少有父風。初爲中書學生,入爲中散」﹝註229﹞;源奐「少而謹密。初爲中書學生。隨父討敕勒,有斬獲之功,遷中散」﹝註230﹞;崔合「襲爵桐廬子,爲中書學生、主文中散、太尉諮議參軍、本州大中正」

﹝註219﹞《魏書》卷二四《鄧淵傳附鄧靈珍》,第636頁。
﹝註220﹞《魏書》卷三三《谷渾傳附谷季孫》,第781頁。
﹝註221﹞《魏書》卷三九《李寶傳附李虔》,第889頁。
﹝註222﹞《魏書》卷四五《韋閬傳附韋纘》,第1014頁。
﹝註223﹞《魏書》卷四五《裴駿傳附裴修》,第1021頁。
﹝註224﹞《魏書》《卷四六《李韞傳附李蘊》,第1043頁。
﹝註225﹞《魏書》卷五六《鄭義傳附鄭道昭》,第1240頁。
﹝註226﹞《魏書》卷五七《高祐傳附高欽》,第1263頁。
﹝註227﹞《魏書》卷五七《崔挺傳附崔振》,第1272頁。
﹝註228﹞《魏書》卷二四《鄧淵傳附鄧宗慶》,第636頁。
﹝註229﹞《魏書》卷三七《司馬楚之傳附司馬金龍》,第857頁。
﹝註230﹞《魏書》卷四一《源賀傳附源奐》,第937頁。

〔註 231〕；李安世「天安初，拜中散，以溫敏敬愼，顯祖親愛之」〔註 232〕
等均任職中散官。又如胡醜孫「中書學生、秘書郎、中散」〔註 233〕，由秘
書郎遷轉秘書中散；甚至於李預「少爲中書學生。聰敏強識。涉獵經史。太
和初，歷秘書令、齊郡王友」〔註 234〕，得以升任秘書令。又如陸凱「謹重
好學。年十五，爲中書學生，拜侍御中散，轉通直散騎侍郎，遷太子庶子、
給事黃門侍郎」〔註 235〕；高道悅「少爲中書學生、侍御主文中散」〔註 236〕
等人任職侍御中散，甚至於鄧羨「歷中書學生、侍御史，以明謹見知」得以
任職侍御史，升任監察官職〔註 237〕。

　　其次，中書省的中書助教、中書博士甚至於太學博士等學官也是中書學
生的重要任職官職。《魏書》卷四六《李訢傳》：

　　　　訢聰敏機辯，強記明察。初，李靈爲高宗博士、諮議，詔崔浩
　　選中書學生器業優者爲助教。浩舉其弟子箱子與盧度世、李敷三人
　　應之。給事高讜子祐、尚書段霸兒侄等以爲浩阿其親戚，言於恭宗。
　　恭宗以浩爲不平，聞之於世祖。世祖意在於訢，曰：「云何不取幽州
　　刺史李崇老翁兒也？」浩對曰：「前亦言訢合選，但以其先行在外，
　　故不取之。」世祖曰：「可待訢還，箱子等罷之。」訢爲世祖所識如
　　此。遂除中書助教、博士，稍見任用，入授高宗經。

據此可知，在北魏前期中書學生任職中書助教、中書博士也是一種重要的遷
轉官職。史書中所載之任職中書博士者，十分常見。如崔思叔「少爲中書學
生，遷中書博士」〔註 238〕；公孫質「初爲中書學生，稍遷博士」〔註 239〕；高
祐「祐博涉書史，好文字雜說，材性通放，不拘小節。初拜中書學生，轉博
士侍郎」等均曾由中書學生升任中書博士〔註 240〕。祖瑩「以才名拜太學博士」，
是史書中所見之任職太學博士者〔註 241〕。

〔註 231〕《魏書》卷四九《崔鑒傳附崔合》，第 1104 頁。
〔註 232〕《魏書》卷五三《李孝伯傳附李安世》，第 1175 頁。
〔註 233〕《魏書》卷五二《胡方回傳附胡醜孫》，第 1149 頁。
〔註 234〕《魏書》卷三三《李先傳附李預》，第 791 頁。
〔註 235〕《魏書》卷四○《陸俟傳附陸凱》，第 906 頁。
〔註 236〕《魏書》卷六二《高道悅傳》，第 1399 頁。
〔註 237〕《魏書》卷二四《鄧淵傳附鄧羨》，第 637 頁。
〔註 238〕《魏書》卷三二《崔逞傳附崔思叔》，第 759 頁。
〔註 239〕《魏書》卷三三《公孫表傳附公孫質》，第 785 頁。
〔註 240〕《魏書》卷五七《高祐傳》，第 1259 頁。
〔註 241〕《魏書》卷八二《祖瑩傳》，第 1799 頁。

　　此外，中書學生也會任職諸如主簿、參軍等其它官職。如李孝怡「中書學生、相州高陽王雍主簿、廣陵王羽掾、新蔡汰守、別將蕭寶夤長史」〔註242〕；李仲胤「自中書學生，歷公府主簿‧從事中郎、諫議大夫、尚書左丞」〔註243〕等任職主簿一職。又如崔秉「少有志氣。太和中，爲中書學生，拜奉朝請，轉徐州安東府錄事參軍」〔註244〕，由奉朝請一職升任參軍。又如封回「皇興初爲中書學生。襲爵富城子，累遷太子家令」〔註245〕；盧度世「幼而聰達，有計數。爲中書學生，應選東宮」〔註246〕；寇婁「中書學生，東宮受比延」〔註247〕等應選東宮，有所任職。又如王嶷「少以父任爲中書學生，稍遷南部大夫」〔註248〕；李韶「延興中，補中書學生。襲爵姑臧侯，除儀曹令」〔註249〕；源規「中書學生、羽林監，襲爵」〔註250〕；唐欽「中書學生，襲爵。太和中，拜鎮南將軍、長安鎮副將」〔註251〕等各有任職。

　　北朝時期國子學、太學諸生的遷轉方向，也有規律可循。文獻所見之國子學生僅有二人。北魏時期的李騫「十四，國子學生，以聰達見知。歷大將軍府法曹參軍、太宰府主簿，轉中散大夫，遷中書舍人，加通直散騎常侍」〔註252〕。北齊時期的和士開「幼而聰慧，選爲國子學生，解悟捷疾，爲同業所尚。天保初，世祖封長廣王，辟士開府行參軍」〔註253〕。此二人的所任的官職都是參軍。又《魏故使持節侍中都督中外諸軍事司空公領雍州刺史文憲元（暉）公墓誌銘》：「太和中始自國子生辟司徒參軍事，轉尚書郎太子洗馬。」〔註254〕元暉轉任的官職也是參軍。文獻中所見之北朝時期的太學生有十二人。

　　首先，太學生所任之官職也以文職爲主。北魏時期的張昭「天興中，以

〔註242〕《魏書》卷三六《李順傳附李孝怡》，第847頁。
〔註243〕《魏書》卷四九《李靈傳附李仲胤》，第1103頁。
〔註244〕《魏書》卷四九《崔鑒傳附崔秉》，第1104頁。
〔註245〕《魏書》卷三二《封懿傳附封回》，第761頁。
〔註246〕《魏書》卷四七《盧玄傳附盧度世》，第1045頁。
〔註247〕趙超：《漢魏南北朝墓誌彙編》，天津古籍出版社2008年版，49頁。
〔註248〕《魏書》卷三三《王憲傳附王嶷》，第775頁。
〔註249〕《魏書》卷三九《李寶傳附李韶》，第886頁。
〔註250〕《魏書》卷四一《源賀傳附源規》，第929頁。
〔註251〕《魏書》卷四三《唐和傳附唐欽》，第963頁。
〔註252〕《魏書》卷三六《李順傳附李騫》，第836頁。
〔註253〕《北齊書》卷五〇《恩倖傳‧和士開》，第686頁。
〔註254〕趙超：《漢魏南北朝墓誌彙編》，天津古籍出版社2008年版，第110頁。

功臣子爲太學生。太宗即位，爲內主書」〔註255〕；薛提「皇始中，補太學生，拜侍御史」〔註256〕；鄧穎「爲太學生、稍遷中書侍郎」〔註257〕；韓興宗「年十五，受道太學。後司空高允奏爲秘書郎，參著作事」〔註258〕；范紹「太和初，充太學生，轉算生，頗涉經史。十六年，高祖選爲門下通事令史，遷錄事，令掌奏文案，高祖善之」〔註259〕。這些人的任職方向多是內侍官、中書省、秘書省、門下省中從事文職工作的職官。

其次，太學生中也有出任學官之人。《北史》卷八六《循吏傳·辛公義》：

> 周天和中，選良家子任太學生。武帝時，召入露門學，令受道
> 義，每月集御前，令與大儒講論。上數嗟異，時輩慕之。

辛公義就由太學生轉入露門學之中。《北史》卷七五《楊尚希傳》：

> 年十一，辭母請受業長安。范陽盧辯見而異之，令入太學，專
> 精不倦，同輩皆共推服。周文帝嘗親臨釋奠，尚希時年十八，令講
> 《孝經》，詞旨可觀。文帝奇之，賜姓普六茹氏。擢爲國子博士，累
> 轉舍人上士。明、武世，歷太學博士、太子宮尹、計部中大夫。

楊尚希的任職方向就是學官。再次，充任參軍、司馬等官職的太學生也大有人在。薛裕「初爲太學生，時齒中多是貴遊，好學者少，唯裕就甀不倦。弱冠辟丞相參軍事」〔註260〕。《周書》卷三八《李昶傳》：

> 初謁太祖，太祖深奇之，厚加資給，令入太學。太祖每見學生，
> 必問才行於昶。昶神情清悟，應對明辨，太祖每稱歎之。緩德公陸
> 通盛選僚案，請以昶爲司馬，太祖許之。

李昶據曾任職司馬。

此外，太學生中也有棄筆從戎之人。尉撥「爲太學生，募從兖州刺史羅忸擊賊於陳汝，有功，賜爵介休男」〔註261〕；賀拔岳「少有大志，愛施好士。初爲太學生，及長，能左右馳射，驍果絕人」〔註262〕；令狐休「幼聰敏，有文武材。起家太學生。後與整同起兵逐張保，授都督。累遷大都督、樂安郡

〔註255〕《魏書》卷三三《張蒲傳附張昭》，第779頁。
〔註256〕《魏書》卷三三《薛提傳》，第795頁。
〔註257〕《魏書》卷二四《鄧淵傳附鄧穎》，第635頁。
〔註258〕《魏書》卷六○《韓麒麟傳附韓興宗》，第1333頁。
〔註259〕《魏書》卷七九《范紹傳》，第1755頁。
〔註260〕《周書》卷三五《薛端傳附薛裕》，第622頁。
〔註261〕《魏書》卷三○《尉撥傳》，第729頁。
〔註262〕《周書》卷一四《賀拔勝傳附賀拔岳》，第221頁。

守。入爲中外府樂曹參軍」〔註263〕。

二、北朝時期的私學諸生

北朝時期的私學諸生，是在私學之中求學之人。這一時期私學之中諸生的遊學、師生關係以及私學諸生的出路等問題是值得探討的。

（一）私學諸生的求學

北朝時期私學盛行，史稱「燕齊趙魏之間，橫經著錄，不可勝數。大者千餘人，小者猶數百」〔註264〕，又云「橫經受業之侶，遍於鄉邑；負笈從官之徒，不遠千里。伏膺無怠，善誘不倦。入閭里之內，乞食爲資；憩桑梓之陰，動逾千數。燕、趙之俗，北眾尤甚」〔註265〕，又云「衣儒者之服，挾先王之道，開黌舍延學徒者比肩；勵從師之志，守專門之業，辭親戚甘勤苦者成市」〔註266〕，由此可見私學之繁盛，遊學之風的盛行。這一時期私學諸生在求學過程中呈現出求學方式各異、入學年限寬鬆、遊學之風盛行的特點。

1、私學諸生的求學方式

北朝時期私學諸生根據家世的不同求學方式各異。在北朝時期，世家大族家學盛行，高門貴族子弟或就家學求學由家族長輩教授，或採用聘請私學教授者在家中教授的方式求學。如《北史》卷一七《景穆十二王上・陽平王新成傳附元子孝》：

> 子子孝，字季業，早有令譽。……性又寬慈，敦穆親族。乃置
> 學館於私第，集群從子弟，晝夜講讀。並給衣食，與諸子同。

在西魏時期元子孝就曾在家裏設學，召集宗族子弟就學。《北齊書》卷三四《楊愔傳》：

> 愔一門四世同居，家甚隆盛，昆季就學者三十餘人。

楊愔所在的楊氏家族子弟，就在家學之中求學，其家學的規模也是比較大的。延師在家的求學方式就更爲常見了。如中山王元英就十分重視劉蘭，「英引在館，令授其子熙、誘、略等」〔註267〕，令其教授自己的子弟。又如，《魏書》卷五三《李孝伯傳附李郁》：

〔註263〕《周書》卷三六《令狐整傳附令狐休》，第644頁。
〔註264〕《魏書》卷八四《儒林傳》，第1842頁。
〔註265〕《北齊書》卷四四《儒林傳》，第583頁。
〔註266〕《周書》卷四五《儒林傳》，第806頁。
〔註267〕《魏書》卷八四《儒林傳・劉蘭》，第1851頁。

自著作佐郎爲廣平王懷友，懷深相禮遇。時學士徐遵明教授山
東，生徒甚盛，懷徵遵明在館，令郁問其「五經」義例十餘條，遵
明所答數條而已。

廣平王元懷也曾徵召徐遵明入館教授。又如高歡「聞景裕經明行著，驛馬特
徵，既而舍之，使教諸子。在館十日一歸家，隨以鼎食」〔註268〕，高歡的子
弟也是在家中求學。這種現象在北齊時期也是十分普遍，劉晝，「恨下里少墳
籍，便杖策入都。知太府少卿宋世良家多書，乃造焉。世良納之。恣意披覽，
晝夜不息」〔註269〕，宋世良的子弟就是在家中求學。北周時期的樊深「于謹
引爲其府參軍，令在館教授子孫」，「太祖置學東館，教諸將子弟，以深爲博
士」〔註270〕，樂遜「太尉李弼請遜教授諸子」，「太祖召遜教授諸子。在館六
年，與諸儒分授經業。遜講《孝經》、《論語》、《毛詩》及服虔所注《春秋左
氏傳》」〔註271〕，于謹、李弼乃至於宇文泰的子弟都是家中求學。又如賀蘭祥
「年十一而孤，居喪合禮。長於舅氏，特爲太祖所愛。雖在戎旅，常博延儒
士，教以書傳」〔註272〕，就在宇文泰府中的學館中求學。

　　然而，北朝的一些寒門庶族，孤貧人家的子弟往往外出就學。如劉蘭，
「年三十餘。始入小學，書《急就篇》。家人覺其聰敏，遂令從師，受《春
秋》、《詩》、《禮》於中山王保安。家貧無以自資，且耕且學」〔註273〕；徐
遵明，「身長八尺，幼孤好學。年十七，隨鄉人毛靈和等詣山東求學」〔註274〕；
李業興「少耿介，志學精力，負帙從師，不憚勤苦，耽思章句，好覽異說。……
雖在貧賤，常自矜負，若禮待不足，縱於權貴，不爲之屈」〔註275〕；李鉉
「九歲入學，書《急就篇》，月餘便通。家素貧苦，常春夏務農，冬乃入學」
〔註276〕；劉晝「少孤貧，愛學，負笈從師，伏膺無倦」〔註277〕；張景仁「幼

〔註268〕《魏書》卷八四《儒林傳·盧景裕》，第1859頁。
〔註269〕《北齊書》卷四四《儒林傳·劉晝》，第589頁。
〔註270〕《周書》卷四五《儒林傳·樊深》，第811頁。
〔註271〕《周書》卷四五《儒林傳·樂遜》，第814頁。
〔註272〕《周書》卷二○《賀蘭祥傳》，第336頁。
〔註273〕《魏書》卷八四《儒林傳·劉蘭》，第1851頁。
〔註274〕《魏書》卷八四《儒林傳·徐遵明》，第1855頁。
〔註275〕《魏書》卷八四《儒林傳·李業興》，第1861頁。
〔註276〕《北齊書》卷四四《儒林傳·李鉉》，第584頁。
〔註277〕《北齊書》卷四四《儒林傳·劉晝》，第589頁。

孤家貧，以學書為業，遂工草隸，選補內書生」〔註278〕；權會「志尚沈雅，動遵禮則。少受《鄭易》，探賾索隱，妙盡幽微，《詩》、《書》、三《禮》，文義該洽，兼明風角，妙識玄象。……會本貧生，無僕隸，初任助教之日，恒乘驢上下」〔註279〕；張雕「家世貧賤，而慷慨有志節，雅好古學。精力絕人，負篋從師，不遠千里」〔註280〕；樊深「早喪母，事繼母甚謹。弱冠好學，負書從師於三河，講習五經，晝夜不倦。……還復遁去，改易姓名，遊學於汾、晉之間，習天文及算曆之術」〔註281〕等人都是如此。值得注意的是，一些世家大族子弟、基層官員子弟追求學問的精進也會選擇外出求學的方式。如平鑒「父勝，安州刺史。鑒少聰敏，頗有志力。受學於徐遵明，不為章句，雖崇儒業，而有豪俠氣」〔註282〕；董徵，「祖英，高平太守。父虯，郡功曹。徵身長七尺二寸，好古學尚雅素。年十七，師清河監伯陽，受《論語》、《毛詩》、《周易》，就河內高望崇受《周官》，後於博陵劉獻之遍受諸經」〔註283〕；孫惠蔚「自言六世祖道恭為晉長秋卿，自道恭至惠蔚世，以儒學相傳。惠蔚年十三，粗通《詩》、《書》及《孝經》、《論語》。十八，師董道季講《易》。十九，師程玄讀《禮經》及《春秋》三《傳》。周流儒肆，有名於冀方」〔註284〕；刁沖「鎮東將軍雍之曾孫。十三而孤，孝慕過人。其祖母司空高允女，聰明婦人也，哀其早孤，撫養尤篤。沖免喪後，便志學他方，高氏泣涕留之，沖終不止。雖家世貴達，乃從師於外，自同諸生」〔註285〕。這些人等人之家世各異，但均非貧賤之人，都是外出求學。

  2、私學諸生的入學年限

  在北朝時期，私學諸生的入學年限是比較寬鬆，並且存在著階段性的差異。北朝時期對於諸生之求學年限沒有規定，其中既有年少聰慧，也有大器晚成者。北朝時期，史書記載有年少聰慧者，如斛斯徵「幼聰穎，五歲誦《孝經》、《周易》、識者異之。及長，博涉群書，尤精『三禮』，兼解音律」〔註286〕。

〔註278〕《北齊書》卷四四《儒林傳·張景仁》，第591頁。
〔註279〕《北齊書》卷四四《儒林傳·權會》，第592、593頁。
〔註280〕《北齊書》卷四四《儒林傳·張雕》，第594頁。
〔註281〕《周書》卷四五《儒林傳·樊深》，第811頁。
〔註282〕《北齊書》卷二六《平鑒傳》，第371頁。
〔註283〕《魏書》卷八四《儒林傳·董徵》，第1857頁。
〔註284〕《魏書》卷八四《儒林傳·孫惠蔚》，第1852頁。
〔註285〕《魏書》卷八四《儒林傳·刁沖》，第1857～1858頁。
〔註286〕《周書》卷二六《斛斯徵傳》第432頁。

然而這類人的記載相對於南朝還是要少些，北朝史書記載之幼年聰慧者，也有來自於南朝的。如顏之儀「幼穎悟，三歲能讀《孝經》」〔註287〕；蕭大圜「年四歲，能誦《三都賦》及《孝經》、《論語》」〔註288〕；徐之才「幼而俊發，五歲誦《孝經》，八歲略通義旨」〔註289〕等人均來自於南朝。北朝時期也有大器晚成者如劉蘭，「年三十餘。始入小學，書《急就篇》。家人覺其聰敏，遂令從師，受《春秋》、《詩》、《禮》於中山王保安。家貧無以自資，且耕且學」〔註290〕，三十多歲才大器晚成，有所求學。

　　然而在北朝時期，諸生的私學求學可以分爲啓蒙教育與學術教育兩個階段。在不同的階段，都存在對於入學年限的習慣性規定。諸生一般在六歲至十歲之間就已經開始接觸典籍，以記誦爲主，學習內容相對簡單，可以稱之爲求學的啓蒙教育階段。在這一階段，六歲求學是比較早的，《北齊書》卷二九《李渾傳附李繪》：

　　　　繪字敬文。年六歲，便自願入學，家人偶以年俗忌，約而弗許。
　　伺其伯姊筆牘之閒，而輒竊用，未幾遂通《急就章》，內外異之，以
　　爲非常兒也。

李繪六歲就想入學，家人沒有應允，然而已經接觸《急就章》這樣的蒙學教材。然而《北齊書》卷三四《楊愔傳》：

　　　　愔兒童時，口若不能言，而風度深敏，出入門闈。未嘗戲弄。
　　六歲學史書，十一受《易》，好《左氏春秋》。

楊愔六歲就開始學史學，又說明六歲之時就有入學者。七歲開始求學者，史書中也有記載。如裴讞之「七歲便勤學，早知名」〔註291〕；孫靈暉「年七歲，便好學，日誦數千言，唯尋討惠蔚手錄章疏，不求師友」〔註292〕。八歲以後入學，是北朝時期最常見的。《北齊書》卷一〇《永安簡平王傳》：

　　　　年八歲時，問於博士盧景裕曰：「『祭神如神在。』爲有神邪，
　　無神邪？」對曰：「有。」濬曰：「有神當云祭神神在，何煩『如』
　　字？」景裕不能答。

〔註287〕《周書》卷四〇《顏之儀傳》，第719頁。
〔註288〕《周書》卷四二《蕭大圜傳》，第756頁。
〔註289〕《北齊書》卷三三《徐之才傳》，第444頁。
〔註290〕《魏書》卷八四《儒林傳‧劉蘭》，第1851頁。
〔註291〕《北齊書》卷三五《裴讓之傳附裴讞之》，第467頁。
〔註292〕《北齊書》卷四四《儒林傳‧孫靈暉》，第596頁。

高濬在八歲時就已經求學了。史書中所見九歲求學者，《周書》卷二五《李賢傳》：

> 九歲，從師受業，略觀大旨而已，不尋章句。或謂之曰：「學不精勤，不如不學。」賢曰：「夫人各有志，賢豈能彊學待問，領徒授業耶，唯當粗聞教義，補己不足。至如忠孝之道，實銘之於心。」問者慙服。年十四，遭父喪，撫訓諸弟，友愛甚篤。

李賢就於九歲求學。又如元順「九歲師事樂安陳豐，初書王羲之《小學篇》數千言，晝夜誦之，旬有五日，一皆通徹」〔註293〕。又如李鉉「九歲入學，書《急就篇》，月餘便通。家素貧苦，常春夏務農，冬乃入學」〔註294〕，說明即使是在貧困之家，也有九歲求學之人。《魏書》卷四五《杜銓傳附杜安祖》：

> 年八九歲，就師講《詩》，至《鹿鳴篇》，語諸兄云：「鹿雖禽獸，得食相呼，而況人也？」自此之後，未曾獨食，弱冠，州辟主簿。

杜安祖在八九歲求學，是為北朝時期一般的求學的年齡。而宇文震「幼而敏達，年十歲，誦《孝經》、《論語》、《毛詩》。後與世宗俱受《禮記》、《尚書》於盧誕」〔註295〕，則說明其在十歲就已經通讀典籍了。

北朝時期諸生在經過早期的啟蒙教育之後，大約於十歲至二十歲左右，外出求學，可以稱為經學教育階段。在這一階段，諸生的求學主要以理解為主，學習內容也更為複雜。《北齊書》卷四四《儒林傳‧李鉉》：

> 李鉉，字寶鼎，渤海南皮人也。九歲入學，書《急就篇》，月餘便通。家素貧苦，常春夏務農，冬乃入學。年十六，從浮陽李周仁受《毛詩》、《尚書》，章武劉子猛受《禮記》，常山房虯受《周官》、《儀禮》，漁陽鮮于靈馥受《左氏春秋》。鉉以鄉里無可師者，遂與州里楊元懿、河間宗惠振等結侶詣大儒徐遵明受業。居徐門下五年，常稱高第。

李鉉的求學經歷最為典型。在經歷了九歲至十六歲的啟蒙教育後，十六歲於鄉里之中廣泛求學，十八歲，外出遊學，師從徐遵明。在這一階段求學經歷中，十二歲求學者算是較早的，如《魏書》卷七九《范紹傳》：

> 年十二，父命就學，師事崔光。以父憂廢業，母又誡之曰：「汝

〔註293〕《魏書》卷一九中《景穆十二王中‧任城王元雲傳附元順》，第481頁。
〔註294〕《北齊書》卷四四《儒林傳‧李鉉》，第584頁。
〔註295〕《周書》卷一三《文閔明武宣諸子‧宋獻公傳》，第201頁。

父卒日，令汝遠就崔生，希有成立。今已過期，宜遵成命。」紹還
赴學。

范紹十二歲，就已經外出就崔光求學了。十四歲求學者，史書中也有記載，
如呂思禮「年十四，受學於徐遵明」〔註296〕。史書中常見之外出求學年齡多
在十六以上。《魏書》卷八四《儒林傳・刁沖》：

刁沖，字文朗，勃海饒安人也，鎮東將軍雍之曾孫。十三而孤，
孝慕過人。其祖母司空高允女，聰明婦人也，哀其早孤，撫養尤篤。
沖免喪後，便志學他方，高氏泣涕留之，沖終不止。雖家世貴達，
乃從師於外，自同諸生。

刁沖十三歲稱爲孤兒，守喪三年後於十六歲外出求學。十七歲外出求學者，
史書多有記載。如徐遵明「年十七，隨鄉人毛靈和等詣山東求學」〔註297〕；
董徵「年十七，師清河監伯陽，受《論語》、《毛詩》、《周易》，就河內高望崇
受《周官》，後於博陵劉獻之遍受諸經」〔註298〕；竇瑗「年十七，便荷帙從師。
遊學十載，始爲御史」〔註299〕等人均是十七歲外出求學。十八歲外出求學者
如孫惠蔚「十八，師董道季講《易》。十九，師程玄讀《禮經》及《春秋》三
《傳》」〔註300〕。北朝時期二十歲以上，變更志向，專心求學者，史書中也不
乏其人。《北史》卷八四《孝行傳・王頒附王頍》：

弟頍，字景文。年數歲而江陵亡，同諸兄入關。少好游俠，年
二十，尚不知書，爲其兄顒所責怒。於是感激，始讀《孝經》、《論
語》，晝夜不倦，遂讀《左傳》、《禮》、《易》、《詩》、《書》，乃歎曰：
「書無不可讀者。」勤學累載，遂遍通五經，究其旨趣，大爲儒者
所稱。

王頍在二十歲之時尚不知書，被兄長責問後勤學而有所成就，其求學已經在
二十歲以後。

3、私學諸生的遊學之風

北朝時期遊學之風盛行，私學諸生往往不遠千里，追逐名師，刻苦求學，
四處交遊，以求有所顯達。首先，北朝時期傳承了漢晉延續到十六國時期的

〔註296〕《周書》卷三八《呂思禮傳》，第682頁。
〔註297〕《魏書》卷八四《儒林傳・徐遵明》，第1855頁。
〔註298〕《魏書》卷八四《儒林傳・董徵》，第1857頁。
〔註299〕《魏書》卷八八《良吏傳・竇瑗》，第1907頁。
〔註300〕《魏書》卷八四《儒林傳・孫惠蔚》，第1852頁。

傳統，諸生四處遊學，尤以河北地區最為盛行。遊學的傳統由來已久，上至春秋戰國時期百家爭鳴，中經兩漢經學盛行，遊學之風盛行，下至魏晉以來諸生遊學。即使是在戰亂紛擾的十六國時期，遊學之風也未曾中斷。如《晉書》卷一一七《姚興載記上》：

> 天水姜龕、東平淳于岐、馮翊郭高等皆耆儒碩德，經明行修，各門徒數百，教授長安，諸生自遠而至者萬數千人。……涼州胡辯，符堅之末，東徙洛陽，講授弟子千有餘人，關中後進多赴之請業。興敕關尉曰：「諸生諮訪道藝，修己屬身，往來出入，勿拘常限。」於是，學者咸勸，儒風盛焉。

在後秦時期，天水姜龕、東平淳于岐、馮翊郭高等人在長安講學，遊學之生追隨而來達到萬數千人，涼州胡辯東遷洛陽，關中諸生追隨而去。此類情形在十六國時期屢見不鮮。北魏建立後，遊學之風未止，劉模「少時竊遊河表，遂至河南。尋復潛歸，頗涉經籍，微有注疏之用」〔註301〕。北魏後期隨著私學的復興，遊學之風盛行於河北地區。如北魏後期「燕齊趙魏之間，橫經著錄，不可勝數。大者千餘人，小者猶數百」〔註302〕；北齊時期「橫經受業之侶，遍於鄉邑；負笈從官之徒，不遠千里。伏膺無怠，善誘不倦。入閭里之內，乞食為資；憩桑梓之陰，動逾千數。燕、趙之俗，北眾尤甚」〔註303〕；北周時期則「天下慕嚮，文教遠覃。衣儒者之服，挾先王之道，開黌舍延學徒者比肩；勵從師之志，守專門之業，辭親戚甘勤苦者成市」〔註304〕。在北朝遊學之風盛行的情況下，河北地區此風最盛。又史稱「齊、魯、趙、魏，學者尤多，負笈追師，不遠千里，講誦之聲，道路不絕」，直到隋朝時期也是如此。

其次，北朝時期諸生在遊學過程中對於學習內容、教授者都有要求，追逐名師，隨意更換師門，出現了學無常師的現象。《魏書》卷八四《儒林傳·徐遵明》：

> 徐遵明，字子判，華陰人也。身長八尺，幼孤好學。年十七，隨鄉人毛靈和等詣山東求學。至上黨，乃師屯留王聰，受《毛詩》、《尚書》、《禮記》。一年，便辭聰詣燕趙，師事張吾貴。吾貴門徒甚

〔註301〕《魏書》卷四八《高允傳》，第1093頁。
〔註302〕《魏書》卷八四《儒林傳》，第1842頁。
〔註303〕《北齊書》卷四四《儒林傳》，第583頁。
〔註304〕《周書》卷四五《儒林傳》，第806頁。

盛，遵明伏膺數月，乃私謂其友人曰：「張生名高而義無檢格，凡所
講說，不愜吾心，請更從師。」遂與平原田猛略就範陽孫買德受業。
一年，復欲去之。猛略謂遵明曰：「君年少從師，每不終業，千里負
帙，何去就之甚。如此用意，終恐無成。」遵明曰：「吾今始知眞師
所在。」猛略曰：「何在？」遵明乃指心曰：「正在於此。」乃詣平
原唐遷，納之，居於蠶舍。

徐遵明在遊學過程中幾度更換師門，自由擇師，以至於學無常師。諸生在求
學過程中，重視私學教授者的學問修養，追逐名師。《魏書》卷八四《儒林傳‧
李業興》：

　　李業興，上黨長子人也。……業興少耿介，志學精力，負帙從
師，不憚勤苦，耽思章句，好覽異說。晚乃師事徐遵明於趙魏之間。
時有漁陽鮮于靈馥亦聚徒都授，而遵明聲譽未高，著錄尚寡。業興
乃詣靈馥黌舍，類受業者。靈馥乃謂曰：「李生久逐羌博士，何所得
也？」業興默爾不言。及靈馥說《左傳》，業興問其大義數條，靈馥
不能對。於是振衣而起曰：「羌弟子正如此耳！」遂便徑還。自此靈
馥生徒傾學而就遵明。遵明學徒大盛，業興之爲也。

徐遵明在沒有出名之前，生徒很少，而鮮于靈馥名聲很高，然而經過李業興
的詰問後，徐遵明名聲大振，諸生多選擇離開鮮于靈馥去徐遵明處求學。

　　再次，北朝時期諸生在遊學過程中，往往刻苦求學，專研學問。北朝時
期諸生在遊學過程中湧現出很多刻苦求學的事例。早在十六國時期的宋繇「追
師就學，閉室誦書，晝夜不倦」〔註305〕。北朝時期的劉芳之求學「晝則傭書，
以自資給，夜則讀誦，終夕不寢」〔註306〕；崔光「家貧好學，晝耕夜誦，傭
書以養父母」〔註307〕；徐遵明之求學「居於蠶舍。讀《孝經》、《論語》、《毛
詩》、『三禮』，不出門院，凡經六年，時彈箏吹笛以自娛慰」〔註308〕；刁沖
之求學「每師受之際，發情精專，不捨晝夜，殆忘寒暑」〔註309〕；溫子升之
求學「初受學於崔靈恩、劉蘭，精勤，以夜繼晝，晝夜不倦」〔註310〕；魏收

〔註305〕《魏書》卷五二《宋繇傳》，第1152頁。
〔註306〕《魏書》卷五五《劉芳傳》，第1219頁。
〔註307〕《魏書》卷六七《崔光傳》，第1487頁。
〔註308〕《魏書》卷八四《儒林傳‧徐遵明》，第1855頁。
〔註309〕《魏書》卷八四《儒林傳‧刁沖》，第1858頁。
〔註310〕《魏書》卷八五《文苑傳‧溫子升》，第1875頁。

之讀書「夏月，坐板床，隨樹陰諷誦，積年，板床爲之銳減，而精力不輟」〔註311〕；李鉉之讀書「曾三冬不畜枕，每至睡時，假寐而已」〔註312〕；劉晝之讀書「恨下里少墳籍，便杖策入都。知太府少卿宋世良家多書，乃造焉。世良納之。恣意披覽，晝夜不息」〔註313〕；馬敬德之求學「負笈隨大儒徐遵明學《詩》、《禮》略通大義而不能精。遂留意於《春秋左氏》，沉思研求，晝夜不倦，解義爲諸儒所稱」〔註314〕。樊深之求學「冠好學，負書從師於三河，講習五經，晝夜不倦」〔註315〕；馬光之求學「少好學，從師數十年，晝夜不息，圖書讖緯，莫不畢覽」〔註316〕。

此外，北朝時期的諸生在遊學過程中也存在著交遊權貴，爲自身發展謀求出路的現象。如李沖「善交遊，不妄戲雜，流輩重之」〔註317〕。又如史載「（王）遵業兄弟，並交遊時俊，乃爲當時所美」〔註318〕。北齊時期的盧文偉「少孤，有志尙，頗涉經史，篤於交遊，少爲鄉閭所敬」〔註319〕。又《魏書》卷三九《李寶傳附李神儁》：

> 神儁風韻秀舉，博學多聞，朝廷舊章及人倫氏族，多所諳記。篤好文雅，老而不輟。凡所交遊，皆一時名士。汲引後生，爲其光價，四方才子，咸宗附之。而性通率，不持檢度，至於少年之徒，皆與褻狎，不能清正方重，識者以此爲譏。

北朝時期多有善於交遊之人，李沖、王遵業兄弟、李神儁以及盧文偉等都是其中的代表者。又《魏書》卷五八《揚播傳附楊侃》：

> 侃，字士業。頗愛琴書，尤好計劃。時播一門，貴滿朝廷，兒侄早通，而侃獨不交遊，公卿罕有識者。親朋勸其出仕，侃曰：「苟有良田，何憂晚歲，但恨無才具耳。」

楊侃的事例可以說明，當時諸生交遊的意義所在。《周書》卷三五《薛端傳附薛裕》：

〔註311〕《北齊書》卷三七《魏收傳》，第483頁。
〔註312〕《北齊書》卷四四《儒林傳・李鉉》，第584頁。
〔註313〕《北齊書》卷四四《儒林傳・劉晝》，第589頁。
〔註314〕《北齊書》卷四四《儒林傳・馬敬德》，第590頁。
〔註315〕《周書》卷四五《儒林傳・樊深》，第811頁。
〔註316〕《隋書》卷七五《儒林傳・馬光》，第1717頁。
〔註317〕《魏書》卷五三《李沖傳》，第1179頁。
〔註318〕《魏書》卷三八《王慧龍傳附王遵業》，第879頁。
〔註319〕《北齊書》卷二二《盧文偉傳》，第319頁。

> 端弟裕，字仁友。少以孝悌聞於州里。初爲太學生，時黌中多
> 是貴遊，好學者少，唯裕軀習不倦。

當時諸生以貴遊爲常，薛裕反倒值得稱頌了。北朝時期不妄交遊者，史書多有記載，加以稱頌。如北魏時期的司馬宗龐「性閑淡，少所交遊。識者云其淳至」〔註320〕；盧元明「善自標置，不妄交遊，飲酒賦詩，遇興忘返」〔註321〕；盧度世「親從昆弟，常且省謁諸父，出坐別室，至暮乃入。朝府之外，不妄交遊。其相勗以禮如此」〔註322〕；高允「性又簡至，不妄交遊」〔註323〕；封肅「性恭儉，不妄交遊，唯與崔勵、勵從兄鴻尤相親善」〔註324〕；裴佗「性剛直，不好俗人交遊，其投分者必當時名勝」〔註325〕；魏子建「性存重慎，不雜交遊，唯與尚書盧義僖、姨弟涇州刺史盧道裕雅相親昵」〔註326〕等事例。又如北齊時期的裴讞之「雖年少，不妄交遊，唯與隴西辛術、趙郡李繪、頓丘李構、清河崔瞻爲忘年之友」〔註327〕。趙彥深「性聰敏，善書計，安閑樂道，不雜交遊，爲雅論所歸服」〔註328〕等事例。又如北周時期的申徽「及長，好經史。性審慎，不妄交遊」〔註329〕；王士良「少修謹，不妄交遊」〔註330〕；李昶「性峻急，不雜交遊。幼年已解屬文，有聲洛下」〔註331〕；樂遜「性柔謹，寡於交遊。立身以忠信爲本，不自矜尚。每在眾中，言論未嘗爲人之先。學者以此稱之」〔註332〕等都是不妄交遊的事例。

（二）私學的師生關係

北朝時期私學之中的師生關係更多的體現爲經濟上的聯繫。師生之間存在一定師生之誼的同時，經濟上的聯繫更爲緊密。

〔註320〕《魏書》卷三七《司馬景之傳附司馬宗龐》，第 861 頁。
〔註321〕《魏書》卷四七《盧玄傳附盧元明》，第 1061 頁。
〔註322〕《魏書》卷四七《盧玄傳附盧度世》，第 1062 頁。
〔註323〕《魏書》卷四八《高允傳》，第 1089 頁。
〔註324〕《魏書》卷八五《文苑傳·封肅》，第 1871 頁。
〔註325〕《魏書》卷八八《良吏傳·裴佗》，第 1907 頁。
〔註326〕《魏書》卷一○四《序傳》，第 2323 頁。
〔註327〕《北齊書》卷三五《裴讓之傳附裴讞之》，第 467 頁。
〔註328〕《北齊書》卷三八《趙彥深傳》，第 505 頁。
〔註329〕《周書》卷三二《申徽傳》，第 555 頁。
〔註330〕《周書》卷三六《王士良傳》，第 638 頁。
〔註331〕《周書》卷三八《李昶傳》，第 686 頁。
〔註332〕《周書》卷四五《儒林傳·樂遜》，第 818 頁。

1、私學師生的經濟聯繫

北朝時期私學之中博士與諸生的經濟聯繫非常緊密。私學諸生所提供的束脩之禮，構成了私學教授者的主要收入來源，而私學諸生在求學過程中面臨的重要問題就是經濟問題。在北朝時期，私學教授者中不乏體恤諸生之人，如劉獻之就認為「束脩不易，受之亦難，敢布心腹，冀其圖之」〔註333〕，體恤求學者之不易，而馮偉更是「門徒束脩，一毫不受。耕而飯，蠶而衣，簞食瓢飲，不改其樂，竟以壽終」〔註334〕。儘管如此，對於家境窮苦的諸生而言，在工作之餘求學卻是最為常見的選擇。《魏書》卷四三《房法壽傳附房景先》：

> 景先，字光冑。幼孤貧，無資從師，其母自授《毛詩》、《曲禮》。年十二，請其母曰：「豈可使兄傭賃以供景先也？請自求衣，然後就學。」母哀其小，不許，苦請，從之。遂得一羊裘，欣然自足。晝則樵蘇，夜誦經史，自是精勤，遂大通贍。

房景先十二歲就知生活之艱辛，自備衣食，白天工作，晚上求學。《魏書》卷八四《儒林傳·劉蘭》：

> 劉蘭，武邑人。年三十餘。始入小學，書《急就篇》。家人覺其聰敏，遂令從師，受《春秋》、《詩》、《禮》於中山王保安。家貧無以自資，且耕且學。

這說明，劉蘭的求學就是在半耕半讀的情況下完成的。另《北齊書》卷四四《儒林傳·李鉉》：

> 李鉉，字寶鼎，渤海南皮人也。九歲入學，書《急就篇》，月餘便通。家素貧苦，常春夏務農，冬乃入學。

李鉉在早年只是在冬天入學求學。私學之諸生通過自身的努力籌措求學之資，而私學教授者則根據需求教授知識，二者形成了緊密的經濟聯繫。

2、私學師生的個人情誼

私學之中博士與諸生之間也是存在著師生之誼的。如張偉「儒謹汎納，勤於教訓，雖有頑固不曉，問至數十，偉告喻殷勤，曾無慍色。常依附經典，教以孝悌，門人感其仁化，事之如父」〔註335〕，諸生與之情同父子；常爽之

〔註333〕《魏書》卷八四《儒林傳·劉獻之》，第1850頁。
〔註334〕《北齊書》卷四四《儒林傳·馮偉》，第588頁。
〔註335〕《魏書》卷八四《儒林傳·張偉》，第1844頁。

立學「立訓甚有勸罰之科，弟子事之若嚴君焉」〔註336〕，諸生與之恩若君臣。
又如《魏書》卷八四《儒林傳‧李業興》：

> 時有漁陽鮮于靈馥亦聚徒都授，而遵明聲譽未高，著錄尚寡。
> 業興乃詣靈馥黌舍，類受業者。靈馥乃謂曰：「李生久逐羌博士，何
> 所得也？」業興默爾不言。及靈馥說《左傳》，業興問其大義數條，
> 靈馥不能對。於是振衣而起曰：「羌弟子正如此耳！」遂便徑還。

徐遵明之聲名未顯之時，李業興為之詰問鮮于靈馥，也體現了二人的師生情
誼。同官學之中的師生關係一樣，私學教授者去世後，他的學生之中，有能
力之人也會為之爭取追贈。如徐遵明於永安二年（公元 529 年）去世後，李
業興為之請求追贈。《魏書》卷八四《儒林傳‧徐遵明》記載永熙二年（公元
533 年）李業興的上書云：

> 伏見故處士兗州徐遵明，生在衡沁，弗因世族之基；長於原野，
> 匪乘雕鏤之地。而託心淵曠，置情恬雅，處靜無悶，居約不憂。故
> 能垂簾自精，下帷獨得，鑽經緯之微言，研聖賢之妙旨。莫不入其
> 門戶，踐其堂奧，信以稱大儒於海內，擅明師於日下矣。是故眇眇
> 四方，知音之類，延首慕德，跂踵依風。每精廬暫闢，杖策不遠千
> 里；束脩受業，編錄將踰萬人。固已企盛烈於西河，擬高蹤於北
> 海。……況遵明冠蓋一時，師表當世，溘焉冥沒，旌紀寂寥。逝者
> 長辭，無論榮價，文明敘物，敦屬斯在。臣託跡諸生，親承顧眄，
> 惟伏膺之義，感在三之重，是以越分陳愚，上誼幄座。特乞加以顯
> 謚，追以好爵，仰申朝廷尚德之風，下示學徒稽古之利。若宸鑒昭
> 回，曲垂矜採，則荒墳千載，式賁生平。

在這篇上書中，李業興回顧了徐遵明的私學教授生涯，將其比作西河子夏、
北海鄭玄，進行了高度評價。而後李業興又感念徐遵明「冠蓋一時，師表當
世」，回想自己為諸生求學之事，為恩師爭取死後的追贈。此事儘管沒有成功，
然而從李業興的上書中可以感受到徐遵明與李業興之間濃厚的師生情誼。

（三）私學諸生的出路

北朝時期私學諸生經歷了艱苦的求學歷程之後，其出路可以歸納為從事
私學教授和步入仕途兩大類。

〔註336〕《魏書》卷八四《儒林傳‧常爽》，第 1848 頁。

1、傳承私學

對於私學諸生而言，入仕之路並非易事，很多人都是學成之後，轉而教授弟子，實踐著學術的傳承。北朝時期一部分私學諸生，學成之後一生以私學教授爲業，成爲北朝經學傳承者。如劉獻之「少而孤貧，雅好《詩》、《傳》，曾受業於勃海程玄，後遂博觀眾籍」，後從事私學教授「著錄，數百而已，皆經通之士」〔註337〕。又如張吾貴「先未多學，乃從麗詮受《禮》，牛天祐受《易》。詮、祐粗爲開發，而吾貴覽讀一遍，便即別構戶牖。世人競歸之」〔註338〕。再如徐遵明「年十七，隨鄉人毛靈和等詣山東求學」，學成後「講學於外二十餘年，海內莫不宗仰」，一生以私學教授爲業〔註339〕。正因爲如此，在北朝時期，私學的傳授形成了明顯的師承關係。如張吾貴等人傳授徐遵明，徐遵明傳授李鉉等人，經由李鉉傳授熊安生，直至隋朝時期的劉焯、劉炫。北朝時期也有部分私學諸生，從事私學教授，等待步入仕途的時機，也爲私學的傳承貢獻了力量。如北魏時期的董徵，「身長七尺二寸，好古學尙雅素。年十七，師清河監伯陽，受《論語》、《毛詩》、《周易》，就河內高望崇受《周官》，後於博陵劉獻之遍受諸經。數年之中，大義精練，講授生徒」後入仕「爲四門小學博士」〔註340〕；李鉉「歸養二親，因教授鄉里，生徒恒至數百。燕、趙間能言經者，多出其門」，後「州舉秀才，除太學博士」〔註341〕。又如北齊時期的鮑季詳「少時恒爲李寶鼎都講，後亦自有徒眾，諸儒稱之。天統中，卒於太學博士」〔註342〕；劉軌思，「說《詩》甚精。少事同郡劉敬和，敬和事同郡程歸則，故其鄉曲多爲《詩》者。軌思，天統中任國子博士」〔註343〕。又如房暉遠，「世傳儒學。暉遠幼有志行，治『三禮』、『春秋三傳』、《詩》、《書》、《周易》，兼善圖緯，恒以教授爲務。遠方負笈而從者，動以千計」，「齊南陽王綽爲定州刺史，聞其名，召爲博士。周武帝平齊，搜訪儒俊，暉遠首應辟命，授小學下士」〔註344〕；馬光，「少好學，從師數十年，晝夜不息，圖書讖緯，莫不畢覽，尤明『三禮』，爲儒者

〔註337〕《魏書》卷八四《儒林傳·劉獻之》，第 1849 頁。
〔註338〕《魏書》卷八四《儒林傳·張吾貴》，第 1851 頁。
〔註339〕《魏書》卷八四《儒林傳·徐遵明》，第 1855 頁。
〔註340〕《魏書》卷八四《儒林傳·董徵》，第 1857 頁。
〔註341〕《北齊書》卷四四《儒林傳·李鉉》，第 585 頁。
〔註342〕《北齊書》卷四四《儒林傳·鮑季詳》，第 588 頁。
〔註343〕《北齊書》卷四四《儒林傳·劉軌思》，第 588 頁。
〔註344〕《隋書》卷七五《儒林傳·房暉遠》，第 1716 頁。

所宗」,「開皇初,高祖徵山東義學之士,光與張仲讓、孔籠、竇士榮、張黑奴、劉祖仁等俱至,並授太學博士,時人號爲六儒」〔註345〕,此二人甚至在隋朝也有所任職。

2、入仕為官

入仕爲官也是諸生的重要追求,有很多人經過努力,最終步入仕途,執著於人生的追求。如孫惠蔚「年十三,粗通《詩》、《書》及《孝經》、《論語》。十八,師董道季講《易》。十九,師程玄讀《禮經》及《春秋》三《傳》」,後於「太和初,郡舉孝廉,對策於中書省。時中書監高閭宿聞惠蔚,稱其英辯,因相談,薦爲中書博士。轉皇宗博士」,史稱「魏初已來,儒生寒宦,惠蔚最爲顯達」〔註346〕。又《魏書》卷八四《儒林傳·董徵》:

> 徵因述職,路次過家,置酒高會,大享邑老,乃言曰:「腰龜返國,昔人稱榮;仗節還家,云胡不樂。」因誡二三子弟曰:「此之富貴,匪自天降,乃勤學所致耳。」時人榮之。人爲司農少卿、光祿大夫。徵出州入卿,匪唯學業所致,亦由汝南王悦以其師資之義,爲之啓請焉。永安初,加平東將軍,尋以老解職。永熙二年卒。出帝以徵昔授父業,故優贈散騎常侍、都督相殷滄三州諸軍事、車騎大將軍、儀同三司、尚書左僕射、相州刺史,諡曰文烈。

董徵最終也在仕途上有所發展,爲當時之人所稱頌。正如董徵所述「此之富貴,匪自天降,乃勤學所致耳」,一語道出了私學諸生追逐富貴名利,在仕途上的人生追求。

〔註345〕《隋書》卷七五《儒林傳·馬光》,第1717頁。
〔註346〕《魏書》卷八四《儒林傳·孫惠蔚》,第1852頁。

第三章　北朝學校的教育內容與方法

　　本章對北朝時期的教育內容、教育方法進行研究，探討北朝時期在教學活動中教授的蒙學、學術以及其它專門教育等方面的教學內容以及在教學過程中採取的講誦、問答、辯難教學方法，在對學生的教育活動中的正面引導與反面懲戒等教育方法等問題，以期全面瞭解北朝學校教育中教育內容與教育方法的相關情況。

第一節　北朝學校的教育內容

一、北朝時期啓蒙教育的教育內容

　　北朝時期，諸生求學過程中存在一個啓蒙教育的時期，即蒙學階段。在這一階段中，主要教授弟子識讀文字、瞭解基本的自然、社會常識和倫理道德。因而《急就章》、《孝經》、《論語》等書，就成爲諸生學習的內容。

　　（一）《急就章》、《小學篇》

　　1、《急就章》

　　《急就章》又名《急就篇》，作者爲漢代之史游，是北朝時期最爲流行的蒙學教材。《急就篇》的成書，《漢書》卷三〇《藝文志》：「元帝時黃門令史游作《急就篇》」，又《後漢書》卷七八《宦者傳》稱「至元帝之世，史游爲黃門令，勤心納忠，有所補益」。《急就篇》也是現存最早的蒙學教材之一，據今傳之顏師古注、王應麟補注之版本即可以瞭解其基本內容，如：

　　　　章第一

> 急就奇觚與眾異，羅列諸物名姓字，分別部居不雜廁，用日約
> 少誠快意。勉力務之必有喜。請道其章：宋延年、鄭子方、衛益壽、
> 史步昌、周千秋、趙孺卿、爰展世、高辟兵。〔註1〕

據此可知，《急就篇》通過「羅列諸物名姓字，分別部居不雜廁」，以期達到
「用日約少誠快意。勉力務之必有喜」的目的。另據上應麟總結《急就篇》
的內容「始之以姓氏名字」、「次之以服器百物」、「終之以文學法理」〔註2〕。

東漢以後，《急就篇》依舊在蒙學教育中發揮著重要的作用，東漢曹壽爲
之做解，東漢時期的張芝、崔瑗，魏晉時期曹魏鍾繇，孫吳皇象，晉朝的索
靖、衛夫人、王羲之等書法家多有摹寫〔註3〕。

在北朝時期《急就篇》多以《急就章》稱之，流傳十分廣遠，產生了一
系列的注本。《隋書》卷三二《經籍志一》記載在北朝時期流傳的《急就章》
注本有「《急就章》一卷，漢黃門令史游撰；《急就章》二卷，崔浩撰；《急就
章》三卷，豆盧氏撰」，又《舊唐書》卷四六《經籍志上》收錄有「《急就章
注》一卷，顏之推撰」。除此之外北魏的劉芳也著有《急就篇續注音義證》一
書。

崔浩所撰之《急就章》兩卷本在北朝時期廣爲流傳。《魏書》卷三五《崔
浩傳》記載崔浩上書云：

> 太宗即位元年，敕臣解《急就章》、《孝經》、《論語》、《詩》、《尚
> 書》、《春秋》、《禮記》、《周易》，三年成訖。

又記載崔浩摹寫《急就章》一事云：

> 浩既工書，蓋人多託寫，《急就章》。從少至老，初不憚勞，所
> 書蓋以百數，必稱「馮代強」，疑以示不敢犯國，其謹也如此。浩書
> 體勢及其先人，而妙巧不如也。世寶其跡，多裁割綴連以爲模楷。

崔浩早在明元帝時期就已經注解了《急就章》，加之其書法造詣，多爲他人代
寫《急就章》。值得注意的是崔浩所書之《急就章》用「馮代強」三個字取代
了原文中的「馮漢強」，即所謂「疑以示不敢犯國，其謹也如此」，由此可以
推斷，崔浩本《急就章》的內容較之與史游原本必然有所變化，改變了原書

〔註1〕 史游：《急就篇》，嶽麓書社出版社1989年版，第1頁。
〔註2〕 史游：《急就篇》，嶽麓書社出版社1989年版，第332頁。
〔註3〕 啓功：《急就篇傳本考》一文，收入於《啓功叢稿》論文卷，中華書局1999
年版，第1～9頁。另有劉偉傑：《急就篇研究》，山東大學博士學位論文2007
年，對於《急就篇》的版本流傳論述十分詳細可供參考。

中不合時宜的部分。因而，此種版本的《急就章》也更便於在北朝傳播。

　　豆盧氏所撰之《急就章》三卷本，也是北朝時的版本有所傳播，為《隋書》所收錄。「豆盧氏，本姓慕容，由燕歸魏」〔註4〕，又《北史》卷六八《豆盧寧傳》：

　　　　豆盧寧字永安，昌黎徒何人。其先本姓慕容氏，燕北地王精之後也。高祖勝，以燕。皇始初歸魏，授長樂郡守，賜姓豆盧氏。或云北人謂歸義為「豆盧」，因氏焉，又云避難改焉，未詳孰是。

　　指出豆盧氏本姓慕容，姓名來源有三種說法，即賜姓豆盧氏，北人謂歸義為「豆盧」，以及「又云避難改」，姚薇元《魏書》卷二《道武帝紀》中天賜六年（公元409年）「秋七月，慕容支屬百餘家，謀欲外奔，發覺，伏誅，死者三百餘人」以及卷五〇《慕容白曜》「初，慕容破後，種族仍繁。天賜末，頗忌而誅之。時有遺免，不敢複姓，皆以『興』為氏。延昌末，詔復舊姓，而其子女先人披庭者，猶號慕容特多於他族」的記載認為「本出慕容之豆盧氏，當繫於此時避難而改」，同據姚薇元所述豆盧氏「孝文帝時改為盧氏，西魏復舊」〔註5〕。《隋書》所傳之豆盧氏《急就章》三卷本應時孝文帝之前或是西魏之後豆盧氏家族之人所做，其具體作者，史書缺載。

　　北齊之顏之推也釋著有《急就章注》一卷本，在《舊唐書》卷四六《經籍志上》與《新唐書》卷五七《藝文志一》中都有所記載。今傳之《急就章》為顏師古所注，顏師古乃是顏之推的後裔，家學相傳其注本或受顏之推的影響。

　　北魏的劉芳也著有《急就篇續注音義證》一書。《魏書》卷五五《劉芳傳》：

　　　　芳撰鄭玄所注《周官·儀禮音》、干寶所注《周官音》、王肅所注《尚書音》、何休所注《公羊音》、范寧所注《穀梁音》、韋昭所注《國語音》、范曄《後漢書音》各一卷，《辨類》三卷，《徐州人地錄》四十卷，《急就篇續注音義證》三卷，《毛詩箋音義證》十卷，《禮記義證》十卷，《周官》、《儀禮義證》各五卷。

劉芳的作品中有《急就篇續注音義證》三卷，其書內容應與《急就篇》相關。

　　北朝時期研習《急就章》的事例史書也多有記載。如劉蘭「年三十餘。

〔註4〕姚薇元：《北朝胡姓考》，中華書局2007年版，第104頁。
〔註5〕姚薇元：《北朝胡姓考》，中華書局2007年版，第104、107頁。

始入小學，書《急就篇》」〔註6〕。又如李鉉「九歲入學，書《急就篇》，月餘便通」〔註7〕。《北齊書》卷二九《李渾傳附李繪》：

> 繪字敬文。年六歲，便自願入學，家人偶以年俗忌，約而弗許。
> 伺其伯姊筆牘之間，而輒竊用，未幾遂通《急就章》，內外異之，以爲非常兒也。

這表明，在北朝時期《急就章》作爲蒙學教育階段的重要內容，爲諸生所習，李繪六歲即通此書，故「爲非常兒」。對於《急就章》的流行顏師古也有所感觸，云「至如蓬門野賤，窮鄉幼學，遞相承稟，猶競習之」〔註8〕，這反映了唐代《急就章》的流行情況，然而北朝時期《急就章》的流行程度遠勝於隋唐，由此可以推測流行程度。

2、《小學篇》

值得注意的是，在北朝時期《急就章》是較爲流行的一部蒙學教材，而不是唯一的一部教材。早在十六國時期前燕的慕容皝，「親造《太上章》以代《急就》，又著《典誡》十五篇，以教冑子」〔註9〕。在北朝時期，陸暐也曾「擬《急就篇》爲《悟蒙章》，及《七誘》、《十醉》章，表數十篇」〔註10〕。而東晉王羲之的《小學篇》也是北朝時期諸生學習的內容。《魏書》卷一九中《景穆十二王中·任城王元雲傳附元順》：

> 九歲師事樂安陳豐，初書王羲之《小學篇》數千言，晝夜誦之，旬有五日，一皆通徹。豐奇之，白澄曰：「豐十五從師，迄於白首，耳目所經，未見此比，江夏黃童，不得無雙也。」澄笑曰：「藍田生玉，何容不爾。」

元順所受的蒙學教育就涉及到了王羲之《小學篇》的內容，進而可知東晉南朝的蒙學的教育內容對北朝也有所影響。《隋書》卷三二《經籍志一》：

> 《吳章》二卷，陸機撰。《小學篇》一卷，晉下邳內史王義撰。
> 《少學》九卷，楊方撰。《始學》一卷。《勸學》一卷，蔡邕撰。《發蒙記》一卷，晉著作郎束晳撰。《啓蒙記》三卷，晉散騎常侍顧愷之

〔註6〕《魏書》卷八四《儒林傳·劉蘭》，第1851頁。
〔註7〕《北齊書》卷四四《儒林傳·李鉉》，第584頁。
〔註8〕顏師古：《急就篇述序》，收入於史游：《急就篇》之篇首，嶽麓書社出版社1989年版，第2頁。
〔註9〕《晉書》卷一〇九《慕容皝載記》，第2826頁。
〔註10〕《魏書》卷四〇《陸俟傳附陸暐》，第906頁。

撰。《啓疑記》三卷，顧愷之撰。《千字文》一卷，梁給事郎周興嗣

撰。《千字文》一卷梁國子祭酒蕭子雲注。《千字文》一卷胡肅注。

這類蒙學教育教材多是在東漢至魏晉南北朝時期所著，在隋唐時期尚有流傳，北朝時期或可見其內容，也可能受其影響，然而史料缺載，不敢做過多的推測。

（二）《孝經》、《論語》

1、《孝經》

《孝經》在北朝時期的蒙學教育中佔有十分重要的地位。〔註11〕《漢書》卷三〇《藝文志》：

> 《孝經》者，孔子爲曾子陳孝道也。夫孝，天之經，地之義，民之行也。舉大者言，故曰《孝經》。

此爲《孝經》的由來。《孝經》包括《開宗明義》、《天子》、《庶人》、《三才》、《孝治》、《紀孝行》、《廣揚名》、《諫諍》、《事君》、《喪親》等十八章〔註12〕，其內容涵蓋了對於個各類人等的孝道要求，以及各種情況下孝道的施行，體現出儒家對於孝道的推崇。在兩漢時期，《孝經》就已經作爲啓蒙教育的重要教育內容，加以推廣，漢平帝元始三年（公元 3 年）更是「立官稷及學官。郡國曰學，縣、道、邑、侯國曰校。校、學置經師一人。鄉曰庠，聚曰序。序、庠置《孝經》師一人」〔註13〕。而東漢荀爽稱「故漢制，使天下誦《孝經》，選吏舉孝廉」〔註14〕，《後漢書》卷七九上《儒林傳上》言及儒學之興盛，稱「自期門羽林之士，悉令通《孝經》章句」，據此可知《孝經》在兩漢時期的重要性。魏晉以後更是「置《周易》王氏……《論語》《孝經》鄭氏博士各一人」〔註15〕，在中央官學中設有《孝經》博士一職，加以傳授。

北朝時期，《孝經》同樣具有十分特殊的地位，廣爲傳授。首先，出於對孝道的推崇，在北朝時期《孝經》的傳授受到了國家的重視。如北魏宣武

〔註11〕 對於孝經在北魏時期的傳授的進一步研究可以參考，邵正坤，王忠：《北魏《孝經》之傳播》，《山西大同大學學報》2014 年第 3 期，第 25～29 頁。

〔註12〕 《孝經》的章節名稱爲《開宗明義》、《天子》、《諸侯》、《卿大夫》、《士》、《庶人》、《三才》、《孝治》、《聖治》、《紀孝行》、《廣要道》、《廣至德》、《廣揚名》、《諫諍》、《感應》、《事君》、《喪親》，計十八章。

〔註13〕 《漢書》卷一二《平帝紀》，第 355 頁。

〔註14〕 《後漢書》卷六二《荀淑傳附荀爽》，第 2051 頁。

〔註15〕 《晉書》卷七五《荀崧傳》，第 1976 頁。

帝元恪於正始三年（公元507年）十有一月甲子，「爲京兆王愉、清河王懌、廣平王懷、汝南王悅講《孝經》於式乾殿」〔註16〕。孝明帝元詡於正光二年（公元521年）二月「癸亥，車駕幸國子學，講《孝經》。三月庚午，帝幸國子學祠孔子，以顏淵配」〔註17〕。東魏孝靜帝曾「於顯陽殿講《孝經》、《禮記》」，李繪「與從弟騫、裴伯莊、魏收、盧元明等俱爲錄議」〔註18〕。北齊廢帝高殷，在天保九年（公元556年）以太子的身份監國「集諸儒講《孝經》」〔註19〕。此爲皇帝親自講授《孝經》的事例。又如《魏書》卷八四《儒林傳》：

> 正光二年，乃釋奠於國學，命祭酒崔光講《孝經》，始置國子生四十六人。……永熙中，復釋奠於國學，又於顯陽殿詔祭酒劉廞講《孝經》，黃門李郁説《禮記》，中書舍人盧景宣講《大戴禮・夏小正篇》，復置生七十二人。

在國家的釋奠禮中，是由國子祭酒親自講授孝經的。其次，在普通民眾的心中，《孝經》也存在著與眾不同的意義。《周書》卷一二《齊煬王憲傳附宇文貴》：

> 貴字乾福，少聰敏，涉獵經史，尤便騎射。始讀孝經，便謂人曰：「讀此一經，足爲立身之本。

宇文貴以《孝經》爲立身之本，認爲讀此一經即可。《北史》卷六四《韋瑱傳附韋師》：

> 師字公穎。少沈謹，有至性。初就學，始讀《孝經》，捨書而歎曰：「名教之極，其在茲乎！」少丁父母憂，居喪盡禮，州里稱其有孝行。

韋師也曾感歎《孝經》，親身施行孝道。又如《魏書》卷九〇《逸士傳・馮亮》：

> 延昌二年冬，因遇篤疾，世宗敕以馬輿送令還山，居崧高道場寺。數日而卒。詔贈帛二百匹，以供凶事。遺誡兄子綜，斂以衣帢，左手持板，右手執《孝經》一卷，置尸盤石上，去人數里外。積十餘日，乃焚於山。以灰燼處，起佛塔經藏。

馮亮是個崇信佛教之人，去世之後都要以《孝經》陪葬。這幾個看似特殊的

〔註16〕　《魏書》卷八《宣武帝紀》，第203頁。

〔註17〕　《魏書》卷九《孝明帝紀》，第231～232頁。

〔註18〕　《北齊書》卷二九《李渾傳附李繪》，第395頁。

〔註19〕　《北齊書》卷五《廢帝紀》，第73頁。

例子，一定程度上卻可以反映出北朝時期《孝經》在人們心中的特殊地位。再次，《孝經》的內容，也是人們談論的對象。如《北齊書》卷二五《王紘傳》記載：

> 紘少好弓馬，善騎射，頗愛文學。性機敏，應對便捷。年十三，見揚州刺史太原郭元貞。元貞撫其背曰：「汝讀何書？」對曰：「誦《孝經》。」曰：「《孝經》云何？」曰：「在上不驕，爲下不亂。」貞曰：「吾作刺史，豈其驕乎？」紘曰：「公雖不驕，君子防未萌，亦願留意。」元貞稱善。

十三歲的王紘對於《孝經》內容對答如流，並且對郭元貞進行的勸諫。又如《周書》卷二六《長孫紹遠傳附長孫澄》：

> 魏文帝嘗與太祖及群公宴，從容言曰：「《孝經》一卷，人行之本，諸公宜各引要言。」澄應聲曰：「夙夜匪懈，以事一人。」座中有人次曰：「匡救其惡。」既而出閣，太祖深歎澄之合機，而譴其次答者。

西魏時期皇帝與大臣在宴會之時，也在討論《孝經》的宗旨，不同的見解反映出了不同的政治理解。此外，在北朝時期《孝經》甚至可以影響到鮮卑族甚至於西北地區。如《隋書》卷三十二《經籍志一》：

> 魏氏遷洛，未達華語，孝文帝命侯伏侯可悉陵，以夷言譯《孝經》之旨，教於國人，謂之《國語孝經》。

《國語孝經》即以鮮卑語譯的《孝經》，作者爲侯伏侯可悉陵。侯伏侯氏，據姚薇元在《北朝胡姓考》中對侯姓的考釋云：「胡姓多係部名。護與侯、佛與伏，皆雙聲字。此護佛侯當即侯伏侯之異譯，亦以部名爲氏也。胡與侯，亦雙聲字。胡引當即侯引之異譯。胡引氏乃以侯伏侯部酋之名爲氏也。二氏既同一源，故皆改爲侯氏。」〔註20〕從而指出侯伏侯氏，以部落爲姓，後世改爲侯氏，部落位於盛樂以東，屬於羯人。《國語孝經》的出現也說明了《孝經》在鮮卑族教育中所佔的地位。用胡語教授《孝經》的現象，出現在西域的高昌國。《周書》卷五〇《異域傳下·高昌》：

> 文字亦同華夏，兼用胡書。有《毛詩》、《論語》、《孝經》，置學官弟子，以相教授。雖習讀之，而皆爲胡語。

在這一地區也教授《孝經》，只是用胡語教授。綜上所述，《孝經》在北朝時

〔註20〕姚薇元：《北朝胡姓考》，中華書局 2007 年版，第 88 頁。

期的影響非常廣泛。

北朝時期，《孝經》的傳授，流行鄭氏注本，各家學者多有注疏。如《魏書》卷八四《儒林傳》：

> 漢世鄭玄並爲眾經注解，服虔、何休各有所說。玄《易》、《書》、《詩》、禮、《論語》、《孝經》，虔《左氏春秋》，休《公羊傳》，大行於河北。

又如《北齊書》卷四四《儒林傳》：

> 《論語》、《孝經》，諸學徒莫不通講。諸儒如權會、李鉉、刁柔、熊安生、劉軌思、馬敬德之徒多自出義疏。雖曰專門，亦皆粗習也。

這說明了在北朝時期《孝經》的傳授情況。

北朝時期學習《孝經》的事例，史書中也多有記載。如元琛「以肅宗始學，獻金字《孝經》」〔註21〕，可知孝明帝學習《孝經》。又如北魏時期的馮熙「始就博士學問，從師受《孝經》、《論語》，好陰陽兵法」〔註22〕；孫惠蔚「年十三，粗通《詩》、《書》及《孝經》、《論語》」〔註23〕；徐遵明「乃詣平原唐遷，納之，居於蠶舍。讀《孝經》、《論語》、《毛詩》、『三禮』，不出門院，凡經六年，時彈箏吹笛以自娛慰」〔註24〕；李謐「十三通《孝經》、《論語》、《毛詩》、《尚書》，歷數之術尤盡其長，州閭鄉黨有神童之號」〔註25〕；樂遜「魏正光中，聞碩儒徐遵明領徒趙、魏，乃就學《孝經》、《喪服》、《論語》、《詩》、《書》、《禮》、《易》、《左氏春秋》大義」〔註26〕；雷紹「辭母求師，經年，通《孝經》、《論語》」〔註27〕等，都曾研讀《孝經》。又如北齊時期來自於南朝的徐之才「五歲誦《孝經》，八歲略通義旨」〔註28〕。又如北周時期的斛斯徵「幼聰穎，五歲誦《孝經》、《周易》、識者異之」〔註29〕；宇文震「幼而敏達，年十歲，誦《孝經》、《論語》、《毛詩》」〔註30〕；王頍「始讀《孝經》、

〔註21〕 《魏書》卷二○《文成五王・河間王元若傳附元琛》，第529頁。

〔註22〕 《魏書》卷八三上《外戚傳・馮熙》，第1818頁。

〔註23〕 《魏書》卷八四《儒林傳・孫惠蔚》，第1852頁。

〔註24〕 《魏書》卷八四《儒林傳・徐遵明》，第1855頁。

〔註25〕 《魏書》卷九○《逸士傳・李謐》，第1938頁。

〔註26〕 《周書》卷四五《儒林傳・樂遜》，第814頁。

〔註27〕 《北史》卷四九《雷紹傳》，第1807頁。

〔註28〕 《北齊書》卷三三《徐之才傳》，第444頁。

〔註29〕 《周書》卷二六《斛斯徵傳》，第432頁。

〔註30〕 《周書》卷一三《文閔明武宣諸子・宋獻公傳》，第201頁。

《論語》，晝夜不倦」〔註31〕。北周時期來自於南朝的顏之儀「幼穎悟，三歲能讀《孝經》」〔註32〕；蕭大圜「年四歲，能誦《三都賦》及《孝經》、《論語》」，都在啓蒙教育階段學習《孝經》〔註33〕。

2、《論語》

《論語》也是北朝時期蒙學教育的重要內容之一。《漢書》卷三〇《藝文志》：

> 《論語》者，孔子應答弟子時人及弟子相與言而接聞於夫子之語也。當時弟子各有所記。夫子既卒，門人相與輯而論篡，故謂之《論語》。

《論語》總計二十篇，記載了孔子極其弟子的言行，集中反映了孔子的思想政治主張。兩漢時期《論語》沒有列入五經之列，然而所謂「傳莫大於《論語》」〔註34〕，兩漢以來各家學者對於《論語》多有傳授。其傳授情況同《隋書》卷三二《經籍志一》：

> 漢初，有齊、魯之說。其齊人傳者，二十二篇；魯人傳者，二十篇。齊則昌邑中尉王吉、少府宗畸、御史大夫貢禹、尚書令五鹿充宗、膠東庸生。魯則常山都尉龔奮、長信少府夏侯勝、韋丞相節侯父子、魯扶卿、前將軍蕭望之、安昌侯張禹，並名其學。張禹本授《魯論》，晚講《齊論》，後遂合而考之，刪其煩惑。除去《齊論》《問王》、《知道》二篇，從《魯論》二十篇爲定，號《張侯論》，當世重之。周氏、包氏，爲之章句，馬融又爲之訓。又有古《論語》，與《古文尚書》同出，章句煩省，與《魯論》不異，唯分《子張》爲二篇，故有二十一篇。孔安國爲之傳。漢末，鄭玄以《張侯論》爲本，參考《齊論》、古《論》而爲之注。

據此可知，漢代齊、魯與古文《論語》三家的傳承情況。同《隋書》卷三二《經籍志一》：

> 魏司空陳群、太常王肅、博士周生烈，皆爲義說。吏部尚書何晏，又爲集解。是後諸儒多爲之注，《齊論》遂亡。

〔註31〕《北史》卷八四《孝行傳・王頒附王頍》，第2836頁。
〔註32〕《周書》卷四〇《顏之儀傳》，第719頁。
〔註33〕《周書》卷四二《蕭大圜傳》，第756頁。
〔註34〕《漢書》卷八七下《楊雄傳下》，第3583頁。

魏晉以來何晏集解之《論語》與鄭玄所注之《論語》並列學官，然何注流行於南朝，十六國時期，則傳承了鄭注之《論語》，延續到了北朝時期。

　　任北朝時期，《論語》的流傳如同《孝經》一樣也是以鄭氏本爲主，各家都有所注疏，前文所引之材料也可以說明這一問題。在這一時期對《論語》的注疏活動中，崔浩和陳奇的著述是值得關注的。如《魏書》卷四八《高允傳》：

> 是時，著作令史閔湛、郃摽性巧佞，爲浩信待。見浩所《詩》、《論語》、《尚書》、《易》，遂上疏，言馬、鄭、王、賈雖注述《六經》，並多疏謬，不如浩之精微。乞收境內諸書，藏之秘府。班浩所注，命天下習業。

崔浩的所注疏的《論語》連同其它經書，一度可能成爲全國範圍內學習的範本。而陳奇注疏的《論語》也有一定的特點。《魏書》卷八四《儒林傳·陳奇》：

> 陳奇，字脩奇，河北人也……愛玩經典，博通墳籍，常非馬融、鄭玄解經失旨，志在著述五經。始注《孝經》、《論語》，頗傳於世，爲搢紳所稱。……奇所注《論語》，矯之傳掌，未能行於世，其義多異鄭玄，往往與司徒崔浩同。

陳奇所注疏的《論語》不同於馬融、鄭玄的注疏，而與崔浩相似，是一部很有特點的注本。

　　北朝時期學習《論語》的事例，史書中也多有記載。如北魏時期的賀狄干「在長安幽閉，因習讀書史，通《論語》、《尚書》諸經，舉止風流，有似儒者」〔註35〕；樂遜「魏正光中，聞碩儒徐遵明領徒趙、魏，乃就學《孝經》、《喪服》、《論語》、《詩》、《書》、《禮》、《易》、《左氏春秋》大義」〔註36〕，都曾研習《論語》。而北魏時期的常景「初讀《論語》、《毛詩》，一受便覽」〔註37〕；馮熙「始就博士學問，從師受《孝經》、《論語》，好陰陽兵法」〔註38〕；孫惠蔚「年十三，粗通《詩》、《書》及《孝經》、《論語》」〔註39〕；徐遵明「乃詣平原唐遷，納之，居於蠶舍。讀《孝經》、《論語》、《毛詩》、『三禮』，不出門院，凡經六

〔註35〕　《魏書》卷二八《賀狄干傳》，第 686 頁。
〔註36〕　《周書》卷四五《儒林傳·樂遜》，第 814 頁。
〔註37〕　《魏書》卷八二《常景傳》，第 1800 頁。
〔註38〕　《魏書》卷八三上《外戚傳·馮熙》，第 1818 頁。
〔註39〕　《魏書》卷八四《儒林傳·孫惠蔚》，第 1852 頁。

年，時彈箏吹笛以自娛慰」〔註40〕；董徵「年十七，師清河監伯陽，受《論語》、《毛詩》、《周易》」〔註41〕；李謐「十三通《孝經》、《論語》、《毛詩》、《尚書》，歷數之術尤盡其長，州閭鄉黨有神童之號〔註42〕」；雷紹「辭母求師，經年，通《孝經》、《論語》」〔註43〕。這些人都在早年求學過程中學習《論語》。北周時期宇文震「幼而敏達，年十歲，誦《孝經》、《論語》、《毛詩》」〔註44〕；王頒「始讀《孝經》、《論語》，晝夜不倦」〔註45〕；來自於南朝的蕭大圜「年四歲，能誦《三都賦》及《孝經》、《論語》」〔註46〕等也是如此。

二、北朝時期學術教育的教學內容

（一）經學

在北朝時期，學校教育的主要內容爲經學。《易》經、《尚書》、《詩》經、「三禮」和《春秋》作爲儒家的經典文獻，在北朝的學校中廣爲傳授。

從整體上來說，北朝時期的經學既有這一時期的時代特點，也存在著不同南朝的特點。一方面，北朝時期的經學教育不再遵從兩漢時期嚴格的師法、家法，流行通經傳授。西晉永嘉之亂後，東晉就已經「不復分掌五經」，而在北方，師法、家法的傳承也難以保持，北魏建國之初，「立太學，置五經博士生員千有餘人」，此處之「五經博士」，就不同於漢代的制度。在北朝時期，學通諸經者屢見不鮮。《魏書》卷八四《儒林傳》中所載的學者如梁越「少而好學，博綜經傳，無何不通」；張偉「學通諸經，講授鄉里，受業者常數百人」；平恒「耽勤讀誦，研綜經籍，鉤深致遠，多所博聞」；陳奇「愛玩經典，博通墳籍」；常爽「篤志好學，博聞強識，明習緯候，『五經』百家多所研綜」；刁沖「學通諸經，偏修鄭說，陰陽、圖緯、算數、天文、風氣之書莫不關綜，當世服其精博」；李同軌「學綜諸經，多所治誦，兼讀釋氏，又好醫術」，等人就是如此。《北齊書》卷四四《儒林傳》中的學者權會「少受《鄭易》，探賾索隱，妙盡幽微，《詩》、《書》、『三禮』，文義該洽，兼明風角，妙識玄象」；

〔註40〕　《魏書》卷八四《儒林傳・徐遵明》，第 1855 頁。

〔註41〕　《魏書》卷八四《儒林傳・董徵》，第 1857 頁。

〔註42〕　《魏書》卷九○《逸士傳・李謐》，第 1938 頁。

〔註43〕　《北史》卷四九《雷紹傳》，第 1807 頁。

〔註44〕　《周書》卷一三《文閔明武宣諸子・宋獻公傳》，第 201 頁。

〔註45〕　《北史》卷八四《孝行傳•王頒附王頍》，第 2836 頁。

〔註46〕　《周書》卷四二《蕭大圜傳》，第 756 頁。

張雕「遍通『五經』，尤明『三傳』，弟子遠方就業者以百數，諸儒服其強辨」；《周書》卷四五《儒林傳》中的盧光「博覽群書，精於『三禮』，善陰陽，解鍾律，又好玄言」；沈重「從師不遠千里，遂博覽群書，尤明《詩》、《禮》及《左氏春秋》」；樊深「既專經，又讀諸史及《蒼雅》、篆籀、陰陽、卜筮之書」等人也是如此。這些人之所學非常廣泛，其教學內容也是十分豐富。儘管這一時期流行通經傳授，然而隨著學校教育的深入發展，也出現主要傳授一經或幾經之人。如上述諸多學者在博通諸經的同時，也是精於其中一經或幾經，而北齊時期之熊安生更是「博通『五經』，然專以『三禮』教授」。

另一方面，北朝時期的經學教育也繼承了漢魏以來的傳統，形成了不同於南朝的特點。《北史》卷八一《儒林傳上》：

> 大抵南北所爲章句，好尚互有不同。江左，《周易》則王輔嗣，《尚書》則孔安國，《左傳》則杜元凱。河洛，《左傳》則服子慎，《尚書》、《周易》則鄭康成。《詩》則並主於毛公，《禮》則同遵於鄭氏。南人約簡，得其英華；北學深蕪，窮其枝葉。考其終始，要其會歸，其立身成名，殊方同致矣。

總體上來說，北朝時期在經學內容上偏重於服虔注疏的《左傳》、鄭玄注疏的《尚書》、《周易》和「三禮」之學已經毛萇的《詩》學，其學術特點表現爲「北學深蕪，窮其枝葉」。

1、《易》經

《易》經是指《周易》，爲儒家五經之一，屬於卜筮之書。在北朝時期作爲重要的經學教育內容得到了廣泛地傳授。《隋書》卷三二《經籍志一》：

> 及秦焚書，周易獨以卜筮得存，唯失《說卦》三篇。後河內女子得之。漢初，傳《易》者有田何，何授丁寬，寬授田王孫，王孫授沛人施讎、東海孟喜、琅邪梁丘賀。由是有施、孟、梁丘之學。又有東郡京房，自云受《易》於梁國焦延壽，別爲京氏學。嘗立，後罷。後漢施、孟、梁丘、京氏，凡四家並立，而傳者甚眾。漢初又有東萊費直傳《易》，其本皆古字，號曰《古文易》。以授琅邪王璜，璜授沛人高相，相以授子康及蘭陵毌將永。故有費氏之學，行於人間，而未得立。後漢陳元、鄭眾，皆傳費氏之學。馬融又爲其傳，以授鄭玄。玄作《易注》，荀爽又作《易傳》。魏代王肅、王弼，並爲之注。自是費氏大興，高氏遂衰。梁丘、施氏、高氏，亡於西

晉。孟氏、京氏，有書無師。

　　這說明了秦漢以來的《易》經之學的分合、傳承情況。到了西晉時期，盛行於兩漢時期的施、孟、梁丘、京氏四家今文《易》經之學先後衰亡，而古文《易》經之學中的費氏《易》，經由東漢之馬融、鄭玄、曹魏之王肅、王弼等人的注疏傳承，十分盛行。值得注意的是，王肅、王弼等人的注疏，是對《易》經的另外一種解讀，將其作爲「三玄」之一納入到了玄學之中，因而這一時期對於王學《易經》的傳承應視爲玄學內容。

　　北朝時期《易》經的傳承，河北地區以鄭玄所注《易》經爲主，其傳承情況，《北史》卷八一《儒林傳上》：

　　　　自魏末，大儒徐遵明門下，講鄭玄所注《周易》。遵明以傳盧景
　　　　裕及清河崔瑾。景裕傳權會、郭茂。權會早入鄴都，郭茂恒在門下
　　　　教授，其後能言《易》者，多出郭茂之門。

北朝時期作爲經學的《易》經傳授，出自徐遵明的門下，經由盧景裕等人傳承到了郭茂，是爲北朝時期《易》經之學的傳承情況。

　　2、《尚書》

　　《尚書》，儒家五經之一。在北朝時期同樣作爲經學教育內容得到了傳授。秦漢時期，《尚書》存在著今古文之分，各有傳承。《隋書》卷三二《經籍志一》：

　　　　至漢，唯濟南伏生口傳二十八篇。又河內女子得《泰誓》一篇，
　　　　獻之。伏生作《尚書傳》四十一篇，以授同郡張生，張生授千乘歐
　　　　陽生，歐陽生授同郡兒寬，寬授歐陽生之子，世世傳之，至曾孫歐
　　　　陽高，謂之《尚書》歐陽之學。又有夏侯都尉，受業於張生，以授
　　　　族子始昌，始昌傳族子勝，爲大夏侯之學。勝傳從子建，別爲小夏
　　　　侯之學。故有歐陽，大、小夏侯，三家並立。訖漢東京，相傳不絕，
　　　　而歐陽最盛。初漢武帝時，魯恭王壞孔子舊宅，得其末孫惠所藏之
　　　　書，字皆古文。孔安國以今文校之，得二十五篇。其《泰誓》與河
　　　　內女子所獻不同。又濟南伏生所誦，有五篇相合。安國並依古文，
　　　　開其篇第，以隸古字寫之，合成五十八篇。其餘篇簡錯亂，不可復
　　　　讀，並送之官府。安國又爲五十八篇作傳，會巫蠱事起，不得奏上，
　　　　私傳其業於都尉朝，朝授膠東庸生，謂之《尚書古文》之學，而未
　　　　得立。後漢扶風杜林，傳《古文尚書》，同郡賈逵爲之作訓，馬融作

傳，鄭玄亦爲之注。然其所傳，唯二十九篇，又雜以今文，非孔舊
本。自餘絕無師説。

兩漢時期的今文《尚書》經由伏勝口傳，形成了歐陽、大、小夏侯三家，而
孔安國又有古文《尚書》之學傳授，及至東漢馬融、鄭玄傳授《尚書》，今古
文《尚書》並傳。魏晉以後《尚書》學的演變，《隋書》卷三二《經籍志一》：

晉世秘府所存，有《古文尚書》經文，今無有傳者。及永嘉之
亂，歐陽，大、小夏侯《尚書》並亡。

可知，兩漢時期的各家《尚書》之學在永嘉之亂後，各有消亡。

北朝時期《尚書》之學，以鄭玄注疏之《尚書》爲主。其具體傳承，《北
史》卷八一《儒林傳上》：

齊時，儒士罕傳《尚書》之業，徐遵明兼通之。遵明受業於屯
留王聰，傳授浮陽李周仁及勃海張文敬、李鉉、河間權會，立鄭康
成所注，非古文也。下里諸生，略不見孔氏注解。武平末，劉光伯、
劉士元始得費甝《義疏》，乃留意焉。

鄭玄注疏之《尚書》在北朝時期較爲流行，經由屯留王聰傳授徐遵明，再由
徐遵明逐漸傳播。而在北朝後期，北齊武平年間，南朝費甝的《尚書義疏》
才在北朝有所傳播。

3、《詩》經

《詩》即《詩經》，儒家五經之一，是先秦時期的一個詩歌總集。在北朝
時期也作爲經學教育的內容而得到傳授。《隋書》卷三二《經籍志一》：

漢初，有魯人申公，受《詩》於浮丘伯，作詁訓，是爲《魯詩》。
齊人轅固生亦傳《詩》，是爲《齊詩》。燕人韓嬰亦傳《詩》，是爲《韓
詩》。終於後漢，三家並立。漢初又有趙人毛萇善《詩》，自云子夏
所傳，作《詁訓傳》，是爲「《毛詩》古學」，而未得立。後漢有九江
謝曼卿，善《毛詩》，又爲之訓。東海衛敬仲，受學於曼卿。先儒相
承，謂之《毛詩》。序，子夏所創，毛公及敬仲又加潤益。鄭眾、賈
逵、馬融，並作《毛詩傳》，鄭玄作《毛詩箋》。《齊詩》，魏代已亡；
《魯詩》亡於西晉；韓詩雖存，無傳之者。唯《毛詩鄭箋》，至今獨
立。

兩漢時期有魯詩、齊詩、韓詩三家並立，而古學之毛詩經由東漢、鄭眾到鄭
玄等人的注疏得以廣泛流傳，而魏晉之後，齊詩、魯詩先後衰亡，韓詩沒有

傳授之人，唯有毛詩廣爲流傳。

在北朝時期，鄭玄注疏的《詩》學經由劉獻之的弟子門人得以傳承。其傳承情況，《北史》卷八一《儒林傳上》：

> 通《毛詩》者，多出於魏朝劉獻之。獻之傳李周仁。周仁傳董令度、程歸則。歸則傳劉敬和、張思伯、劉軌思。其後能言《詩》者，多出二劉之門。

可知，北朝時期《詩》學傳授出自劉獻之，後期劉敬和、劉軌思二人爲傳授者，以至於「能言《詩》者，多出二劉之門」。

值得注意的是，在北朝時期《毛詩》也是諸生較早學習的儒家經典。《魏書》卷四五《裴駿傳附裴安祖》：

> 駿從弟安祖，少而聰慧。年八九歲，就師講《詩》，至《鹿鳴篇》，語諸兄云：「鹿雖禽獸，得食相呼，而況人也？」自此之後，未曾獨食，弱冠，州辟主簿。

裴安祖學《詩》就是比較早的。

4、「三禮」

「三禮」，即《儀禮》、《禮記》和《周禮》三部書的合稱，是記載禮儀規定、典章制度的重要儒家典籍，在北朝時期是廣爲傳授的經學教育內容。〔註47〕其一，《儀禮》即原本之《禮》經，是成書較早的儒家禮學經典。秦漢以來《禮》經列於學官之中，已有傳承。《隋書》卷三二《經籍志一》：

> 漢初，有高堂生傳《十七篇》，又有古經，出於淹中，而河間獻王，好古愛學，收集餘燼，得而獻之，合五十六篇，並威儀之事。而又得《司馬穰苴兵法》一百五十五篇，及《明堂陰陽》之記，並無敢傳之者。唯古經十七篇，與高堂生所傳不殊，而字多異。自高堂生，至宣帝時后蒼，最明其業，乃爲《曲臺記》。蒼授梁人戴德，及德從兄子聖、沛人慶普，於是有大戴、小戴、慶氏，三家並立。後漢唯曹元傳慶氏，以授其子褒，然三家雖存並微，相傳不絕。

漢代之《儀禮》出自高堂生之《士禮》，在傳承過程形成了戴德之《大戴禮記》、戴聖之《小戴禮記》和慶普之慶氏學。東漢時期《禮》學衰微，卻也得到了傳承。同《隋書》卷三二《經籍志一》：

〔註47〕張鶴泉先生：《略論北朝儒生對「三禮」的傳授》，載於《社會科學戰線》2009年第七期，83〜88頁，此文對於「三禮」在北朝的傳授情況有所研究。

漢末，鄭玄傳小戴之學，後以古經校之，取其於義長者作注，
爲鄭氏學。

自此，融合了今古文的鄭氏之學得以廣泛傳播。這種現象經由魏晉十六
國延續到了北朝時期。其二，《禮記》則是《儀禮》在傳授過程中形成的解釋、
論述之作。《隋書》卷三二《經籍志一》：

戴德刪其煩重，合而記之，爲八十五篇，謂之《大戴記》。而戴
聖又刪大戴之書，爲四十六篇，謂之《小戴記》。漢末馬融，遂傳小
戴之學。融又定《月令》一篇，《明堂位》一篇，《樂記》一篇，合
四十九篇。而鄭玄受業於融，又爲之注。

可知，戴德、戴聖刪繁就簡形成了自家《禮記》之學，而經由馬融、鄭玄的
傳播《小戴禮記》得以廣泛傳授，這一情況也延續到了北朝時期。最後，《周
禮》原名《周官》，其內容主要爲典章制度。同《隋書》卷三二《經籍志一》：

而漢時有李氏得《周官》。《周官》蓋周公所制官政之法，上於
河間獻王，獨闕《冬官》一篇。獻王購以千金不得，遂取《考工記》
以補其處，合成六篇奏之。至王莽時，劉歆始置博士，以行於世。
河南緱氏及杜子春受業於歆，因以教授。是後馬融作《周官傳》，以
授鄭玄，玄作《周官注》。

《周官》在王莽時才列於學官之中，經由東漢馬融、鄭玄的注疏而得到了傳
播。魏晉以後也有傳承。在十六國時期，《周官》之學也得到了保存。《晉書》
卷九六《列女傳·韋逞母宋氏》：

韋逞母宋氏，不知何郡人也。家世以儒學稱。宋氏幼喪母，其
父躬自養之。及長，授以《周官》音義，謂之曰：「吾家世學《周官》，
傳業相繼，此又周公所制，經紀典誥，百官品物，備於此矣。吾今
無男可傳，汝可受之，勿令絕世。」屬天下喪亂，宋氏諷誦不輟。

其後爲石季龍徙之於山東，宋氏與夫在徙中，推鹿車，背負父
所授書，到冀州，依膠東富人程安壽，壽養護之。……堅嘗幸其太
學，問博士經典，乃憫禮樂遺闕。時博士盧壺對曰：「廢學既久，書
傳零落，比年綴撰，正經粗集，唯《周官》禮注未有其師。竊見太
常韋逞母宋氏世學家女，傳其父業，得《周官》音義，今年八十，
視聽無闕，自非此母無可以傳授後生。」於是就宋氏家立講堂，置
生員百二十人，隔絳紗幔而受業，號宋氏爲宣文君，賜侍婢十人。《周

官》學復行於世，時稱韋氏宋母焉。

《周官》之學經由十六國時期韋逞的母親宋氏的傳授而得以保存，延續到了
北朝時期。

在北朝時期，「三禮」之學也是流行鄭氏之學，經由徐遵明、李鉉、熊安
生的傳授而廣泛傳播。《北史》卷八一《儒林傳上》：

> 三禮並出遵明之門。徐傳業於李鉉、祖儁、田元鳳、馮偉、紀
> 顯敬、呂黃龍、夏懷敬。李鉉又傳授习柔、張買奴、鮑季詳、邢峙、
> 劉畫、熊安生。安生又傳孫靈暉、郭仲堅、丁恃德。其後生能通《禮
> 經》者，多是安生門人。諸生盡通《小戴禮》。於《周儀禮》兼通者，
> 十二三焉。

是爲北朝時期「三禮」之學的傳授情況。

5、《春秋》

《春秋》，儒家五經之一，魯國的編年體史書，經由孔子修訂而流傳，在
北朝時期作爲經學教育內容而得到傳授。〔註48〕《隋書》卷三二《經籍志一》：

> 遭秦滅學，口說尚存。漢初，有公羊、穀梁、鄒氏、夾氏，四
> 家並行。王莽之亂，鄒氏無師，夾氏亡。初齊人胡母子都，傳《公
> 羊春秋》，授東海嬴公。嬴公授東海孟卿，孟卿授魯人眭孟，眭孟授
> 東海嚴彭祖、魯人顏安樂。故後漢《公羊》有嚴氏、顏氏之學，與
> 穀梁三家並立。漢末，何休又作《公羊解說》。而《左氏》，漢初出
> 於張蒼之家，本無傳者。至文帝時，梁太傅賈誼爲訓詁，授趙人貫
> 公。其後劉歆典校經籍，考而正之，欲立於學，諸儒莫應。至建武
> 中，尚書令韓歆請立而未行。時陳元最明《左傳》，又上書訟之。
> 於是乃以魏郡李封爲《左氏》博士。後群儒蔽固者，數廷爭之。及
> 封卒，遂罷。然諸儒傳《左氏》者甚眾。永平中，能爲《左氏》者，
> 擢高第爲講郎。其後賈逵、服虔並爲訓解。至魏，遂行於世。晉時，
> 杜預又爲《經傳集解》。《穀梁》范甯注、《公羊》何休注、《左氏》
> 服虔、杜預注，俱立國學。然《公羊》、《穀梁》，但試讀文，而不
> 能通其義。後學三傳通講，而《左氏》唯傳服義。

據此可以總結《春秋》學的演變情況。漢代的《春秋》有公羊、穀梁、

〔註48〕對於北朝時期《春秋》學的傳授的進一步研究可以參考，王金寧：《論北朝〈春
秋〉學的傳授》，吉林大學 2015 年碩士學位論文。

鄒氏、夾氏四家並行，東漢《公羊春秋》嚴氏、顏氏之學與《穀梁春秋》三家並立。而東漢末年何休《公羊解說》對後世《公羊春秋》的傳授影響很大。而《左傳》在漢初即有張蒼傳授，但長期未列於學官，東漢《左傳》日益流行，賈逵、服虔並爲訓解，服虔所注疏之《左傳》流行甚廣。魏晉時期，杜預又注疏《左傳》，與東漢服虔注疏的《左傳》並立學官之中，影響深遠。

在北朝時期，何休注疏之《公羊春秋》、服虔注疏之《左傳》流行於河北地區，受南朝影響較深的河南地區則有杜預注疏之《左傳》在傳授。這一時期《春秋》學的傳授情況，《北史》卷八一《儒林傳上》：

> 河北諸儒能通《春秋》者，並服子慎所注，亦出徐生之門。張買奴、馬敬德、邢峙、張思伯、張奉禮、張彤、劉晝、鮑長宣、王元則並得服氏之精微。又有衛覬、陳達、潘叔虔，雖不傳徐氏之門，亦爲通解。又有姚文安、秦道靜，初亦學服氏，後兼更講杜元凱所注。其河外儒生，俱伏膺杜氏。其《公羊》、《穀梁》二傳，儒者多不屑懷。

北朝時期服虔注疏之《左傳》經由徐遵明的傳授而廣爲傳播，杜預注疏之《左傳》流行於河南地區，而《公羊春秋》、《穀梁春秋》在北朝也有所傳授。值得注意的是，在北朝時期《春秋》學的傳播過程中，杜氏春秋的影響逐漸增強，也與服氏春秋產生了衝突。史稱任城王元澄之子元順「十六，通《杜氏春秋》，恒集門生，討論同異」〔註49〕，這說明《杜氏春秋》在河南地區上層統治者中的流行。而《魏書》卷七二《賈思伯傳附賈思同》則記載了二者的衝突：

> 思同之侍講也，國子博士遼西衛冀隆爲服氏之學，上書難《杜氏春秋》六十三事。思同復駁冀隆乖錯者十一條。互相是非，積成十卷。詔下國學集諸儒考之，事未竟而思同卒。

在國子學中，服氏之學與《杜氏春秋》之間存在著衝突。（北朝時期對於上述儒學經典的注疏情況，詳見附表十一）

（二）玄學與佛學

北朝時期學校教育的內容也受到了當時學風變化的影響。最突出的特點要數玄學與佛學對於學校教育內容的影響。〔註50〕在北朝時期，存在著通曉

〔註49〕《魏書》卷一九中《景穆十二王中・任城王雲傳附元順》，第481頁。
〔註50〕北朝時期玄學的影響可以參看古騰隆一〔日〕：北朝經學與《老子》收錄於

經學、玄學與佛學的學者，他們廣博的知識必然會影響到他們的學術傳授。
這也是北朝學校教育難以忽視的一方面內容。

1、玄學

魏晉時期，河北的學術就以保守著稱。兩晉時期就有「汝潁之士利如錐，
幽冀之士鈍如槌」的說法〔註51〕。北魏前期的經學發展是排斥玄學的。《魏書》
卷三五《崔浩傳》：

> 浩能為雜說，不長屬文，而留心於制度、科律及經術之言。作
> 家祭法，次序五宗，蒸嘗之禮，豐儉之節，義理可觀。性不好《老
> 莊》之書，每讀不過數十行，輒棄之，曰：「此矯誣之說，不近人情，
> 必非老子所作。老聃習禮，仲尼所師，豈設敗法文書，以亂先王之
> 教？韋生所謂家人筐篋中物，不可揚於王庭也。」

崔浩對於玄學的態度最能反映河北學的特點。《魏書》卷六○《程駿傳》：

> 駿謂（劉）昞曰：「今世名教之儒，咸謂老莊其言虛誕，不切實
> 要，弗可以經世，駿意以為不然。夫老子著抱一之言，莊生申性本
> 之旨，若斯者，可謂至順矣。人若乖一則煩偽生，若爽性，則沖真
> 喪。」昞曰：「卿年尚稚，言若老成，美哉！」由是聲譽益播，沮渠
> 牧犍擢為東宮侍講。

這說明在河西地區，一般的儒生對於玄學也是排斥的。

北魏後期隨著漢化程度的加深，受到南朝玄學的影響，玄學的地位有所
上陞。北魏後期的經學家中已有通曉玄學之人。《魏書》卷八四《儒林傳·
盧景裕》：「景裕注《周易》、《尚書》、《孝經》、《論語》、《禮記》、《老子》，
其《毛詩》、《春秋左氏》未訖。」盧景裕所注疏之書就包括了「三玄」之一
的《老子》，而盧景裕「所注《易》大行於世」，在北朝流傳廣遠，也是三玄
之一。北齊時期的杜弼「性好名理，探味玄宗，自在軍旅，帶經從役。注老
子《道德經》二卷」，又「耽好玄理，老而愈篤。又注《莊子惠施篇》、《易
上下繫》，名《新注義苑》，並行於世」〔註52〕。北周時期的盧光「性溫謹，
博覽群書，精於『三禮』，善陰陽，解鍾律，又好玄言……性崇佛道，至誠

《第二屆傳統中國研究國際學術討論會論文集（二）》，198～206頁。佛學的
影響可以參看王曉衛：論佛教對北朝儒學的影響《貴州大學學報》1998年第
6期，36～43頁。
〔註51〕《晉書》卷六十二《祖逖傳附祖納》，第1699頁。
〔註52〕《北齊書》卷二四《杜弼傳》，第348、353頁。

信敬……撰《道德經章句》，行於世」〔註53〕。又《北史》卷八一《儒林傳上》：

> 河南及青齊之間，儒生多講王輔嗣所注，師訓蓋寡。

在北朝時期，以王學爲代表的《易》經之學，作爲三玄之一，在河南乃至青齊地區均有所傳授。

2、佛學

魏晉南北朝時期隨著佛教的傳播，佛學對於學校教育內容的影響也是不容忽視的。十六國時期，各國君主就不乏好佛之人。《晉書》卷九五《藝術傳・佛圖澄》：

> 及季龍僭位，遷都於鄴，傾心事澄，有重於勒。下書衣澄以綾錦，乘以雕輦，朝會之日，引之升殿，常侍以下悉助舉輿，太子諸公扶翼而上，主者唱大和尚，眾坐皆起，以彰其尊。

佛圖澄在後趙就受到了石勒、石虎等人的禮遇。北魏時期，除了太武帝曾禁止佛教以外，其餘君主大多都推崇佛教。《魏書》卷一一四《釋老志》：

> 太祖平中山，經略燕趙，所逕郡國佛寺，見諸沙門、道士，皆致精敬，禁軍旅無有所犯。帝好黃老，頗覽佛經。……至太宗，彌加崇敬。……世祖初即位，亦遵太祖、太宗之業，每引高德沙門，與其談論。

此爲北魏太武帝滅佛之前的情況。《魏書》卷一一四《釋老志》：

> 高宗踐極，……天下承風，朝不及夕，往時所毀圖寺，仍還修矣。佛像經論，皆復得顯。……顯祖即位，敦信尤深，覽諸經論，好老莊。每引諸沙門及能談玄之士，與論理要。……世宗篤好佛理，每年常于禁中親講經論，廣集名僧，標明義旨。

此爲北魏後期崇信佛教的情況。史稱孝文帝「善談莊老，尤精釋義」〔註54〕。宣武帝「尤長釋氏之義，每至講論，連夜忘疲」〔註55〕。《魏書》卷八《宣武帝紀》：

> 永平二年（公元509年）十有一月甲申，詔禁屠殺含孕，以爲永制。己丑，帝於式乾殿爲諸僧、朝臣講《維摩詰經》。

〔註53〕《周書》卷四五《儒林傳・儒林傳》，第807、808頁。
〔註54〕《魏書》卷七下《孝文帝紀下》，第187頁。
〔註55〕《魏書》卷八《宣武帝紀》，第215頁。

宣武帝更是親自講論佛家經典。在此社會氛圍下，佛學對於學校教育的內容也產生了重要影響。

　　北朝時期的儒生在熟悉經學典籍的同時，也熟悉佛家典籍。如劉獻之「注《涅槃經》未就而卒」〔註56〕。北朝時期的儒生也講論佛經。如孫惠蔚「先單名蔚，正始中，侍講禁內，夜論佛經，有愜帝旨，詔使加「惠」號惠蔚法師焉」〔註57〕。盧景裕「又好釋氏，通其大義。天笠胡沙門道悕每論諸經論，輒託景裕為之序」〔註58〕。《魏書》卷八四《儒林傳‧李同軌》：

　　　　興和中，兼通直散騎常侍，使蕭衍。衍深耽釋學，遂集名僧於
　　其愛敬、同泰二寺，講《涅槃大品經》，引同軌預席。衍兼遣其朝臣
　　並共觀聽。同軌論難久之，道俗咸以為善。

在東西對峙時期也存在通曉佛經之儒生。《北齊書》卷二四《杜弼傳》：

　　　　奉使詣闕，魏帝見之於九龍殿，曰：「朕始讀《莊子》，便值秦
　　名，定是體道得真，玄同齊物。聞卿釋學，聊有所問。經中佛性、
　　法性為一為異？」弼對曰：「佛性、法性，止是一理。」詔又問曰：
　　「佛性既非法性，何得為一？」對曰：「性無不在，故不說二。」詔
　　又問曰：「說者皆言法性寬，佛性狹，寬狹既別，非二如何？」弼又
　　對曰：「在寬成寬，在狹成狹，若論性體，非寬非狹。」詔問曰：「既
　　言成寬成狹，何得非寬非狹？若定是狹，亦不能成寬。」對曰：「以
　　非寬狹，故能成寬狹，寬狹所成雖異，能成恒一。」上悅稱善。乃
　　引入經書庫，賜《地持經》一部，帛一百疋。

杜弼學通儒、釋、玄，用佛經講解《莊子》。《周書》卷四五《儒林傳‧盧光》：

　　　　光性崇佛道，至誠信敬。嘗從太祖狩於檀臺山。時獵圍既合，
　　太祖遙指山上謂群公等曰：「公等有所見不？」咸曰：「無所見。」
　　光獨曰：「見一桑門。」太祖曰：「是也。」既解圍而還。令光於桑
　　門立處造浮圖，掘基一丈，得瓦缽、錫杖各一。太祖稱歎，因立寺
　　焉。

北周的大儒盧光也是推崇佛教之人。

〔註56〕《魏書》卷八四《儒林傳‧儒林傳》，第1850頁。
〔註57〕《魏書》卷八四《儒林傳‧孫惠蔚》，第1854頁。
〔註58〕《魏書》卷八四《儒林傳‧盧景裕》，第1860頁。

三、北朝時期專門教育的教育內容

在北朝時期存在著書學、醫學、算學、律學以及少數民族語文等各種專門教育。這些專門教育的教學內容也是北朝時期學校教育的重要教育內容之一。

（一）書學

書學作爲一種專門的學問，受到了人們的重視，是北朝時期專門教育中的重要教學內容。《漢書》卷二四《食貨志上》中有「八歲入小學，學六甲五方書計之事」的記載，並認爲是很早以前的制度。這裏就包括了書學的內容。《二年律令·史律》中也有「試史學童以十五篇，能風（諷）書五千字以上，乃得爲史。有（又）以八體（體）試之」〔註59〕等記載，對於學童的專門學習進行了詳細的規定。其中十五篇是指《史籒》十五篇，而八體則是「一曰大篆，二曰小篆，三曰刻符，四曰蟲書，五曰摹印，六曰署書，七曰殳書，八曰隸書」〔註60〕，指代漢代時期的八種字體，涉及到了書學的學習。在隋唐時期，書學列於官學之中，對其學習內容，也有詳細規定。《唐六典》卷二十一《國子監》：

> 書學博士掌教文武官八品巳下及庶人子之爲生者，以《石經》、《說文》、《字林》爲專業，餘字書亦兼習之。石經三體書限三年業成，《說文》二年，《字林》一年。

隋唐時期書學以《三體石經》、《說文解字》和《字林》爲專業，兼習其它字書，形成了系統的書學教育。漢唐之間的北朝時期，則是這種制度形成的中間期。北朝時期書學的學習也是各類字書爲學習內容，在教學上形成了這一時期的特點。

北朝時期，書學的學習在官學和家學中都有傳承。首先，在官學之中，以國家的力量整理文字，進行書學內容的傳授。早在道武帝天興四年（公元401年）十二月，「集博士儒生，比眾經文字，義類相從，凡四萬餘字，號曰《眾文經》」〔註61〕，對於經典中的文字進行整理。北魏後期的江式也曾在宣武帝延昌三年（公元514年）三月上表編修《古今文字》這類的字書。《魏書》

〔註59〕 張家山二四七號漢墓竹簡整理小組：《張家山漢墓竹簡·二年律令·史律》，文物出版社2006年版，第80頁。
〔註60〕 《漢書》卷三〇《藝文志》，韋昭注文，第1720頁。
〔註61〕 《魏書》卷二《道武帝紀》，第39頁。

卷九一《術藝傳‧江式傳》：

> 臣六世祖瓊家世陳留，往晉之初，與從父兄應元俱受學於衛
> 覬，古篆之法，《倉》、《雅》、《方言》、《說文》之誼，當時並收善
> 譽。……是以敢藉六世之資，奉遵祖考之訓，竊慕古人之軌，企踐
> 儒門之轍，輒求撰集古來文字，以許慎《說文》爲主，爰採孔氏《尚
> 書》、《五經音注》、《籀篇》、《爾雅》、《三倉》、《凡將》、《方言》、《通
> 俗文》、《祖文宗》、《埤倉》、《廣雅》、《古今字詁》、《三字石經》、《字
> 林》、《韻集》、諸賦文字有六書之誼者，皆以次類編聯，文無復重，
> 糾爲一部。

江式的表文對於考察北朝時期的字書乃至書學的教學內容都是十分有意義
的。其次，在北朝時期書學的傳承仍以家學爲主，出現了書學傳承的世家。
前文所述江式家族，北魏時期的崔、盧二門都是書學的傳承者。《魏書》卷四
七《盧玄傳附盧淵》：

> 初，諶父志法鍾繇書，傳業累世，世有能名。至邈以上，兼善
> 草跡，淵習家法，代京宮殿多淵所題。白馬公崔玄伯亦善書，世傳
> 衛瓘體。魏初工書者，崔盧二門。

北朝時期「崔、盧二門」就在其家族中傳承了魏晉衛瓘、鍾繇兩家的書體。
此外，北朝時期也有學者編纂字書，客觀上也可以推動書學的發展。如北
齊李鉉「以去聖久遠，文字多有乖謬，感孔子「必也正名」之言，乃喟然
有刊正之意。於講授之暇，遂覽《說文》，爰及《倉》、《雅》，刪正六藝經
注中謬字，名曰《字辨》」〔註62〕。又如北周趙文深「太祖以隸書紕繆，命
文深與黎季明、沈遐等依《說文》及《字林》刊定六體，成一萬餘言，行
於世」〔註63〕。

　　北朝時期書學方面的專業教育是以這一時期所見的字書爲教學內容，傳
授八種字體的寫法。現根據江式表文參照《隋書》卷三二《經籍志一》中所
見之字書簡述這一時期書學的教學內容如下。

　　1、《史籀》與《三蒼》

　　《史籀》十五篇，相傳是西周時期宣王太史史籀所做，在漢代重要字書，
也是書學的重要學習內容，在北朝時期同樣是學習大篆不可或缺的學習內容。

〔註62〕《北齊書》卷四四《儒林傳‧李鉉》，第 585 頁。
〔註63〕《周書》卷四七《藝術傳‧趙文深》，第 849 頁。

　　《三蒼》三卷，秦漢時期流傳下來的字書，在北朝時期是學習篆書的重要學習內容。《隋書》卷三二《經籍志一》：

　　　　秦相李斯作《蒼頡篇》，漢揚雄作《訓纂篇》，後漢郎中賈魴作

　　《滂喜篇》，故曰《三蒼》。

《三蒼》是李斯《蒼頡篇》、揚雄《訓纂篇》、賈魴《滂喜篇》三部書的合稱，是書學學習中的重要學習內容。此外《隋書》卷三二《經籍志一》還收錄《埤蒼》三卷，曹魏博士清河張揖所著，爲江式所重視，或爲書學學習內容之一。

2、《爾雅》、《說文》與《字林》

　　《爾雅》三卷二十篇，秦漢時期流傳下來的字書，在書學教育中佔有一定的地位，是學習內容之一。此外，《隋書》卷三二《經籍志一》還收錄《廣雅》三卷，同爲曹魏博士清河張揖所著，與《爾雅》屬於同一類型的書籍，也爲江式所重視，或爲書學學習內容之一。

　　《說文》十五卷，漢代許慎所作，是秦漢時期流傳下來的重要字書，在唐代甚至列於官學之中，在北朝時期也是書學學習的重要學習內容。此外，《隋書》卷三二《經籍志一》還收錄《說文音隱》四卷，作者不明，或是與《說文》有關的著作。

　　《字林》七卷，晉弦令呂忱所作，是魏晉時期流傳下來的字書，在唐代也列於官學之中，又爲江式上表所提及，也應是北朝時期書學學習的學習內容之一。《魏書》卷九一《術藝傳·江式》：

　　　　晉世義陽王典祠令任城呂忱表上《字林》六卷，尋其況趣，附

　　託許慎《說文》，而案偶章句，隱別古籀奇惑之字，文得正隸，不差

　　篆意也。

據此可知《字林》的內容。此外，北朝時期或有其它字書爲書學的學習內容，然限於史料，無法做更多的推測。

　　值得注意的是，書學是一門學問更是一種技能，人們往往採取臨摹的方式提高自己的技能，因而一些書法大家的作品就受到了人們的重視，成爲學習的內容。如崔浩「浩書體勢及其先人，而妙巧不如也。世寶其跡，多裁割綴連以爲模楷」〔註64〕，崔浩手書的《急就章》，既是蒙學的著作，也是書學

求學者臨摹的對象。

（二）醫學

醫學作爲一項專門的技能，受到了人們的廣泛重視，秦漢以來的官制體系中，太常卿所轄諸官中就有太醫令管轄醫官。在北朝時期，一方面國家設有博士、助教之官掌醫學的傳授，前文已述。另一方面，這一時期也有自學醫學者。崔彧「少嘗詣青州，逢隱逸沙門，教以《素問》九卷及《甲乙》，遂善醫術」〔註65〕。馬嗣明「少明醫術，博綜經方，《甲乙》、《素問》、《明堂》、《本草》莫不咸誦」〔註66〕。由此可見，這一時期醫學學習的主要內容。現參照《隋書》卷三四《經籍志三》所見之醫書，簡述醫學所學內容如下。

1、《素問》

《素問》九卷，又名《黃帝素問》、《黃帝內經素問》，是秦漢時期流傳下來的重要醫學典籍，在北朝時期是醫學教育的重要學習內容。《漢書》卷三〇《藝文志》收錄有「《黃帝內經》十八卷。《外經》三十七卷。晉人皇甫謐在爲《甲乙經》作序時指出「《七略·藝文志》《黃帝內經》十八卷，今有《針經》九卷，《素問》九卷。二九十八卷、既《內經》也」〔註67〕。在北朝時期，《素問》作爲醫學的基礎理論著作受到了人們的重視，是醫學教育中不可或缺的教學內容。此外還有《黃帝八十一難》二卷，同見於《隋書》卷三四《經籍志三》，也是北朝時期可見的醫學理論著作。

2、《甲乙經》

《黃帝甲乙經》十卷，或稱之爲《甲乙經》，晉人皇甫謐爲之作序，也是魏晉南北朝時期的重要醫學典籍，在北朝時期是醫學教育的教學內容之一。《甲乙經》的內容涉及到針灸等醫學內容，隋唐時期列於官學之中，在北朝時期也爲學醫之人傳習，是重要的醫學教育內容之一。此外，《隋書》卷三四《經籍志三》：「《黃帝針經》九卷。……《脈經》十卷。《明堂孔穴》五卷。《明堂孔穴圖》三卷。」，都是此類涉及針灸之術的醫書。其中《明堂》就是爲北朝時期醫學的教育內容。

3、《本草》

〔註65〕《魏書》卷九一《術藝傳·崔彧》，第1970頁。
〔註66〕《北齊書》卷四九《方伎傳·馬嗣明》，第680頁。
〔註67〕皇甫謐：《針灸甲乙經》序文。

　　《神農本草》，或稱之《本草》、《神農本草經》，是北朝時期可見的重要草藥之書，是醫學教育中的重要教育內容之一。《神農本草》按照上、中、下三品分別記載了各類草藥。〔註68〕此外，《隋書》卷二四《經籍志三》收入有「《神農本草經》三卷。《本草經》四卷。《藥目要用》二卷。《本草經略》一卷。《本草》二卷，徐大山撰。《本草經類用》三卷。《本草音義》二卷，姚最撰。《本草音義》七卷，甄立言撰。《本草集錄》二卷。《本草鈔》四卷。《本草雜要決》一卷。《本草要方》三卷，甘濬之撰」等草藥著作。

　　值得注意的是，醫學是一門專門的學問，需要臨床實踐的積纍，而北朝時期廣爲流傳的藥方，也是醫學學習的內容之一。如北周時期的姚僧垣「搜採奇異，參校徵效者，爲《集驗方》十二卷，又撰《行記》三卷，行於世」〔註69〕。這類醫方、藥方《隋書》卷四《經籍志三》中也多有記載。

　　（三）算學

　　算學，作爲天文、曆法的基礎而受到人們的關注，也是北朝時期專門教育的一項重要的教學內容。作爲儒家「六藝」之一，算學很早就受到了重視，而秦漢時期人們觀念中的「六甲五方書計之事」，也包括基本的算學教育內容。湖南里耶出土的秦代簡牘之中甚至也有「九九乘法口訣」的內容〔註70〕。這也說明了秦漢時期算學作爲專門教育內容的地位。北朝時期，國家設有諸寺算生、學習算學知識。

　　在北朝時期，算學的傳授也是通過官學和私學兩種途徑。如范紹「太和初，充太學生，轉算生，頗涉經史」〔註71〕，說明他作爲算生，在官學之中習得算學知識，而殷紹「少聰敏，好陰陽術數，遊學諸方，達九章、七曜。世祖時爲算生博士，給事東宮西曹，以藝術爲恭宗所知」〔註72〕，其算學的知識則是通過遊學得來的。

　　北朝時期的算學教育是隋唐算學教育的淵源，從隋唐時期相對完備的教學內容中也可以窺見北朝時期算學的教學內容。現以《隋書》卷四《經

〔註68〕《神農本草經》的具體篇目，陳邦賢在其《中國醫學史》中有詳細記載。見陳邦賢：《中國醫學史》，團結出版社，第35頁。

〔註69〕《周書》卷四七《藝術傳·姚僧垣》，第844頁。

〔註70〕柴煥波：《湖南龍山縣里耶戰國秦漢城址及秦代簡牘》，《考古》2003年第7期，595頁。

〔註71〕《魏書》卷七九《范紹傳》，第1755頁。

〔註72〕《魏書》卷九一《術藝傳·殷紹》，第1955頁。

籍志三》北朝時期可見的算學典籍爲基礎，參照隋唐時期制度，簡述其教學內容。

1、《周髀》

《周髀》一卷，又稱《周髀算經》，是秦漢時期流傳下來的天文、算術之書，是北朝時期學習天文、曆算不可或缺的學習內容之一。在唐代《周髀》甚至列於官學之中，需要算生掌握其內容。《隋書》卷三四《經籍志三》收入有「《周髀》一卷，趙嬰注。《周髀》一卷，甄鸞重述。《周髀圖》一卷。」其中甄鸞爲北周時期的學者，推動了《周髀》一書在北朝時期的流傳。這表明，作爲天文、曆算的重要書籍，《周髀》在算學教育中具有不可替代的作用。

2、《九章》

《九章算術》十卷，又簡稱爲《九章》，曹魏時期劉徽爲之做注，是秦漢時期流傳下來的重要曆算之書，也是北朝時期算學教育中最爲重要的教學內容。唐代算學將《九章》列於首位，北朝時期的殷紹「達九章、七曜」，以通曉《九章》爲人稱道。《九章算術》的內容涉及到算學的各個方面是最爲重要的算學書籍。此外，《隋書》卷三四《經籍志三》還收入有「《九章術義序》一卷。《九章算術》二卷，徐岳、甄鸞重述。《九章算術》一卷，李遵義疏。《九九算術》二卷，楊淑撰。《九章別術》二卷。《九章算經》二十九卷，徐岳、甄鸞等撰。《九章算經》二卷，徐岳注。《九章六曹算經》一卷。《九章重差圖》一卷，劉徽撰。《九章推圖經法》一卷，張峻撰。」，其書名多與《九章》相關，是秦漢以來可見的各類曆算之書。

3、其它算經

《海島算經》一卷，劉徽所作，也是一部北朝時期可見的重要曆算著作，是算學教育的教學內容之一。《海島算經》一書在《舊唐書》卷四七《經籍志下》與《新唐書》卷五就《藝文志三》中都有所記載，列於唐代官學之中，此書在北朝時期也可見到。

《孫子算經》二卷，《隋書》卷三四《經籍志三》中有所記載，也是北朝時期可見的曆算書籍之一。

《張丘建算經》二卷，北魏清河張丘建所著，北周時期甄鸞爲之做注，是北朝時期重要的算學著作，也是算學教學的教學內容之一。《張丘建算經》據學者考證成書於北魏獻文帝到孝文帝時期，「是在公元 466 年到 485 年之

間」〔註73〕。《張丘建算經》的內容廣泛，在唐代同樣列於官學之中。在北朝時期，《張丘建算經》在算學教育中的地位也是不容忽視的。此外還有《趙歐算經》一卷。《夏侯陽算經》二卷，《隋書》卷二四《經籍志三》中都有所記載。其中趙歐為十六國時期涼州地區的學者，而《舊唐書》卷四七《經籍志下》云北周甄鸞為《夏侯陽算經》做注，這說明這兩部算學著作在北朝時期都有傳承。

《五曹》五卷，又名《五曹算經》，作者為北周時期的甄鸞，為北朝時期的重要算學著作，也是算學教育的教學內容之一。《五曹算經》是「為地方行政職員編寫的應用算術書。全書分為五卷用田曹、兵曹、集曹、倉曹、金曹五個項目標題」〔註74〕。《五曹》是北朝時期算術應用過程中總結而成的著作，在唐代列於官學之中，這種情形必然源於北朝時期。

《五經算術》一卷，北周時期的甄鸞所著的算學著作，是算學教育的教學內容之一。《五經算術》中「列舉《易》、《詩》、《書》、《周禮》、《儀禮》、《禮記》、以及《論語》、《左傳》等儒家經籍的古注中有關數字計算的地方加以詳盡的解釋，對於後世研究經學的人是有所幫助的」〔註75〕。此外還有，《五經算術錄遺》一卷，見於《隋書》卷四《經籍志三》之中，也是這一時期可見的算學著作。

（四）律學

律學是一項關於國家法令的專門之學，在北朝時期作為專門教育的重要學習內容之一，受到了人們的重視。曹魏時期，國家始設律博士，是為律學興起的開端。延續到西晉十六國時期，後趙石勒曾經設有律學祭酒一職，以「參軍續咸、庾景為律學祭酒」〔註76〕，後秦姚興曾「興立律學於長安，召郡縣散吏以授之」〔註77〕。而據《唐六典》卷二十一《國子監》：

> 律學博士掌教文武官八品已下及庶人子之為生者，以《律》、《令》為專業，《格》、《式》、《法例》亦兼習之。

可知，隋唐時期律學教育已經非常完備，以當時的《律》、《令》為專業，兼

〔註73〕錢寶琮：《算經十書》，中華書局1963年版，325頁。
〔註74〕錢寶琮：《算經十書》，中華書局1963年版，409頁。
〔註75〕錢寶琮：《算經十書》，中華書局1963年版，第437頁。
〔註76〕《晉書》卷一〇五《石勒載記下》，第2735頁。
〔註77〕《晉書》卷一一七《姚興載記上》，第2980頁。

習《格》、《式》、《法例》。北朝時期處於漢唐之間律學體系的形成時期，其律學教育也是依託當時法律體系，關注於律學的教學內容。

北朝時期律學的學習是比較普遍的。《隋書》卷二五《刑法志》記載北齊時期的情況：

> 是後法令明審，科條簡要，又敕仕門之子弟，常講習之。齊人多曉法律，蓋由此也。

可知，在北齊時期多有學習法令者。現以史籍所見之北朝時期的法律體系爲基礎，參照隋唐時期制度，簡述其教學內容。

1、律

《後魏律》、《北齊律》、《周律》是北朝時期的國家的基本法律制度，是學習律學知識不可或缺的教育內容。《隋書》卷三三《經籍志二》：「《後魏律》二十卷。《北齊律》十二卷，目一卷。《周律》二十五卷。」《後魏律》的形成經歷了幾個重要的時期。其一，道武帝天興元年（公元 398 年）十有一月辛亥詔「三公郎中王德定律令，申科禁」，「吏部尚書崔玄伯總而裁之」〔註78〕，是爲道武帝時期開創的律令。其二，北魏太武帝神䴥四年（公元 431 年）「冬十月戊寅，詔司徒崔浩改定律令」〔註79〕，是爲太武帝時期的律令。其三，孝文帝太和十六年（公元 492 年）「四月丁亥朔，班新律令，大赦天下」〔註80〕，爲孝文帝時期頒行的新律。最後，宣武帝正始元年（公元 504 年）十二月「己卯，詔群臣議定律令」〔註81〕，常景「討正科條，商榷古今，甚有倫序，見行於世，今律二十篇是也」〔註82〕，形成了二十卷的《後魏律》。《北齊律》的形成於河清三年（公元 564 年）。《隋書》卷二五《刑法志》：

> 既而司徒功曹張老上書，稱大齊受命已來，律令未改，非所以創制垂法，革人視聽。於是始命群官，議造《齊律》，積年不成。其決獄猶依魏舊。
>
> 河清三年，尚書令、趙郡王睿等，奏上《齊律》十二篇：一曰名例，二曰禁衛，三曰婚戶，四曰擅興，五曰違制，六曰詐僞，

〔註78〕《魏書》卷二《道武帝紀》，第 33 頁。
〔註79〕《魏書》卷四上《太武帝紀上》，第 79 頁。
〔註80〕《魏書》卷七下《孝文帝紀下》，第 169 頁。
〔註81〕《魏書》卷八《宣武帝紀》，第 198 頁。
〔註82〕楊衒之撰、楊勇校箋：《洛陽伽藍記校箋》，中華書局 2006 年版，第 13 頁。

七日鬭訟，八日賊盜，九日捕斷，十日毀損，十一日廐牧，十二
日雜。

據此可知，《北齊律》的形成過程及其篇目名稱。《周律》形成於保定三年（公元 563 年）。又《隋書》卷二五《刑法志》：

> 周文帝之有關中也，霸業初基，典章多闕。……其後以河南趙
> 肅為廷尉卿，撰定法律。肅積思累年，遂感心疾而死。乃命司憲大
> 夫託拔迪掌之。至保定三年三月庚子乃就，謂之《大律》，凡二十五
> 篇：一曰刑名，二曰法例，三曰祀享，四曰朝會，五曰婚姻，六曰
> 戶禁，七曰水火，八曰興繕，九曰衛宮，十曰市廛，十一曰鬭競，
> 十二曰劫盜，十三曰賊叛，十四曰毀亡，十五曰違制，十六曰關津，
> 十七曰諸侯，十八曰廐牧，十九曰雜犯，二十曰詐偽，二十一曰請
> 求，二十二曰告言，二十三曰逃亡，二十四曰繫訊，二十五曰斷獄。

是為《周律》的形成以及篇目情況。這三部國家基本法律，是這一時期學習律學之人必學的內容。

2、令

在北朝時期也存在著一系列的法令，也是學習律學之人需要掌握的內容。北魏時期的法令，見於史籍者主要有《獄官令》、《官品令》和太皇太后十八條之令等。北齊時期有《北齊令》五十卷，《北齊權令》二卷，並見於《隋書》卷三三《經籍志二》中。同《隋書》卷二五《刑法志》：

> 又上《新令》四十卷，大抵採魏、晉故事。……其不可為定法
> 者，別製《權令》二卷，與之並行。

是為北齊時期的法令。

3、其它

在北朝時期還存在《格》、《式》、《法例》的法律內容，也是通曉律學之人需要掌握的內容之一。如北魏孝武帝太昌元年（公元 532 年）五月就頒佈了條格。《魏書》卷一一《出帝紀》記載其詔書云：

> 「理有一準，則民無覬覦；法啓二門，則吏多威福。前主為
> 律，後主為令，歷世永久，實用滋章。非所以準的庶品，堤防萬
> 物。可令執事之官四品以上，集於都省，取諸條格，議定一途，
> 其不可施用者，當局停記。新定之格，勿與舊制相連。務在約通，
> 通致冗滯。」

是爲太昌條格。東魏、北齊時期，有《麟趾格》的存在。同《隋書》卷二五《刑法志》：

> 齊神武、文襄，並由魏相，尚用舊法。及文宣天保元年，始命群官刊定魏朝《麟趾格》。是時軍國多事，政刑不一，決獄定罪，罕依律文。

是爲東魏、北齊時期的《麟趾格》。西魏、北周時期則有《大統式》、《刑書要制》的存在。《周大統式》三卷，見於《隋書》卷三三《經籍志二》之中。同《隋書》卷二五《刑法志》：

> 周文帝之有關中也，霸業初基，典章多闕。大統元年，命有司斟酌今古通變，可以益時者，爲二十四條之制，奏之。七年，又下十二條制。十年，魏帝命尚書蘇綽，總三十六條，更損益爲五卷，班於天下。

此爲《周大統式》的演變。而《刑書要制》同《隋書》卷二五《刑法志》：

> 大象元年，又下詔曰：「高祖所立《刑書要制》，用法深重，其一切除之，」然帝荒淫日甚，惡聞其過，誅殺無度，疏斥大臣。又數行肆赦，爲奸者皆輕犯刑法，政令不一，下無適從。於是又廣《刑書要制》，而更峻其法，謂之《刑經聖製》。

這表明，在北周武帝時期國家制訂有《刑書要制》，在宣帝時期短暫廢除，後加以擴充，稱爲《刑經聖製》。這些《格》、《式》等法律內容也是學習律學之人有必要掌握的內容。

（五）鮮卑語文

北朝時期，鮮卑族入主中原，以鮮卑語爲國語。對於鮮卑語的教育，也是一種語言文字方面的專門教育。

鮮卑語，是北方鮮卑族的語言，在北朝曾廣泛使用，也是一項重要的教育內容。林幹曾指出「鮮卑的語言屬阿爾泰語系中的蒙古語族。」〔註83〕朱學淵則提出「由於北方諸族在長期的遷徙過程中，不斷地析離和融合，因此在各個時代和各個地區，東胡─鮮卑語的後裔語言也不會是完全一樣的，現代蒙古語中融含了大量的突厥語和通古斯語成分，因此將東胡─鮮卑語稱爲蒙古原語較爲貼切」。從而進一步指出「拓跋鮮卑部落，可能保留了較多的蒙

〔註83〕林幹：《中國古代北方民族通論》，內蒙古人民出版社、人民出版社，第 212頁。

古原語的特徵」〔註 84〕。至於鮮卑的文字，繆鉞曾指出「北魏時必有可以書寫之鮮卑文。」然而限於史料所缺，他不得不說「現存文獻中，更無魏人造鮮卑字之記載，故吾人雖知北魏有鮮卑字，而鮮卑字造於何時已不可考，至於鮮卑字爲何種形式，更無從探尋」〔註 85〕。

在北朝時期，鮮卑語是一門使用廣泛的語言。史稱「後魏初定中原，軍容號令，皆以夷語」，北魏初年「尚書三十六曹，曹置代人令史一人，譯令史一人，書令史二人」〔註 86〕，設有專門從事翻譯之人，亦如《南齊書》卷五七《魏虜》所述「諸曹府有倉庫，悉置比官，皆使通虜漢語，以爲傳驛」。然而北魏漢化之後，特別是孝文帝改革試圖「斷諸北語，一從正音」〔註 87〕，鮮卑語的使用受到了影響，因而史書稱「後染華俗，多不能通。故錄其本言，相傳教習，謂之『國語』」〔註 88〕，從而產生了一系列鮮卑語的書籍。這些書籍的名稱，《隋書》卷三二《經籍志一》：

> 《國語》十五卷。《國語》十卷。《鮮卑語》五卷。《國語物名》四卷，後魏侯伏侯可悉陵撰。《國語眞歌》十卷。《國語雜物名》三卷，侯伏侯可悉陵撰。《國語十八傳》一卷。《國語御歌》十一卷。《鮮卑語》十卷。《國語號令》四卷。《國語雜文》十五卷。《鮮卑號令》一卷，周武帝撰。《雜號令》一卷。

這些都是北朝時期曾經流行過的鮮卑語書籍。其中也有一些書如周武帝撰寫的《鮮卑號令》出現的要晚一些。這是由於北朝後期以來，六鎮鮮卑人勢力興起，再一次出現了廣泛使用鮮卑語的現象。如北齊「高祖每申令三軍，常鮮卑語」〔註 89〕，北周武帝「嘗於雲陽宮作鮮卑語謂群臣」〔註 90〕，都在使用鮮卑語。《顏氏家訓》卷一《教子》：

> 齊朝有一士大夫，嘗謂吾曰：「我有一兒，年已十七，頗曉書疏，教其鮮卑語及彈琵琶，稍欲通解，以此伏事公卿，無不寵愛，亦要事也。」

〔註 84〕 朱學淵：《新版中國北方諸族的源流》，華東師範大學出版社，第 74、77 頁。
〔註 85〕 繆鉞：《北朝之鮮卑語》，收入於《讀史存稿》三聯書店，第 60、62 頁。
〔註 86〕 《魏書》卷一一三《官氏志》，第 2973 頁。
〔註 87〕 《魏書》卷二十一《獻文六王上・咸陽王元禧傳》，第 536 頁。
〔註 88〕 《隋書》卷三二《經籍志一》，第 947 頁。
〔註 89〕 《北齊書》卷二十一《高乾傳附高昂》，第 295 頁。
〔註 90〕 《隋書》卷四十二《李德林傳》，第 1198 頁。

可知當時社會上對於學習鮮卑語的推崇。

　　北朝時期通曉鮮卑語言之人，史書中有所記載。如北魏時期的晁懿「以善北人語內侍左右」〔註91〕；孟威「以明解北人語，敕在著作，以備推訪。累遷沃野鎮將」〔註92〕，此處之北人語即鮮卑語。北齊時期的孫搴「能通鮮卑語，兼宣傳號令，當煩劇之任，大見賞重」〔註93〕；祖珽「並解鮮卑語」〔註94〕。北周時期的長孫儉「容貌魁偉，音聲如鐘，大爲鮮卑語，遣人傳譯以問客」〔註95〕。虞慶則「幼雄毅，性倜儻，身長八尺，有膽智，善鮮卑語」〔註96〕等。

第二節　北朝學校的教育方法

　　學校教育的實現是傳授者通過一定的方法、途徑將所需掌握的知識、技能教授給求學者而完成的。北朝時期的教育者在教學的工作中採用講誦法、問答法以及辯難法等基本的教學方法完成教學活動。此外在對諸生的教育過程中，教育者往往通過對受教育者正面的引導和反面的懲戒對學生進行教育。這兩種教育方法也是這一時期重要的教育方法。

一、基本教育方法

（一）講誦法

　　講誦法是教法與學法的結合，即包括教師的講授，也包括學生的誦讀。在北朝的學校教育中，這種方法是最爲常見的教育教學方法，在蒙學教育、經學教育乃至專門教育中都有所應用。

　　首先，在蒙學教育階段，學生對於經典的掌握主要以誦讀爲主。如北魏時期的元順「九歲師事樂安陳豐，初書王羲之《小學篇》數千言，晝夜誦之，旬有五日，一皆通徹」〔註97〕；祖瑩「年八歲，能誦《詩書》」〔註98〕；崔祖

〔註91〕《魏書》卷九一《術藝傳・晁崇附晁懿》，第1944頁。
〔註92〕《北史》卷五○《孟威傳》，第1838頁。
〔註93〕《北齊書》卷二四《孫搴傳》，第341頁。
〔註94〕《北齊書》卷三九《祖珽傳》，第515頁。
〔註95〕《周書》卷二六《長孫儉傳》，第428頁。
〔註96〕《北史》卷七三《虞慶則傳》，第2516頁。
〔註97〕《魏書》卷一九中《景穆十二王中・任城王元雲傳附元順》，第481頁。
〔註98〕《魏書》卷八二《祖瑩傳》，第1798頁。

蚍「少而好學，下帷誦書，不驅競當世」〔註 99〕。又如北齊的高正禮「幼聰穎，能誦《左氏春秋》」〔註 100〕；徐之才「幼而俊發，五歲誦《孝經》，八歲略通義旨」〔註 101〕；孫靈暉「年七歲，便好學，日誦數千言，唯尋討惠蔚手錄章疏，不求師友」〔註 102〕；邢邵「十歲，便能屬文，雅有才思，聰明強記，日誦萬餘言」〔註 103〕。再如北周時期的顏之儀「幼穎悟，三歲能讀《孝經》」〔註 104〕；蕭大圜「年四歲，能誦《三都賦》及《孝經》、《論語》」〔註 105〕；斛斯徵「幼聰穎，五歲誦《孝經》、《周易》、識者異之」〔註 106〕；宇文震「幼而敏達，年十歲，誦《孝經》、《論語》、《毛詩》」〔註 107〕。這些人在早年就學的過程中都是經歷了一個以誦讀爲主的階段。通過閱讀、背誦的方式可以使學生快速的熟悉典籍的基本內容，也有助於學生將來對於典籍的理解。值得注意的是在人們的觀念中往往以善於記誦爲榮。《北齊書》卷三八《元文遙傳》：

> 暉業嘗大會賓客，有人將《何遜集》初入洛，諸賢皆讚賞之。
> 河間邢邵試命文遙，誦之幾遍可得？文遙一覽便誦，時年十餘歲。
> 濟陰王曰：「我家千里駒，今定如何？」邢曰：「此殆古未有。」

元暉業就以元文遙可以迅速記誦《何遜集》爲榮，與邢邵對其大加讚賞。《周書》卷二六《長孫紹遠傳》：

> 紹遠幼，年甫十三。稚管記王碩聞紹遠彊記，心以爲不然，遂白稚曰：「伏承世子聰慧之姿，發於天性，目所一見，誦之於口。此既歷世罕有，竊願驗之。」於是命紹遠試焉。讀《月令》數紙，纔一遍，誦之若流。自是碩乃歎服。

長孫紹遠也以善於記誦聞名，王碩親自試其記誦的能力。然而，讀書並不只是簡單記憶，如黎景熙「少好讀書，性強記默識，而無應對之能」〔註 108〕，

〔註 99〕《魏書》卷二四《崔玄伯傳附崔祖蚍》，第 634 頁。
〔註 100〕《北齊書》卷一一《文襄六王‧河間王孝琬傳附高正禮》，第 146～147 頁。
〔註 101〕《北齊書》卷三三《徐之才傳》，第 444 頁。
〔註 102〕《北齊書》卷四四《儒林傳‧孫靈暉》，第 596 頁。
〔註 103〕《北齊書》卷三六《邢邵傳》，第 475 頁。
〔註 104〕《周書》卷四○《顏之儀傳》，第 719 頁。
〔註 105〕《周書》卷四二《蕭大圜傳》，第 756 頁。
〔註 106〕《周書》卷二六《斛斯徵傳》，第 432 頁。
〔註 107〕《周書》卷一三《文閔明武宣諸子‧宋獻公傳》，第 201 頁。
〔註 108〕《周書》卷四七《藝術傳‧黎景熙》，第 845 頁。

這樣的學習就是有所欠缺的。

其次，在經學教育過程中，學生也需要熟練掌握儒家經典的內容。一方面學生同過誦讀經典達到熟悉經學內容的目的。在十六國時期，拓跋觚在後燕「因留心學業，誦讀經書數十萬言，垂之國人咸稱重之」〔註109〕。後秦的胡叟「及披讀群籍，再閱於目，皆誦於口」〔註110〕。涼州地區的宋繇「追師就學，閉室誦書，晝夜不倦」〔註111〕。闞駰「聰敏過人，三史群言，經目則誦，時人謂之宿讀」〔註112〕。又如北朝時期的劉芳「晝則傭書，以自資給，夜則讀誦，終夕不寢」〔註113〕；崔光「家貧好學，晝耕夜誦，傭書以養父母」〔註114〕；平恒「耽勤讀誦，研綜經籍鉤深致遠，多所博聞」〔註115〕；宋世景「與弟道璵下帷誦讀，博覽群言，尤精經義」〔註116〕；魏蘭根「身長八尺，儀貌奇偉，汎覽群書，誦《左氏傳》、《周易》，機警有識悟」〔註117〕。這些人在求學的過程中都是重視對於典籍的誦讀。另一方面，在經學教育中更需要教師加以講解以加深學生的理解。如徐遵明「每臨講坐，先持經執疏，然後敷講。其學徒至今，浸以成俗」〔註118〕。《周書》卷四五《儒林傳·樊深》：

> 深經學通贍，每解書，嘗多引漢、魏以來諸家義而說之。故後生聽其言者，不能曉悟，背而譏之曰：「樊生講書，多門戶，不可解。」然儒者推其博物。

樊深的講授就綜合了各家之言，形成了自己的特點。

此外，在專門教育中，學生對於專門教育的典籍也需要通過這種方法加以熟練掌握。如馬嗣明「少明醫術，博綜經方，《甲乙》、《素問》、《明堂》、《本草》莫不咸誦」〔註119〕，就一個非常典型的事例。又如高謙之「及長，屏絕人事，專意經史，天文算曆、圖緯之書，多所該涉，日誦數千言，好文章，

〔註109〕《魏書》卷十五《昭成子孫·秦王拓拔翰傳附拓跋觚》，第374頁。
〔註110〕《魏書》卷五二《胡叟傳》，第1149頁。
〔註111〕《魏書》卷五二《宋繇傳》，第1152頁。
〔註112〕《魏書》卷五二《闞駰傳》，第1159頁。
〔註113〕《魏書》卷五五《劉芳傳》，第1219頁。
〔註114〕《魏書》卷六七《崔光傳》，第1487頁。
〔註115〕《魏書》卷八四《儒林傳·平恒》，第1845頁。
〔註116〕《魏書》卷八八《良吏傳·宋世景》，第1901～1902頁。
〔註117〕《北齊書》卷二三《魏蘭根傳》，第329頁。
〔註118〕《魏書》卷八四《儒林傳·徐遵明》，第1855頁。
〔註119〕《北齊書》卷四九《方伎傳·馬嗣明》，第680頁。

留意《老》《易》」〔註120〕。這說明，其它諸如書學、算學、律學等專門教育也是以熟練掌握相關基本典籍爲基礎的。

（二）問答法

問答法也是教法與學法的結合，包括教師提問由學生回答問題和學生請教問題由教師解答兩種方式。在北朝的學校教育中，這種教育教學方法也是十分常見的。

首先，在教學過程中教師對學生進行提問。馮偉「少從李寶鼎遊學，李重其聰敏，恒別意試問之。多所通解，尤明《禮傳》」〔註121〕，就是一個非常典型的例子。馮偉在求學過程中，李寶鼎通過不斷的提問來督促其學業進步。值得注意的是，往往學生的家屬、親朋等關心其學業之人也對學生進行提問。如《北齊書》卷三四《楊愔傳》：

> 幼喪母，曾詣舅源子恭。子恭與之飲。問讀何書，曰：「誦《詩》。」
> 子恭曰：「誦至《渭陽》未邪。」愔便號泣感噎，子恭亦對之歔欷，
> 遂爲之罷酒。

楊愔的親人源子恭就問其讀書情況。而《北齊書》卷二五《王紘傳》：

> 紘少好弓馬，善騎射，頗愛文學。性機敏，應對便捷。年十三，
> 見揚州刺史太原郭元貞。元貞撫其背曰：「汝讀何書？」對曰：「誦
> 《孝經》。」曰：「《孝經》云何？」曰：「在上不驕，爲下不亂。」
> 貞曰：「吾作刺史，豈其驕乎？」紘曰：「公雖不驕，君子防未萌，
> 亦願留意。」元貞稱善。

郭元貞也在關係王紘的讀書情況，考察其對《孝經》的理解。

其次，在學習的過程中學生也不斷地請教問題由教師解答。一方面，學生往往請教學習中遇到的問題，而一些學生所請教的問題，又是不容易回答的。如《北齊書》卷一○《高祖十一王・永安簡平王浚傳》：

> 年八歲時，問於博士盧景裕曰：「祭神如神在。爲有神邪，無神
> 邪？」對曰：「有。」浚曰：「有神當云祭神神在，何煩『如』字？」
> 景裕不能答。

高浚問盧景裕是否有「神」存在的問題，就是很難回答的。另一方面，學生也會請教一些生活上問題。如《北齊書》卷五《廢帝紀》：

〔註120〕《魏書》卷七七《高崇傳附高謙之》，第1708頁。
〔註121〕《北齊書》卷四四《儒林傳・馮偉》，第587頁。

> 九年，文宣在晉陽，太子監國，集諸儒講《孝經》。令楊愔傳旨，
> 謂國子助教許散愁曰：「先生在世何以自資？」對曰：「散愁自少以
> 來，不登孌童之牀，不入季女之室，服膺簡策，不知老之將至。平
> 生素懷，若斯而已。」太子曰：「顏子縮屋稱貞，柳下嫗而不亂，未
> 若此翁白首不娶者也。」乃賚絹百疋。

北齊廢帝高殷向許散愁提出的問題則是生活上的問題。在私學之中，教授者對
於學生問題的應對不當會引起學生的不滿。《魏書》卷八四《儒林傳・李業興》：

> 時有漁陽鮮于靈馥亦聚徒教授，而遵明聲譽未高，著錄尚寡。
> 業興乃詣靈馥黌舍，類受業者。靈馥乃謂曰：「李生久逐羌博士，何
> 所得也？」業興默爾不言。及靈馥說《左傳》，業興問其大義數條，
> 靈馥不能對。於是振衣而起曰：「羌弟子正如此耳！」遂便徑還。自
> 此靈馥生徒傾學而就遵明。

鮮于靈馥學生離開他的重要原因就在他無法回答李業興的問題。因而，面對
學生請教的問題，學者的應對方式是不同的。如劉獻之「善《春秋》、《毛詩》，
每講《左氏》，盡隱公八年便止，云義例已了，不復須解。由是弟子不能究竟
其說」〔註122〕，劉獻之往往迴避自己不熟悉的問題。而張吾貴則是不同，《魏
書》卷八四《儒林傳・張吾貴》：

> 曾在夏學，聚徒千數而不講《傳》，生徒竊云張生之於《左氏》
> 似不能說。吾貴聞之，謂其徒曰：「我今夏講暫罷，後當說《傳》，
> 君等來日皆當持本。」生徒怪之而已。吾貴謂劉蘭云：「君曾讀《左
> 氏》，為我一說。」蘭遂為講。三旬之中，吾貴兼讀杜、服，隱括兩
> 家，異同悉舉。諸生後集，便為講之，義例無窮，皆多新異。蘭乃
> 伏聽。學者以此益奇之。

張吾貴對於自己不熟悉的問題卻敢於學習，提出異說。因而徐遵明評價其講
學云：「張生名高而義無檢格，凡所講說，不愜吾心」〔註123〕。在北朝時期也
有願意回答學生問題之人。如張偉「儒謹汎納勤於教訓，雖有頑固，問至數
十，偉告喻殷勤，曾無慍色」〔註124〕，就是典型的願意回答學生問題之人。

此外，在北朝時期問答方法的採用，也產生了以問答方式為行文方式的

〔註122〕《魏書》卷八四《儒林傳・劉獻之》，第1850頁。
〔註123〕《魏書》卷八四《儒林傳・徐遵明》，第1855頁。
〔註124〕《魏書》卷八四《儒林傳・張偉》，第1844頁。

書籍。如《魏書》卷四三《房法壽傳附房景先》：

> 先作《五經疑問》百餘篇，其言該典，今行於時，文多。略舉
> 其切於世教者：

> 問王者受命，木火相生……問禹以鯀配天，舜不尊父…………
> 問湯尊稷廢柱……問湯克桀，欲遷夏社為不可；武王滅紂，以亳社
> 為亡國之誡……問《易》著革命之爻，而無揖讓之象……問《周禮・
> 秋官》司烜氏，邦若屋誅，為明竃焉……

> 問《儀禮》，繼母出嫁，從為之服，《傳》云「貴終其恩」曰：
> 繼母配父，本非天屬；與尊合德，名義以興。兼鞠育有加，禮服是
> 重。既體達義盡，棄節毀慈，作嬪異門，為鬼他族，神道不全，何
> 終恩之有？方齊服是追，哭於野次，苟存降重，無乃過猶不及乎？

> 問《禮記》，生不及祖父母，父母稅喪，己則否曰：服以恩制，
> 禮由義立。慈母三年，孫無緦葛者，以咸非天屬，報養止身。祖雖
> 異域，恩不及己，但正體於下，可無服乎？且縞冠玄武，子姓之服。
> 緦練之後，纕絰已除，猶懷慘素，末忍從吉，況斬焉。初之創巨方
> 始，復弔之賓，尚改緇襲，奉哀苦次，而無追變，孝子孝孫，豈天
> 理是與？

> 問《左氏傳》，齊人殺哀姜，君子以為不可……問《公羊傳》，
> 王者之後郊天……問《穀梁傳》，魯僖三十一年夏四月，「卜郊不從，
> 乃免牲」，《傳》曰「乃者，亡乎人之辭也」……問《尚書・胤征》，
> 羲和詰其罪，乃季秋月，朔辰弗合於房……問《毛詩》，「十月之交，
> 朔日辛卯，日有食之，亦孔之醜」……

> 問《論語》，河不出圖，泣麟自傷曰：聖人稟靈天地，資識未形，
> 齊生死於一同，等榮辱於彼我。孔子自生不辰，從心告齒，樂正既
> 修，素王斯著。方興吾已之歎，結反袂之悲；進涉無上之心，退深
> 負杖之懼。聖達之理，無乃缺如？

> 符璽郎王神貴答之，名為《辯疑》，合成十卷，亦有可觀。

由此可見，房景先的《五經疑問》涉及到經學的各個方面，都是以提問開始，
而王神貴的《辯疑》則是對這些問題的回答，這類書籍的流行也說明了問答
法在北朝時期的影響。

（三）辯難法

辯難法，又稱論難，是學者對經典義理進行討論的一種方法。這種方法在漢代就已出現，「主要是探討經文異同，激發學者深入思考，闡明經文大義為主。在辯難過程中，學者們各不相讓，有以『辭長勝人』的特色」〔註125〕。在北朝的學校教育中，這種方法得到了廣泛的採用。

首先，在北朝時期，論難活動十分常見，產生了許多擅長論難之人。《魏書》卷八四《儒林傳·盧景裕》：

> 景裕理義精微，吐發閑雅。時有問難，或相詆訶，大聲屬色，言至不遜，而景裕神彩儼然，風調如一，從容往復，無際可尋。由是士君子嗟美之。

盧景裕就是一個善於論難之人。《魏書》卷八四《儒林傳·李同軌》：

> 永熙二年，出帝幸平等寺，僧徒講法，敕同軌論難，音韻閑朗，往復可觀，出帝善之。興和中，兼通直散騎常侍，使蕭衍。衍深耽釋學，遂集名僧於其愛敬、同泰二寺，講《涅盤大品經》，引同軌預席。衍兼遣其朝臣並共觀聽。同軌論難久之，道俗咸以為善。

李同軌的論難甚至受到了南朝君臣的稱讚。又如裴宣，「高祖曾集沙門講佛經，因命宣論難，甚有理詣，高祖稱善」〔註126〕。此三人都是就佛學經典進行論難。而《魏書》卷五五《劉芳傳附劉廞》：

> 出帝於顯陽殿講《孝經》，廞為執經，雖詶答論難未能精盡，而風彩音制足有可觀。

劉廞的論難活動則是發生皇帝講授《孝經》之時。《周書》卷三八《呂思禮傳》：

> 呂思禮，東平壽張人也。性溫潤，不雜交遊。年十四，受學於徐遵明。長於論難。諸生為之語曰：「講《書》論《易》，其鋒難敵。」

可見，論難活動也存在於學生的一般學習活動中。在論難之時，通過對經典的討論可以加深學生的理解，提高其學術水平。

其次，在北朝時期，學者非常重視論難活動的勝負，也出現了一些缺乏儒者風範之人。《魏書》卷八四《儒林傳·李業興》：

> 業興愛好墳籍，鳩集不已，手自補治，躬加題帖，其家所有，

〔註125〕姜維公：《漢代學制研究》，吉林大學古籍所 2004 年博士學位論文，第 226頁。

〔註126〕《魏書》卷四五《裴駿傳附裴宣》，第 1023 頁。

垂將萬卷。覽讀不息，多有異聞，諸儒服其淵博。性豪俠，重意氣。
人有急難，委之歸命，便能容匿。與其好合，傾身無咎。若有相乖
忤，便即疵毀，乃至聲色，加以謗罵。性又躁隘，至於論難之際，
高聲攘振，無儒者之風。每語人云：「但道我好，雖知妄言，故勝道
惡。」務進忌前，不顧後患，時人以此惡之。至於學術精微，當時
莫及。

李業興就是一個典型之人。他在論難之時全然沒有盧景裕那樣「音韻閑朗，
往復可觀」，也不如裴宣「甚有理詣」，而是「高聲攘振，無儒者之風」。另《北
史》卷八一《儒林傳上·李業興》：

崇祖字子述。文襄集朝士，命盧景裕講《易》，崇祖時年十一，
論難往復，景裕憚之。業興助成其子，至於忿閱。文襄色甚不平。

李業興甚至親自幫助兒子李崇祖與盧景裕進行論難，讓高澄都面露不平之
色。值得注意的是，學在論難之時，一方面辯論的是學術，另一方面也涉及
到了實際的利益。如陳奇與游雅爭論的是馬、鄭之說，《魏書》卷八四《儒林
傳·陳奇》：

後與奇論典誥及《詩書》，雅贊扶馬、鄭。至於《易·訟卦》天
與水違行，雅曰：「自葱嶺以西，水皆西流，推此而言，《易》之所
及，自葱嶺以東耳。」奇曰：「《易》理綿廣，包含宇宙。若如公言，
自葱嶺以西，豈東向望天哉？」奇執義非雅，每如此類，終不苟從。
雅性護短，因以為嫌。嘗眾辱奇，或爾汝之，或指為小人。奇曰：「公
身為君子，奇身且小人耳。」雅曰：「君言身且小人，君祖父是何人
也？」奇曰：「祖，燕東部侯釐。」雅質奇曰：「侯釐何官也？」奇
曰：「三皇不傳禮，官名豈同哉？故昔有雲師、火正、鳥師之名。以
斯而言，世革則官異，時易則禮變。公為皇魏東宮內侍長，侍長竟
何職也？」由是雅深憾之。

雙方的辯論十分激烈，甚至於高允都以「君朝望具瞻，何為與野儒辨簡牘章
句？」這樣的話語在勸解游雅。

此外，在北朝時期，學者論難水平的高低甚至可以影響到他的聲望。如權
會「性甚懦懦，似不能言，及臨機答難，酬報如響，動必稽古，辭不虛發，由
是為諸儒所推」〔註127〕。又如張雕「遍通『五經』，尤明『三傳』，弟子遠方

〔註127〕《北齊書》卷四四《儒林傳·權會》，第592頁。

就業者以百數，諸儒服其強辨」〔註128〕。而樊深「既專經，又讀諸史及《蒼雅》、篆籀、陰陽、卜筮之書。學雖博贍，訥於辭辯，故不爲當時所稱」〔註129〕。

二、其它教育方法

（一）正面引導法

正面引導法是指教師在教育過程中對於學生進行規勸，鼓勵其形成良好的行爲習慣，形成正面引導的一種教育管理方法。在北朝時期的學校教育中，這種對於學生的管理方法應用的還是十分普遍的。

首先，在北朝時期的學校教育中有善於正面引導學生之人。如張偉「常依附經典，教以孝悌，門人感其仁化，事之如父」〔註130〕。張偉言傳身教，感化弟子門人，使其向善好學。《魏書》卷八四《儒林傳·劉獻之》：

> 時人有從獻之學者，獻之輒謂之曰：「人之立身，雖百行殊途，準之四科，要以德行爲首。君若能入孝出悌，忠信仁讓，不待出戶，天下自知。儻不能然，雖復下帷針股，躡蹻從師，正可博聞多識，不過爲土龍乞雨，眩惑將來，其於立身之道有何益乎？孔門之徒，初亦未悟，見旱魚之歎，方歸而養親。嗟乎先達，何自覺之晚也！束脩不易，受之亦難，敢布心腹，子其圖之。」由是四方學者，莫不高其行義而希造其門。

劉獻之就是一個非常重視學生德行之人，以「入孝出悌，忠信仁讓」教誨前來求學之人。諸如張偉、劉獻之這樣言傳身教以正面的方式引導學生之人並不在少數。

其次，在北朝時期的教育活動中，教師也善於利用一切機會對學生進行規勸，引導其正面發展。《北史》卷八一《儒林傳上·邢峙》：

> 廚宰進太子食，菜有邪蒿，峙令去之，曰：「此菜有不正之名，非殿下宜食。」文宣聞而嘉之，賜以被褥縑纊，拜國子博士。

北齊時期，邢峙對於太子高殷的教導就滲透到了日常飲食之中，因而受到了皇帝高洋的獎賞。

此外，對於學生的正面引導不僅僅體現爲教師的作用，也在於在學生的

〔註128〕《北齊書》卷四四《儒林傳·張雕》，第594頁。
〔註129〕《周書》卷四五《儒林傳·樊深》，第812頁。
〔註130〕《魏書》卷八四《儒林傳·張偉》，第1844頁。

親屬善於利用榜樣的力量，對於子弟進行正面引導。《北齊書》卷三四《楊愔傳》：

> 學庭前有奈樹，實落地，群兒咸爭之。愔頹然獨坐。其季父暐適入學館，見之大用嗟異，顧謂賓客曰：「此兒恬裕，有我家風。」宅內有茂竹，遂爲愔於林邊別葺一室，命獨處其中，常以銅具盛饌以飯之。因以督歷諸子，曰：「汝輩但如遵彥謹慎，自得竹林別室、銅盤重肉之食。」

楊愔因爲表現突出而受到叔父楊暐「竹林別室、銅盤重肉之食」的獎賞，爲宗族子弟樹立了一個榜樣，從而正面的引導其它人也向楊愔學習。

（二）反面懲戒法

反面懲戒法則是對學生的不良行爲進行糾正，施加懲戒的一種教育管理方法。在北朝時期，這種方法在學校教育中的應用也是非常常見的。

首先，所謂「凡學之道，嚴師爲難。師嚴然後道尊，道尊然後民知敬學」〔註131〕，在北朝時期也存在著嚴格的教師，對於學生的不當行爲進行懲戒。《魏書》卷五二《索敞傳》：

> 索敞，字巨振，敦煌人。爲劉昞助教，專心經籍，盡能傳昞之業。涼州平，入國，以儒學見拔，爲中書博士。篤勤訓授，肅而有禮。京師大族貴遊之子，皆敬憚威嚴，多所成益，前後顯達，位至尚書、牧守者數十人，皆受業於敞。

《魏書》卷八四《儒林傳·常爽》：

> 爽立訓甚有勸罰之科，弟子事之若嚴君焉。……崔浩、高允並稱爽之嚴教，獎厲有方。允曰：「文翁柔勝，先生剛克，立教雖殊，成人一也。」其爲通識歎服如此。

《魏書》卷八二《祖瑩傳》：

> 尤好屬文，中書監高允每歎曰：「此子才器，非諸生所及，終當遠至。」

> 時中書博士張天龍講《尚書》，選爲都講。生徒悉集，瑩夜讀書，勞倦不覺天曉。催講既切，遂誤持同房生趙郡李孝怡《曲禮》卷上座。博士嚴毅，不敢還取，乃置《禮》於前，誦《尚書》三篇，不

〔註131〕《禮記·學記》，孫希旦：《禮記集解》，中華書局1989年版，第968頁。

遺一字。講罷,孝怡異之,向博士說,舉學盡驚。

上述材料表明,索敞、常爽、張天龍都是嚴師的典型。索敞「篤勤訓授,肅而有禮,京師大族貴遊之子,皆敬憚威嚴」。常爽以嚴教而聞名,設有勸罰之科,獎懲得法,因而受到了高允的稱讚。張天龍「博士嚴毅」,令祖瑩不敢回屋取書。像這樣的嚴師在北朝時期是十分常見的,《周書》卷一一《晉蕩公護傳》:

> 時元寶、菩提及汝姑兒賀蘭盛洛,並汝身四人同學。博士姓成,
> 為人嚴惡,汝等四人謀欲加害。吾汝共叔母等聞之,各捉其兒打之。
> 唯盛洛無母,獨不被打。

這裏提到的博士,就是地方的一個嚴格的教師。這也可以證明在北朝時期嚴師的普遍存在。

其次,在這一時期也存在家長對於子女的溺愛,教師失於管教的事例。如《北齊書》卷四四《儒林傳》:

> 徒有師傅之資,終無琢磨之實。……備員既非所好,墳籍固不
> 關懷,又多被州郡官人驅使。縱有遊惰,亦不檢治,皆由上非所好
> 之所致也。

北齊時期就存在「徒有師傅之資,終無琢磨之實」這種現象。因而北齊時期,諸王多非法妄為者,與本人深受溺愛,缺乏嚴師管教不無關係。如《北齊書》卷一一《文襄六王‧安德王延宗傳》:

> 年十二,猶騎置腹上,令溺己臍中,抱之曰:「可憐止有此一箇。」
> 問欲作何王。對曰:「欲作衝天王。」文宣問楊愔,愔曰:「天下無
> 此郡名,願使安於德。」於是封安德焉。為定州刺史,於樓上大便,
> 使人在下張口承之。以蒸豬糝和人糞以飼左右,有難色者鞭之。孝
> 昭帝聞之,使趙道德就州杖之一百。道德以延宗受杖不謹,又加三
> 十。又以囚試刀,驗其利鈍。驕縱多不法。武成使撻之,殺其昵近
> 九人,從是深自改悔。

高延宗就深受北齊皇帝高洋的溺愛。另《北齊書》卷一二《武成十二王‧南陽王綽傳》:

> 後為司徒、冀州刺史,好裸人,使踞為獸狀,縱犬噬而食之。
> 左轉定州,汲井水為後池,在樓上彈人。好微行,遊獵無度,姿情
> 強暴,云學文宣伯為人。有婦人抱兒在路,走避入草,綽奪其兒飼

波斯狗。婦人號哭，綽怒，又縱狗使食，狗不食，塗以兒血，乃食
焉。後主聞之，詔鎖綽赴行在所。至而宥之。問在州何者最樂，對
曰：「多取蠍將蛆混，看極樂。」後主即夜索蠍一斗，比曉得三二升，
置諸浴斛，使人裸臥斛中，號叫宛轉。帝與綽臨觀，喜噱不已，謂
綽曰：「如此樂事，何不早馳驛奏聞。

南陽王高綽與北齊後主兩人的作為就更加過分了。而這一時期的馬敬德，「後
主既不好學，敬德侍講甚疏，時時以《春秋》入授」〔註132〕，沒有盡到教導
之職。另《北齊書》卷一二《文宣四王・范陽王紹義傳》：

好與群小同飲，擅置內參，打殺博士任方榮。武成嘗杖之二百，
送付昭信后，后又杖一百。

范陽王高紹義甚至殺死了博士任方榮。參照前引北周宇文護等人想要謀害成
姓博士的材料，就可以知道這一時期的教師對於學生疏於管教的原因了。誠
如顏之推在《顏氏家訓》卷一《教子第二》中所述：

吾見世間，無教而有愛，每不能然；飲食運為，恣其所欲，宜
誡翻獎，應訶反笑，至有識知，謂法當爾。驕慢已習，方復製之，
捶撻至死而無威，忿怒日隆而增怨，逮於成長，終為敗德。

對於這些不良的行為必須早加管束，否則危害無窮。

此外，過於嚴厲的懲戒，也會造成不好的結果。以北周宣帝宇文贇為例，
《周書》卷七《宣帝紀》：

帝之在東宮也，高祖慮其不堪承嗣，遇之甚嚴。朝見進止，與
諸臣無異，雖隆寒盛暑，亦不得休息。性既嗜酒，高祖遂禁醪醴不
許至東宮。帝每有過，輒加捶扑，嘗謂之曰：「古來太子被廢者幾人，
餘兒豈不堪立耶。」於是遣東宮官屬錄帝言語動作，每月奏聞。帝
憚高祖威嚴，矯情修飾，以是過惡遂不外聞。

周武帝宇文邕的管束就過於嚴格，反而使宣帝宇文贇養成了「矯情修飾」，裏
外不一的性格特點。

〔註132〕《北齊書》卷四四《儒林傳・馬敬德》，第 590 頁。

第四章　北朝時期的學校管理

　　本章對北朝時期管理學校的機構、法令以及具體事例進行系統研究，探討北朝時期太常寺、中書省以及國子寺對於官學的管理；《學令》對於學校管理的規定；以及國家對地方官學的考覈等問題，以期全面瞭解北朝時期對於學校管理中教育內容與教育方的相關情況。

第一節　北朝學校管理的機構

　　在北朝時期，太常寺、中書省和國子寺是負責管理學校的重要機構。在不同時期，其負責管理的學校不同、管理職能大小也存在著差異。

一、北朝時期學校管理的一般機構

（一）太常寺對於學校的管理

　　秦漢時期，中央官制實行的是三公列卿制度，在這一體制下，由太常負責對學校的管理。這種對學校的管理延續到了魏晉南北朝時期。在北朝時期隨著政治體制的變革，國子祭酒權力的增加，逐漸形成了太常與國子祭酒分管教學的局面。

　　1、太常寺

　　在北朝的中央官制體系下，設有太常寺。《隋書》卷二七《百官志中》：

> 太常、掌陵廟群祀、禮樂儀制，天文術數衣冠之屬。其屬官有博士、（四人，掌禮制。）協律郎、（二人，掌監調律呂音樂。）八書博士（二人。）等員。統諸陵、（掌守衛山陵等事。）太廟、（掌

> 郊廟社稷等事。）太樂、（掌諸樂及行禮節奏等事。）衣冠、（掌冠
> 幘、舄履之屬等事。）鼓吹、（掌百戲、鼓吹樂人等事。）太祝、（掌
> 郊廟贊祝、祭社衣服等事。）太史、（掌天文地動，風雲氣色，律曆
> 卜筮等事。）太醫、（掌醫藥等事。）廩犧、（掌養犧牲，供祭群祀
> 等事。）太宰（掌諸神烹宰行禮事。）等署令、丞。而太廟兼領郊
> 祠、（掌五郊群神事。）崇虛（掌五嶽四瀆神祀，在京及諸州道士簿
> 帳等事。）二局丞，太樂兼領清商部丞，（掌清商音樂等事。）鼓吹
> 兼領黃戶局丞，（掌供樂人衣服。）太史兼領靈臺、（掌天文觀候。）
> 太卜（掌諸卜筮。）二局丞。

據此可以瞭解北齊時期太常屬官的情況。北朝時期，太常屬官中還有太常博
士以下諸博士，其中也有從事教學之官職。即使是北朝時期，國子祭酒地位
上陞的之時，太常寺仍然執掌了專門教學的諸多學校。

2、太常卿、太常少卿

太常寺的長官是太常卿、太常少卿。太常，又叫奉常。漢代九卿之一，《漢
書》卷十九上《百官公卿表上》：

> 奉常，秦官，掌宗廟禮儀，有丞。景帝中六年更名太常。……
> 又博士及諸陵縣皆屬焉。

這表明自漢代以來九卿之一的太常就兼管各級官學。西晉以來延續了太常監
管學校的傳統。《晉書》卷二四《職官志》：

> 太常，有博士、協律校尉員，又統太學諸博士、祭酒。

北朝依舊設有太常卿，其中北魏的太常卿也涉及到對於官學的管理。（北朝時
期擔任太常卿、太常少卿之職的人員詳見附表十二、附表十三）

（二）中書省對於學校的管理

北朝時期官學的管理，逐漸由秦漢以來的太常兼管制，向國子祭酒管理中
央官學，到最終形成國子寺獨立管理的制度演變。在這過程中，北魏前期中央
官學的管理有其獨特的特點。在這一時期，中書省負責對學校的進行管理。

1、中書省

北朝時期中書省的設置，同《隋書》卷二七《百官志中》載：

> 中書省，管司王言，及司進御之音樂。監、令各一人，侍郎四
> 人。並司伶官西涼部直長、伶官西涼四部、伶官龜茲四部、伶官清

商部直長，伶官清商四部。又領舍人省，（掌署敕行下，宣旨勞問。）

中書舍人、主書各十人。

在三省體系中，尚書省重在政策的執行，中書省「管司王言」，則重在政策的制訂，文書的起草。北魏初期，漢族文人多參與文書的起草，因而中書省需要不斷地補充人才，而中書學的設立滿足了這種需要。北魏前期的中書學是由中書省領導管理的。如高閭，「初在中書，好罵辱諸博士」〔註1〕，高閭曾任職中書侍郎、中書監等職務，由此可見，中書省的長官負責管轄中書學的博士官。此外，史書中也可見中書學人員與中書省之間存在著密切關係，對此前人已有詳述〔註2〕。

2、中書監（令）

中書監（令），魏晉以來中書省的負責人，北魏設有中書學，因而中書監（令）一度也是官學的管理者。《晉書》卷二四《職官志》記載中書監（令）的沿革：

> 中書監及令，案漢武帝遊宴後庭，始使宦者典事尚書，謂之中書謁者，置令、僕射。成帝改中書謁者令曰中謁者令，罷僕射。漢東京省中謁者令，而有中官謁者令，非其職也。魏武帝爲魏王，置秘書令，典尚書奏事。文帝黃初初改爲中書，置監、令，以秘書左丞劉放爲中書監，右丞孫資爲中書令；監、令蓋自此始也。及晉因之，並置員一人。

由此可見漢晉以來中書監的演變情況。十六國時期，北方諸國之中同樣設有此官，北魏沿用，於中書學設立之時管理中書學，於北魏一朝對官學的管理具有重要的影響。（北魏前期擔任中書監、中書令一職的人員詳見附表十四）

（三）國子寺對於學校的管理

北齊中央官學的管理較北魏後期有了最大的變化就是國子寺從太常卿的管理中獨立出來，成爲專門管理學校教育的機構。

〔註 1〕《魏書》卷五四《高閭傳》，第 1210 頁。

〔註 2〕參考嚴耀中：《北魏中書學及其政治作用》，見中國魏晉南北朝史學會編：《魏晉南北朝史論文集》，齊魯書社 1991 年版，第 136〜147 頁；施光明：《北魏中書學考述》，見於《紀念〈教育史研究〉創刊二十週年論文集（3）——中國教育制度史研究》，第 80〜84 頁。

1、國子寺

北齊時期設有國子寺，孝昭帝高演皇建元年（公元 560 年）「詔國子寺可備立官屬，依舊置生，講習經典，歲時考試」〔註3〕，從而設立國子寺。另《隋書》卷二七《百官志中》：

> 國子寺，掌訓教冑子。祭酒一人，亦置功曹、五官、主簿、錄事員。領博士五人，助教十人，學生七十二人。太學博士十人，助教二十人，太學生二百人。四門學博士二十人，助教二十人，學生三百人。

北齊國子寺的長官國子祭酒，設有「功曹、五官、主簿、錄事員」，國子學、太學、四門學三學之博士、助教、學生皆受國子祭酒管轄。其餘諸博士仍歸太常卿管轄。

2、國子祭酒

國子祭酒，北朝時期中央官學的實際負責人，北齊以後逐漸形成了國子祭酒全面管理中央官學的管理模式。國子祭酒的前身是兩漢時期的博士祭酒。《後漢書》志二五《百官志二》：

> 博士祭酒一人，六百石。本僕射，中興轉爲祭酒。

此爲博士祭酒設立之淵源。而祭酒之名也是有歷史依據的。《後漢書》志二五《百官志二》注文云：

> 胡廣曰：「官名祭酒，皆一位之元長者也。古禮，賓客得主人饌，則老者一人舉酒以祭於地，舊說以爲示有先。」

另《漢書》卷四五《伍被傳》記述「夫吳王賜號爲劉氏祭酒」，引用應劭的注文云：

> 應劭曰：「禮，飲酒必祭，示有先也，故稱祭酒，尊之也。」如
>
> 淳曰：「祭祠時唯尊長者以酒沃酹。」

據此可知，祭酒之名來自於飲酒禮，博士祭酒實爲諸博士之長，西漢時期博士設有博士僕射，漢末王莽一度「置師友祭酒及侍中、諫議、六經祭酒各一人，凡九祭酒，秩上卿」〔註4〕。東漢更置博士祭酒。西晉設立國子學後，博士祭酒改稱國子祭酒。《晉書》卷二四《職官志》：

> 及咸寧四年，武帝初立國子學，定置國子祭酒、博士各一人，

〔註 3〕《北齊書》卷六《孝昭帝紀》，第 82 頁。
〔註 4〕《漢書》卷九九中《王莽傳中》，第 4126 頁。

助教十五人，以教生徒。

這表明，西晉時期就有了國子祭酒的設置。十六國時期沿用西晉之制，直至北朝時期。北魏建國之初就設有博士祭酒，崔浩就曾在明元帝時期「拜博士祭酒」〔註5〕。孝文帝時期改中書學為國子學，從而更置國子祭酒，無論是博士祭酒還是國子祭酒都是中央官學的實際管理者。北齊時期，設有國子寺，國子祭酒是其負責人。北朝時期擔任國子祭酒一職的人員詳見附表十五。

二、北朝時期學校管理的特殊時期

學校管理的職官在北朝一些特殊的時期，其稱謂有所不同。以北魏初期、西魏——北周時期最有特點。

（一）北魏初期學校管理的職官

北魏初年在制度上雜糅胡漢，保留有部落時期的傳統。《魏書》卷一一三《官氏志》：

> 初，帝欲法古純質，每於制定官號，多不依周漢舊名，或取諸身，或取諸物，或以民事，皆擬遠古雲鳥之義。諸曹走使謂之鳧鴨，取飛之迅疾；以伺察者為候官，謂之白鷺，取其延頸遠望。自餘之官，義皆類此，咸有比況。

在北魏初年道武帝時期，官制上存在許多諸如「鳧鴨」、「白鷺」這樣的官稱，在官學的管理上，是否也會有這樣的官職異稱？據前引用《魏書》材料可知，北魏在道武帝時「初建臺省，置百官，封公侯、將軍、刺史、太守，尚書郎已下悉用文人」，用文人充任尚書郎之類的屬官，又「立太學，置五經博士生員千有餘人」，設有五經博士，官學的管理似乎用的是漢官職稱。《宋書》卷九五《索虜傳》：

> （天賜）九年，治代郡桑乾縣之平城。立學官，置尚書曹。

由此可以佐證，北魏前期的學官管理，用的是漢官職稱，然而《南齊書》卷五七《魏虜傳》：

> 國中呼內左右為「直真」，外左右為「烏矮真」，曹局文書吏為「比德真」，檐衣人為「樸大真」，帶仗人為「胡洛真」，通事人為「乞萬真」，守門人為「可薄真」，偽臺乘驛賤人為「拂竹真」，諸州乘驛人為「咸真」，殺人者為「契害真」，為主出受辭人為「折潰

〔註5〕《魏書》卷三五《崔浩傳》，第807頁。

眞」，貴人作食人爲「附眞」。三公貴人，通謂之「羊眞」。佛狸置
三公、太宰、尚書令、僕射、侍中，與太子共決國事。殿中尚書知
殿内兵馬倉庫，樂部尚書知伎樂及角史伍伯，駕部尚書知牛馬驢
騾，南部尚書知南邊州郡，北部尚書知北邊州郡。又有俟懃地何，
比尚書；莫堤，比刺史；郁若，比二千石；受別官比諸侯。諸曹府
有倉庫，悉置比官，皆使通虜漢語，以爲傳驛，蘭臺置中丞御史，
知城内事。

這說明，一直到太武帝時期，上到三公、下到一般民眾，其稱呼都有異稱，
其中主要有文人充任的曹局文書吏一般被稱爲「比德眞」，三公貴人則統稱爲
「羊眞」。由此可以推論，北魏前期中央官學在管理上延續的是漢晉以來的傳
統，設有學校管理的職官，但是存在著諸如「比德眞」或是「羊眞」這樣的
異稱。這種異稱很可能來源於鮮卑語的稱呼，體現的僅僅是名稱上的差異，
並不影響其實際的執掌。

（二）北周時期學校管理的職官

西魏—北周的官制改革效法《周禮》，然而其官制「雖行《周禮》，其內
外眾職，又兼用秦漢等官」〔註6〕，因而其學校管理的職官也不同於其它時期。
關於北周六官體系，王仲犖的《北周六典》一書，極具參考價值，今參照前
人論述，考察北周校管理職官。

按照《周禮》的官制體系，分爲天官冢宰、地官司徒、春官宗伯、夏官
司馬、秋官司寇、冬官司空六官，盧辯因而設立北周三公、天地春夏秋冬六
府，又沿用秦漢官制在此之外設立了若干官職。教育方面的屬官，《周禮》典
籍上的觀念，分別屬於地官司徒系統和春官宗伯系統。據王仲犖《北周六典》
卷五《春官府第九》考證：

> 師氏中大夫，正五命。小師氏下大夫，正四命。小師氏上士，
> 正三命。

> 保氏下大夫，一人，正四命。保氏上士，正三命。保氏下大夫，
> 掌規諫。

又據王仲犖《北周六典》卷五《春官府第九》考證：

> 大宗伯卿，一人，正七命。小宗伯上大夫，二人，正六命。

〔註 6〕《周書》卷二四《盧辯傳》，第 404 頁。

　　　　樂部中大夫，正五命。小樂部下大夫，正四命。小樂部上士，
　　正三命。小樂部中士，正二命。保定四年，五月丁亥，改大司樂爲
　　樂部。掌成均之法。

　　　　太學博士下大夫，六人，正四命。太學助教上士，六人正三命。
　　天和元年秋七月壬午，詔諸胄子入學，但束脩於師，不勞釋奠。釋
　　奠者，學成之祭。自今卽爲恒式。

　　　　小學博士上士，正三命。小學助教中士，正二命。

　　另《隋書》卷七五《儒林傳・房暉遠》：

　　　　房暉遠字崇儒，恒山眞定人也。……周武帝平齊，搜訪儒俊，
　　暉遠首應辟命，授小學下士。

上述材料表明，在北周六官體系下，大宗伯卿、小宗伯上大夫，是春官府的
負責人，其執掌類似秦漢時期的太常卿，按照《周禮》中大宗伯「帥其屬而
掌邦禮。以佐王和邦國」的觀念，大宗伯應同之前的太常卿一樣兼管中央官
學。按照《周禮》中大司樂「掌成均之法。以治建國之學政。而合國之子弟
焉」的觀念，直接負責中央官學管理的應是大司樂，類似秦漢以來的國子祭
酒〔註7〕。又《周書》卷二六《長孫紹遠傳》：

　　　　長孫紹遠字師，河南洛陽人。少名仁。……六官建，拜大司樂。
　　孝閔帝踐阼，封上黨公。

長孫紹遠擔任過大司樂。北周武帝宇文邕保定四年（公元 564 年）改大司樂
爲樂部，負責人也就變成了樂部中大夫、小樂部下大夫、小樂部中士等官職。
大司樂所轄之學校主要是太學，領太學博士下大夫六人，太學助教上士六人，
負責北周太學的教學，此外尚有小學博士等官職歸其管轄。地官司徒系統的
師氏中大夫、保氏下大夫，按照《周禮》中的觀念應屬於教育系統官員，然
而北周的保氏下大夫掌規諫，與中央官學無關。至於師氏大夫，《周書》卷三
八《元偉傳》：

　　　　六官建，拜師氏下大夫，爵隨例降，改封淮南縣公。世宗初，
　　拜師氏中大夫。受詔於麟趾殿刊正經籍。

據此可知，元偉曾任師氏中大夫，在麟趾殿刊正經籍。又《北史》卷三〇《盧
同傳附盧辯》：「及建六官，爲師氏中大夫。明帝卽位，遷小宗伯，進位大將

─────────────────────
〔註 7〕王仲犖以爲大司樂相當與秦漢的太常卿，考慮到大司樂與國子祭酒在執掌上
　　的關聯，本人以爲大司樂更似國子祭酒。

軍。」盧辯在六官改革後擔任師氏中大夫，在北周明帝宇文毓時陞遷爲小宗伯。而師氏中大夫的品級與司樂中大夫相當，或不屬於大司樂管轄範疇。另《周書》卷四五《儒林傳‧樂遜》：

> 魏恭帝二年，授太學助教。孝閔帝踐阼，以遜有理務材，除秋官府上士。其年，治太學博士，轉治小師氏下大夫。自讌王儉以下，並束脩行弟子之禮。遜以經術教授，甚有訓導之方。

樂遜任小師氏下大夫，教授學生，而此時尚無露門學的設置，他所教授的只可能是太學諸生，然而他的品級低於司樂中大夫，應不會高於當時的大司樂，有可能歸師氏中大夫管轄，又因爲太學系統由春官大宗伯兼管，或也受其節制，同屬於春官宗伯系統。

北周建立後，有設立過麟趾學這樣的文化機構和露門學這樣的中央官學。王仲犖《北周六典》卷七《六官餘錄第十三》考證：

> 司成中大夫，正五命。司成下大夫，正四命。

> 麟趾殿學士。掌著述。刊校經史，考校圖籍。五日番上。

> 露門學文學博士□大夫，四人，正□命。露門學博士下大夫，
> 正四命。露門學士。露門學生，七十二人。

北周時期尚有司成中大夫、司成下大夫、麟趾學士、露門學所轄的屬官等相關官職，這些官職於《周禮》缺乏直接關聯，王仲犖將之列爲六官餘官。因此對於這些官職就需要根據其各自情況進行具體分析。

首先，司成中大夫屬於春官大宗伯系統。《隋書》卷四六《張熲傳》：

> 父羨，少好學，多所通涉，仕魏爲蕩難將軍。從武帝入關，累遷銀青光祿大夫。周太祖引爲從事中郎，賜姓叱羅氏。……復入爲司成中大夫，典國史。周代公卿，類多武將，唯羨以素業自通，甚爲當時所重。

張羨曾任北周司成中大夫，負責編撰國史，從其執掌的內容看，應屬於傳統太常卿管轄範疇，應屬於春官大宗伯系統。

其次，麟趾殿學屬於內官系統與《周禮》天官系統相對應。麟趾殿學士的主要職責是著述，校刊經史、圖籍，其下沒有學生，屬於文化機構，不屬於中央官學系統。北周明帝宇文毓「及即位，集公卿已下有文學者八十餘人於麟趾殿，刊校經史。又捃採眾書，自羲、農以來，訖於魏末，敘爲《世譜》，

凡五百卷云。所著文章十卷」〔註8〕，故史稱其「敦尙學藝，內有崇文之觀，外重成均之職」〔註9〕。此處言及之崇文之觀，在隋唐時期屬於東宮系統。《唐六典》卷二十六《太子二師三少詹事府左右春坊內官》：

> 崇文館：學士：校書二人，從九品下。崇文館學士掌刊正經籍
> 圖書，以教授諸生。

這表明，在隋唐時期崇文館屬於內官系統，或是延續北周時期的相關制度。另外，《北史》卷七四《柳裘傳》所述，柳裘曾於北周「周明、武間，自麟趾學士累遷太子侍讀，封昌樂縣侯」，由此可見太子侍讀是麟趾學士一個陞遷方向，很可能北周時期的麟趾學士屬於內官系統，按照《周禮》的相關觀念應屬於六官體系中的天官系統。然而據前引相關材料可知，北周明帝宇文毓往往選任官員以原職入麟趾殿編修書籍，這一點於北齊的「待詔文林館」相似，因此麟趾學士之所屬天官系統，也只能是文屬而已。

此外，露門學也屬於春官大宗伯系統。北周的露門學設有文學博士四人，露門學博士、助教等職，教授露門學生七十二人，其設置符合《周禮》中師氏「居虎門之左。司王朝。掌國中失之事。以教國子弟。凡國之貴遊子弟學焉」的觀念，實爲西晉以來國子學的異稱。露門學管理體制，按照《周禮》的觀念，應屬於地官大司徒的系統。然而，據前引《北周六典》的相關記載，有師氏中大夫、保氏下大夫等職官，其中與中央官學相關的師氏大夫於露門學未立時教授太學，應同屬於春官宗伯系統，露門學設立後若無管理上的變動，也應如此。

值得注意的是，西魏──北周六官改革後，中央官制的確發生了變化，然而單純的創建與《周禮》中的觀念完全契合的官制是存在困難，一方面由於現實職責的需要，不得不保留秦漢以來的部分官稱，另一方面，即便改變了官稱卻也面臨著現實的制約，因而出現了中央官學的官職按照周禮所述的所屬狀態與現實職屬的差異。

第二節　北朝學校管理的規定

北朝時期設有《學令》，內容涉及到對學校的管理規定。北朝時期對於不

〔註 8〕《周書》卷四《明帝紀》，第 60 頁。
〔註 9〕《周書》卷四五《儒林傳》，第 806 頁。

同級別的學校都有一定的規定。

一、北朝時期的《學令》

北朝時期的《學令》是對學校教育相關規定的總結，在教育法制史上具有十分重要的意義。值得關注的是《學令》的形成及其內容。

（一）《學令》的形成

北朝時期設有《學令》，然而現代所見相對完整的《學令》是經過後人考釋的唐代《學令》，前人也有相關論述〔註10〕。北魏時期出現的《學令》是其淵源之一，在學校管理上具有非常重要的意義。早在秦漢時期就有律令涉及到教學的相關內容。《史記》卷一二一《儒林傳》開篇就有，「太史公曰：余讀功令，至於廣屬學官之路，未嘗不廢書而歎也」這樣的論述，據司馬貞《史記索隱》的按語「謂學者課功著之於令，即今之學令是也」，認爲《功令》即後世的《學令》，晚清學者沈家本亦對《功令》的部分內容進行了考釋〔註11〕。然而隨著漢代簡牘的出土，人們發現《功令》的內容是非常廣泛的，而對於教育教學內容的規定也不限制於此。如在張家山漢墓出土的《二年律令》中就包含了對於史、卜這類人員教育培養的《史律》。北魏的《學令》繼承了晉朝《泰始令》的體系，是秦漢魏晉時期相關教育教學的法規的延續、總結。

北魏後期的《學令》在宣武帝正始年間經歷一次重修。如鄭道昭在宣武帝正始二年（公元505年）的上書云：「臣學陋全經，識蔽篆素，然往年刪定律令，謬預議筵。謹依準前修，尋訪舊事，參定學令，事訖封呈」〔註12〕，宣武帝時期修訂律令是在正始元年（公元504年），十二月「己卯，詔群臣議定律令」〔註13〕。元英的上書是在景明二年（公元501年），由此可以說明，在此之前就存在《學令》。北魏初年「禮俗純樸，刑禁疏簡」，直到太武帝神麕四年（公元431年）「冬十月戊寅，詔司徒崔浩改定律令」〔註14〕，法律爲之一變。崔浩本人「博覽經史，玄象陰陽，百家之言，無不關綜」〔註15〕，

〔註10〕 參考仁井田陞〔日〕：《唐令拾遺》，長春出版社1989年版，第265～282頁。
〔註11〕 參考沈家本〔清〕：《漢律拾遺》卷十九，收入於其著作《歷代刑法考》中，中華書局1985年版，第1722頁。
〔註12〕 《魏書》卷五六《鄭羲傳附鄭道昭》，第1242頁。
〔註13〕 《魏書》卷八《宣武帝紀》，第198頁。
〔註14〕 《魏書》卷四上《太武帝紀上》，第79頁。
〔註15〕 《魏書》卷三五《崔浩傳》，第807頁。

關係到學校管理規定的北魏《學令》據本人推測最早可能出現於這個時期。

（二）《學令》的內容

北朝時期的《學令》是唐代《學令》的淵源，其法律的基本框架也將延續到後世。同樣根據唐令的內容參照北朝時期相關史料是可以對北朝時期的《學令》內容進行一定的推測的。根據日本學者對於唐代《學令》內容所做的考證，可知唐代的學令可考的有十三條。其內容包括對孔子的祭祀禮儀規定、束脩禮儀規定、教授內容的規定、注疏版本的選定、對於學生通經的要求、對於學生考課、休假的規定、學習年限的規定、分經教學的規定、對於博士、助教的考課規定、學生出仕的規定、對於書學、算學的規定、對於學生解退的規定等〔註16〕。

首先，在北朝時期對於儒家的祭祀、束脩禮儀是有相應的規定的，也有可能記載於《學令》之中。《隋書》卷九《禮儀志四》：

> 後齊制，新立學，必釋奠禮先聖先師，每歲春秋二仲，常行其禮。每月旦，祭酒領博士已下及國子諸學生已上，太學、四門博士升堂，助教已下、太學諸生階下，拜孔揖顏。日出行事而不至者，記之為一負。雨霑服則止。學生每十日給假，皆以丙日放之。郡學則於坊內立孔、顏廟，博士已下，亦每月朝云。

是為對儒家先聖先師的祭祀之禮的規定，可以與唐令中的相關記載相互參照。而束脩禮的規定，在北周武帝天和元年（公元566年）秋七月壬午，詔：「諸冑子入學，但束脩於師，不勞釋奠」〔註17〕，進行了規定。束脩之禮的執行，前文已有相關論述，此處不再詳述。

其次，在北朝時期對於學校的具體管理規定，是《學令》中最為主要的內容，唐令中有所記載，北朝時期也不會有所缺失。如北魏後期，常山侯元英在景明二年（公元501年）的上書中提到「謹案學令：諸州郡學生，三年一校，所通經數，因正使列之，然後遣使就郡練考」〔註18〕。引文中所述之內容是對地方官學的考核管理規定，應是學令的原文。

此外，北朝時期對於學生的相關考核、仕進的規定，見於唐令之中，北朝時期也有相應的規定。《北齊書》卷四四《儒林傳》：

〔註16〕仁井田陞〔日〕：《唐令拾遺》，長春出版社出版1989年版，第265～282頁。
〔註17〕《周書》卷五《武帝紀上》，第73頁。
〔註18〕《魏書》卷十九下《景穆十二王下·南安王楨傳附元英》，第497頁。

其博士、助教及遊學之徒通經者，推擇充舉。射策十條，通八

以上，聽九品出身，其尤異者亦蒙抽擢。

這就是北齊時期對於通經之人選拔標準的規定。

然而，值得注意的是，並非唐令中的所有內容均與北朝時期相互符合，這就對其進行需要區分。如唐令中對於教學內容的規定、注疏版本的選擇、分經教學等均有其時代特點，並不適用於北朝時期。北朝時期的教學內容，前文已有記述，此處再重複。

二、北朝時期對於官學的管理

北朝時期對於學校的管理，主要體現爲對於中央官學、地方官學的管理，《學令》中會有相應的記載，現以北齊時期的制度爲主，探討對於中央官學的管理，以北魏《學令》對地方官學的規定爲依據，探討對於地方官學的管理。

（一）北朝時期對與中央官學的管理

北朝時期對於中央官學的管理主要體現爲對於官學職官職責的規定，其中涉及前文所述的諸多內容。北朝時期的制度以北齊最爲完備。然而史書對於北齊國子寺官員的具體執掌記載不詳，今據唐朝的國子監的規定，參照北朝相關記載可以追溯北齊時期的相關制度。《唐六典》卷二十一《國子監》：

國子監：祭酒一人，從三品；司業二人，從四品下。國子監祭

酒、司業之職，掌邦國儒學訓導之政令，有六學焉：一曰國子，二

曰太學，三曰四門，四曰律學，五曰書學，六曰算學。……每歲終，

考其學官訓導功業之多少；而爲之殿最。

其下屬官沿革云：

北齊改爲國子寺，祭酒一人，從三品。……隋大業三年，置司

業一人，從四品。

這表明，國子司業再次設立於隋朝，而北齊之國子寺中，每一年考核學官的教學情況的人應是國子祭酒。《唐六典》卷二十一《國子監》又：

丞一人，從六品下；主簿一人，從七品下；錄事一人，從九品

下。丞掌判監事。凡六學生每歲有業成上於監者，以其業與司業、

祭酒試之：明經帖經，口試，策經義；進士帖一中經，試雜文，策

時務，徵故事；其明法、明書‧算亦各試所習業。登第者，白祭酒，

上於尚書禮部。主簿掌印，勾檢監事。凡六學生有不率師教者，則
舉而免之。其頻三年下第，九年在學及律生六年無成者，亦如之。
錄事掌受事發辰。

其下注屬官沿革云：

> 隋大業三年置國子丞三人，從六品。……北齊國子寺置主簿員，
> 隋置一人，皇朝因之。……北齊國子寺有錄事員，隋置一人，皇朝
> 因之。

又注主簿執掌云：

> 假違程限及作樂、雜戲亦同。唯彈琴、習射不禁。

國子寺屬官中國子丞隋朝設有，而北齊設有功曹、五官其執掌或與之相近，
北齊與後世一致的是國子主簿、國子錄事等官。國子主簿負責考核學生「不
率師教者，則舉而免之」，淘汰學生中學業無成者，禁止學生除彈琴和習射活
動外的「作樂、雜戲」活動，負責學生的具體管理工作。中央官學的學生具
有品級兼有官員身份，其休假情況，《唐六典》卷二《尚書吏部》：

> 內外官吏則有假寧之節

其下的注文云：

> 謂元正、冬至各給假七日，寒食通清明四日，八月十五日、夏
> 至及臘各三日。正月七日‧十五日、晦日、春‧秋二社、二月八日、
> 三月三日、四月八日、五月五日、三伏日、七月七日‧十五日、九
> 月九日、十月一日、立春、春分、立秋、秋分、立夏、立冬、每旬，
> 並給休假一日。五月給田假，九月給授衣假，爲兩番，各十五日。
> 私家祔廟，各給假五日。四時祭，各四日。父母在三千里外，三年
> 一給定省假三十五；五百里，五年一給拜掃假十五日，並除程，
> 五品已上並奏聞。冠，給三日；五服內親冠，給假一日，不給程。
> 婚嫁，九日，除程。周親婚嫁，五日；大功，三日；小功，一日，
> 不給程。齊衰周，給假三十日；葬，三日；除服，二日。小功五月，
> 給假十五日；葬，二日；除服，一日。緦麻三月，給假七日；葬及
> 除服皆一日。周已上親皆給程。若聞喪舉哀，並三分減一。私忌給
> 假一日，忌前之夕聽還。

上述材料表明，中央官學的學生的假期每年主要有五月的田假、和九月的授
業假各十五天，元正、冬至等節日按照重要程度假期長度分爲七天、四天、

三天、一天幾個級別，平時休假是每旬十天休息一天。對於父母在三千里以外遠程之人，每三年給三十五天的探親假，五百里外每五年給十五天的拜掃假。就有此外逢婚喪嫁娶等儒家禮儀事件，又根據學生的個人情況分別給予不同假期。在給假的時候根據情況的不同，另給路程上日期的寬限，稱之為程。而主簿也管理學生請假違反期限、距離的相關事宜。北齊中央官學在管理上的規定可能未必有隋唐時期詳細，但是也會有相關規定。《魏書》卷八四《儒林傳》：

> 張吾貴，字吳子，中山人。……曾在夏學，聚徒千數而不講《傳》，生徒竊云張生之於《左氏》似不能說。吾貴聞之，謂其徒曰：「我今夏講暫罷，後當說《傳》，君等來日皆當持本。」生徒怪之而已。吾貴謂劉蘭云：「君曾讀《左氏》，為我一說。」蘭遂為講。三旬之中，吾貴兼讀杜、服，隱括兩家，異同悉舉。諸生後集，便為講之，義例無窮，皆多新異。蘭乃伏聽。學者以此益奇之。

這說明，北魏後期張吾貴的私學尚有夏學、秋學之別，期間間隔有一個月之久，進而可以預見北朝時期學校在教學過程中是存在包括夏秋之季的授業假在內的假期，而私學假期的長度相對隨意，官學的假期會存在一個相當固定的規定。《隋書》卷九《禮儀志四》：

> 後齊制，新立學，必釋奠禮先聖先師，每歲春秋二仲，常行其禮。每月旦，祭酒領博士已下及國子諸學生已上，太學、四門博士升堂，助教已下、太學諸生階下，拜孔揖顏。日出行事而不至者，記之為一負。雨霑服則止。學生每十日給假，皆以丙日放之。郡學則於坊內立孔、顏廟，博士已下，亦每月朝云。

據此可知，北齊中央官學平時的假期是每十天休息一天，《唐六典》中的相關規定是沿用了北齊的規定，進而可以推測《唐六典》中對於中央官學管理上的相關規定早在北齊時期就已經存在。

北齊國子寺下轄國子學、太學、四門學三學的管理，《唐六典》卷二十一《國子監》的：

> 國子博士二人，正五品上；助教二人，從六品上。……每旬前一日，則試其所習業。每歲，其生有能通兩經已上求出仕者，則上於監；堪秀才、進士者亦如之。助教掌佐博士，分經以教授焉。典學掌抄錄課業。

> 　　太學博士三人，正六品上；助教三人，從七品上。……其束脩
> 之禮，督課、試舉，如國子博士之法。助教已下並掌同國子。

> 　　四門博士三人，正七品上；助教三人，從八品上。……其束脩
> 之禮，督課、試舉，同國子博士之法。助教已下，掌同國子。

其下注屬官沿革云：

> 　　北齊置國子寺，有博士五人，品第五。……（國子助教）後魏
> 第七品。北齊置十人，品同後魏。……北齊國子寺有太學博士十人，
> 從第七品。後周置太學博士下大夫六人，正四命。……後魏置太學
> 助教，第八品中。北齊國子寺有太學助教二十人，從第九品下。後
> 周置太學助教上士六人，正三命。……《後魏百官志》：「四門博士，
> 第九品。」北齊置二十人，正九品上。後周闕。

又注試讀、試講云：

> 　　試讀者，每千言內試一帖；試講者，每二千言內同大義一條，
> 總試三條，通一及全不通，斟量決罰。

上述材料表明，北齊的國子寺設有國子博士五人、國子助教十人，執掌國子
學的教學工作，每旬假期前會對所教學生進行考核。考核的方式是試讀，「每
千言內試一帖」和試講，「每二千言內同大義一條」，考核三條，過二條才及
格。優秀的上報國子祭酒，願意出仕的加以薦舉，不合格的根據情況進行處
罰。另設有太學博士十人、太學助教二十人，執掌太學；四門博士二十人、
助教二十人，執掌四門學，他們的各項管理制度與國子學相同。

　　值得注意的是，儘管北齊時期對於中央官學已經具備了相對完善的管理
制度，這種制度應是北魏後期《學令》制度的延續，然而在制度的執行上是
存在問題的，因而北齊中央官學在實際管理中才呈現出帝子王孫「徒有師傅
之資，終無琢磨之實」、「世冑之門，罕聞強學」、「國學博士徒有虛名，唯國
子一學，生徒數十人」等諸多問題〔註19〕。

（二）北朝時期對於地方官學的考核

　　北朝時期對於地方官學存在著細緻的管理規定。首先，北魏在建立地方
官學體系之時就對地方官學的學官選拔標準和學生的入學標準有了詳細的規
定。據前文所引《魏書》卷四八《高允傳》所述，地方官學中博士、助教選

〔註19〕《北齊書》卷四四《儒林傳》，第 582 頁。

拔的才學標準是「博關經典、世履忠清、堪爲人師」，年齡標準是博士的年齡下限四十、助教的年齡下限三十，此外，又規定了「若道業夙成，才任教授」的人可以「不拘年齒」破格選任博士、助教。學生入學則是要符合「郡中清望，人行修謹、堪循名教」的才學標準，在門第出身方面則優先選擇高門子弟、其後是中第人家。其次，北魏在《學令》中也存在著對於地方官學的詳細的管理規定。《魏書》卷十九下《景穆十二王下・南安王楨傳附元英》記載吏部尙書、常山侯元英的上書云：

> 謹案學令：諸州郡學生三年一校所通經數，因正使列之，然後遣使就郡練考。臣伏惟聖明，崇道顯成均之風，蘊義光膠序之美，是以太學之館久置於下國，四門之教方構於京瀍。計習訓淹年，聽受累紀，然僑造之流應問於魏闕；不革之輩宜返於齊民，使就郡練考，黜其最殿。頃以皇都遷構，江揚未一，故鄉校之訓，弗遑正試。致使薰蕕之質，均誨學庭；蘭蕭之體，等教文肆。今外宰京官，銓考向訖，求遣四門博士明通五經者，道別校練，依令黜陟。

又記載宣武帝的詔書云：

> 學業墮廢，爲日已久，非一使能勸，比當別敕。

根據北魏時期的《學令》的規定，「諸州郡學生，三年一校，所通經數，因正使列之，然後遣使就郡練考」，國家每三年需要派遣專門人員對於地方官學中學生的學業水平進行考覈，確定選拔對象，因而元英希望國家可以恢復舊有制度派遣「明通五經」的四門博士對地方官學進行考覈，然而宣武帝以「學業墮廢，爲日已久，非一使能勸，比當別敕」爲由，拒絕了元英的請求。然而據鄭道昭在宣武帝正始二年（公元 505 年）的上書中「臣學陋全經，識蔽篆素，然往年刪定律令，謬預議筵。謹依準前修，尋訪舊事，參定學令，事訖封呈」〔註20〕的記載可知，北魏後期在宣武帝正始年間對《學令》進行了一次重修。《學令》的重修，說明北魏對於地方官學的管理規定也可以延續下來。

東西對峙時期，東魏——北齊延續了北魏對於地方官學的管理，也存在一些其它的新規定。前引《隋書》卷九《禮儀志四》對於祭祀的相關材料可知，北齊的官學管理中有關於釋奠禮等祭祀內容的規定。北齊的中央官學規定每個月都會對孔子、顏回進行祭祀，要求必須參加，學生的假期是每十日

〔註20〕《魏書》卷五六《鄭羲傳附鄭道昭》，第 1242 頁。

休息一天，這些規定也適用於地方官學。北齊的地方官學中設有孔廟祭祀孔
子、顏回等儒家人物，這說明北齊的地方官學在承擔教育任務的同時，也承
擔著對於儒家人物的祭祀任務，這種廟學一體的地方官學結構，對後世影響
深遠。

結　語

　　本文在總結前人研究成果的基礎上，從原始文獻出發探討了北朝時期的學校、學校中的教師與學生、學校教育的內容與方法、學校的管理等方面的問題。現將本文在寫作過程形成的結論與思考作爲結語，進行相關論述。

一、關於北朝學校教育的幾點結論

　　首先，北朝時期存在著比較發達的學校教育。其學校有中央官學、地方官學與個人私學組成。在北朝的不同階段，其學校的發展有所差異。

　　其一，中央官學的發展情況。在北魏前期，就已經先後設立了太學、國子學、中書學以及皇宗學等中央官學，其規模可觀，分佈在平城西部和城東。北魏後期，隨著孝文帝改革的進行，國家試圖構建一個由國子學、太學、四門小學的中央官學體系，然而這一時期中央官學在發展中蘊含著衰弱的因素，中央官學僅位於洛陽城中永寧寺東的國子一學在孝明帝時期得以完全實現，孝昌年間以後，四方戰亂頻繁，中央官學趨於衰落。北魏分裂以後，形成了東西對峙的局面，中央官學在東、西方經歷了不同的發展。東魏——北齊的中央官學體系延續了北魏後期的制度規定，時期討論北朝學校制度規定的最合適的時期就是北齊時期，然而制度的規定不同於現實，北齊的中央官學也僅國子一學，規模有限分佈於鄴城南部的中軸線上。西魏——北周的中央官學則在倣仿《周禮》，進行改革的過程中形成了由露門學、太學等學校構成的中央官學體系。北周時期的中央官學的規模可觀，其露門學分佈於宮廷正門露門的兩側，太學的位置不詳。

　　其二，地方官學的體系構建。在北朝時期，形成了相對發達的地方官學

體系，這一點要領先於同時期的南朝，對後世影響深遠。北朝地方官學體系的構建始於獻文帝時期，終於孝文帝時期，在後世有所延續。北朝的地方官學在州、郡、縣都有分佈，形成了以郡縣爲土的二級體制。其州、郡一級的地方官學稱之爲太學，縣一級設有縣學，鄉里也有學校的設置。北朝的地方官學體系的稱謂，一定程度上表現爲中央官學體系的下移。在北朝的各個時期均有地方官員對於學校的重視，他們推動了地方學校的發展。

最後，個人私學的繁榮。在北朝時期延續了西晉、十六國以來的私學傳統。儘管太武帝時期一度限制私學的發展，然而在北朝時期還是形成私學發展的繁榮局面。北朝私學的發展以太武帝限制私學發展爲界限，可以分爲兩個大的時期，而每個時期有又其具體的發展階段。北魏獻文帝以來，個人私學逐漸恢復經歷了孝文帝時期的發展，最終在宣武帝時期形成了繁盛的局面。北魏後期的戰亂對於私學發展有所影響，然而在東西對峙時期私學又延續了北魏後期的發展狀況。在北朝時期眾多的私學教授者設立學官從事教學，是私學發展過程中最根本的推動力。北朝時期，就個體而言私學的規模各異少則幾十人、上百人，多者千餘人，逾萬人，就整體而言私學的規模遠非官學可比，其分佈大致以河北地區爲主、河南、青齊地區也有相應的分佈。

其次，在北朝時期存在著一個由官學諸博士、助教等職官和私學教授者構成的教師隊伍，和由在官、私學校中求學的諸生構成的學生群體，在教與學的過程中，推動學校教育的發展。

一方面，北朝學校教育中的教授者。北朝時期官學職官主要由國子祭酒統領隸屬於國子寺的國子博士、太學博士和四門小學博士、各級助教等和太常卿統領隸屬於太常寺之諸博士、助教組成的中央官學職官與地方上所屬州郡一級的太學博士、助教和縣、鄉以下的博士等組成的地方官學職官組成。在北朝的一些特定時期，中央官學職官還包括中書博士、露門博士、露門學士等。北朝學官職官在選拔上存在著嚴格的選拔標準和相對穩定的選撥途徑，也根據各自官品差異享受相應的待遇。北朝時期私學的教授者根據身份的差異存在著不同的類型，他們從事著繁重的教學任務，從而獲得相應的收入。

另一方面，北朝學校教育中的受教育者。北朝時期的官學諸生主要由中央官學所屬包括國子學生、中書學生、四門學生、露門學生以及其它諸學學生在內的中央官諸生和地方上太學、縣鄉學諸生組成。官學諸生在入學方

面存在著一定選拔標準和有一定規律的入學年限。官學諸生的求學存在著一定的年限，在衣、食、住、行等方面都有一定的時代特點。在官學之中，教師與學生的關係主要表現為政治關係，在此之外師生之間也存在著濃厚的師生之誼。官學諸生在身份上就已經具備了官員的屬性，其仕進方向也有一定的規律性。北朝時期私學之中的諸生根據家庭情況的差異其求學方式有所不同，入學年限十分寬泛，然而其在不同的求學階段，入學年齡也是存在一定規律的。北朝時期也形成了遊學之風，遊學之人不遠千里逐師求學，其中也不乏刻苦之人。私學中的師生關係則主要體現為經濟關係，然而私學之中的師生之誼卻更加濃厚。完成學業的私學諸生以從事私學教授為職業，以入仕為人生的追求。

再次，北朝時期的教育內容和教育方法作為學校教育的重要組成部分，其以經學為主的教育內容具有鮮明的時代特點和獨特的地域特點，在教育過程中採用的教學方法、學生管理方法又有一定的普遍性。

一方面，北朝時期的教育內容。北朝時期的教育內容可以總結為以《急就章》、《孝經》、《論語》為主的蒙學教育內容、以儒家經典為主要內容的經學教育內容和以書、算、醫、律以及鮮卑語文為主的各種專門教育內容三類。這三類教育內容基本涵蓋了學校教育的各個階段和各種類型。

另一方面，北朝時期的教育方法。北朝時期在教學管理中的方法具有一定的普遍性。在教學上主要採用了教師講授、學生記誦的講誦法、師生相互提問、回答的問答法和學術上的論難法。這些方法或源於秦漢時期，或受佛教影響，在實施上是非常普遍的。在對學生的管理上，主要有正面引導和反面懲戒兩種方法。教育者既通過自身努力，言傳身教，樹立正面典型引導受教育者向好的方向發展，也通過嚴屬的處罰，防止受教育者不良行為習慣的形成。值得關注的是，這一時期的管理方法不僅僅適用於教師，也適用於諸如父母、親屬等其它教育者。良好的教學、管理方法可以事半功倍，促進受教育者的發展，反之則不利於受教育者的成長。

此外，北朝時期國家對於學校進行了嚴格的管理。完善的教育管理機構，良好的管理法規可以為學校教育的發展營造一個良好的環境，促進其發展，反之則會阻礙學校教育的進步。在北朝時期，太常寺和國子寺是管理學校的主要機構，而中書省則涉及到對中書學的管理。太常卿、太常少卿、中書監（令）和國子祭酒是這些機構的實際負責人，承擔著管理學校的重任。北朝

時期的《學令》是對學校教育相關規定的總結，其基本的法律框架爲後世所繼承，影響深遠。北朝時期對於中央官學、地方官學都有相應的管理措施。對於私學，國家一度限制其發展。這種政策的出現有其特殊的時代背景，對於私學的發展產生了一定的影響。然而這一政策只是一時之制，在更多的時候政府在構建地方官學體系的同時，往往才取引導吸收的方式以實現個人私學與政府官學的平衡。

二、關於北朝學校教育的幾點思考

首先，北朝時期的學校教育對於當時的國家、社會和個人產生了相應的影響，具有非常重要的時代意義；其制度上的規定多爲後世所延續又具有深遠的歷史意義。對於國家而言，學校教育爲政府培養了大量的人才，這些人成爲官員的後備力量，保證了政府的運轉。對於社會而言，學校教育促進了學術文化的傳播，實現傳統文化的傳承，在北朝特殊的歷史條件下，促進了鮮卑族的漢化，民族的融合。對於個人，學校教育對其生存與發展都具有重要的意義。教師以此爲安身立命之事業，學生以此爲求學、發展之途徑。北朝時期在學校制度上的規定延續到了隋唐時期，影響深遠。

其次，北朝時代的學校教育與同時期南朝相比，有其自身的特點，又與南朝的教育相互影響。北朝時期在學校制度上要優於南朝。無論是相對完備的中央官學體系還是形成於這個時期的地方官學體系，更不用說這一時期北方相對繁盛的私學教育，學校制度都在隋唐時期得以傳承。然而卻不能過份誇大北朝的學校教育，從教育水平上看，南朝的教育要明顯優於北朝。從南北朝時期的學者的交流來看，由南入北的學者往往在北方受到廣泛的重視，稱爲一代儒宗；而自北入南的學者在講學上都會遇到一些困難。這是由南北朝時期，南北方在教育內容上的差異決定的。北學相對保守失於繁雜、而南學則代表則學術的前沿，得其英華。儘管，在經學史上北學更多地保留了漢學的傳統，然而對後世影響而言，南學則廣爲傳承。最後，在國家對於學校管理方面，北朝要比南朝更爲重視對於學校的管理，也更爲嚴格。總之，北朝的學校教育對於隋唐時期的影響更多的體現了制度方面，而南朝則體現在了內容方面。

此外，在對北朝的學校教育進行研究的過程中還一些問題值得思考，具有進一步研究的空間。其一，北朝時期的學校體系，特別是地方官學的體系

問題還是值得深入研究的。其二，北朝時期學者所處的具體時期，其學術追求或可以進一步探討。其三，對於北朝《學令》內容與教學過程的進一步還原還有工作值得去做。最後，北朝時期宗教對於學校教育的影響、學校分佈的地域特徵等問題都是值得思考的。

參考文獻

一、圖書文獻

1. 班固，漢書〔M〕，北京：中華書局，1962。
2. 本田成之〔日〕，中國經學史〔M〕，孫俍工譯，上海：上海書店，2001。
3. 卜憲群，張南，中國魏晉南北朝教育史〔M〕，北京：人民出版社，1994。
4. 蔡芹香，中國學制史〔M〕，上海：世界書局，1933。
5. 曹大為，中國古代女子教育〔M〕，北京：北京師範大學出版社，1996。
6. 曹文柱，魏晉南北朝史論合集〔M〕，北京：商務印書館，2008。
7. 曾澤等，中國教育史簡編〔M〕，南京：江蘇教育出版社，1986。
8. 陳東原，中國教育史〔M〕，上海：商務印書館，1936。
9. 陳立，白虎通疏證〔M〕，北京：中華書局，1994。
10. 陳青之，中國教育史〔M〕，上海：商務印書館，1936。
11. 陳少風，原學〔M〕，第四輯，北京：中國廣播電視出版社，1996。
12. 陳壽，三國志〔M〕，北京：中華書局，1959。
13. 陳戍國，中國禮制史·魏晉南北朝卷〔M〕，長沙：湖南教育出版社，2002。
14. 陳寅恪，隋唐制度淵源略論稿·唐代政治史述論稿〔M〕，石家莊：河北教育出版社，2001
15. 陳愚川，中國教育史比較研究〔M〕，濟南：山東教育出版社，1985。
16. 崔鴻，十六國春秋〔M〕，上海：商務印書館，1937。
17. 杜學元，中國女子教育通史〔M〕，貴陽：貴州教育出版社，1996。
18. 杜佑，通典〔M〕，北京：中華書局，1962。
19. 二十五史補編編撰組，二十五史補編〔M〕，北京：中華書局，1955。

20. 范曄，後漢書〔M〕，北京：中華書局，1965。

21. 房玄齡，晉書〔M〕，北京：中華書局，1982。

22. 高明士，東亞傳統教育與學禮學規〔M〕，上海：華東師範大學出版社，2008。

23. 高明士，東亞教育圈形成史論〔M〕，上海：上海古籍出版社，2003。

24. 高明士，中國教育制度史論〔M〕，臺北：臺灣經聯出版公司，1999。

25. 宮崎市定〔日〕，九品官人法研究〔M〕，韓昇，劉建英譯，北京：中華書局，2008。

26. 顧明遠，中國教育大系·歷代教育制度考〔M〕，武漢：湖北教育出版社，1994。

27. 顧樹森，中國歷代教育制度〔M〕，南京：江蘇人民出版社，1981。

28. 郭秉文，中國教育制度沿革史〔M〕，民國叢書第三編 45 本，上海：上海書店，1989。

29. 何德章，魏晉南北朝史從稿〔M〕，北京：商務印書館，2010。

30. 何茲全，魏晉南北朝史略〔M〕，上海：上海人民出版社，1958。

31. 洪邁，容齋隨筆〔M〕，北京：中華書局，2005。

32. 皇甫謐，針灸甲乙經〔M〕，北京：中華書局，2000。

33. 賈菲，中國古代考試與學校教育〔M〕，長春：吉林教育出版社，2001。

34. 蔣伯潛，蔣祖怡，經與經學〔M〕，臺北：臺灣世界書局印行，1948。

35. 焦桂美，南北朝經學史〔M〕，上海：上海古籍出版社，2009

36. 李百藥，北齊書〔M〕，北京：中華書局，1972。

37. 李定安，簡明中國教育史〔M〕，成都：四川人民出版社，1985。

38. 李昉，太平御覽〔M〕，臺北：國泰文化事業有限公司，1980。

39. 李國鈞，王炳照，中國教育制度通史〔M〕，濟南：山東教育出版社，2000。

40. 李林甫，唐六典〔M〕，北京：中華書局，1992。

41. 李憑，北魏平城時代〔M〕，修訂本，上海：上海古籍出版社，2011。

42. 李延壽，北史〔M〕，北京：中華書局，1974。

43. 李延壽，南史〔M〕，北京：中華書局，1975。

44. 梁滿倉，魏晉南北朝五禮制度考論〔M〕，北京：社會科學文獻出版社，2009。

45. 林幹，中國古代北方民族通論〔M〕，呼和浩特：內蒙古人民出版社，2007。

46. 令狐德棻，周書〔M〕，北京：中華書局，1971。

47. 劉岱等，中國文化新論·學術篇〔M〕，北京：三聯書店，1991。

48. 劉海峰等，中國考試發展史〔M〕，武漢：華中師範大學出版社，2002。

49. 劉汝霖，東晉南北朝學術編年〔M〕，上海：上海書店，1992。

50. 劉師培，經學教科書〔M〕，上海：上海古籍出版社，2006 年版。

51. 劉英傑，中國教育大事典：1840 年以前〔M〕，杭州：浙江教育出版社，2004。

52. 劉振東，中國儒學史·魏晉南北朝卷〔M〕，廣州：廣東教育出版社，1998。

53. 柳詒徵，中國文化史〔M〕，上海：東方出版中心，2007。

54. 盧雲，漢晉文化地理〔M〕，西安：陝西人民出版社，1991。

55. 逯耀東，從平城到洛陽·拓跋魏文化轉變的歷程〔M〕，北京：中華書局，2006。

56. 羅新，葉煒，新出魏晉南北朝墓誌疏證〔M〕，北京：中華書局，2005。

57. 洛陽市文物局等，漢魏洛陽故城研究〔M〕，北京：科學出版社，2000。

58. 呂思勉，兩晉南北朝史〔M〕，上海：上海古籍出版社，2005。

59. 馬端臨，文獻通考〔M〕，北京：中華書局，1986。

60. 馬鏞，中國家庭教育史〔M〕，長沙：湖南教育出版社，1997。

61. 馬宗霍，中國經學史〔M〕，臺北：臺灣商務印書館發行，1998。

62. 毛禮銳，沈灌群，中國教育通史〔M〕，濟南：山東教育出版社，1986。

63. 毛禮銳，中國古代教育史〔M〕，北京：人民教育出版社，1983。

64. 梅汝莉，中國教育管理史〔M〕，北京：海潮出版社，1995。

65. 孟憲承等，中國古代教育史資料〔M〕，北京：人民教育出版社，1961。

66. 孟憲承等，中國古代教育文選〔M〕，北京：人民教育出版社，1979。

67. 苗霖霖，北魏後宮制度研究〔M〕，新北：花木蘭文化出版社，2013。

68. 繆鉞，讀史存稿〔M〕，北京：三聯書店，1982。

69. 皮錫瑞，經學歷史〔M〕，北京：中華書局，1959。

70. 前田正名〔日〕，平城歷史地理研究〔M〕，李憑，孫耀 等譯，北京：書目文獻出版社，1994。

71. 錢寶琮，算經十書〔M〕，北京：中華書局，1963。

72. 仁井田陞〔日〕，唐令拾遺〔M〕，長春：長春出版社，1989。

73. 沈家本，歷代刑法考〔M〕，北京：中華書局，1985。

74. 沈約，宋書〔M〕，北京：中華書局，1974。

75. 史游，急就篇〔M〕，長沙：嶽麓書社出版社，1989。

76. 司馬光，資治通鑒〔M〕，北京：中華書局，1956。

77. 司馬遷，史記〔M〕，北京：中華書局，1959。

78. 孫培青，中國教育管理史〔M〕，北京：人民教育出版社，1996。

79. 孫培青，中國教育史〔M〕，上海：華東師大出版社，1992。

80. 孫希旦，禮記集解〔M〕，北京：中華書局，1989。

81. 唐長孺，唐長孺文集〔M〕，北京：中華書局，2011。

82. 萬繩楠，魏晉南北朝文化史〔M〕，上海：東方出版中心，2007。

83. 王炳照，李國鈞等，中國教育通史〔M〕，北京：北京師範大學出版社，2013。

84. 王炳照，簡明中國教育史〔M〕，北京：北京師範大學出版社，1985。

85. 王鳳喈，中國教育史大綱〔M〕，上海：商務印書館，1932。

86. 王國維，古史新證〔M〕，北京：清華大學出版社，1994。

87. 王鴻斌等，東北教育通史〔M〕，瀋陽：遼寧教育出版社，1992。

88. 王萌，北朝時期釀酒、飲酒及對社會的影響研究〔M〕，新北：花木蘭文化出版社，2013。

89. 王聘珍，大戴禮記解詁〔M〕，北京：中華書局，1983。

90. 王志民，中國古代學校教育制度考略〔M〕，北京：首都師範大學出版社，1996。

91. 王仲犖，北周六典〔M〕，北京：中華書局，1979。

92. 王仲犖，魏晉南北朝史〔M〕，上海：上海人民出版社，2003。

93. 王壯弘，馬成名，六朝墓誌檢要〔M〕，修訂版，上海：上海書店，2008。

94. 魏收，魏書〔M〕，北京：中華書局，1974。

95. 魏徵，隋書〔M〕，北京：中華書局，1973。

96. 吳雁南等，中國經學史〔M〕，福州：福建人民出版社，2001。

97. 吳玉琦等，中國古代教育簡史〔M〕，長春：吉林教育出版社，1986。

98. 向世陵，中國學術通史·魏晉南北朝卷〔M〕，北京：人民出版社，2004。

99. 蕭子顯，南齊書，北京：中華書局，1972。

100. 熊賢君，中國教育行政史〔M〕，武漢：華中理工大學出版社，1996。

101. 徐堅，初學記〔M〕，北京：中華書局，1962。

102. 徐文範，東晉南北朝輿地年表〔M〕，廣州：廣雅書局，1898。

103. 許道勳，徐洪興，中華文化通志·經學志〔M〕，上海：上海人民出版社，1998。

104. 薛人仰，中國教育行政制度史略〔M〕，上海：中華書局，1939。

105. 嚴耕望，中國地方行政制度史·魏晉南北朝地方行政制度〔M〕，上海：上海古籍出版社，2007。

106. 嚴可均，全上古三代秦漢三國六朝文〔M〕，北京：商務印書館，1999。

107. 閻步克，察舉制度變遷史稿〔M〕，中國人民大學出版社，2009。

108. 閻步克，服周之冕——《周禮》六冕禮制的興衰變異〔M〕，北京：中華書局，2009。

109. 閻步克，中國古代官階制度引論〔M〕，北京：北京大學出版社，2010。

110. 顏之推，顏氏家訓〔M〕，王利器集解，北京：中華書局，1993。

111. 楊伯峻，孟子譯注〔M〕，北京：中華書局，2005。

112. 楊吉仁，北魏漢化教育制度之研究〔M〕，臺北：正中書局，1973。

113. 楊榮春，中國封建社會教育史〔M〕，廣州：廣東人民出版社，1985。

114. 楊衒之，洛陽伽藍記〔M〕，楊勇校箋，北京：中華書局，2006。

115. 姚思廉，陳書〔M〕，北京：中華書局，1973。

116. 姚思廉，梁書〔M〕，北京：中華書局，1973。

117. 姚薇元，北朝胡姓考〔M〕，北京：中華書局，2007。

118. 葉瀾，二十世紀中國社會科學（教育學卷）〔M〕，上海：上海人民出版社，2005。

119. 殷憲，馬志強，北朝研究〔M〕，第二輯，北京：北京燕山出版社，2008。

120. 俞鹿年，北魏職官制度考〔M〕，北京：社會科學文獻出版社，2008。

121. 虞世南，北堂書鈔〔M〕，天津古籍出版社，1988。

122. 袁徵，中國文化通志·學校志〔M〕，上海：上海人民出版社，1998。

123. 張國剛，喬治忠，中國學術史〔M〕，上海：東方出版社，2002。

124. 張家山二四七號漢墓竹簡整理小組，張家山漢墓竹簡〔M〕，北京：文物出版社，2006。

125. 張鵬一，徐清廉校補，晉令輯存〔M〕，西安：三秦出版社，1989。

126. 張旭華，九品中正制略論稿〔M〕，鄭州：中州古籍出版社，2004。

127. 張一兵，明堂制度源流考〔M〕，北京：中華書局，2005。

128. 趙超，漢魏南北朝墓誌彙編〔M〕，天津：天津古籍出版社，2008。

129. 趙萬里，漢魏南北朝墓誌集釋〔M〕，北京：科學出版社，1956。

130. 趙向群，五涼史探〔M〕，蘭州：甘肅人民出版社，1996。

131. 趙翼，廿二史札記〔M〕，曹光甫校點，南京：鳳凰出版社，2008。

132. 鄭樵，通志〔M〕，北京：中華書局，1987。

133. 中國魏晉南北朝史學會編，魏晉南北朝史論文集〔M〕，齊魯書社，1991。

134. 周一良，魏晉南北朝史札記〔M〕，北京：中華書局，1985。

135. 周予同，中國學校制度〔M〕，民國叢書第三編45本，上海：上海書店，

1989。

136. 朱維錚，周予同經學史論著選集〔M〕，上海：上海人民出版社，1996。

137. 朱熹，四書章句〔M〕，北京：中華書局，1983。

138. 朱學淵，中國北方諸族的源流〔M〕，新版，上海：華東師範大學出版社，2010。

二、學位論文

1. 黃清敏，魏晉南北朝教育制度述論〔D〕，福州：福建師範大學博士學位論文，2003。

2. 姜維公，漢代學制研究〔D〕，長春：吉林大學博士學位論文，2004。

3. 高慧斌，南朝學制研究〔D〕，長春：吉林大學博士學位論文，2005。

4. 焦桂敏，南北朝經學史〔D〕，濟南：山東大學博士學位論文，2006。

5. 李磊，東漢魏晉南北朝士風研究〔D〕，上海：華東師範大學博士學位論文，2006。

6. 夏增民，儒學傳播與漢魏六朝文化變遷〔D〕，上海：復旦大學博士學位論文，2007。

7. 蓋金偉，漢唐官學學禮研究〔D〕，上海：華東師範大學博士學位論文，2007，

8. 張帥，南北朝三禮學研究〔D〕，濟南：山東大學博士學位論文，2013。

9. 田力，魏晉南北朝世族家庭美育研究〔D〕，成都：四川大學碩士學位論文，2005。

10. 鄒清泉，北魏孝子畫像研究〔D〕，長春：中央美術學院碩士學位論文，2006。

11. 馮帆，山東士人與北朝漢化〔D〕，北京：首都師範大學碩士學位論文，2007。

12. 曲鳳東，儒學與魏晉南北朝時期的家庭教育〔D〕，曲阜：曲阜師範大學碩士學位論文，2007。

13. 魯鳳，北朝私學研究〔D〕，曲阜：曲阜師範大學碩士學位論文，2008。

14. 李莉，魏晉南北朝時期教學模式研究〔D〕，重慶：西南大學碩士學位論文，2008。

15. 張鵬，北魏儒學與文學〔D〕，西安：西北大學碩士學位論文，2008。

16. 高慧，魏晉南北朝私學與書院起源的關係研究〔D〕，北京：中國社會科學院研究生院碩士學位論文，2011。

17. 朱學良，北魏經學探賾〔D〕，蘭州：西北師範大學碩士學位論文，2012。

18. 康倩，北朝文獻整理活動綜述〔D〕，長春：吉林大學碩士學位論文，2012。

19. 宋曄，兩晉南北朝經學博士考論〔D〕，濟南：山東大學碩士學位論文，2013。

20. 王金寧，論北朝《春秋》學的傳授〔D〕，長春：吉林大學碩士學位論文，2015。

三、期刊論文

1. 柏貴喜，從宗廟祭祀制度看北朝禮制建設〔J〕，中南民族大學學報，2003（6）。

2. 卜憲群，張南，魏晉南北朝時期教育發展的基本特點〔J〕，安徽教育學院學報，1994（4）。

3. 曹道衡，北朝黃河以南地區的學術與文化〔J〕，福州大學學報，2002（2）。

4. 曹建平，魏晉南北朝家庭教育鈎稽〔J〕，湘潭師範學院學報，1998（2）。

5. 常倩，北魏學校教育與鮮卑族的漢化〔J〕，青海民族學院學報，2003（3）。

6. 陳朝暉，北朝儒學教育及其影響〔J〕，齊魯學刊，1991（6）。

7. 陳朝暉，北魏的儒學與士人〔J〕，文史哲，1992（4）。

8. 陳朝暉，論北朝儒學及其地位〔J〕，齊魯學刊，1989（5）。

9. 陳朝暉，試論北朝儒佛道的初步融合〔J〕，東嶽論叢1990（6）。

10. 陳德弟，試論十六國北朝的官私藏書〔J〕，北華大學學報，2008（2）。

11. 陳雁，東漢魏晉時期潁汝、南陽地區的私學與遊學〔J〕，文史哲，2000（1）。

12. 陳英，魏晉南北朝私學的歷史地位〔J〕，甘肅教育學院學報，1999（1）。

13. 陳英，魏晉南北朝私學教育內容多元化格局述論〔J〕，甘肅教育學院學報，2000（2）。

14. 陳英，魏晉南北朝私學教育形式芻議〔J〕，大同高等專科學校學報，1999（3）。

15. 段智鈞，趙娜冬，北魏平城城市佈局探微〔J〕，建築史，2012（1）。

16. 范小平，中國孔廟在儒學傳播中的歷史地位〔J〕，四川文物，1998（6）。

17. 高謙民，從儒學的衰微看魏晉南北朝時期的教育〔J〕，南京師範大學學報，1989（4）。

18. 古騰隆一〔日〕，北朝經學與《老子》〔J〕，第二屆傳統中國研究國際學術討論會論文集（二），2007，9。

19. 胡克森，論北朝私學與科舉制誕生的關係〔J〕，貴州社會科學，2006（4）。

20. 黃清敏，魏晉南北朝時期女子在教育中的地位〔J〕，太原教育學院學報，2002（4）。

21. 黃壽成，北齊文林館考〔J〕，暨南史學，2012（1）。

22. 黃祥深，王希隆，北魏孝文宣武時期教育發展原因探析〔J〕，青海民族大學學報，2012（1）。

23. 孔毅，北朝的經學與儒者〔J〕，西南師範大學學報，1990（3）。

24. 孔毅，東魏北齊的文士及其命運〔J〕，貴州大學學報，1995（1）。

25. 李必友，張白茹，論魏晉南北朝家族教育興盛的原因〔J〕，寧夏大學學報，2002（4）。

26. 李必友，魏晉南北朝家宇教育的特點〔J〕，池州師專學報，1998（2）。

27. 李金河，魏晉南北朝經學述論〔J〕，山東大學學報，1997（1）。

28. 劉軍，北朝侍讀考〔J〕，蘭州學刊，2010（4）。

29. 劉軍，北朝釋奠禮考論〔J〕，蘭州學刊，2012（1）。

30. 劉濤，由經學的傳承發展看北朝儒學的時代特點〔J〕，石河子大學學報，2006（3）。

31. 樓勁，北魏的方驛博士〔J〕，中國史研究，2010（1）。

32. 樓勁，關於北魏後期令的班行問題〔J〕，中國史研究，2001（2）。

33. 盧開萬，魏晉南北朝時期的秀才和孝廉考試〔J〕，武漢大學學報，1995（5）。

34. 盧麗瓊，淺議魏晉南北朝時期家族教育的興盛〔J〕，高等教育研究學報，2004（2）。

35. 陸正林，繼漢開唐：魏晉南北朝時期的教育簡述〔J〕，涪陵師範大學學報，2006（6）。

36. 羅若群，魏晉南北朝各民族教育〔J〕，湖北教育學院學報，1995（2）。

37. 馬立軍，北魏「宮學生」考〔J〕，中國史研究，2011（2）。

38. 馬志強，吳少珺，魏晉南北朝時期的河西儒學略論〔J〕，洛陽大學學報，2004（3）。

39. 毛禮銳，魏晉南北朝時期的教育〔J〕，北京師範大學學報，1962（1）。

40. 穆嵐，北魏時期中原（河南）教育管窺〔J〕，河南教育學院學報，2001（2）。

41. 穆嵐，試論北魏的私學教育〔J〕，河南師範大學學報，1992（4）。

42. 聶濟冬，遊學與漢末政治〔J〕，山東大學學報，2007（6）。

43. 邵正坤，王忠，北魏《孝經》之傳播〔J〕，山西大同大學學報，2014（3）。

44. 邵正坤，北朝家學特徵及其傳變〔J〕，社會科學輯刊，2007（3）。

45. 邵正坤，論北朝時期鮮卑的家庭教育〔A〕，紀念《教育史研究》創刊二十週年論文集（3）——中國教育制度史研究〔C〕，2009。

46. 邵正坤，試論北朝以傳承儒學為主的家學及其嬗變〔J〕，孔子研究，2008

（3）。

47. 施光明，北魏中書學考述〔J〕，教育史研究，1991（1）。

48. 施光明，略論魏晉南北朝時期教育的若干變化〔J〕，河南師範大學學報，1988（4）。

49. 施光明，五涼政權「崇尚文教」及其影響述論〔J〕，蘭州學刊，1985（6）。

50. 宋冰，論涼州士人在北魏的文化學術活動及其影響〔J〕，學術交流，2006（2）。

51. 宋燕鵬，高楠，論北齊文士的地理分佈──以「待詔文林館」籍貫爲考察中心〔J〕，中國歷史地理論叢，2006（4）。

52. 孫德玉，裘士京，魏晉南北朝博士職責、考選及其變異論略〔J〕，華東師範大學學報，2007（1）。

53. 滕雲玲，試論儒學與十六國北朝的民族融合的關係〔J〕，牡丹江大學學報，2014（3）。

54. 王華山，河北士族禮法傳統與北學淵源〔J〕，文史哲，2003（2）。

55. 王松山，北魏博士論略〔J〕，牡丹江大學學報，2007（3）。

56. 王文東，論北朝鮮卑貴族的尊師興學之禮〔J〕，中央民族大學學報，2002（3）。

57. 王曉衛，論佛教對北朝儒學的影響〔J〕，貴州大學學報，1998（6）。

58. 王永平，北朝時期之玄學及其相關文化風尚考述〔J〕，學術研究，2009（11）。

59. 王永平，論十六國時期之玄學清談及其相關文化風尚〔J〕，人文雜誌，2010（6）。

60. 王允亮，北齊文林館考論〔J〕，長沙大學學報，2006（6）。

61. 魏宏利，北齊文林館的設立、構成及其歷史意義〔J〕，西南交通大學學報，2006（5）。

62. 溫中華，羅曲，孝文化與北魏社會〔J〕，文史雜誌，2012（4）。

63. 吳洪成，王金霞，魏晉南北朝時期的小學教育探析〔J〕，南京社會科學，2007（10）。

64. 吳俊平，北魏時期的官學教育及其文化影響〔J〕，科技信息學術研究，2007（24）。

65. 夏志剛，南北朝釋奠推行模式比較〔J〕，閩江學刊，2013（6）。

66. 徐亦亭，魏晉南北朝的鮮卑人教育初探〔J〕，民族教育研究，2000（1）。

67. 楊映琳，魏晉南北朝的私學〔J〕，哈爾濱職業技術學院學報，2006（5）。

68. 姚弘傑，北魏中書學新探〔J〕，華東師範大學學報，2006（3）。

69. 姚宏傑，北魏皇宗學與四門小學略論〔J〕，教育史研究，2006（6）。

70. 姚立偉，崔浩與北魏經學〔J〕，唐山師範學院學報，2015（1）。

71. 余世明，北朝的學校及學校教育〔J〕，貴州大學學報，1992（4）。

72. 余世明，簡論魏晉南北朝私人教育的發展〔J〕，貴州大學學報，1998（2）。

73. 袁剛，魏晉南北朝的地方學官〔J〕，許昌師專學報，1994（4）。

74. 張承宗，魏向東，魏晉南北朝時期的家庭教育〔J〕，晉陽學刊，2000（5）。

75. 張傳燧，魏晉南北朝教學思想述要〔J〕，貴州師範大學學報，1991（4）。

76. 張弓，北朝儒釋道論議與北方學風流變〔J〕，孔子研究，1993（2）。

77. 張鶴泉，東漢的遊學風氣及社會影響〔J〕，求是學刊，1995（2）。

78. 張鶴泉，略論北朝儒生對「三禮」的傳授〔J〕，社會科學戰線，2009（7）。

79. 張明，西晉立書博士考論補遺〔J〕，鞍山師範學院學報，2013（1）。

80. 張慶捷，儒學與北魏政治〔J〕，山西大學學報，1988（1）。

81. 張天來，魏晉南北朝儒學、家學與家族觀念〔J〕，江海學刊，1997（2）。

82. 張憲華，北魏官學初探〔J〕，蘭州大學學報，1988（2）。

83. 張祥浩，論魏晉南北朝時期儒學的衰落〔J〕，南京理工大學學報，2005（4）。

84. 章權才，魏晉南北朝隋唐經學論略〔J〕，學術研究，1990（2）。

85. 趙淑貞，北魏平城考〔J〕，山西大學師範學院學報，1999（2）。

86. 莊庭蘭，魏晉南北朝經學發展論略〔J〕，青海社會科學，2010（4）。

附　錄

一、北朝時期的官學學官

附表一、北魏前期五經博士表

序號	博士	籍貫	材料	出處
1	王諒		使博士王諒假平南參軍將命焉。	《魏書》卷三《明元帝紀》
2	公孫表	燕郡廣陽	以使江南稱旨，拜尙書郎。後爲博士。	《魏書》卷三三《公孫表傳》
3	李先	中山盧奴	轉七兵郎，遷博士、定州大中正。	《魏書》卷三三《李先傳》
4	李曾	趙郡	太祖時，徵拜博士，出爲趙郡太守，令行禁止，劫資奔竄。	《魏書》卷五三《李孝伯傳》
5	梁越	新興	國初，爲《禮經》博士。太祖以其謹厚，舉動可則，拜上大夫，命授諸皇子經書。	《魏書》卷八四《儒林傳·梁越》
6	崔浩	清河	帝以飢將遷都於鄴，用博士崔浩計，乃止。	《魏書》卷一一○《食貨志》

附表二、北魏時期中書博士表

序號	中書博士	籍貫	材料	出處
1	崔思叔	清河東武城	少為中書學生，遷中書博士。	《魏書》卷三二《崔逞傳附崔思叔》
2	封琳	勃海蓨	顯祖末，本州表貢，拜中書博士。	《魏書》卷三二《封懿傳附封琳》
3	宋溫	西河介休	世祖時徵拜中書博士。	《魏書》卷三三《宋隱傳附宋溫》
4	宋宣	西河介休	後與范陽盧玄、勃海高允及從子愔俱被徵，拜中書博士。	《魏書》卷三三《宋隱傳附宋宣》
5	張靈符	河內修武	真君八年，補中書博士。	《魏書》卷三三《張蒲傳附張靈符》
6	公孫質	燕郡廣陽	初為中書學生，稍遷博士。	《魏書》卷三三《公孫表傳附公孫質》
7	李鳳子	中山盧奴	並中書博士。	《魏書》卷三三《李先傳附李鳳子》
8	李虬子			
9	賈秀	幽州〔註1〕	歷中書博士，遷中書侍郎、太子中庶子、揚烈將軍，賜爵陽都男，本州大中正。	《魏書》卷三三《賈彝傳附賈秀》
10	賈禎	幽州	學涉經史，居喪以孝聞。太和中，為中書博士，副中書侍郎高聰使於江左。	《魏書》卷三三《賈彝傳附賈禎》
11	李順	趙郡平棘	順博涉經史，有才策，知名於世。神瑞中，中書博士，轉中書侍郎。	《魏書》卷三六《李順傳》
12	李秀林	趙郡平棘	太和中，自中書博士為頓丘相，豪右畏之。	《魏書》卷三六《李順傳附李秀林》
13	李熙	趙郡平棘	神麚中，與高允等俱被徵，拜中書博士，轉侍郎。	《魏書》卷三六《李順傳附李熙》
14	司馬寶胤	河內溫	與楚之同入國。拜中書博士、雁門太守。	《魏書》卷三七《司馬楚之傳附司馬寶胤》

〔註1〕據記載，賈彝家族「本武姑臧人」。

15	司馬纂	河內溫	中書博士。歷司州治中、別駕。河內邑中正。	《魏書》卷三七《司馬楚之傳附司馬纂》
16	刁肅	勃海饒安	中書博士。	《魏書》卷三八《刁雍傳附刁肅》
17	李彥	隴西狄道	高祖初，舉司州秀才，除中書博士。	《魏書》卷三九《李寶傳附李彥》
18	李輔	隴西狄道	亦有人望。解褐中書博士，遷司徒議曹掾。	《魏書》卷三九《李寶傳附李輔》
19	薛驎駒	河東汾陰	好讀書。舉秀才，除中書博士。	《魏書》卷四二《薛辯傳附薛驎駒》
20	薛積善	河東汾陰	爲中書博士、臨淮王提友。	《魏書》卷四二《薛辯傳附薛積善》
21	酈神期	范陽涿鹿	中書博士	《魏書》卷四二《酈範傳附酈神期》
22	房宣明	清河繹幕	雅有父風。高祖擢爲中書博士。	《魏書》卷四三《房法壽傳附房宣明》
23	韋眞喜	京兆杜陵	起家中書博士，遷中書侍郎、馮翊太守。	《魏書》卷四五《韋閬傳附韋眞喜》
24	韋崇	京兆杜陵	解褐中書博士，轉司徒從事中郎。	《魏書》卷四五《韋閬傳附韋崇》
25	杜銓	京兆〔註2〕	銓學涉有長者風，與盧玄、高允等同被徵爲中書博士。	《魏書》卷四五《杜銓傳》
26	杜振	京兆	太和初，舉秀才，卒於中書博士。	《魏書》卷四五《杜銓傳附杜振》
27	杜洪太	京兆	延興中，爲中書博士。	《魏書》卷四五《杜銓傳附杜洪太》
28	裴駿	河東聞喜	補中書博士。	《魏書》卷四五《裴駿傳》
29	辛紹先	隴西狄道	自中書博士，轉神部令。	《魏書》卷四五《辛紹先傳》
30	柳敬起	河東解	起家中書博士，轉城陽王文學。	《魏書》卷四五《柳崇傳附柳敬起》

〔註 2〕據記載此人長期僑居於趙郡。

31	竇瑾	頓丘衛國	少以文學知名。自中書博士，爲中書侍郎，賜爵繁陽子，加寧遠將軍。	《魏書》卷四六《竇瑾傳》
32	李訢	范陽	除中書助教、博士，稍見任用，入授高宗經。	《魏書》卷四六《李訢傳》
33	李璞	范陽	性惇厚，多識人物。歷中書博士、侍郎、漁陽王尉眷傅、左將軍、長安副將，賜爵宜陽侯，太常卿	《魏書》卷四六《李訢傳附李璞》
34	盧玄	范陽涿	神䴥四年，辟召儒儁，以玄爲首，授中書博士。	《魏書》卷四七《盧玄傳》
35	盧神寶	范陽涿	中書博士。	《魏書》卷四七《盧玄傳附盧神寶》
36	盧洪	范陽涿	太和中，歷中書博士，稍遷高陽王雍鎮北府諮議參軍、幽州中正、樂陵陽平二郡太守。	《魏書》卷四七《盧玄傳附盧洪》
37	高允	勃海	四年，與盧玄等俱被徵，拜中書博士。	《魏書》卷四八《高允傳》
38	索敬		時中書博士索敬與侍郎傅默、梁祚論名字貴賤，著議紛紜。	《魏書》卷四八《高允傳》
39	高濟	勃海	初補中書博士，又爲楚王傅。	《魏書》卷四八《高允傳附高濟》
40	劉模	長樂信都	太和初，模遷中書博士，與李彪爲僚友，並相愛好。	《魏書》卷四八《高允傳附劉模》
41	李靈	趙郡	神䴥中，世祖徵天下才俊，靈至。拜中書博士，轉侍郎。	《魏書》卷四九《李靈傳》
42	李宣茂	趙郡	太和初，拜中書博士。	《魏書》卷四九《李靈傳附李宣茂》
43	崔鑒	博陵安平	鑒頗有文學，自中書博士轉侍郎。	《魏書》卷四九《崔鑒傳》
44	崔文業	博陵安平	爲中書博士，轉司徒主簿。	《魏書》卷四九《崔鑒傳附崔文業》
45	孔伯孫	魏郡鄴	伯恭弟伯孫，爲中書博士，襲父爵魯郡公。	《魏書》卷五一《孔伯恭傳附孔伯孫》

46	趙廣夏	天水	中書博士。	《魏書》卷五二《趙逸傳附趙廣夏》
47	胡方回	安定臨涇	後爲北鎮司馬，爲鎮修表，有所稱慶。世祖覽之，嗟美，問誰所作。既知方回，召爲中書博士，賜爵臨涇子。	《魏書》卷五二《胡方回傳》
48	索敞	敦煌	入國，以儒學見拔，爲中書博士。篤勤訓授，肅而有禮。京師大族貴遊之子，皆敬憚威嚴，多所成益，前後顯達，位至尚書、牧守者數十人，皆受業於敞。敞遂講授十餘年。敞以喪服散在眾篇，遂撰比爲《喪服要記》，其《名字論》文多不載。後出補扶風太守，在位清貧，未幾卒官。	《魏書》卷五二《索敞傳》
49	李祥	趙郡	世祖詔州郡舉賢良，祥應貢，對策合旨，除中書博士。	《魏書》卷五三《李孝伯傳附李祥》
50	游雅	廣平任	世祖時，與勃海高允等俱知名，徵拜中書博士、東宮內侍長，遷著作郎。	《魏書》卷五四《游雅傳》
51	高閭	漁陽雍奴	眞君九年，徵拜中書目博士。和平末，遷中書侍郎。……初在中書，好詈辱諸博士。博士、學生百有餘人，有所干求者，無不受其財貨。	《魏書》卷五四《高閭傳》
52	游矯	廣平任	中書博士，濮陽、鉅鹿二郡太守。	《魏書》卷五五《游明根傳附游矯》
53	劉芳	彭城	會蕭賾使劉纘至，芳之族兄也，擢芳兼主客郎，與纘相接尋拜中書博士。後與崔光、宋弁、邢產等俱爲中書侍郎，俄而詔芳與產入授皇太子經，遷太子庶子、兼員外散騎常侍。	《魏書》卷五五《劉芳傳》
54	鄭羲	滎陽開封	文學爲優。弱冠舉秀才。尚書李孝伯以女妻之，高宗末，拜中書博士。	《魏書》卷五六《鄭羲傳》

55	鄭小白	滎陽開封	中書博士。	《魏書》卷五六 《鄭羲傳附鄭小白》
56	鄭胤伯	滎陽開封	有當世器幹。自中書博士遷侍郎，轉司空長史。	《魏書》卷五六 《鄭羲傳附鄭胤伯》
57	崔辯	博陵安平	學涉經史，風儀整峻，顯祖徵拜中書博士。	《魏書》卷五六 《崔辯傳》
58	崔景俊	博陵安平	梗正有高風，好古博涉。以經明行修，徵拜中書博士。	《魏書》卷五六 《崔辯傳附崔景俊》
59	高祐	勃海	初拜中書學生，轉博士、侍郎。	《魏書》卷五七 《高祐傳》
60	高和璧	勃海	有學問，中書博士。早卒。	《魏書》卷五七 《高祐傳附高和璧》
61	崔挺	博陵安平	舉秀才，射策高第，拜中書博士，轉中書侍郎。	《魏書》卷五七 《崔挺傳》
62	崔接	博陵	容貌魁偉，放邁自高，不拘常檢。為中書博士、樂陵內史。	《魏書》卷五七 《崔挺傳附崔接》
63	李彪	頓丘衛國	高祖初，為中書教學博士，後假員外散騎常侍、建威將軍、衛國子，使於蕭賾。	《魏書》卷六二 《李彪傳》
64	宋愔	廣平列	世祖時，歷位中書博士、員外散騎常侍，使江南。賜爵列人子，還拜廣平太守。	《魏書》卷六三 《宋弁傳》
65	郭祚	太原晉陽	高祖初，舉秀才，對策上第，拜中書博士，轉中書侍郎，遷尚書左丞，長兼給事黃門侍郎。	《魏書》卷六四 《郭祚傳》
66	邢穎	河間鄚	世祖時，與范陽盧玄、勃海高允等同時被徵。	《魏書》卷六五 《邢巒傳》
67	邢巒	河間鄚	少而好學，負帙尋師，家貧厲節，遂博覽書傳。有文才幹略，美鬚髯，姿貌甚偉。州郡表貢，拜中書博士，遷員外散騎侍郎，為高祖所知賞。	《魏書》卷六五 《邢巒傳》

68	崔亮	清河東武城	沖薦之爲中書博士。	《魏書》卷六六《崔亮傳》
69	崔光	東清河鄃	太和六年，拜中書博士，轉著作郎，與秘書丞李彪參撰國書。	《魏書》卷六七《崔光傳》
70	甄琛	中山毋極	舉秀才。……太和初，拜中書博士，遷諫議大夫，時有所陳，亦爲高祖知賞。	《魏書》卷六八《甄琛傳》
71	高聰	北海劇縣〔註3〕	聰涉獵經史，頗有文才。允嘉之，數稱其美，言之朝廷云：「青州蔣少游與從孫僧智，雖爲孤弱，然皆有文情。」由是與少游同拜中書博士。	《魏書》卷六八《高聰傳》
72	傅永	清河	未幾，除中書博士，又改爲議郎。	《魏書》卷七○《傅永傳》
73	陽藻	北平無終	太和初，舉秀才，射策高第。以母疾還。徵拜中書博士，詔兼禮官，拜燕宣王廟於長安。	《魏書》卷七二《陽尼傳附陽藻》
74	李叔虎	勃海蓨	太和中，拜中書博士，與清河崔光、河間邢巒並相親友。	《魏書》卷七二《李叔虎傳》
75	李長仁	勃海蓨	頗有學涉。舉秀才，射策高第。拜中書博士，轉中書侍郎。	《魏書》卷七二《李叔虎傳附李長仁》
76	路景略	勃海蓨	起家中書博士。	《魏書》卷七二《路恃慶附路景略》
77	張天龍		時中書博士張天龍講《尚書》，選爲都講。	《魏書》卷八二《祖瑩傳》
78	張偉	太原中都	世祖時，與高允等俱被辟命，拜中書博士。	《魏書》卷八四《儒林傳·張偉》
79	梁祚	北地泥陽〔註4〕	辟秘書中散，稍遷秘書令。爲李訢所排，擯退爲中書博士。後出馬統萬鎮司馬，徵爲散令。	《魏書》卷八四《儒林傳·梁祚》

〔註 3〕據記載，此人家族「本勃海蓨人」。
〔註 4〕據記載，此人居於趙郡。

80	平恒	燕國薊	徵爲中書博士。久之，出爲幽州別駕。	《魏書》卷八四《儒林傳‧平恒》
81	孫惠蔚	武邑武遂	太和初，郡舉孝廉，對策於中書省。時中書監高閭宿聞惠蔚，稱其英辯，因相談，薦爲中書博士。	《魏書》卷八四《儒林傳‧孫惠蔚》
82	張長年	上谷沮陽	中書博士。出爲寧遠將軍、汝南太守。	《魏書》卷八八《良吏傳‧張恂附張長年》
83	裴佗	河東聞喜	舉秀才，以高第除中書博士，轉司徒參軍、司空記室、揚州任城王澄開府倉曹參軍。	《魏書》卷八八《良吏傳‧裴佗》
84	江強	陳留濟陽	太延五年，涼州平，內徙代京。上書三十餘法，各有體例，又獻經史諸子千餘卷，由是擢拜中書博士。卒，贈敦煌太守。	《魏書》卷九一《術藝傳‧江式》
85	蔣少游	樂安博昌	後被召爲中書寫書生，與高聰俱依高允。允愛其文用，遂並薦之，與聰俱補中書博士。	《魏書》卷九一《術藝傳‧蔣少游》
86	陸旭	代	性雅澹，好《老》、《易》緯候之學，撰《五星要訣》及《兩儀眞圖》，頗得其指要。太和中，徵拜中書博士，稍遷散騎常侍。	《周書》卷二八《陸騰傳》
87	劉善	弘農華陰	魏天安中，舉秀才，拜中書博士。後至弘農郡守、北雍州刺史。	《周書》卷三六《裴果傳附劉志》
88	趙興	河南洛陽	祖興，中書博士。	《周書》卷三七《趙肅傳》
89	韋駢	京兆山北	祖駢，雍州主簿。舉秀才，拜中書博士。	《周書》卷四三《韋祐傳》
90	張通	敦煌深泉	太和中，徵中書博士、中書侍郎，永平中，又徵汾州刺史，皆不赴，終於家。〔註5〕	《北史》卷三四《張湛傳附張通》

〔註5〕此人雖爲應召任職，其才幹也稱中書博士，故權且列於此。

91	皇甫驎	安定朝那	太和廿年中，仇池不靖，扇逼涇隴。君望著西垂，勘能厭服，旨召爲中書博士加議郎，馳驛慰勞，陳示禍福。	《漢魏南北朝墓誌彙編霈·北魏》，81頁。
92	李璧	勃海條縣廣樂鄉吉遷里	十八舉秀才，對策高第，入除中書博士。	《漢魏南北朝墓誌彙編·北魏》，118頁
93	陳顒〔註6〕			《漢魏南北朝墓誌集釋》
94	殷玄	雁門	魏故中書博士玄之女。	《新出魏晉南北朝墓誌疏證》

附表三、北朝時期國子博士表

序　號	國子博士	籍　貫	材　料	出　處
1	崔鍾	清河	歷尚書郎、國子博士、司徒右長史、征北將軍、金紫光祿大夫、冀州大中正。	《魏書》卷二四《崔玄伯傳附崔鍾》
2	封軌	勃海蓨	尋除國子博士，加揚武將軍。	《魏書》卷三二《封懿傳附封軌》
3	賈禎	幽州	轉治書侍御史、國子博士，加威遠將軍，行魯陽太守。	《魏書》卷三三《賈彝傳附賈禎》
4	李義愼	隴西狄道	國子博士。莊帝初，並於河陰遇害。	《魏書》卷三九《李寶傳附李義愼》
5	薛曇賢	河東汾陰	卒於國子博士。	《魏書》卷四二《薛辯傳附薛曇賢》
6	盧道虔	范陽涿	尚書嘗奏道虔爲國子博士。〔註7〕	《魏書》卷四七《盧玄傳附盧道虔》
7	高綽	勃海	轉洛陽令。綽爲政強直，不避豪貴，邑人憚之。又詔參議律令。遷長兼國子博士，行穎川郡事。詔假節，行涇州刺史。	《魏書》卷四八《高允傳附高綽》

〔註 6〕轉引自嚴耀中《北魏中書學及其政治作用》，中國魏晉南北朝史學會編：《魏晉南北朝史論文集》，齊魯書社 1991 年版，第 136～147 頁。

〔註 7〕據記載，此人後因「靈太后追主蒐事，乃黜道虔爲民，終身不仕」，未知是否實任國子博士，權且列於此。

8	李郁	趙郡	稍遷國子博士。自國學之建，諸博士率不講說，朝夕教授，惟郁而已。謙虛雅寬，甚有儒者之風。	《魏書》卷五三《李孝伯傳附李郁》
9	游祥	廣平任	遷通直郎、國子博士，領尚書郎中。	《魏書》卷五五《游明根傳附游祥》
10	游馥	廣平任	國子博士。	《魏書》卷五五《游明根傳附游馥》
11	崔景俊（崔逸）	博陵安平	後爲員外散騎侍郎，與著作郎韓興宗參定朝儀，雅爲高祖所知重，遷國子博士，每有公事，逸常被詔獨進。博士特命，自逸始。	《魏書》卷五六《崔辯傳附崔景俊》
12	崔巨倫	博陵安平	尋授國子博士。	《魏書》卷五六《崔辯傳崔巨倫》
13	高諒	勃海	太和末，京兆王愉開府辟召，高祖妙簡行佐，諒與隴西李仲尚、趙郡李鳳起等同時應選。稍遷太尉主簿、國子博士。	《魏書》卷五七《高祐傳附高諒》
14	邢遜	河間鄚	後遷國子博士、本州中正。	《魏書》卷六五《邢巒傳附邢遜》
15	邢虯	河間鄚	少爲『三禮』鄭氏學，明經有文思。舉秀才上第，爲中書議郎、尚書殿中郎。高祖因公事與語，問朝覲宴饗之禮，虯以經對，大合上旨。轉司徒屬、國子博士。	《魏書》卷六五《邢巒傳附邢虯》
16	甄密	中山毋極	歷太尉鎧曹，遷國子博士。	《魏書》卷六八《甄琛傳附甄密》
17	衛冀隆	遼西	思同之侍講也，國子博士遼西衛冀隆爲服氏之學，上書難《杜氏春秋》六十三事。	《魏書》卷七二《賈思伯傳附賈思同》
18	李叔虎	勃海蓚	久之，遷太尉從事中郎，轉國子博士、本國中正，攝樂陵中正。性清直，甚有公平之稱。	《魏書》卷七二《李叔虎傳》

19	李鳳	勃海蓚	歷尙書郎中、國子博士。	《魏書》卷七二 《李叔虎傳附李鳳》
20	張僧皓	清河東武城	歷涉羣書，工於談說，有名於當世。熙平初，徵爲諫議大夫。正光五年，以國子博士徵之。孝昌二年，徵爲散騎侍郎。 〔註8〕	《魏書》卷七六 《張烈傳附張僧皓》
21	高謙之	勃海蓚	靈太后得其疏，以責左右近侍。諸寵要者由是疾之，乃啓太后云：「謙之有學藝，宜在國學，以訓胄子。」詔從之，除國子博士。	《魏書》卷七七 《高崇傳附高謙之》
22	李琰之	隴西狄道	尋爲侍中李彪啓兼著作郎，修撰國史。稍遷國子博士，領尙書儀曹郎中，轉中書侍郎、司農少卿、黃門郎，修國史。	《魏書》卷八二 《李琰之傳》
23	祖瑩	范陽遒	爲冀州鎮東府長史，以貨賄事發，除名。後侍中崔光舉爲國子博士，仍領尙書左戶部。	《魏書》卷八二 《祖瑩傳》
24	孫伯禮	武邑武遂	拜奏朝請、員外散騎侍郎、寧朔將軍、步兵校尉、國子博士。	《魏書》卷八四 《儒林傳·孫惠蔚附孫伯禮》
25	盧景裕	范陽涿	前廢帝初，除國子博士，參議正聲，甚見親遇，待以不臣之禮。……普泰初，復除國子博士。	《魏書》卷八四 《儒林傳·盧景裕》
26	李同軌	趙郡高邑	體貌魁岸，腰帶十圍，學綜諸經，多所治誦，兼讀釋氏，又好醫術，年二十二，舉秀才，射策，除奉朝請，領國子助教。轉著作郎，典儀注，修國史，遷國子博士，加征虜將軍。	《魏書》卷八四 《儒林傳·李同軌》

〔註 8〕據記載，此人「並不赴。世號爲徵君焉」，當有國子博士之才，故權且列於此處。

27	宋世景	廣平	尚書令、廣陽王嘉，右僕射高肇，吏部尚書、中山王英，共薦世景爲國子博士，尋薦爲尚書右丞。	《魏書》卷八八《良吏傳·宋世景》
28	高僧裕	勃海	秘書監鄭道昭才學優贍，識覽該密；長兼國子博士高僧裕，乃故司空允之孫，世綜文業	《魏書》卷一〇七上《律曆志上》
29	孫景邕		國子博士孫景邕、劉懷義、封軌、高綽，太學博士袁升，四門博士陽寧居等議	《魏書》卷一〇八之四《禮志四》
30	劉懷義			
31	薛禎		國子博士薛禎、邢晏、高諒、奚延、	《魏書》卷一〇八之四《禮志四》
32	邢晏			
33	奚延			
34	韋孝寬	京兆杜陵	拜國子博士，行華山郡事。	《周書》卷三一《韋孝寬傳》
35	呂思禮	東平壽張	普泰中，僕射司馬子如薦爲尚書二千石郎中。尋以地寒被出，兼國子博士。乃求爲關西大行臺賀拔岳所重。專掌機密，甚得時譽。	《周書》卷三八《呂思禮傳》
36	樊深	河東猗氏	後除國子博士，賜姓万紐于氏。	《周書》卷四五《儒林傳·樊深》
37	熊安生	長樂阜城	齊河清中，陽休之特奏爲國子博士。	《周書》卷四五《儒林傳·熊安生》
38	裴昂之		收於是部通直常侍房延祐、司空司馬辛元植、國子博士刁柔、裴昂之、尚書郎高孝幹專總斟酌，以成《魏書》。	《北齊書》卷三七《魏收傳》
39	李鉉	渤海南皮	天保初，詔鉉與殿中尚書邢邵、中書令魏收等參議禮律，仍兼國子博士。	《北齊書》卷四四《儒林傳·李鉉》
40	陽元懿		陽元懿、宋惠振官亦俱至國子博士。	《北齊書》卷四四《儒林傳·李鉉》

41	宋惠振		同上	《北齊書》卷四四《儒林傳·李鉉》
42	刁柔	渤海	天保初，除國子博士、中書舍人。	《北齊書》卷四四《儒林傳·刁柔》
43	劉軌思	渤海	軌思，天統中任國子博士。	《北齊書》卷四四《儒林傳·劉軌思》
44	邢峙	河間鄭	廚宰進太子食，有菜曰「邪蒿」，峙命去之，曰：「此菜有不正之名，非殿下所宜食。」顯祖聞而嘉之，賜以被褥縑纊，拜國子博士。皇建初，除清河太守，有惠政，民吏愛之。	《北齊書》卷四四《儒林傳·邢峙》
45	馬敬德	河間	天統初，除國子博士。	《北齊書》卷四四《儒林傳·馬敬德》
46	張思伯	河間樂城	善說《左氏傳》，爲馬敬德之次。撰《刊例》十卷，行於時。亦治《毛詩》章句，以二經教齊安王廓。武平初，國子博士。	《北齊書》卷四四《儒林傳·張思伯》
47	張雕	中山北平	乾明初，除國子博士。遷平原太守，坐贓賄失官。	《北齊書》卷四四《儒林傳·張雕》
48	孫靈暉	長樂武強	天統中，敕令朝臣推舉可爲南陽王綽師者，吏部尚書尉瑾表薦之，徵爲國子博士，授南陽王經。	《北齊書》卷四四《儒林傳·孫靈暉》
49	張鳳	敦煌深泉	鳳字孔鸞，位國子博士，散騎常侍，著《五經異同評》十卷，爲儒者所稱。	《北史》卷三四《張湛傳附張鳳》
50	楊尚希	弘農	文帝奇之，賜姓普六茹氏。擢爲國子博士，累轉舍人上士。	《北史》卷七五《楊尚希傳》
51	朱才		國子博士朱才……等入館撰書	《北史》卷八三《文苑傳》

附表四、北朝時期太學博士表

序號	太學博士	籍貫	材料	出處
1	封興之	勃海蓨	起家太學博士、員外郎。	《魏書》卷三二《封懿傳附封興之》
2	封偉伯	勃海蓨	博學有才思，弱冠除太學博士。	《魏書》卷三二《封懿傳附封偉伯》
3	谷纂	昌黎	頗有學涉。解褐太學博士，領侍御史。	《魏書》卷三三《谷渾傳附谷纂》
4	李敳	趙郡平棘	初除奉朝請，太學博士、司空主簿。	《魏書》卷三六《李順傳附李敳》
5	李暉賓	趙郡平棘	美容貌，寬和沈雅。太學博士。	《魏書》卷三六《李順傳附李暉賓》
6	李詠	隴西狄道	有幹局。起家太學博士。	《魏書》卷三九《李寶傳附李詠》
7	房景先	東清河繹幕	州舉秀才，值州將卒，不得對策。解褐太學博士。	《魏書》卷四三《房法壽傳附房景先》
8	韋朏	京兆杜陵	解褐太學博士，遷秘書郎中，稍遷左軍將軍，爲荊郢和糴大使。	《魏書》卷四五《韋閬傳附韋朏》
9	辛少雍	隴西狄道	性仁厚，有禮義，門內之法，爲時所重。釋褐奉朝請，太學博士、員外散騎侍郎。	《魏書》卷四五《辛紹先傳附辛少雍》
10	許琰	高陽新城	有幹用。初除太學博士，累遷尚書南主客郎、瀛州中正。	《魏書》卷四六《許彥傳附許琰》
11	李固	范陽	太學博士、高密太守。	《魏書》卷四六《李訢傳附李固》
12	盧懷祖	范陽涿	太學博士、員外散騎侍郎。卒。	《魏書》卷四七《盧玄傳附盧懷祖》
13	崔季良	博陵安平	風望閑雅。自太學博士，從都督李神軌征討有功，賜爵蒲陰縣男。	《魏書》卷四九《崔鑒傳附崔季良》
14	鄭伯猷	滎陽開封	舉司州秀才，以射策高第，除幽州平北府外兵參軍，轉太學博士，領殿中御史。	《魏書》卷五六《鄭羲傳附鄭伯猷》

15	鄭季長	滎陽開封	太學博士，卒。	《魏書》卷五六《鄭羲傳附鄭季長》
16	鄭季明	滎陽開封	釋褐太學博士。正光中，譙郡太守，帶渦陽戍主。	《魏書》卷五六《鄭羲傳附鄭季明》
17	崔勉	博陵	頗涉史傳，有几案才。正光初，除太學博士。	《魏書》卷五七《崔挺傳附崔勉》
18	崔儉	博陵	雅有器度。歷太學博士，終於符璽郎中。	《魏書》卷五七《崔挺傳附崔儉》
19	崔纂	博陵	博學有文才。景明中，太學博士，轉員外散騎侍郎，襄威將軍。	《魏書》卷五七《崔挺傳附崔纂》
20	楊昱	恒農華陰〔註9〕	後除太學博士、員外散騎侍郎。	《魏書》卷五八《楊播傳附楊昱》
21	宋維	廣平列	乃又殺懌，專斷朝政，以維兄弟前者告懌，徵紀爲散騎侍郎，維爲太學博士，領侍御史，甚昵之。〔註10〕	《魏書》卷六三《宋弁傳附宋維》
22	邢晏	河間鄚	美風儀，博涉經史，善談釋老，雅好文詠。起家太學博士、司徒東閣祭酒。	《魏書》卷六五《邢巒傳附邢晏》
23	裴景融	河東聞喜	正光初，舉秀才，射策高第，除太學博士。	《魏書》卷六九《裴延俊傳附裴景融》
24	袁昇	陳郡項	太學博士、司徒記室、尚書儀曹郎中、正員郎、通直常侍。	《魏書》卷六九《袁翻傳附袁昇》
25	陽承慶	北平無終	所造《字釋》數十篇，未就而卒，其從孫太學博士承慶遂撰爲《字統》二十卷，行於世。	《魏書》卷七二《陽尼傳》
26	路祖遺	陽平清淵	武定末，太學博士。	《魏書》卷七二《路恃慶傳附路祖遺》
27	朱元旭	青州樂陵	元旭頗涉子史，開解几案。起家清河王國常侍。太學博士、員外散騎侍郎。	《魏書》卷七二《朱元旭傳》

〔註 9〕 《魏書》卷五八《楊播傳附楊昱》記載，家族籍貫係「楊播自云」。
〔註10〕 《北史》的記載有所不同，「及又殺懌，專斷朝政，以維兄弟前者告懌，徵維爲散騎侍郎，紀爲太學博士、領侍御史」。

28	宋道璵	廣平列人	世宗初，以才學被召，與秘書丞孫惠蔚典校群書，考正同異。自太學博士，轉京兆愉法曹行參軍。	《魏書》卷七七《宋翻傳附宋道璵》
29	曹昂	齊郡	有學識，舉秀才。永安中，太學博士、兼尚書郎。而常徒步上省，以示清貧。忽遇盜，大失綾縑，時人鄙其矯詐。	《魏書》卷七九《馮元興傳附曹昂》
30	宇文忠之	河南洛陽	忠之獵涉文史，頗有筆札，釋褐太學博士。	《魏書》卷八一《宇文忠之傳》
31	祖瑩	范陽遒	以才名拜太學博士。	《魏書》卷八二《祖瑩傳》
32	張吾貴	中山	年十八，本郡舉爲太學博士。	《魏書》卷八四《儒林傳·張吾貴》
33	裴敬憲	河東聞喜	少有志行，學博才清，撫訓諸弟，專以讀誦爲業。澹於榮利，風氣俊遠，郡徵功曹不就，諸府辟命，先進其弟，世人歎美之。司州牧、高陽王雍舉秀才，射策高第，除太學博士。	《魏書》卷八五《文苑傳·裴敬憲》
34	盧觀	范陽涿	少好學，有儁才。舉秀才，射策甲科，除太學博士、著作佐郎。	《魏書》卷八五《文苑傳·盧觀》
35	封肅	勃海	早有文思，博涉經史，太傅崔光見而賞焉。位太學博士，修《起居注》，兼廷尉監。	《魏書》卷八五《文苑傳·封肅》
36	邢臧	河間	年二十一，神龜中，舉秀才，問策五條，考上第，爲太學博士。	《魏書》卷八五《文苑傳·邢臧》
37	宋季儒	廣平	弱冠，太守崔楷辟爲功曹，起家太學博士、明威將軍。	《魏書》卷八八《良吏傳·宋世景附宋季儒》
38	蘇淑	武邑	熙平中襲其爵，除司空士曹參軍。尋轉太學博士、厲威將軍、員外散騎侍郎。	《魏書》卷八八《良吏傳·蘇淑》
39	王延業		太學博士王延業議曰	《魏書》卷一〇八之二《禮志二》

40	張毓		武定六年二月，將營齊獻武王廟，議定室數、形制。兼度支尙書崔昂、司農卿盧元明、秘書監土元景、散騎常侍裴獻伯、國子祭酒李渾、御史中尉陸操、黃門侍郎李騫、中書侍郎陽休之、前南青州刺史鄭伯猷、秘書丞崔劼、國子博士邢峙、國子博士宗惠振、太學博士張毓、太學博士高元壽、國子助教王顯季等議	《魏書》卷一〇八之二《禮志二》
41	高元壽		同上	《魏書》卷一〇八之二《禮志二》
42	封祖胄		太學博士封祖胄議	《魏書》卷一〇八之四《禮志四》
43	邢湛		太學博士邢湛、崔瓚、韋朏、鄭季期，	《魏書》卷一〇八之四《禮志四》
44	崔瓚			
45	鄭季期			
46	姜須		帝欲觀漁於昆明池，博士姜須諫，乃止。〔註11〕	《周書》卷三《孝閔帝紀》
47	盧辯	范陽涿	辯少好學，博通經籍，舉秀才，爲太學博士。	《周書》卷二四《盧辯傳》
48	樊深	河東猗氏	六官建，拜太學助教，遷博士，加車騎大將軍、儀同三司。	《周書》卷四五《儒林傳·樊深》
49	樂遜	河東猗氏	孝閔帝踐阼，以遜有理務材，除秋官府上士。其年，治太學博士，轉治小師氏下大夫。自譙王儉以下，並束脩行弟子之禮。遜以經術教授，甚有訓導之方。	《周書》卷四五《儒林傳·樂遜》
50	崔悛	清河東武城	初爲魏世宗挽郎，釋褐太學博士。	《北齊書》卷二三《崔悛傳》
51	杜弼	中山曲陽	孝昌初，除太學博士，帶廣陽王驃騎府法曹行參軍，行臺度支郎中。	《北齊書》卷二四《杜弼傳》

〔註11〕根據北周孝閔帝時期的情況，姜須應爲太學博士。

52	裴諏之		少好儒學，釋褐太學博士。	《北齊書》卷三五《裴讓之傳附裴諏之》
53	劉禕	彭城	禕性弘裕，有威重，容止可觀，雖昵友密交，朝夕遊處，莫不加敬。好學，善『三禮』，吉凶儀制，尤所留心。魏孝昌中，釋巾太學博士。累遷睢州刺史，邊人服其威信，甚得疆場之和。	《北齊書》卷三五《劉禕傳》
54	魏收	鉅鹿下曲陽	初除太學博士。	《北齊書》卷三七《魏收傳》
55	李鉉	渤海南皮	州舉秀才，除太學博士。	《北齊書》卷四四《儒林傳·李鉉》
56	鮑季詳	渤海	天統中，卒於太學博士。	《北齊書》卷四四《儒林傳·鮑季詳》
57	馬敬德	河間	河間郡王每於教學追之，將舉爲孝廉，固辭不就。乃詣州求舉秀才，舉秀才例取文士，州將以其純儒，無意推薦。敬德請試方略，乃策問之，所答五條，皆有文理。乃欣然舉送至京。依秀才策問，唯得中第，乃請試經業，問十條並通。擢授國子助教，遷太學博士。	《北齊書》卷四四《儒林傳·馬敬德》
58	孫靈暉	長樂武強	舉冀州刺史秀才，射策高第，授員外將軍。後以儒術甄明，擢授太學博士。遷北徐州治中，轉潼郡太守。	《北齊書》卷四四《儒林傳·孫靈暉》
59	李敬族	博陵安平	父敬族，歷太學博士、鎮遠將軍。	《北史》卷七二《李德林傳》
60	楊尚希	弘農	明、武世，歷太學博士、太子宮尹、計部中大夫。	《北史》卷七五《楊尚希傳》
61	何妥		江陵平，入周，仕爲太學博士。	《北史》卷八二《儒林傳下·何妥》
62	諸葛漢		太學博士諸葛漢……等入館撰書	《北史》卷八三《文苑傳》

63	李充	隴西狄道	弟充，字德廣。弱冠，太學博士。	《北史》卷一○○《序傳》
64	繆昭		（徐之才）十三召爲太學生。受業於博士繆昭、后慶，禮經涉津，知齊施梁易旨，望表探微，射策舉高第。	《漢魏南北朝墓誌彙編・北齊》，455 頁
65	后慶		同上	《漢魏南北朝墓誌彙編・北齊》，455 頁

附表五、北朝時期四門博士表

序 號	四門博士	籍　貫	材　料	出　處
1	董紹	新蔡鮦陽	少好學，頗有文義。起家四門博士，歷殿中侍御史、國子助教、積射將軍、兼中書舍人。辯於對問，爲世宗所賞。	《魏書》卷七九《董紹傳》
2	裴道廣		而四門博士裴道廣、孫榮乂等以公主爲之君，以家令爲之臣，制服以斬，乖謬彌甚。	《魏書》卷八二《常景傳》
3	孫榮乂		同上	《魏書》卷八二《常景傳》
4	董徵	頓丘衛國	太和末，爲四門小學博士。後世宗詔徵入琁華宮，令孫惠蔚問以《六經》，仍詔徵教授京兆、清河、廣平、汝南四王，後特除員外散騎侍郎。	《魏書》卷八四《儒林傳・董徵》
5	孔璠		少好學，博通諸經，周覽百氏。初師事小學博士孔璠。數年後，璠還就謐請業。同門生爲之語曰：「青成藍，藍謝青，師何常，在明經。」	《魏書》卷九○《逸士傳・李謐》
6	王僧奇		四門小學博士王僧奇等議	《魏書》卷一○八之二《禮志二》
7	陽寧居		國子博士孫景邕、劉懷義、封軌、高綽，太學博士袁升，四門博士陽寧居等議	《魏書》卷一○八之四《禮志四》

8	蔣雅哲		四門博士蔣雅哲議	《魏書》卷一〇八之四《禮志四》
9	劉季明		四門博士劉季明議	《魏書》卷一〇八之四《禮志四》
10	楊那羅		四門博士楊那羅、唐荊寶、王令儁、吳珍之、宋婆羅、劉爕、高顯邕、杜靈儁、張文和、陳智顯、楊渴侯、趙安慶、賈天度、艾僧櫑、呂太保、王當百、槐貴等五十人，議以為	《魏書》卷一〇八之四《禮志四》
11	唐荊寶			
12	王令儁			
13	吳珍之			
14	宋婆羅			
15	劉爕			
16	高顯邕			
17	杜靈儁			
18	張文和			
19	陳智顯			
20	楊渴侯			
21	趙安慶			
22	賈天度			
23	艾僧櫑			
24	呂太保			
25	王當百			
26	槐貴			

附表六、北朝時期其它諸博士表

序號	太常博士	籍　貫	材　料	出處
1	李靈	趙郡	太常博士、鉅鹿公趙郡李靈虎符	《魏書》卷四八《高允傳》
2	李述	勃海蓨	有學識。州舉秀才。拜太常博士，使詣長安，冊祭燕宣王廟。	《魏書》卷七二《李叔虎傳附李述》

3	常景	河內	後爲門下錄事、太常博士。	《魏書》卷八二《常景傳》
4	竇瑗	遼西遼陽	瑗年十七，便荷帙從師。遊學十載，始爲御史。轉奉朝請、兼太常博士，拜大將軍、太原王尒朱榮官，因是爲榮所知，遂表留瑗爲北道大行臺左丞。	《魏書》卷八八《良吏傳·竇瑗》
5	劉臺龍		太常少卿元端、博士劉臺龍議諡	《魏書》卷八九《酷吏傳·羊祉》
6	鄭六		太常卿穆紹，少卿元端、博士鄭六、劉臺龍等議	《魏書》卷一〇八之四《禮志四》

序號	書學博士	籍　貫	材　　料	出　　處
1	王孝逸	黎陽	又國子學請黎陽人王孝逸爲書學博士，威屬盧愷，以爲其府參軍。	《北史》卷六三《蘇綽傳附蘇威》

序號	太史博士	籍　貫	材　　料	出　　處
1	胡仲和		太史丞郭慶，太史博士臣胡仲和等	《魏書》卷一〇七下《律曆志下》

序號	算生博士	籍　貫	材　　料	出　　處
1	殷紹	長樂	少聰敏，好陰陽術數，遊學諸方，達九章、七曜。世祖時爲算生博士，給事東宮西曹，以藝術爲恭宗所知。	《魏書》卷九一《術藝傳·殷紹》

序號	律博士	籍　貫	材　　料	出　　處
1	侯堅固		正始初，詔尚書門下於金墉中書外省考論律令，翻與門下錄事常景、孫紹，廷尉監張虎，律博士侯堅固，治書侍御史高綽，前軍將軍邢苗，奉車都尉程靈虬，羽林監王元龜，尚書郎祖瑩、宋世景，員外郎李琰之，太樂令公孫崇等並在議限。	《魏書》卷六九《袁翻傳》

？	常景	河內	少聰敏，初讀《論語》、《毛詩》，一受便覽。及長，有才思，雅好文章。廷尉公孫良舉爲律博士，高祖親得其名，既而用之。	《魏書》卷八二《常景傳》
3	劉安元		大理正崔纂、評楊機、丞甲休、律博士劉安元以爲	《魏書》卷一一一《刑罰志》
序號	東宮博士	籍　貫	材　料	出　處
1	管恬		允聞之，謂東宮博士管恬曰：「崔公其不免乎！苟逞其非，而校勝於上，何以勝濟。」	《魏書》卷四八《高允傳》
序號	太廟博士	籍　貫	材　料	出　處
1	許鍾		太廟博士許鍾上言曰	《魏書》卷一〇八之一《禮志一》
序號	仙人博士	籍　貫	材　料	出　處
1	董謐		天興中，儀曹郎董謐因獻服食仙經數十篇。於是置仙人博士，立仙坊，煮鍊百藥，封西山以供其薪蒸。	《魏書》卷一一四《釋老志》
2	張曜		太醫周澹，苦其煎採之役，欲廢其事，乃陰令妻貨仙人博士張曜妾。	《魏書》卷一一四《釋老志》

附表七、北朝時期助教表

序號	國子助教	籍　貫	材　料	出　處
1	韓神固		光乃令國子博士李郁與助教韓神固、劉燮等勘校石經	《魏書》卷六七《崔光傳》
2	劉燮		同上	《魏書》卷六七《崔光傳》
3	曹世表	東魏郡魏	尚書僕射、任城王澄奏世表爲國子助教，頗失意，後轉司徒記室。	《魏書》卷七二《曹世表傳》

4	董紹	新蔡鮦陽	少好學，頗有文義。起家四門博士，歷殿中侍御史、國子助教、積射將軍、兼中書舍人。辯於對問，爲世宗所賞。	《魏書》卷七九《董紹傳》
5	山偉	河南洛陽	帖國子助教，遷員外郎、廷尉評。	《魏書》卷八一《山偉傳》
6	劉蘭	武邑	永平中，爲國子助教。	《魏書》卷八四《儒林傳·劉蘭》
7	李同軌	趙郡高邑	年二十二，舉秀才，射策，除奉朝請，領國子助教。	《魏書》卷八四《儒林傳·李同軌》
8	宋世景	廣平	舉秀才，對策上第，拜國子助教，遷彭城王勰開府法曹行參軍。	《魏書》卷八八《良吏傳·宋世景》
9	王顯季		國子助教王顯季等議	《魏書》卷一〇八之二《禮志二》
10	劉志	弘農華陰	魏正光中，以明經徵拜國子助教，除行臺郎中。	《周書》卷三六《裴果傳附劉志》
11	許散愁		令楊愔傳旨，謂國子助教許散愁曰	《北齊書》卷五《廢帝紀》
12	孫搴	樂安	少厲志勤學，自檢校御史再遷國子助教。	《北齊書》卷二四《孫搴傳》
13	張買奴	平原	經義該博，門徒千餘人。諸儒咸推重之。名聲甚盛。歷太學博士、國子助教，天保中卒。	《北齊書》卷四四《儒林傳·張買奴》
14	邢峙	河間鄭	天保初，郡舉孝廉，授四門博士，遷國子助教，以經入授皇太子。	《北齊書》卷四四《儒林傳·邢峙》
15	馬敬德	河間	依秀才策問，唯得中第，乃請試經業，問十條並通。擢授國子助教，遷太學博士。	《北齊書》卷四四《儒林傳·馬敬德》
16	權會	河間鄭	初任助教之日，恒乘驢上下。〔註12〕	《北齊書》卷四四《儒林傳·權會》

〔註12〕根據北齊時期中央官學的實際發展情況，權會所任職的助教應是國子助教。

17	熊安生	長樂阜城	前國子助教熊安生，當時碩儒，因喪解職，久而不見調，休之引爲國子博士，儒者以此歸之。	《北史》卷四七《陽尼傳附陽休之》
18	張奉禮	長樂	又就國子助教長樂張奉禮受《三傳》耋言，至忘寢食。家人恐成病，常節其燭。	《北史》卷五五《郎基傳附郎茂》
19	穆弼	代	高祖初定氏族，欲以弼爲國子助教。〔註13〕弼辭曰：「先臣以來，蒙恩累世，比校徒流，實用慚屈。」高祖曰：「朕欲敦厲胄子，故屈卿光之。白玉投泥，豈能相污？」弼曰：「既遇明時，恥沈泥滓。」	《魏書》卷二七《穆崇傳附穆弼》

序號	中書助教	籍貫	材料	出處
1	李訢	范陽	遂除中書助教、博士，稍見任用，入授高宗經。	《魏書》卷四六《李訢傳》

序號	太學助教	籍貫	材料	出處
1	樊深	河東猗氏	六官建，拜太學助教，遷博士，加車騎大將軍、儀同三司。	《周書》卷四五《儒林傳・樊深》
2	樂遜	河東猗氏	魏恭帝二年，授太學助教。	《周書》卷四五《儒林傳・樂遜》

二、北朝時期的官學諸生

附表八、北魏時期中書學生表

序號	中書學生	籍貫	材料	出處
1	鄧宗慶	安定	以中書學生，入爲中散。	《魏書》卷二四《鄧淵傳附鄧宗慶》
2	鄧靈珍	安定	中書學生、秘書中散。	《魏書》卷二四《鄧淵傳附鄧靈珍》

〔註13〕鑒於國子助教於於濁官，爲世家大族所不齒，故穆弼堅辭此官。

3	鄧羨	安定	歷中書學生、侍御史，以明謹見知。	《魏書》卷二四《鄧淵傳附鄧羨》
4	崔思叔	清河東武城	少爲中書學生，遷中書博士。	《魏書》卷三二《崔逞傳附崔思叔》
5	封回	勃海蓨	皇興初爲中書學生。	《魏書》卷三二《封懿傳附封回》
6	王嶷	北海劇	少以父任爲中書學生，稍遷南部大夫。	《魏書》卷三三《王憲傳附王嶷》
7	谷季孫	昌黎	中書學生，入爲秘書中散，遷中部大夫。	《魏書》卷三三《谷渾傳附谷季孫》
8	公孫質	燕郡廣陽	初爲中書學生，稍遷博士。	《魏書》卷三三《公孫表傳附公孫質》
9	李預	中山盧奴	少爲中書學生。聰敏強識。涉獵經史。	《魏書》卷三三《李先傳附李預》
10	李孝怡	趙郡平棘	中書學生、相州高陽王雍主簿、廣陵王羽掾、新蔡太守、別將蕭寶夤長史。	《魏書》卷三六《李順傳附李孝怡》
11	司馬金龍	河內溫	少有父風。初爲中書學生，入爲中散。	《魏書》卷三七《司馬楚之傳附司馬金龍》
12	李韶	隴西狄道	延興中，補中書學生。	《魏書》卷三九《李寶傳附李韶》
13	李虔	隴西狄道	太和初，爲中書學生，遷秘書中散。	《魏書》卷三九《李寶傳附李虔》
14	陸凱	代	謹重好學。年十五，爲中書學生，拜侍御中散，轉通直散騎侍郎，遷太子庶子、給事黃門侍郎。	《魏書》卷四〇《陸俟傳附陸凱》
15	源規	河西	中書學生、羽林監，襲爵。	《魏書》卷四一《源賀傳附源規》
16	源奐	河西	少而謹密。初爲中書學生。隨父討敕勒，有斬獲之功，遷中散。	《魏書》卷四一《源賀傳附源奐》
17	唐欽	晉昌宜安	中書學生，襲爵。	《魏書》卷四三《唐和傳附唐欽》
18	韋纘	京兆杜陵	年十三，補中書學生，聰敏明辯，爲博士李彪所稱。	《魏書》卷四五《韋閬傳附韋纘》

19	裴修	河東聞喜	年十三，補中書學生，遷秘書中散，轉主客令。	《魏書》卷四五《裴駿傳附裴修》
20	竇秉	頓丘衛國		《魏書》卷四六《竇瑾傳附竇秉》
21	竇持	頓丘衛國	並爲中書學生。	《魏書》卷四六《竇瑾傳附竇持》
22	竇依	頓丘衛國		《魏書》卷四六《竇瑾傳附竇依》
23	李訢	范陽	訢母賤，爲諸兄所輕。崇曰：「此子之生，相者言貴。吾每觀察，或未可知。」遂使入都，爲中書學生。世祖幸中書學，見而異之，指謂從者曰：「此小兒終效用於朕之子孫矣。」	《魏書》卷四六《李鱐傳》
24	崔箱子	清河東武城	初，李靈爲高宗博士、諮議，詔崔浩選中書學生器業優者爲助教。浩舉其弟子箱子與盧度世、李敷三人應之。	《魏書》卷四六《李訢傳》
25	盧度世	范陽		
26	李敷	趙郡		
27	李蘊	范陽	有器幹。中書學生、秘書中散、侍御中散。	《魏書》卷四六《李訢傳附李蘊》
28	盧度世	范陽涿	幼而聰達，有計數。爲中書學生，應選東宮。	《魏書》卷四七《盧玄傳附盧度世》
29	李仲胤	博陵安平	自中書學生，歷公府主簿、從事中郎、諫議大夫、尚書左丞。	《魏書》卷四九《李靈傳附李仲胤》
30	崔合	博陵安平	襲爵桐廬子，爲中書學生、主文中散、太尉諮議參軍、本州大中正。出爲常山太守，卒於郡，時年二十七。	《魏書》卷四九《崔鑒傳附崔合》
31	崔秉	博陵安平	少有志氣。太和中，爲中書學生，拜奉朝請，轉徐州安東府錄事參軍。	《魏書》卷四九《崔鑒傳附崔秉》
32	崔廣	博陵安平	有議幹。初爲中書學生。	《魏書》卷四九《崔鑒傳附崔廣》

33	胡醜孫	安定臨涇	中書學生、秘書郎、中散。世不治產業，家甚貧約，兄弟並早亡。	《魏書》卷五二《胡方回傳附胡醜孫》
34	李安世	趙郡	興安二年，高宗引見侍郎、博士之子，簡其秀儁者欲爲中書學生。安世年十一，高宗見其尙小，引問之。安世陳說父祖，甚有次第，即以爲學生。高宗每幸國學，恒獨被引問。詔曰：「汝但守此至大，不慮不富貴。」	《魏書》卷五三《李孝伯傳附李安世》
35	李沖	隴西	顯祖末，爲中書學生，沖善交遊，不妄戲雜，流輩重之。高祖初，以例遷秘書中散，典禁中文事，以修整敏惠，漸見寵待。	《魏書》卷五三《李沖傳》
36	游明根	廣平任	和龍平，明根乃得歸鄉里。游雅稱薦之，世祖擢爲中書學生，性貞愼寡欲，綜習經典。	《魏書》卷五五《游明根傳附游矯》
37	游肇	廣平任	幼爲中書學生，博通經史及《蒼》、《雅》、《林》說。高祖初，爲內秘書侍御史散。	《魏書》卷五五《游明根傳附游肇》
38	鄭道昭	滎陽開封	少而好學，綜覽羣言。初爲中書學生，遷秘書郎，拜主文中散，徙員外散騎侍郎、秘書丞、兼中書侍郎。	《魏書》卷五六《鄭羲傳附鄭道昭》
39	高祐	渤海	祐博涉書史，好文字雜說，材性通放，不拘小節。初拜中書學生，轉博士、侍郎。	《魏書》卷五七《高祐傳》
40	高欽	渤海	幼隨從叔濟使於劉義隆，還爲中書學生，遷秘書中散，年四十餘，卒。	《魏書》卷五七《高祐傳附高欽》
41	崔振	博陵	少有學行，居家孝友，爲宗族所稱。自中書學生爲秘書中散，在內謹敕，爲高祖所知。	《魏書》卷五七《崔挺傳附崔振》
42	高道悅	遼東新昌	少爲中書學生、侍御主文中散。	《魏書》卷六二《高道悅傳》

43	祖瑩	范陽遒	瑩年八歲，能誦《詩書》，十二爲中書學生。好學耽書，以晝繼夜，父母恐其成疾，禁之不能止，常密於灰中藏火，驅逐僮僕，父母寢睡之後，燃火讀書，以衣被蔽塞窗戶，恐漏光明，爲家人所覺。由是聲譽甚盛，內外親屬呼爲「聖小兒」。尤好屬文，中書監高允每歎曰：「此子才器，非諸生所及，終當遠至。」	《魏書》卷八二《祖瑩傳》
44	崔彥穆	清河東武城	年十五，與河間邢子才、京兆韋孝寬俱入中書學，偏相友受。	《周書》卷三六《崔彥穆傳》
45	邢子才	河間		
46	韋孝寬	京兆		
47	寇婁	燕州上谷郡祖陽縣都鄉孝里	祖諱婁，中書學生，東宮受比延。	《漢魏南北朝墓誌彙編·北魏》，49頁
48	楊穎	弘農華陰潼鄉習仙里	高祖孝文皇帝初建壁雍，選入中書學」生。及登庠序，才調秀逸。少立愛道之名，長荷彌篤之稱。春」秋代易，而志業不移，錄三王魏晉書記爲卅卷，皆傳於世。」	《漢魏南北朝墓誌彙編·北魏》，61頁

附表九、北朝國子、太學諸生表

序　號	國子學生	籍　貫	材　料	出　處
1	李騫	趙郡平棘	十四，國子學生，以聰達見知。	《魏書》卷三六《李順傳附李騫》
2	和士開	清都臨漳	士開幼而聰慧，選爲國子學生，解悟捷疾，爲同業所尚。	《北齊書》卷五○《恩倖傳·和士開》
3	元悛	河南洛陽	年」七歲召爲國子學生，即引入侍書。	《漢魏南北朝墓誌彙編》
4	元暉	河南洛陽	幼涉經史，長愛儒術，該鏡博覽，」而無所成名。太和中始自國子生辟司徒參軍事，轉尚書郎太子洗馬。	《漢魏南北朝墓誌彙編》

序　號	太學生	籍　貫	材　　料	出　　處
1	鄧穎	安定	爲太學生、稍遷中書侍郎。	《魏書》卷二四《鄧淵傳附鄧穎》
2	尉撥	代	撥爲太學生，募從兗州刺史羅忸擊賊於陳汝，有功，賜爵介休男。	《魏書》卷三〇《尉撥傳》
3	張昭	河內修武	天興中，以功臣子爲太學生。	《魏書》卷三三《張蒲傳附張昭》
4	薛提	太原	皇始中，補太學生，拜侍御史。	《魏書》卷三三《薛提傳》
5	韓興宗	昌黎棘城	好學，有文才。年十五，受道太學。後司空高允奏爲秘書郎，參著作事。	《魏書》卷六〇《韓麒麟傳附韓興宗》
6	范紹	敦煌龍勒	太和初，充太學生，轉算生，頗涉經史。	《魏書》卷七九《范紹傳》
7	賀拔岳	神武尖山	少有大志，愛施好士。初爲太學生，及長，能左右馳射，驍果絕人。	《周書》卷一四《賀拔勝傳附賀拔岳》
8	薛裕	河東汾陰	少以孝悌聞於州里。初爲太學生，時囂中多是貴遊，好學者少，唯裕軀習不倦。	《周書》卷三五《薛端傳附薛裕》
9	令狐休	敦煌	幼聰敏，有文武材。起家太學生。	《周書》卷三六《令狐整傳附令狐休》
10	李昶	頓丘臨黃	初謁太祖，太祖深奇之，厚加資給，令入太學。	《周書》卷三八《李昶傳》
11	辛公義	隴西狄道	周天和中，選良家子任太學生。武帝時，召入露門學，令受道義，每月集御前，令與大儒講論。上數嗟異，時輩慕之。	《北史》卷八六《循吏傳·辛公義》
12	徐之才	東莞姑幕	五歲誦孝經，八年通論語。方數小學，經耳得心；琴書眾藝，過目成手。十」三召爲太學生。受業於博士繆昭、後慶，禮經涉津，知齊施梁易旨，望表探微，射策舉高第。	《漢魏南北朝墓誌彙編·北魏》，455頁

附表十、北朝時期其它諸生表

序　號	書　生	籍　貫	材　料	出　處
1	蔣少游	樂安博昌	後被召為中書寫書生，與高聰俱依高允。	《魏書》卷九一《術藝傳·蔣少游》
2	張景仁	濟北	幼孤家貧，以學書為業，遂工草隸，選補內書生。	《北齊書》卷四四《儒林傳·張景仁》

序　號	算　生	籍　貫	材　料	出處
1	范紹	長樂	太和初，充太學生，轉算生，頗涉經史。	《魏書》卷七九《范紹傳》

序　號	東宮學生	籍　貫	材　料	出　處
1	王魏誠	太原晉陽	為東宮學生，拜給事中，賜爵中都侯，加龍驤將軍。	《魏書》卷九三《恩倖傳·王叡附王魏誠》

序　號	宮學生	籍　貫	材　料	出　處
1	馮迎男	西河介	年十一，蒙簡為宮學生，博達墳典，手不釋卷。聰穎洞鑒，朋中獨異。	《漢魏南北朝墓誌彙編·北魏》，123頁
2	王僧男	安定煙陽	唯男與母，伶丁奈蓼，獨入宮焉。時年有六。聰令韶朗，故簡充學生。惠性敏悟，日誦千言，聽受訓詁，一聞持曉。	《漢魏南北朝墓誌彙編·北魏》，124頁

三、北朝時期的教育內容

附表十一、北朝時期經學典籍注疏表

序　號	作　者	材　料	出　處
1	元延明	所著詩賦讚頌銘誄三百餘篇，又撰《五經宗略》、《詩禮別義》，注《帝王世紀》及《列仙傳》。又以河間人信都芳工算術，引之在館。其撰古今樂事，《九章》十二圖，又集《器準》九篇，芳別為之注，皆行於世。	《魏書》卷二十《文成五王·安豐王猛傳附元延明》
2	元懌	太尉清河王懌辟參軍事，懌親為《孝經解詁》，命偉伯為《難例》九條，皆發起隱漏。	《魏書》卷三二《封懿傳附封偉伯》

3	崔浩	太宗即位元年，敕臣解《急就章》、《孝經》、《論語》、《詩》、《尚書》、《春秋》、《禮記》、《周易》，三年成訖。	《魏書》卷三五《崔浩傳》
4	高允	允所製詩賦誄頌箴論表讚，《左氏公羊釋》、《毛詩拾遺》、《論雜解》、《議何鄭膏肓事》，凡百餘篇，別有集行於世，允明算法，爲算術三卷。	《魏書》卷四八《高允傳》
5	闞駰	注王朗《易傳》，學者藉以通經。	《魏書》卷五二《闞駰傳》
6	劉昞	昞以三史文繁，著《略記》百三十篇、八十四卷，《涼書》十卷，《敦煌實錄》二十卷，《方言》三卷，《靖恭堂銘》一卷，注《周易》、《韓子》、《人物志》、《黃石化三略》，並行於世。	《魏書》卷五二《劉昞傳》
7	索敞	敞以喪服散在眾篇，遂撰比爲《喪服要記》，其《名字論》文多不載。	《魏書》卷五二《索敞傳》
8	游肇	肇外寬柔，內剛直，耽好經傳，手不釋書。治《周易》、《毛詩》，尤精『三禮』。爲《易集解》，撰《婚冠儀》、《白圭論》，詩賦表啓凡七十五篇，皆傳於世。	《魏書》卷五五《游明根傳附游肇》
9	劉芳	芳撰鄭玄所注《周官·儀禮音》、干寶所注《周官音》、王肅所注《尚書音》、何休所注《公羊音》、范寧所注《穀梁音》、韋昭所注《國語音》、范曄《後漢書音》各一卷，《辨類》三卷，《徐州人地錄》四十卷，《急就篇續注音義證》三卷，《毛詩箋音義證》十卷，《禮記義證》十卷，《周官》、《儀禮義證》各五卷。	《魏書》卷五五《劉芳傳》
10	李彪	彪在秘書歲餘，史業竟未及就，然區分書體，皆彪之功。述《春秋》三《傳》，合成十卷。其所著詩頌賦誄章奏雜筆百餘篇，別有集。	《魏書》卷六二《李彪傳》
11	柳玄達	達著《大夫論》，備陳叔業背逆歸順、契闊危難之旨，又著《喪服論》，約而易尋。文多不錄。	《魏書》卷七一《裴叔業傳附柳玄達》
12	賈思同	思同之侍講也，國子博士遼西衛冀隆爲服氏之學，上書難《杜氏春秋》六十三事。思同復駁冀隆乖錯者十一條。互相是非，積成十卷。詔下國學集諸儒考之，事未竟而思同卒。	《魏書》卷七二《賈思伯傳附賈思同》

13	陳奇	始注《孝經》、《論語》，頗傳於世，爲搢紳所稱。	《魏書》卷八四《儒林傳·陳奇》
14	常爽	因教授之暇，述《六經略注》，以廣製作，甚有條貫。	《魏書》卷八四《儒林傳·常爽》
15	劉獻之	六藝之文，雖不悉注，然所標宗旨，頗異舊義，撰《三禮大義》四卷，《三傳略例》三卷，《注毛詩序義》一卷，今行於世，並《章句疏》三卷。注《涅槃經》未就而卒。	《魏書》卷八四《儒林傳·劉獻之》
16	徐遵明	復經數載，因手撰《春秋義章》，爲三十卷	《魏書》卷八四《儒林傳·徐遵明》
17	盧景裕	先是，景裕注《周易》、《尚書》、《孝經》、《論語》、《禮記》、《老子》，其《毛詩》、《春秋左氏》未訖。……景裕雖不聚徒教授，所注《易》大行於世。	《魏書》卷八四《儒林傳·盧景裕》
18	李謐	是鳩集諸經，廣校同異，比三《傳》事例，名《春秋叢林》，十有二卷。	《魏書》卷九〇《逸士傳·李謐》
19	杜弼	耽好玄理，老而愈篤。又注《莊子惠施篇》、《易上下繫》，名《新注義苑》，並行於世。	《北齊書》卷二四《杜弼傳》
20	李公緒	公緒潛居自待，雅好著書，撰《典言》十卷，又撰《質疑》五卷，《喪服章句》一卷，《古今略記》二十卷，《玄子》五卷，《趙語》十三卷，並行於世。	《北齊書》卷二九《李渾傳附李公緒》
21	李鉉	二十三，便自潛居，討論是非，撰定《孝經》、《論語》、《毛詩》、《三禮義疏》及《三傳異同》、《周易義例》合三十餘卷。	《北齊書》卷四四《儒林傳·李鉉》
22	權會	注《易》一部，行於世。	《北齊書》卷四四《儒林傳·權會》
23	蘇綽	綽又著《佛性論》、《七經論》，並行於世。	《周書》卷二三《蘇綽傳》
24	盧辯	以《大戴禮》未有解詁，辯乃注之。其兄景裕爲當時碩儒，謂辯曰：「昔侍中注《小戴》，今爾注《大戴》，庶纘前修矣。」	《周書》卷二四《盧辯傳》
25	沈重	重學業該博，爲當世儒宗。至於陰陽圖緯，道經釋典，靡不畢綜。又多所撰述，咸得其指要。其行於世者，《周禮義》三十一卷、《儀禮義》三十五卷、《禮記義》三十卷、《毛詩義》二十八卷、《喪服經義》五卷、《周禮音》一卷、《儀禮音》一卷、《禮記音》二卷、《毛詩音》二卷。	《周書》卷四五《儒林傳·沈重》

26	樊深	撰《孝經》、《喪服問疑》各一卷，撰《七經異同說》三卷、《義經略論》并《目錄》三十一卷，並行於世。	《周書》卷四五《儒林傳・樊深》
27	熊安生	所撰《周禮義疏》二十卷、《禮記義疏》四十卷、《孝經義疏》一卷，竝行於世。	《周書》卷四五《儒林傳・熊安生》
28	樂遜	所著《孝經》、《論語》、《毛詩》、《左氏春秋序論》十餘篇。又著《春秋序義》，通賈、服說，發杜氏違，辭理竝可觀。	《周書》卷四五《儒林傳・樂遜》
29	蕭㠖	所著文集及《孝經》、《周易義記》及《大小乘幽微》，竝行於世。	《周書》卷四八《蕭詧傳附蕭㠖》
30	蔡大寶	所著文集三十，及《尚書義疏》竝行於世。	《周書》卷四八《蕭詧傳附蕭㠖》

四、北朝時期的學校管理者

附表十二、北朝時期太常卿表

序號	太常卿	籍貫	材　料	出　處	備　註
1	長孫冀歸	代	爲前將軍，從高祖南討，授七兵尚書、太常卿、右將軍。	《魏書》卷二五《長孫道生傳附長孫冀歸》	
2	長孫紹遠	河南洛陽	初，紹遠爲太常，廣召工人，創造樂器，土木絲竹，各得其宜。唯黃鐘不調，紹遠每以爲意。	《周書》卷二六《長孫紹遠傳》	
3	崔昂	博陵安平	未幾，轉光祿勳，尋徙太常卿，假儀同三司，復除儀同三司，又兼御史中丞，以公事」除名。	《漢魏南北朝墓誌彙編・北齊》，433頁	
4	崔光	東清河鄃	遷太常卿，領齊州大中正。	《魏書》卷六七《崔光傳》	
5	崔浩	清河	始光中，進爵東郡公，拜太常卿。	《魏書》卷三五《崔浩傳》	
6	崔亮	清河東武城	後納其女爲九嬪，徵爲太常卿，攝吏部事。……轉侍中、太常卿，尋遷左光祿大夫、尚書右僕射。	《魏書》卷六六《崔亮傳》	

7	崔逞	博陵安平	尋遷太常卿。	《北齊書》卷三○《崔逞傳》	
8	崔孝芬	博陵安平	孝芬久倦外役，固辭不行，乃除太常卿。	《魏書》卷五七《崔挺傳附崔孝芬》	
9	段孝言	姑臧武威	遷太常卿，除齊州刺史，以贓賄爲御史所劾。屬世祖崩，遇赦免。拜太常卿，轉食河南郡幹，遷吏部尚書。	《北齊書》卷一六《段榮傳附段孝言》	
10	尒朱菩提	北秀容	轉太常卿，遷驃騎大將軍、開府儀同三司，加侍中、特進。	《魏書》卷七四《尒朱榮傳尒朱菩提》	
11	高建	勃海條縣	可贈使持節都督冀幽安三州諸軍事開府儀同三司太常卿」冀州刺史。	《漢魏南北朝墓誌彙編・北齊》，461頁	
12	高閭	漁陽雍奴	歲餘，表求致仕，優答不許。徵爲太常卿。頻表陳遜，不聽。	《魏書》卷五四《高閭傳》	
13	高僧護	勃海條	齊故通直散騎常侍贈開府儀同三司太常卿高君墓誌銘	《漢魏南北朝墓誌彙編・北齊》，464頁	贈官，六歲
14	高允	渤海	轉太常卿，本官如故。……復以本官領秘書監，解太常卿，進爵梁城侯，加左將軍。……皇興中，詔允兼太常，至兗州祭孔子廟	《魏書》卷四八《高允傳》	兼任
15	赫連子悅		子悅在官，唯以清勤自守，既無學術，又闕風儀，人倫清鑒，去之彌遠，一旦居銓衡之首，大招物議。由是除太常卿，卒。	《北齊書》卷四○《赫連子悅傳》	
16	斛斯徵	河南洛陽	以父勳累遷太常卿。	《周書》卷二六《斛斯徵傳》	
17	賈思伯	齊郡益都	又遷太常卿，兼度支尚書，轉正都官。	《魏書》卷七二《賈思伯傳》	

18	孔羨		太常孔羨、博士趙怡等以爲禫在二十七月，到其年四月，依禮應袷。	《魏書》卷一〇八之二《禮志二》	
19	李璞	范陽	歷中書博士、侍郎、漁陽王尉眷傅、左將軍、長安副將，賜爵宜陽侯，太常卿。	《魏書》卷四六《李訢傳附李璞》	
20	李騫	趙郡平棘	贈本將軍、太常、殷州刺史。	《魏書》卷三六《李順傳附李騫》	贈官
21	李世哲	頓丘	崇北征之後，徵兼太常卿。	《魏書》卷六六《李崇傳附李世哲》	兼任
22	李順	趙郡平棘	世祖從之，以順爲太常，策拜蒙遜爲太傅、涼王。	《魏書》卷三六《李順傳》	
23	李琰之	隴西狄道	遷國子祭酒，轉秘書監、兼七兵尚書。遷太常卿。……還，除征東將軍，仍兼太常。	《魏書》卷八二《李琰之傳》	
24	李元忠	趙郡柏	二年，轉太常卿、殷州大中正。	《北齊書》卷二二《李元忠傳》	
25	劉芳	彭城	轉太常卿。	《魏書》卷五五《劉芳傳》	
26	劉悅	太安郡狄那	王雁行出討，鷹揚會戰，丹浦以平，赤泉逾賞，拜臨戎縣開國公，除汾州刺史，入除左衛大將軍，食博陵郡幹，除太常卿。在戎與祀，兼而有焉。	《漢魏南北朝墓誌彙編‧北齊》	
27	盧辯	范陽涿	尋除太常卿、太子少傅。魏太子及諸王等，皆行束脩之禮，受業於辯。	《周書》卷二四《盧辯傳》	
28	盧昶	范陽涿	未幾，拜太常卿，仍除安西將軍，雍州刺史。	《魏書》卷四七《盧玄傳附盧昶》	
29	盧度世	范陽涿	興安中，兼太常卿。	《魏書》卷四七《盧玄傳附盧度世》	兼任
30	陸希質	代	天平初，給事黃門侍郎，遷魏尹，轉太常卿、衛大將軍、都官尚書。	《魏書》卷四〇《陸俟傳附陸希質》	

31	陸琇	河南	父琇，散騎常侍給事黃門侍郎太子瞻事祠部」尚書金紫光祿大夫司州大中正太常卿建安公。	《漢魏南北朝墓誌彙編‧北魏》，212頁	
32	穆紹	代	又遷衛將軍、太常卿。	《魏書》卷二七《穆崇傳附穆紹》	
33	裴延儁	河東聞喜	至都未幾，拜太常卿。	《魏書》卷六九《裴延儁傳》	
34	唐和	晉昌宜安	贈征西大將軍、太常卿、酒泉王，諡曰宣。	《魏書》卷四三《唐和傳》	贈官
35	王諶	太原晉陽	遷太常卿。	《魏書》卷九三《恩倖傳‧王叡附王諶》	自云
36	王士良	太原晉陽	齊武成初，除太子少傅、少帥，復除侍中。轉太常卿，尋加開府儀同三司，出爲豫州道行臺，豫州刺史。	《周書》卷三六《王士良傳》	
37	王衍	琅邪臨沂	自著作佐郎，稍遷尚書郎、員外常侍、司空諮議、光祿大夫、廷尉、揚州大中正、度支尚書，仍轉七兵，徙太常卿。	《魏書》卷六三《王肅傳附王衍》	
38	魏收	鉅鹿下曲陽	仍除侍中，遷太常卿。	《北齊書》卷三七《魏收傳》	
39	辛術		尋徵爲殿中尚書，領太常卿，仍與朝賢議定律令。	《北齊書》卷三八《辛術傳》	
40	邢邵	河間鄚	累遷太常卿、中書監，攝國子祭酒。是時朝臣多守一職，帶領二官甚少，邵頓居三職，並是文學之首，當世榮之。	《北齊書》卷三六《邢邵傳》	
41	邢貞	河間鄚	魏太常貞之後。	《北齊書》卷三六《邢邵傳》	
42	邢子才	河間鄚	武定末，太常卿。	《魏書》卷六五《邢巒傳附邢子才》	

43	徐之範	丹陽	亦醫術見知，位太常卿，特聽襲之才爵西陽王。	《北齊書》卷三三《徐之才傳附徐之範》	
44	薛光熾	河東汾陰	東雍州刺史、太常卿。	《北齊書》卷二〇《薛脩義傳附薛元穎》	
45	姚黃眉	南安赤亭	世祖即位，遷內都大官，後拜太常卿。	《魏書》卷八三《外戚傳・姚黃眉》	
46	游明根	廣平任	徵爲太常卿，遷尚書右僕射，固辭，詔不許。	《魏書》卷五五《游明根傳附游明根》	
47	元端	洛陽	以在棘瑜名，清風遠扇，轉除太常卿，常侍如故。	《漢魏南北朝墓誌彙編・北魏》，234頁	
48	元固	河南洛陽	後除金紫光祿大夫太常卿，鎮北常侍如故。	《漢魏南北朝墓誌彙編・北魏》，211頁	
49	元恒	洛陽	粗涉書史。恒以《春秋》之義，爲名不以山川，表求改名芝。歷位太常卿、中書監、侍中。後於河陰遇害。	《魏書》卷一九上《景穆十二王上・京兆王子推附元恒》	
50	元瑞	洛陽	卒，贈太常卿。	《魏書》卷一五《昭成子孫・秦王翰傳附元瑞》	贈官
51	元壽安	河南洛陽	以奏課第一，就加平西將軍，徵爲太常卿。禮云樂云，於是乎緝。	《漢魏南北朝墓誌彙編・北魏》，191頁	
52	元順	洛陽	出順爲護軍將軍、太常卿。	《魏書》卷一九中《景穆十二王中・任城王雲傳附元順》	
53	元泰	洛陽	爲中書侍郎，尋遷通直散騎常侍、鎮東將軍、太常卿。	《魏書》卷二一上《獻文六王上・高陽王雍傳附元泰》	
54	元孝友	洛陽	詔侍中、司徒公孫騰，司空公、襄城王旭，兼尚書令、司州牧、西河王悰，兼太常卿及宗正卿元孝友等，奉詔致禮	《魏書》卷一三《皇后傳・孝靜皇后高氏》	兼任

55	元修義	洛陽	太常卿元修義議	《魏書》卷三一《于栗磾傳附于忠》	
56	元脩	洛陽	建義初，除散騎常侍，尋遷平東將軍、兼太常卿，又爲鎮東將軍、宗正卿。	《魏書》卷一一《出帝紀》	兼任
57	元湛	河南洛陽	又除太常卿，王如故。	《漢魏南北朝墓誌彙編·東魏》，357頁	
58	雲庫堆	朔方	父庫堆，儀同太常卿朔州刺史。	《漢魏南北朝墓誌彙編·北齊》，464頁	
59	趙起	廣平	天統初，轉太常卿，食琅邪郡幹。	《北齊書》卷二五《趙起傳》	
60	趙彥深	南陽宛	及彥深拜太常卿，還，不脫朝服，先入見母，跪陳幼小孤露，蒙訓得至於此。母子相泣久之，然後改服。	《北齊書》卷三八《辛術傳》	自云
61	甄琛	中山毋極	尋徵拜太常卿，仍以本將軍出爲徐州刺史。	《魏書》卷六八《甄琛傳》	
62	鄭伯猷	滎陽開封	武定七年，除太常卿，其年卒，年六十四。	《魏書》卷五六《鄭羲傳附鄭伯猷》	
63	鄭羲	滎陽開封	文明太后爲父燕宣王立廟於長安，初成，以羲兼太常卿，假滎陽侯，具官屬，詣長安拜廟，刊石建於廟門。	《魏書》卷五六《鄭羲傳》	兼任
64	祖瑩	范陽遒	及出帝登阼，瑩以太常行禮，封文安縣子。	《魏書》卷八二《祖瑩傳》	

附表十三、北朝時期太常少卿表

序號	太常少卿	籍貫	材料	出處	備註
1	崔瞻	清河東武城	還除太常少卿，加冠軍將軍，轉尙書吏部郎中。	《北齊書》卷二三《崔㥄傳附崔瞻》	
2	高叔山	北海劇縣	卒，贈太常少卿。	《魏書》卷六八《高聰傳附高叔山》	贈官

3	皇甫璠	安定三水	大統四年，引爲丞相府行參軍。尋轉田曹參軍、東閣祭酒，加散騎侍郎。稍遷兼太常少卿、都水使者，歷蕃部、兵部、虞部、民部、吏部等諸曹郎中。	《周書》卷三九《皇甫璠傳》	兼任
4	蔣少游	樂安博昌	雖有義藻，而不得伸其才用，恒以剞劂繩尺，碎劇忽忽，徙倚園湖城殿之側，識者爲之歎慨。而乃坦爾爲己任，不告疲恥。又兼太常少卿，都水如故。	《魏書》卷九一《術藝傳·蔣少游》	
5	李神儁	隴西狄道	頃之，拜驍騎將軍、中書侍郎、太常少卿。	《魏書》卷三九《李寶傳附李神儁》	
6	李爕	隴西狄道	卒，贈轉國將軍、太常少卿。	《魏書》卷三九《李寶傳附李爕》	贈官
7	李義邕	隴西狄道	莊帝初，遷安東將軍、濟州刺史。轉廣州刺史，加散騎常侍。前廢帝時，與第三弟通直散騎常侍義眞，第七弟中書侍郎、太常少卿義邕，同時爲尒朱仲遠所害，義邕，莊帝居蕃之日，以外親甚見親昵，及有天下，特蒙信任。	《魏書》卷三九《李寶傳附李蕤》	
8	盧道將	范陽涿	卒，贈龍驤將軍、太常少卿，諡曰獻。	《魏書》卷四七《盧玄傳附盧道將》	贈官
9	陸琇	代	琇沉毅少言，雅好讀書，以功臣子孫爲侍御長、給事中。遷黃門侍郎，轉太常少卿、散騎常侍、太子左詹事、領北海王師、光祿大夫，轉祠部尚書、司州大中正。	《魏書》卷四〇《陸俟傳附陸琇》	
10	魏收	鉅鹿下曲陽	初收在神武時爲太常少卿修國史，得陽休之助	《北齊書》卷三七《魏收傳》	

11	陽固	北平無終	贈輔國將軍、太常少卿，諡曰文。	《魏書》卷七二《陽尼傳附陽固》	贈官
12	元璨	河南洛陽都鄉敷義里	徵拜太中大夫，仍轉輔國將軍太常少卿。	《漢魏南北朝墓誌彙編‧北魏》，152頁	
13	元端	洛陽	起家散騎侍郎，累遷通直常侍、鴻臚、太常少卿、散騎常侍。出爲安東將軍、青州刺史。	《魏書》卷二一上《獻文六王上‧高陽王雍傳附元端》	
14	元誨	洛陽	封廣平王懷庶長子、太常少卿誨爲范陽王。	《魏書》卷九《孝明帝紀》	
15	元悛	河南	年七歲召爲國子學生，即引入侍書。以建義元年四月十三日卒於河梁之南。天子言念永往，悼切於懷，有詔特贈龍驤將軍太常少卿。	《漢魏南北朝墓誌彙編‧北魏》，231頁	
16	元順	洛陽	後超轉中書寺郎，俄遷太常少卿。	《魏書》卷一九中《景穆十二王中‧任城王雲傳附元順》	
17	元熙	洛陽	起家秘書郎，延昌二年襲封，累遷兼將作大匠，拜太常少卿、給事黃門侍郎，尋轉光祿勳。	《魏書》卷一九下《景穆十二王下‧南安王楨傳附元熙》	
18	元忠	洛陽	蕭宗時，復前爵。位太常少卿。	《魏書》卷一九上《景穆十二王上‧汝陰王天賜傳附元忠》	
19	元子正	洛陽	歷散騎侍郎、太常少卿。	《魏書》卷二一下《獻文六王下‧彭城王勰傳附元子正》	
20	袁聿修	陳郡陽夏	八年，兼太府少卿，尋轉大司農少卿，又除太常少卿。……聿修在尚書十年，未曾受升酒之饋。尚書邢邵與聿修舊款，每於省中語戲，常呼聿修爲清郎。大寧初，聿修以太常	《北齊書》卷四二《袁聿修傳》	

			少卿出使巡省，仍命考校官人得失。經歷兗州，時邢邵爲兗州刺史，別後，遣送白紬爲信。聿修退紬不受，與邢書云：「今日仰遇，有異常行，瓜田李下，古人所愼，多言可畏，譬之防川，願得此心，不貽厚責。」邢亦忻然領解，報書云：「一日之贈，率爾不思，老夫忽忽意不及此，敬承來旨，吾無間然。弟昔爲清郎，今日復作清卿矣。」及在吏部，屬政塞道喪，若違忤要勢，即恐禍不旋踵，雖以清白自守，猶不免請謁之累。		
21	張倫	上谷沮陽	孝莊初，遷太常少卿，不拜，轉大司農卿。	《魏書》卷二四《張袞傳附張倫》	
22	張彝	太原晉陽	以參定遷都之勳，進爵爲侯，轉太常少卿，遷散騎常侍，兼侍中，持節巡察陝東、河南十二州，甚有聲稱。	《魏書》卷六四《張彝傳》	
23	趙怡	南陽	太和中歷郢州刺史，停家久之，以邑寵召拜太常少卿。	《魏書》卷九三《恩倖傳・趙邕》	自云
24	趙邕	南陽	散騎常侍、太常少卿、荊州大中正臣趙邕，忽宣明旨，敕臣送呈。	《魏書》卷六七《崔光傳附崔鴻》	
25	鄭伯夏	滎陽開封	卒，贈冠軍將軍、太常少卿，青州刺史。	《魏書》卷五六《鄭羲傳附鄭伯夏》	贈官
26	鄭瓊	滎陽開封	卒，贈太常少卿。	《魏書》卷五六《鄭羲傳附鄭瓊》	贈官
27	鄭懿	滎陽開封	世宗初，以從弟思和同咸陽王禧之逆，與弟通直常侍道昭俱坐緦親出禁。拜太常少卿，加冠軍將軍，出爲征虜將軍、齊州刺史，尋進號平東將軍。	《魏書》卷五六《鄭羲傳附鄭懿》	

| 28 | 祖珽 | 范陽狄道 | 尋爲太常少卿、散騎常侍、假儀同三司，掌詔誥。 | 《北齊書》卷三九《祖珽傳》 | |

附表十四、北魏前期中書監、中書令表 〔註14〕

序號	姓 名	官 職	籍貫	時 期	材 料	出 處
1	屈遵	中書令	昌黎徒河	道武帝	太祖素聞其名，厚加禮焉。拜中書令，出納王言，兼總文誥。	《魏書》卷三三《屈遵傳》
2	穆觀	中書監	代	明元帝	太宗即位，爲左衛將軍，綰門下中書，出納詔命。及訪舊事，未嘗有所遺漏，太宗奇之。	《魏書》卷二七《穆崇傳附穆觀》
3	盧魯元	中書監	昌黎徒河	太武帝	魯元以工書有文才，累遷中書監，領秘書事。	《魏書》卷三四《盧魯元傳》
4	穆壽	中書監	代	太武帝	明敏有父風，世祖愛重之，擢爲下大夫。敷奏機辯，有聲內外。遷侍中、中書監，領南部尚書，進爵宜都王，加征東大將軍。	《魏書》卷二七《穆崇傳附穆壽》
5	仇洛齊	中書令	中山	太武帝	從平涼州，以功超遷散騎常侍，又加中書令、寧南將軍，進爵零陵公。	《魏書》卷九四《閹官傳·仇洛齊》
6	穆平國	中書監	代	太武帝	尚城陽長公主，拜駙馬都尉、侍中、中書監，爲太子四輔。	《魏書》卷二七《穆崇傳附穆平國》
7	高允	中書令、中書監	勃海	文成帝、獻文帝、孝文帝	於是拜允中書令，著作如故。	《魏書》卷四八《高允傳》

〔註14〕任職時期參考萬斯同：《魏將相大臣年表》，收入於《二十五史補編》四，中華書局。

8	李敷	中書監	趙郡 平棘	文成帝、 獻文帝	後兼錄南部，遷散 騎常侍、南部尚 書、中書監，領內 外秘書。	《魏書》卷三六 《李順傳附李敷》
9	馮熙	中書監	長樂 信都	孝文帝	高祖乃承旨皇太 后，以熙爲侍中、 太師、中書監、領 秘書事。	《魏書》卷八三上 《外戚上・馮熙》
10	高閭	中書 令、中書 監	漁陽 雍奴	孝文帝	太和三年……遷 尚書、中書監。	《魏書》卷五四 《高閭傳》
11	鄭羲	中書令	滎陽 開封	孝文帝	及李沖貴寵，與羲 姻好，乃就家徵爲 中書令。	《魏書》卷五六 《鄭羲傳》
12	李沖	中書令	隴西	孝文帝	遷中書令，加散騎 常侍，給事中如 故。	《魏書》卷五三 《李沖傳》

附表十五、北朝時期國子祭酒表

序號	國子祭酒	籍貫	所屬州	材料	出處
1	曹昇	北海	青州	出帝世，國子祭 酒。不營家產，至以餒卒於 鄴，時人傷歎之。	《魏書》卷七九 《馮元興傳附曹昇》
2	崔光	東清河 鄃	齊州	七月領國子祭酒。…… 正光元年冬，賜光几 杖、衣服。二年春，肅 宗親釋奠國學，光執經 南面，百僚陪列。司 徒、京兆王繼頻上表以 位讓光。夏四月，以光 爲司徒、侍中、國子祭 酒，領著作如故。光表 固辭歷年，終不肯 受。……光初爲黃門， 則讓宋弁；……爲國子 祭酒，讓清河王懌、任 城王澄……皆顧望時 情，議者以爲矯飾。	《魏書》卷六七 《崔光傳》

3	崔劼	清河	司州	天保初，以議禪代，除給事黃門侍郎，加國子祭酒，直內省，典機密。清儉勤愼，甚爲顯祖所知。拜南青州刺史，在任有政績。	《北齊書》卷四二《崔劼傳》
4	杜臺卿	中山曲陽	定州	武平末，國子祭酒，領尚書左丞。	《北齊書》卷二四《杜弼傳附杜臺卿》
5	崔勔	博陵安平	定州	尋除安南將軍、光祿大夫、兼國子祭酒，典儀注。	《魏書》卷五七《崔挺傳附崔勔》
6	韓子熙	昌黎棘城	營州	天平初，爲侍讀，又除國子祭酒。子熙儉素安貧，常好退靜，遷鄴之始，百司並給兵力，時以祭酒閑務，止給二人。或有令其陳請者，子熙曰：「朝廷自不給祭酒兵，何關韓子熙事也。」論者高之。	《魏書》卷六〇《韓麒麟傳附韓子熙》
7	李渾	趙郡柏人	定州	國子祭酒李渾……等議	《魏書》卷一〇八之二《禮二》
8	李希仁	趙郡平棘	定州	武定末，國子祭酒、兼給事黃門侍郎。	《魏書》卷三六《李順傳附李希仁》
9	李琰之	隴西狄道	秦州	遷國子祭酒，轉秘書監、兼七兵尚書。	《魏書》卷八二《李琰之傳》
10	李業興	上黨長子	并州	武定元年，除國子祭酒，仍侍讀。	《魏書》卷八四《儒林傳・李業興》
11	劉芳	彭城	徐州	以芳經學精洽，超遷國子祭酒。以母憂去官。……以芳爲散騎常侍、國子祭酒、徐州大中正，行徐州事。	《魏書》卷五五《劉芳傳》

12	劉廞	彭城	徐州	孝莊初，除國子祭酒，復以本官行徐州事。……出帝初，除散騎常侍，遷驃騎大將軍、復領國子祭酒。出帝於顯陽殿講《孝經》，廞爲執經，雖詶答論難未能精盡，而風彩音制足有可觀。尋兼都官尙書，又兼殿中尙書。	《魏書》卷五五《劉芳傳附劉廞》
13	劉志	弘農華陰	義州	加大都督、撫軍將軍，轉中外府屬，遷國子祭酒。	《周書》卷三六《裴果傳附劉志》
14	盧誕	范陽涿	幽州	太祖又以誕儒宗學府，爲當世所推，乃拜國子祭酒。進車騎大將軍、儀同三司。	《周書》卷四五《儒林傳·盧誕》
15	馬敬德	河間	瀛州	武平初，猶以師傅之恩，超拜國子祭酒，加儀同三司、金紫光祿大夫，領瀛州大中正，卒。贈開府、瀛滄安州諸軍事、瀛州刺史。	《北齊書》卷四四《儒林傳·馬敬德》
16	孫惠蔚	武邑武遂	冀州	遷國子祭酒、秘書監，仍知史事。	《魏書》卷八四《儒林傳·孫惠蔚》
17	唐耀	魯郡鄒	兗州	延昌末，除東秦州水曹參軍。解府還京，怡神典素，忘懷文史，攸然自得。十數年中，闔門觀書，不交世務。孝昌中，爲侍中尙書令車騎大將軍儀同三司左光祿大夫領國子祭酒。	《漢魏南北朝墓誌彙編·北魏》，248頁
18	王翊	琅邪臨沂	北徐州	孝莊初，遷鎮南將軍、金紫光祿大夫，領國子祭酒。	《魏書》卷六三《王肅傳附王翊》
19	邢邵	河間鄚	瀛州	除衛將軍、國子祭酒，以親老還鄉，詔所在特給兵力五人，並令歲一	《北齊書》卷三六《邢邵傳》

				入朝，以備顧問。……累遷太常卿、中書監，攝國子祭酒。是時朝臣多守一職，帶領二官甚少，邵頓居三職，並是文學之首，當世榮之。	
20	陽尼	北平無終	幽州	後改中書學爲國子學，時中書監高閭、侍中李沖等以尼碩學博識，舉爲國子祭酒。	《魏書》卷七二《陽尼傳》
21	元略	洛陽	司州	尋改封東平王，又拜車騎大將軍、左光祿大夫、儀同三司，領左衛將軍、侍中如故。又本官領國子祭酒，遷大將軍、尚書令。	《魏書》卷一九下《景穆十二王下‧南安王楨傳附元略》
22	元延明	洛陽	司州	又除衛將軍，仍侍中，領國子祭酒。……除侍中驃騎大將軍開府儀同三司領國子祭酒兼尚書令。	《漢魏南北朝墓誌彙編‧北魏》，287、288頁
23	源彪	西平樂都	涼州	武平二年，徵領國子祭酒。	《北齊書》卷四三《源彪傳》
24	張雕	中山北平	定州	加國子祭酒，假儀同三司，待詔文林館。	《北齊書》卷四四《儒林傳‧張雕》
25	鄭伯猷	滎陽開封	司州	前廢帝初，以舅氏超授征東將軍、金紫光祿大夫，領國子祭酒。久之，爲車騎將軍、右光祿大夫，轉護軍將軍。	《魏書》卷五六《鄭羲傳附鄭伯猷》
26	鄭道昭	滎陽開封	司州	北海王詳爲司徒，以道昭與琅邪王秉爲諮議參軍。遷國子祭酒。	《魏書》卷五六《鄭羲傳附鄭道昭》
27	祖瑩	范陽遒	幽州	累遷國子祭酒，領給事黃門侍郎，幽州大中正，監起居事，又監議事。	《魏書》卷八二《祖瑩傳》

後　記

　　秋風竹韻邀明月，流水江亭述流年。重新翻看自己塵封的作品，就像重新解剖自己的內心。心在過往，在今夕，在明朝；心在咫尺天涯，心在高天之上，心在四海之間，心在雲端，心在故我在。心在，夢也在！人生如夢，夢者，心之緣，心緣所繫自是難捨難離。人生追求的是什麼呢？追求的是永恒的瞬間，還瞬間的永恒？在很久之前，仰望星空的孩子感受到了命運，進而追逐自己的使命。對於歷史的執著，就是我心中的信仰！那是一種對於神明的敬畏，一份固有的執著！倘佯在北朝經學的夢境中，感歎著生民的艱辛，遙想著儒者的豪情壯志，青青子衿，悠悠我心！一日不見，如隔三秋！

　　入夢，入夢，春城談玄縱酒！難捨尋夢同道之人，難忘問道君親師恩。感念時代、家國的眷顧，感念父母的養育親情！最爲感念的是家師張鶴泉先生的殷殷期望、諄諄教導，成就了這部我人生中最難忘的研究著作！更難忘與家師親朋好友一道縱情暢談古今的那種幸福，那是我人生中最快樂的時光！感念師母許立勳女士的關愛，讓我在春城找到了家的感覺。感念求學路上沈剛先生的盡心指導，難以忘懷！感念吉林大學古籍研究所邵正坤老師等眾多老師、職員的大力支持，默默的關懷！

　　感謝研究過程中給予審閱、指導的諸位學界前輩先生，他們是中國社會科學院歷史研究所研究員、博士生導師彭衛先生和樓勁先生；華東師範大學歷史系教授、博士生導師牟發松先生；華南師範大學歷史學院教授、博士生導師李憑先生；東北師範大學歷史文化學院教授、博士生導師詹子慶先生、王彥輝先生和趙軼峰先生；吉林大學古籍研究所教授、博士生導師朱紅林先生和許兆昌先生。得到身爲先秦史、秦漢史、魏晉南北朝史領域著名專家的

諸位先生教導，本人深感萬分榮幸，在此也致以真誠的感謝！

難捨師門同道之人的相知相伴。難捨劉軍、楊龍、王飛諸位師兄，難捨同窗好友彭超、蘇鑫、出霖霖，難捨師弟王萌，難捨相伴春城的大姐郭傑清、二姐徐建紅、妹妹楊慧晴，還有那室友王亮、李智裕、孫希國等人，尋夢的路上有你們相伴真好！

臺灣花木蘭文化出版社給了我圓夢的機會，將論文結集出版，在此致以衷心的感謝！

追月而去廣寒冷，乘風飛翔崑崙清。蝶舞翩翩虹斷處，莊周夢醒天泛明。圓夢之日亦是夢斷之時。真性情者，無酒亦醉！聰明之人最糊塗，醉酒之人最清醒。醉人者，非酒乃心，夢中人並未沉醉，醉者卻不在夢中。貧病相隨，生死相伴，富貴如雲，權勢如煙，人生苦短，相聚時難，今夕咫尺，明朝天涯。快樂卻是苦澀，憂傷難以釋懷。縱然難以釋懷，縱然狂風暴雨，人生繼續，心不放棄。

漫天雨落形神歸，焰火升騰化作灰；孤雁獨鳴血淚裏，今夕夢語述與誰？蒼生輪迴喜中悲，易斷親緣難無悔；逝者已去生猶在，莫道前程有新鬼。世人逐名追富貴，哪管對錯論是非；幻象雖美雲消散，冷月當空幾盈虧！回到人生的起點，夢醒有夢。有約勿忘，萬事隨緣，忘卻者，今夕重見，有緣者，今生重逢。緣在不捨，緣盡不留，無愧蒼生無愧君。人生如此，莫不如今宵入夢來。入夢尋夢，回歸原典，尋找內心的寧靜與快樂！知我？罪我？心歸何處？昨日去者不可留，今昔在者不可求，明朝達者不可至。自由之心境，孤獨之靈魂！白虎孤獨長嘯，王者的雄心！高堂明鏡，青絲散卻雪紛紛，為我亦為家！本無傷意，意難無傷！罪我知我！願人生無悔，愛我者無傷，我愛者無怨，有緣者無恨，緣盡者無念！